민 법 총 칙

서 을 오 저

세창출판사

국립중앙도서관 출판시도서목록(CIP)

민법총칙 / 저자: 서을오. -- 서울 : 세창출판사, 2013
p. ; cm

한자표제: 民法總則
색인수록
ISBN 978-89-8411-453-1 93360 : ₩30000

민법 총칙[民法總則]

365.1-KDC5
346-DDC21 CIP2014003859

▪ 머 리 말 ▪

워낙 훌륭한 민법 교과서들이 이미 많이 나와 있고, 더구나 민법총칙에 관해서는 특히 많은 책들이 출간되어 있는 마당에, 또 한 권의 민법총칙 교과서를 더하는 데에는 뭔가 합당한 이유가 있어야 할 것 같습니다. 그러나 말씀드릴 만한 무슨 대단하고 훌륭한 이유는 애초에 없고, 다만 이 책을 출간하게 된 저의 사정을 말씀드립니다.

저는 이화여자대학교 법과대학에서 처음 교수 생활을 시작하여 금년으로 10년째 같은 곳(법과대학이 2009년부터 법학전문대학원으로 바뀌었습니다)에서 일하고 있습니다. 제 전공은 로마법과 서양법사입니다만, 동료 민법 교수님들께서 너그럽게도 기회를 주신 덕택에, 민법 강의도 함께 해 올 수 있었습니다.

원래 로마법 · 서양법사는 민법과 밀접한 관계를 가지고 있습니다. 근대적 민법학의 기초를 확립한 독일의 학자 사비니(Friedrich Carl von Savigny, 1779-1861)는 이른바 역사법학을 주창하여, 실정민법의 연구인 민법학과 법의 역사적 변화 과정을 연구하는 법사학을 결합함으로써 19세기 독일 법학을 세계적인 수준으로 발전시켰습니다. 이후 독일의 법과대학들에서는 기초법학(로마법, 법사학, 법철학, 법사회학 등)의 교수들은 반드시 실정법 강의도 함께 하도록 하는 전통이 유지되어 왔습니다. 기초법학과 실정법학은 각각 독립성을 유지하면서도 서로 밀접하게 관련을 가질 때 더욱 생산적으로 발전할 수 있다고 저는 생각하고 있습니다.

제가 몸담고 있는 이화여대 법학전문대학원의 교수님들은 실정법학의 연구만이 아닌 기초법학의 연구도 법학의 발전에 중요하다는 생각을 해 오셨습니다. 그래서 저를 법제사 담당 교수로 뽑아 주셨고 또한 민법 강의를 함께 할 수 있도록 늘 배려해 주셨습니다. 제가 관심을 가지고 공부해 온 영역이 민법상의 어떤 제도의 역사적 발전과정을 연구하는 이른바 학설사이기 때문에, 이렇게 민법 강의를 할 수 있었던 것은 저에게는 진심으로 감사할 만하고 유익한 일이었습니다.

저는 강의를 하는 일이 학생보다는 오히려 교수에게 더 도움이 된다는 것을 항상 경험해 왔습니다. 학생들을 가르치다 보면, 어떻게 하면 학생들에게 알기 쉽게 설명할 수 있을지 고민하는 과정에서, 제 스스로가 민법을 더 열심히 공부하지 않을 수 없었기 때문입니다.

그동안 저는 강의를 진행하면서 주된 교재로는 항상 송덕수 교수님의 신민법강의를 채택하였고, 강의의 내용도 이 책의 내용을 알기 쉽게 학생들에게 전달하는 데에 중점을 두었습니다. 아울러 학생들에게는 제 강의안을 온라인 공간을 통하여 제공해 왔습니다. 그런데 아무래도 학생들이 파일 형태의 강의안을 개별적으로 인쇄하여 이용하는 데에는 불편이 많이 있어서, 강의안을 종이책의 형태로도 만드는 것이 좋겠다는 생각을 점차 하게 되었습니다.

아울러 송덕수 교수님의 교과서에는 포함이 되어 있지 않지만, 제 자신이 강조하거나 보충하고 싶은 내용을 조금 더 추가하기로 마음먹었습니다.

우선, 현행 제도의 역사적 배경에 관한 설명을 조금 추가하였습니다. 저자의 욕심 같아서는 이런 부분을 더 많이 넣고 싶었지만, 그렇게 하면 오히려 학생들에게 부담이 될 것 같아서 최소한의 내용만을 넣었습니다.

둘째로, 사례문제의 해결 방법에 대한 구체적인 예를 추가하였습니다. 물론 이에 관해서는 송덕수 교수님의 신민법사례연습(제3판, 2013)이 매우 훌륭한 책입니다만, 그 책은 모범답안이 중심이 되어 있기 때문에, 저는 모범답안에 도달하기 위한 구체적인 방법을 제시하는 데에 더 초점을 두었습니다. 여기에는 제 수강생 및 조교들과 함께 진행한 튜터링(tutoring) 수업이 많은 도움이 되었습니다. 즉, 2학년 학생 중에서 민법 성적이 우수한 학생들이 튜터(tutor)가 되어 10명 정도의 1학년 학생들을 매주 한 시간씩 만나서 지도해 주는데, 제가 과제로 내준 사례문제를 함께 풀어보기도 하고, 한 주 동안의 수업 시간에 궁금하지만 질문하지 못했던 것을 튜터에게 질문하기도 하였습니다. 아울러 튜터들은 사례문제의 모범답안을 작성하기도 하는데, 그중 일부는 이 책에 실려 있습니다.

이 책은 다른 훌륭한 민법 교수님들의 쟁쟁한 교과서에 비교하자면 부족한 점이 너무 많습니다만, 처음부터 그분들의 책과 경쟁하기보다는 저만의 독특한 내용을 담는 데에 목표를 두고 있습니다. 완벽한 교과서와는 거리가 멀지만, 학생들이 민법 총칙의 핵심 부분을 정확히 이해하고 민법 공부 자체에 재미와 보람을 느끼는 데에 이 책이 실질적인 도움을 줄 수 있기를 바라면서, 민법총칙 중의 모든 내용이 아니라 핵심적인 내용만을 철저하게 이해하는 데에 중점을 두었습니다.

사실 제 수강생들은 책의 내용을 만들어 온 당사자나 다름없습니다. 학생들이 질문한 내용, 잘 이해하지 못하는 부분에 대한 경험을 가능하면 이 책에 반영하고자 했습니다. 앞으로도 학생들의 지적과 충고, 질문을 바탕으로 하여 이 책을 발전시키고자 합니다. 부족한 저의 수업을 들어준 지금까지의 수강생들께 감사드리고, 2012년에 튜터를 맡아 준 안정연, 이한나, 장미정, 2013년에 튜터를 맡아 준 김영림, 여진아, 한혜준 조교들에게 감사합니다.

끝으로 이 책이 나오기까지 많은 도움을 주신 분들께 감사드립니다. 특히 제가 몸담고 있는 이화여자대학교 법학전문대학원의 모든 교수님들께, 특히 전효숙 원장님, 함께 민법을 담당하시는 송덕수, 최금숙, 정태윤, 오종근, 김병선, 권태상 교수님들께 감사드립니다. 또한 전혀 시장성이 없는 책임에도 불구하고 흔쾌히 출간을 허락해 주신 세창출판사의 이방원 대표님과 임길남 상무님께 감사드립니다. 끝으로, 변함없이 저를 성원해 주시는 모친 강영순 여사와 제 처 최유리 교수께 이 책을 바칩니다.

2013년 초겨울에

서 을 오

▪차 례▪

제1부 서 론

제1장 | 민법의 공부 방법 ······ 3

Ⅰ. 이 책의 목적과 구성 ······ 3
Ⅱ. 공부의 대상 ······ 4
Ⅲ. 민법 공부의 중요성 ······ 11
Ⅳ. 바람직한 민법 공부의 방법 ······ 16

제2장 | 민법의 의의와 법원 ······ 24

Ⅰ. 민법의 의의 ······ 24
Ⅱ. 민법의 법원 ······ 27
Ⅲ. 사례 문제의 해결 방법 ······ 42
Ⅳ. 사례 문제와 모범 답안 ······ 49
Ⅴ. 모범 답안과 강평 ······ 65

제3장 | 민법전의 연혁과 구성 ······ 70

Ⅰ. 한국 민법전의 제정 과정 ······ 70
Ⅱ. 한국 민법전의 개정 과정 ······ 76
Ⅲ. 민법전의 체계 ······ 79
Ⅳ. 총칙의 구성 ······ 83

제4장 | 민법의 기본원리, 해석과 적용 ······ 84

Ⅰ. 민법의 기본원리 ······ 84
Ⅱ. 민법전의 적용 범위 ······ 85
Ⅲ. 민법의 해석 ······ 86
Ⅳ. 민법의 적용 ······ 91

제2부 권　리

제5장 | 권리의 개념과 종류 95
Ⅰ. 법률관계 95
Ⅱ. 권리의 의의 96
Ⅲ. 權利(私權)의 분류 98
Ⅳ. 권리의 競合 101
Ⅴ. 권리의 충돌과 순위 102

제6장 | 신의성실의 원칙 103
Ⅰ. 서　론 103
Ⅱ. 역사적 연원 104
Ⅲ. 신의칙의 기능 106
Ⅳ. 신의칙의 하부 원칙 107
Ⅴ. 신의칙 적용의 태도 108
Ⅵ. 권리남용금지의 원칙 109

제3부 법률행위

제7장 | 법률행위 서론 115
Ⅰ. 권리의 변동과 법률요건 115
Ⅱ. 의사표시와 법률행위 116
Ⅲ. 법률행위의 종류 117
Ⅳ. 법률행위의 해석 120
Ⅴ. 법률행위의 요건 124

제8장 | 강행법규 위반 ······ 126

Ⅰ. 법률행위 목적의 유효 ······ 126
Ⅱ. 目的의 適法性 ······ 127
Ⅲ. 강행규정(강행법규) ······ 127
Ⅳ. 강행법규 위반의 모습 ······ 129
Ⅴ. 강행법규 위반의 효과 ······ 131
Ⅵ. 모범 답안과 강평 ······ 134

제9장 | 반사회질서의 법률행위 ······ 139

Ⅰ. 목적의 사회적 타당성 ······ 139
Ⅱ. 반사회질서의 법률행위 ······ 139
Ⅲ. 사회질서 위반의 유형 ······ 141
Ⅳ. 사회질서 위반의 효과 ······ 143
Ⅴ. 사례 연습 ······ 146

제10장 | 불공정한 법률행위 ······ 162

Ⅰ. 개 념 ······ 162
Ⅱ. 객관적 요건 ······ 163
Ⅲ. 주관적 요건 ······ 165
Ⅳ. 효 과 ······ 166
Ⅴ. 사례 연습 ······ 167

제11장 | 비진의 의사표시 ······ 171

Ⅰ. 의사표시의 고장 ······ 171
Ⅱ. 진의 아닌 의사표시 ······ 173
Ⅲ. 요 건 ······ 175
Ⅳ. 효 과 ······ 175

제12장 | 허위표시 ······ 177

Ⅰ. 의 의 ······ 177
Ⅱ. 요 건 ······ 178

Ⅲ. 효 과 …… 179
Ⅳ. 사례 문제와 모범 답안 …… 182

제13장 | 착오에 의한 의사표시 …… 188

Ⅰ. 의 의 …… 188
Ⅱ. 착오의 유형 …… 190
Ⅲ. 요 건 …… 190
Ⅳ. 착오와 관련된 판례의 유형 …… 192
Ⅴ. 효 과 …… 197
Ⅵ. 제109조의 적용범위 …… 198
Ⅶ. 다른 제도와의 관계 …… 198
Ⅷ. 쌍방의 동기의 착오 …… 199
Ⅸ. 사례 연습 …… 199
Ⅹ. 사례 문제와 모범 답안 …… 203

제14장 | 사기·강박에 의한 의사표시 …… 211

Ⅰ. 개 념 …… 211
Ⅱ. 요 건 …… 212
Ⅲ. 효 과 …… 217

제15장 | 의사표시의 효력발생 …… 220

Ⅰ. 원칙과 예외 …… 220
Ⅱ. 도달주의의 의의 …… 221
Ⅲ. 도달주의의 효과 …… 222
Ⅳ. 의사표시의 수령능력 …… 223
Ⅴ. 의사표시의 公示送達 …… 223

제16장 | 대 리 …… 225

Ⅰ. 서 론 …… 225
Ⅱ. 대 리 권 …… 228
Ⅲ. 대리행위 …… 236
Ⅳ. 대리의 효과 …… 243

Ⅴ. 復 代 理 ······ 243
Ⅵ. 사례 연습 ······ 245

제17장 | 무권대리 ······ 248

Ⅰ. 서 론 ······ 248
Ⅱ. 제125조(대리권수여의 표시에 의한 표현대리) ······ 249
Ⅲ. 제126조(권한을 넘은 表見代理) ······ 252
Ⅳ. 제129조(대리권 소멸 후의 표현대리) ······ 255
Ⅴ. 狹義의 무권대리 ······ 257
Ⅵ. 사례 연습 ······ 261
Ⅶ. 사례 문제와 모범 답안 ······ 266
Ⅷ. 모범 답안과 강평 ······ 271

제18장 | 무효와 취소 ······ 280

Ⅰ. 서 론 ······ 280
Ⅱ. 법률행위의 무효 ······ 280
Ⅲ. 법률행위의 취소 ······ 288
Ⅳ. 모범 답안과 강평 ······ 296

제19장 | 조건과 기한 ······ 302

Ⅰ. 서 론 ······ 302
Ⅱ. 조 건 ······ 303
Ⅲ. 期 限 ······ 308

제4부 기간과 소멸시효

제20장 | 기 간 ······ 313

Ⅰ. 서 론 ······ 313
Ⅱ. 기 간 ······ 313

제21장 | 소멸시효 …… 316
Ⅰ. 서 론 …… 316
Ⅱ. 제척기간 …… 317
Ⅲ. 소멸시효의 요건 …… 320
Ⅳ. 소멸시효의 중단 …… 328
Ⅴ. 소멸시효의 정지 …… 330
Ⅵ. 소멸시효의 효력 …… 331
Ⅶ. 사례 연습 …… 332

제5부 권리의 주체

제22장 | 자연인의 권리능력 …… 339
Ⅰ. 능 력 …… 339
Ⅱ. 권리능력의 始期 …… 340
Ⅲ. 외국인의 권리능력 …… 344
Ⅳ. 권리능력의 終期 …… 345
제23장 | 자연인의 행위능력 …… 349
Ⅰ. 의사능력 …… 349
Ⅱ. 행위능력 …… 350
Ⅲ. 미성년자 …… 351
Ⅳ. 被成年後見人 …… 357
Ⅴ. 被限定後見人 …… 359
Ⅵ. 피특정후견인 …… 362
Ⅶ. 성년후견, 한정후견, 특정후견의 비교 …… 363
Ⅷ. 제한능력자 상대방의 보호 …… 364
Ⅸ. 사례 연습 …… 366

제24장 | 주소, 부재, 실종 ······ 370

Ⅰ. 서 론 ······ 370
Ⅱ. 주 소 ······ 370
Ⅲ. 거소, 현재지, 가주소 ······ 371
Ⅳ. 부 재 ······ 372
Ⅴ. 실 종 ······ 377

제25장 | 법 인 ······ 382

Ⅰ. 서 론 ······ 382
Ⅱ. 법인의 종류 ······ 383
Ⅲ. 법인의 설립 ······ 384
Ⅳ. 법인의 능력 ······ 392
Ⅴ. 법인의 기관 ······ 400
Ⅵ. 법인의 주소 ······ 407
Ⅶ. 정관의 변경 ······ 408
Ⅷ. 법인의 소멸 ······ 410
Ⅸ. 법인의 등기 ······ 412
Ⅹ. 법인의 감독과 벌칙 ······ 413
Ⅺ. 모범 답안과 강평 ······ 414

제26장 | 법인 아닌 사단과 재단 ······ 420

Ⅰ. 서 론 ······ 420
Ⅱ. 법인 아닌 사단(비법인사단) ······ 420
Ⅲ. 법인 아닌 재단 ······ 427

제6부 권리의 객체

제27장 | 물 건 ······ 431

Ⅰ. 서 론 ·· 431
Ⅱ. 물건의 의의, 요건 ·· 431
Ⅲ. 물건의 종류 ·· 432
Ⅳ. 부동산과 동산 ·· 434

▪ 색인(조문, 판례, 사항) ·· 443

▪ 일러두기 ▪

□ 漢字는 한글을 병기하지 않는 것을 원칙으로 하였다. 다만 그 정확한 발음이 문제되는 경우에는 먼저 한글을 쓴 후 괄호를 덧붙여 그 안에 한자를 넣었다. 판결문의 경우에는 한글 전용이므로 한자가 사용되지 않고 있는데, 필자가 생각하기에 정확한 용어의 이해를 위하여 한자가 필요한 경우에는, 괄호를 덧붙여 그 안에 한자를 넣었다.

□ 본문에서 학설을 소개할 때 그것을 주장하는 학자의 이름은 밝히지 않는 것을 원칙으로 하였다. 다만, 다음의 저자들은 예외로 하였으며 그들의 이름은 약자로만 제시하였다.

곽: 곽윤직 · 김재형, 민법총칙 [민법강의 I], 제9판, 2013

송: 송덕수, 신민법강의, 제6판, 2013

양: 양창수, 민법연구, 제1권-제9권, 1991-2007

지: 지원림, 민법강의, 제8판, 2010

□ 법조문이나 판결을 인용할 때 이해의 편이를 위하여 필자가 임의로 추가한 부분은 [ ] 안에 표기하였다. 단, 한자를 추가한 경우에는 ( ) 안에 넣었다.

□ 판결의 인용에 있어서는 다음과 같은 방식으로 하였다.

대법원 1983.6.14. 선고 80다3231 판결 → 대판 1983.6.14, 80다3231

전원합의체의 경우에는 '대판(전)'으로 표시하였고, 판결이 아니라 결정인 경우에는 '대결'로 표시하였다. 또한 지방법원이나 고등법원의 판결은 각각 '지판'과 '고판'으로 표시하였다.

□ 민법 조문을 인용할 때에는 法名 없이 조문만을 썼고, 그 외의 경우에는 법명을 썼다. 자주 사용되는 법의 경우에는 다음의 약칭을 사용하였다. 바로 직전에 언급된 법이 다시 쓰인 경우에는 동법이라고 하였다.

민: 민법 (다른 법과 혼동의 우려가 있는 경우에만 사용함)

민소: 민사소송법

부등: 부동산등기법

상: 상법

헌: 헌법

형: 형법

□ 조문번호는 숫자로만 인용하였고, 항의 경우에는 원 안의 숫자로 인용하였다. 가령 11①은 제11조 제1항을 의미한다. 또한 '본'은 본문, '단'은 단서를 의미한다. 한 개의 항이 여러 문장으로 이루어진 경우에는 '제1문', '제2문' 등으로 표기하였다.

제1부_ 서 론

제1장 민법의 공부 방법
제2장 민법의 의의와 법원
제3장 민법전의 연혁과 구성
제4장 민법의 기본원리, 해석과 적용

제1장 민법의 공부 방법

Ⅰ. 이 책의 목적과 구성

이 책은 민법을 처음 공부하는 학생들을 위하여 저술되었다. 다시 말해 민법은 물론이고 다른 법에 대해서도 백지 상태의 지식을 가진 사람들을 위해서 가능하면 간략하고 쉽게 내용을 설명하는 것을 원칙으로 삼았다. 따라서 이미 민법에 대하여 어느 정도 공부한 경험이 있는 학생들이 읽는다면 과잉 친절이라고 여겨질 만큼, 너무 쉬워서 굳이 설명이 필요 없을 부분에 대해서조차 설명을 덧붙이고자 노력했다. 또한 읽기가 어려운 한자의 경우에는 한글을 병기하였다.

이 책의 목표는 '최대한'이 아니라 '최소한'이다. 이 책은 '완벽한 교과서'를 목표로 하고 있지 않다. 즉 이 책은 다른 교과서들처럼 민법 총칙에 관한 모든 내용을 빠짐없이 완벽하게 소개하는 것을 처음부터 목표로 삼고 있지 않다. 너무 분량이 많은 다른 책들과는 달리, 이 책의 목표는 '핵심적인 것' 또는 확실히 알고 넘어가야 하는 '최소한'을 제시하는 것이다.

이 책의 구성에 있어서는 민법전 총칙편의 순서를 따르지 않고, 서론에 이어서 바로 법률행위에 관한 부분을 먼저 서술한 후, 나머지 부분을 서술하는 식으로 하였다. 즉 민법전을 기준으로 말한다면, 제1장 통칙에 이어서 바로 제5장 법률행위로 넘어간 후 제6장 기간과 제7장 소멸시효를 다루고 나서, 건너뛴 제2장 인, 제3장 법인, 제4장 물건을 나중에 다룰 것이다. 이렇게 하는 이유는 법률행위에 관한 부분이 총칙 중에서 가장 어렵고 중요하며 많은 분량을 차지하기 때문이다. 먼저 가장 중요한 부분을 집중적으로 먼저 다루어 해치우고 난 후, 나머지 쉬운 부분을 추가로 공부하자는 의미이다.

II. 공부의 대상

1. 교과서의 선택

어떤 교과서가 좋은 교과서인지에 대해서는 절대적인 기준이 있을 수 없다고 생각한다. 각 교과서가 나름대로의 장점과 단점을 가지고 특색 있게 쓰였기 때문이다. 일응의 기준이 될 수 있는 것은, 저자의 견해뿐만 아니라 다른 학자들의 견해 또한 균형 있게 소개하고 있고, 중요한 판례의 입장도 잘 정리하여 제시하고 있으면서도, 저자의 고유한 관점에 따라 일관성 있게 서술되었는지 하는 여부이다. 가령 송덕수 교수의 『신민법강의』는 이러한 우수한 교과서의 좋은 예가 될 것이다.

그런데 대부분의 교과서들은 이미 이러한 기준들을 충족하고 있기 때문에, 오히려 독자 스스로 읽기에 친근하고 이해가 잘 되는 책을 고르는 것이 더 중요한 기준이 될 수 있다. 남들이 추천하는 책을 선택하는 것도 무난한 방법이 되겠지만, 서점이나 도서관에서 본인 스스로 여러 교과서들을 비교하여 읽으면서 자신에게 맞는 책을 직접 고르는 것은 가장 좋은 선택이 될 수 있다.

2. 법전 읽기의 중요성

민법 공부의 초심자들이 흔히 범하기 쉬운 실수의 하나는 법전은 등한시 한 채 교과서만 열심히 읽는 것이다. 그러나 법전이야말로 민법과 다른 모든 법을 공부함에 있어서는 물론이고 실무에 있어서도 출발점이자 종착역이다. “법관은 헌법과 법률에 의하여 그 양심에 따라 독립하여 심판한다”라고 우리 헌법이 규정하고 있으므로(헌 103) 법의 해석과 적용이 법률에 의해서 이루어져야 함은 당연하지만, 법을 공부하는 과정에 있어서도 법전 그 자체는 공부의 가장 중요한 대상이다. 해당 법 영역의 핵심 내용이 최대한 압축되어 표현된 것이 바로 법전이므로, 법전의 내용만 제대로 이해한다면 그 법과 관련된 대부분의 내용을 이미 파악했다고 볼 수 있기 때문이다.

우리 민법전은 모두 1118개의 조문으로 이루어져 있어서 현행 법률들 중에서 가장 많은 조문을 가진 방대한 법률이고, 그중 총칙에 관한 조문만 해도 184개나 된다. 이것은 결코 적은 수가 아닌 것이 가령 헌법은 모두 130개의 조문으로 구성되며, 대부분의 특별법들은 100개 조를 넘는 일이 드물기 때문이다.

민법전의 조문들은 방대한 민법의 내용 중에서 그야말로 정수 중에 정수만을 모은 것이다. 따라서 다른 법의 공부에 있어서도 마찬가지이지만, 민법 공부에 있어서도 그 출발점은 조문을 열심히 읽고 이해하려고 노력하고 가능하면 (주요 조문들은) 외우는 것이다.

그러므로 법 공부를 시작하여 그 첫걸음으로서 민법 공부에 입문하게 되었다면, 언제 어디서나 법전을(적어도 민법전만이라도) 항상 휴대하는 것이 좋다. 강의실에서든 도서관에서든, 버스나 지하철에서도 여유만 생기면 법전을 꺼내어 몇 번이고 반복하여 읽는 습관을 기르는 것이 바람직하다.

특히 요즘은 휴대전화 등의 스마트 기기를 통하여 민법전을 읽는 것이 매우 용이해졌으므로, 어디에서든 민법전과 함께 생활하는 것이 가능하다. 법제처의 국가법령정보센터(http://www.law.go.kr/)에 가면 모든 법률을 다운로드 할 수 있을 뿐 아니라, 스마트 기기의 앱(App)을 다운받아 사용할 수 있다. 저자 역시 컴퓨터와 스마트 기기에 민법전을 포함한 민사 관련 주요 법률들을 pdf 형식[1]으로 저장하여 두면서 항상 이용하고 있다.

숨을 쉬어야만 살 수 있는 것처럼 항상 민법전을 손에서 떼지 않고 생활하게 된다면, 그 사람은 틀림없이 민법을 잘하게 될 것이며 유능한 법률가로 성장할 것이다.

3. 판례의 중요성

법 공부에 있어서 가장 중요한 3가지의 대상은 바로 법률, 판례, 학설이다. 법률과 학설이 법의 내용을 추상적으로 서술한 것이라면, 법의 생생한 현실은 판례에서 표현된다. 따라서 판례 공부의 중요성은 아무리 강조해도 지나치지 않다.

---

1) portable document format의 약자로서, Adobe社에서 만든 Acrobat 프로그램의 포맷이며 인터넷에서 문서 공유를 위하여 가장 널리 쓰임.

현실적으로 대법원의 판결은 단순한 법의 해석 기능을 넘어서서 법이 미처 규정하지 못한 많은 사회적 문제에 대하여 일종의 입법 기능을 수행하고 있다. 우리나라는 판례법 국가들과는 달리 先判例의 구속력(stare decisis: '판결에 입각함'이라는 뜻의 라틴어)을 형식적으로는 인정하지 않지만, 최고 법원인 대법원 판결의 선례로서의 효력은 실질적으로 인정되고 있어서, 판례법 국가에서의 모습과 큰 차이가 없다.

법 실무에 있어서 판례가 중요한 것과 별도로 법 공부에 있어서도 판례의 학습은, 단지 중요하다는 말로는 부족하며 법 공부 그 자체라고 말할 수 있을 정도이다. 추상적인 법률과 학설의 공부는 그 자체로는 공허하며, 그것을 실제 사례에 적용할 수 있는 능력은 오로지 판례 공부를 통해서만 획득될 수 있기 때문이다. 의학도가 아무리 이론만 열심히 배워도 의사가 되기에는 부족하고, 직접 해부도 하고 임상 실습을 통해서 의학 이론을 실제로 적용하는 연습을 부단히 하여야만 비로소 제대로 된 의사가 될 수 있는 것과 마찬가지이다.

그렇다면 판례를 어떤 방법으로 공부하여야 할까? 방금 법학에 입문한 초심자가 대법원의 판결문을 읽는다면, 그것은 한글로 쓰여 있기는 하되 전혀 내용을 이해할 수 없는, 마치 생면부지의 외국어로 된 글처럼 느껴질 것이다. 따라서 판결문은 법전과는 달리 반복하여 읽기만 한다고 해서 그 이해가 증진될 수는 없고, 적절한 조력이 뒷받침될 때에만 초보자도 판결문의 내용을 조금이나마 이해할 수 있을 것이다.

그러한 조력을 제공하는 것이 사실 강의의 핵심 부분이라고 저자는 생각하고 있으며, 그것은 이 책에서도 핵심적 목표이다. 이 책에서는 가능하면 자주, 판결의 핵심 내용을 간략한 형태로 재구성하고, 그것이 어떠한 논리적인 흐름에 의하여 최종적인 결론에 도달하고 있는지를 최대한 쉽게 설명하고자 한다. 초보자는 이러한 조력에 의존하여 판결문을 읽고 이해하기 위해 노력하다 보면, 점차 혼자 힘으로도 판결문을 이해할 수 있는 수준으로 발전하게 될 것이다.

흔히 범하는 오류는, 판결의 요지를 그냥 암기하기만 하면 판례 공부를 다 한 것처럼 생각하는 태도이다. 각종 국가고시에서 시행되는 객관식 시험은 이러한 풍조를 오히려 부채질해 왔다. 그러나 판결의 결론만 암기하는 것은 최소한의 법적 지식의 함양이라는 면에서는 도움이 될지 모르나, 정작 민법 공부(나아가서 법 공부 일반)에 있어서의 핵심적인 부분인 법적 추론 능력(흔히 legal mind라고 부르는)을 기르는 데에는 별로 기여하지 못한다.

요컨대, 판례를 공부할 때에는 그 결론을 암기하는 것이 중요한 것이 아니라, 그 결론이 어떤 과정을 통하여 도출되었는지 하는 법적 추론 과정을 이해하는 것이 훨씬 더 중요하다.

그렇다면 실제로 판결문을 읽을 때 다음과 같은 식으로 그 내용을 정리해 본다면 공부에 많은 도움이 될 것이다.

우선, 사례 문제의 해결에 있어서 출발점이 되는 4가지 기본 요소, 즉 누가(원고), 누구를 상대로(피고), 무엇을(청구의 내용), 어떤 근거로(청구의 법적 근거) 청구하는지를 파악한다. 둘째, 청구의 법적 근거가 되는 조문을 중심으로 하여 그 요건을 파악한다. 가령 민법 제109조 제1항은 "의사표시는 법률행위의 내용의 중요부분에 착오가 있는 때에는 취소할 수 있다. 그러나 그 착오가 표의자의 중대한 과실로 인한 때에는 취소하지 못한다"라고 규정하고 있는데, 우리는 이로부터 착오로 인한 법률행위가 성립하기 위한 '요건'으로서 (i) '법률행위의 내용'의 착오여야 하고, (ii) '중요 부분'의 착오이어야 하고, (iii) 表意者에게 '중대한 과실'이 없어야 한다는 세 가지를 끄집어낼 수 있다. 셋째, 요건 중에서 특히 그 사례에서 쟁점(핵심적으로 중요한 것)이 되고 있는 문제에 집중하여 고찰한다. 넷째, 위에서 살펴본 것들을 토대로 하여 그 사안의 구체적인 법적인 결론(가령 원고의 청구가 인정되는지 아니면 부인되는지)을 도출한다.

또한, 선례로서 아주 중요한 의미를 가지는 판결에 있어서는 그 판결에 이르기까지의 이전 판결이나 학설의 추이, 그 판결 이후의 변화 등도 함께 살펴보면 좋을 것이다.

특히 중요한 판결은 대법원의 전원합의체 판결들이다. 전원합의체 판결들에 있어서는 대법관들이 의견 일치를 보이는 경우도 있으나, 다수의견 이외에도 반대의견이나 보충의견 등도 제시되는 경우가 많다. 따라서 서로 대립하기도 하고 조금씩 다르기도 한 다양한 법적 논변들을 검토해 볼 수 있기 때문에, 판례 공부를 위해서는 더 없이 좋은 소재이다.

이 책에서도 상당히 많은 판례들이 소개되고 있지만, 그것들은 그 주제와 관련된 판결들 중에서 일부에 불과한 경우가 많다. 또한 대부분의 경우에는 그 핵심 내용만 간략하게 소개되고 있으므로, 소개된 판결의 전문을 찾아 읽으면서 그 상세한 내용을 확인해 보아야 하고, 경우에 따라서는 이 책에 소개되지 않은 다른 판결들까지도 스스로 찾아서 읽어볼 필요가 있다. 이러한 목적을 위하여 매우 유용한 사이트는 대법원이 제공하는 종합법률정보(http://glaw.scourt.go.kr)이다. 여기에서는 판례를 중심으로 하여 관련되는 법령과 참고문헌까지 함께 검색하고 읽을 수 있기 때문에, 법률가에 있어서 중요한 세 가지 기본 자료에 모두 접근할 수 있다. 또한 여기에서는 대법원의 공식적인 公刊物인 판례공보를 통하여 소개된 판결은 물론이지만, 公刊되지 않은 판결이라 하더라도 중요한 판결들은 그 전문이 제공되고 있으므로 공부에 더욱 유용하다. 더욱 좋은 것은 이렇게 훌륭한 서비스를 사설 업체가 아닌 대법원이 제공하고 있어서, 누구든지 무료로 이 서비스를 이용할 수 있다는 점이다. 하루에도 몇 번씩 이 사이트를 방문하여 판례를 검색하고 판결문과 씨름할 때마다 당신의 민법 실력은 무럭무럭 성장할 것이다.[2)]

4. 학설의 의미

교과서를 읽다 보면 어떤 법적 문제에 대하여 너무나 많은 학설이 소개되고 있어서 초보자로서는 도대체 그중에서 어떤 학설이 옳은 것이지, 모든 학설의 내용을 다 알고 있어야 하는지에 대해서 도무지 갈피를 잡지 못하는 경우가 많다.

우선 학설과 관련된 용어를 설명하자면 다음과 같다. 먼저, 모든 학자들의 견해가 일치되어 있는 경우, '一致說' 또는 '학설은 일치하여'와 같이 표현된다. 둘째, 일부 반대 견해가 없는 것은 아니지만 대다수의 학자들의 견해가 일치한 경우에는 '通說'이라고 한다. 셋째, 통설의 정도에까지 이르지는 못했지만 상당히 많은 수의 학자들이 지지하는 견해를 '多數說'이라 하고 그 나머지 견해를 '少

2) 대법원 법원도서관은 이 종합법률정보의 내용 및 법원도서관 소장 도서목록과 저작권 동의를 받은 법률 저작의 원문 자료까지 포함하여 DVD를 만들어 배포하고 있다. 이것이 바로 '법고을 LX'인데, 온라인으로 자료의 업데이트도 제공하고 있어서 매우 편리하다. 유일한 단점은 높은 가격(2012년판의 경우 82,000원이었음)인데, 학생들에게는 저렴한 가격으로 제공되었으면 하는 바람이 있다.

數說'이라 한다. 넷째, 다수설이라고 하기에는 부족하지만 비교적 많은 학자들이 표방하는 견해를 '有力說'이라 한다. 다섯째, 딱히 유력설이 무엇인지 말하기 어려울 정도로 학자들의 견해가 다양하게 나뉘어 있는 경우에는, 각 학자 또는 (견해를 같이하는) 학자들의 견해가 비중의 차이 없이 소개되는 수밖에 없다.

이처럼 학설의 우열 관계를 나타내는 용어만 보더라도 매우 복잡한 것처럼, 실제로 민법과 관련해서는 무수하게 많은 학설들이 존재한다. 그러나 실질적인 의미에서 법률과 거의 대등한 의미를 가지는 판례와는 달리 학설은 형식적으로든 혹은 실질적으로든 法源(법의 존재 또는 인식의 연원이 되는 것)으로서의 강력한 지위를 가지지 못한다.

따라서 법을 공부하는 입장에 있어서 학설이 갖는 첫 번째 의미는, 어떤 법적 문제에 있어서 하나의 절대적으로 타당한 입장이 있는 것이 아니라 다양한 선택지(選擇枝)가 존재함을 알려주는 것이다. 사실 우리가 법을 공부하고 또 실제로 적용함에 있어서 항상 유지해야 하는 일종의 긴장 관계는, 한편으로는 법적 안정성의 입장에서 무엇이 법인지를 명확하게 밝혀야 하지만, 다른 한편으로는 정의의 관점에서 최선의 법적 해결책이 무엇인지를 끝없이 의심하고 탐구하는 자세를 유지하는 것이다. 물론 법관의 입장에서 최종적으로 법을 적용하는 과정에서는 최선의 의미에서의 법이라고 해석되는 것을 적용할 수밖에 없겠지만, 적어도 학교에서 법을 공부하는 과정에 있어서는 정해진 답에 만족할 것이 아니라 보다 타당한 새로운 답을 추구해 보아야 하며, 다양한 학설들은 그러한 시도의 과정이자 결과에 해당한다.

둘째로 학설들은 어떤 법적 문제가 우리가 생각하는 것 이상으로 훨씬 다양하고 복잡한 차원의 계기들을 포함하고 있음을 잘 보여준다. 초보자들은 법이 단지 외우기만 하면 되는 매우 단순명료한 어떤 것이라고 착각하는 경우가 많은데, 실제로 법은 수많은 인간의 다양한 삶의 모습이 반영되어 있는 매우 복잡하고 중층적인 세계이다. 각각의 학설은 그 문제가 가지고 있는 어떤 특별한 측면에서의 의미를 포착하여 보여준다는 의미를 가진다.

그러나 이렇게 학설이 법적 논의가 가지는 폭과 깊이를 잘 보여준다 하더라도, 초보자에게는 그러한 다양한 학설이 일종의 혼란과 두려움으로 다가오게 될 것이다. 따라서 복잡한 학설의 세계를 정리해 줄 일응의 기준이 반드시 필요하며, 그것은 보통 통설 또는 다수설로 표현된다. 바꿔 말하자면, 공부를 하는 과정에서 학설의 다툼이 있는 경우에 적어도 통설 또는 다수설의 입장은 확실하게 이해하고 넘어가야 한다. 또한 실제로 법적 문제를 해결할 때에도 판례 또는 통설의 입장을 따르는 것이 보통이며, 법원 역시 통설의 입장을 따르는 경우가 많다.

가끔은 판례와 통설의 입장이 서로 다른 경우도 있는데, 이렇게 양쪽의 입장이 팽팽하게 대립하고 있는 때에는 양쪽의 입장을 모두 잘 이해하고 있어야 하며, 사례 문제에 대한 답안을 작성할 때에도 양쪽의 입장에 따른 다른 해결책을 모두 서술해 주어야 한다.

대부분의 경우에는 통설과 판례의 입장이 일치하므로 학생으로서는 이 통설과 판례의 입장을 정확하게 이해하고 있으면 충분하다. 그런데 가끔은 이 통설과 판례의 입장에 반대하는 유력한 학설이 있는 경우도 있다. 법원에서는 그러한 유력한 반대설을 채택하는 것이 쉽지 않겠지만, 적어도 학교에서 법을 공부하는 입장일 때에는 반대설의 입장에 서서 통설과 판례의 입장을 비판하고 새로운 해결책을 모색하는 자유로운 태도를 얼마든지 가질 수 있다. 물론 그러한 경우에도 통설과 판례의 입장을 완전히 무시할 수는 없고, 양쪽의 입장이 어떻게 다른지를 명확하게 이해하고 답안에도 양쪽의 입장을 균형 있게 서술하는 것이 중요하다.

5. 법률용어의 정확한 이해

대개 법학 공부를 시작하면서 민법 총칙 공부를 가장 먼저 하게 되므로, 초보자들은 총칙에서 많은 생소한 법률 용어들을 접하게 된다. 많은 한자가 사용되는 것은 물론이고 한국어라고 보기 어려울 만큼 이상한 용어들도 적지 않은데, 주로 일본식의 용어들이 그러하다. 가령 인(人), 태양(態樣), 간주(看做), 표현대리(表見代理) 등은 그중 일부에 불과하다.

이러한 용어들은 초보자들이 민법 공부에 대한 흥미와 의욕을 잃게 되는 한 원인이 되고 있다. 그렇다고 해서 이러한 법률용어들의 정확한 의미를 제대로 이해하고 넘어가지 않으면, 민법은 점점 더 어렵고 골치 아픈 것이 되고 만다.

따라서 새로운 용어가 하나라도 등장하면 그것이 민법 총칙의 범위에 속하는지 여부와 상관없이 그 대강의 의미를 반드시 熟知하고 넘어가야 한다. 이 목적을 위해서는 법률용어사전이 매우 유용할 것이며, 이미 여러 출판사에서 그러한 사전들이 출간되어 있다.

두꺼운 법률용어사전을 항상 휴대하는 것이 불편하다고 생각한다면, 인터넷을 통하여 법제처에서 제공하는 "국가법령정보센터 법령용어 검색"[3]을 활용하는 것도 좋은 방법이다.

Ⅲ. 민법 공부의 중요성

1. 현실적 중요성

민법은 변호사시험이나 사법시험과 같은 법률가를 선발하는 시험에서 가장 중요한 과목이다.

우선 변호사시험의 경우를 보면 민사법, 공법, 형사법, 선택과목(7과목 중에 하나를 선택함) 영역으로 나누어 시험을 치르게 되는데 그 총점이 각각 700, 400, 400, 160점이므로 비율로 따져본다면 1.75 : 1 : 1 : 0.4가 된다. 즉 민사법은 공법과 형사법에 비하면 무려 75%, 선택과목과 비교한다면 338% 더 많은 배점을 차지한다.

또한 사법시험에 있어서도 2차 시험의 대상이 되는 7과목 중 나머지 과목들은 배점이 100점씩인데 민법만 150점을 차지한다.

다른 한편으로 법조계에서 활약하고 있는 선배 법률가들의 조언을 들어보면, 이구동성으로 민법 공부의 중요성을 강조한다. 실무의 법률가들은 자기가 일하는 분야와 상관없이 민법이야말로 법적 사고의 출발점이 됨을 절실히 경험했기 때문이다.

굴지의 로펌에서 대표변호사로 일하는 노련한 법률가가 자기 사무실 서가의 가장 가까운 곳에 놓아두고 어려운 사건이 있을 때마다 참고하는 책이 무엇

---

3) 국가법령정보센터 http://www.law.go.kr/ 첫 화면에서, 하단의 '법령 용어' 선택 또는 직접 검색어 입력함.

일까? 어떤 대표변호사는 저자에게 그 책이 곽윤직 교수의 민법 교과서라고 실제로 털어놓은 적이 있다.

또한 우리나라를 대표하는 모 그룹의 법률분야 최고책임자(사장)는 저자가 강의를 할 때 학생들에게 "꼭 민법 노트를 작성하라"는 말을 전해 달라고 신신당부하였다. 민법 노트는 특별한 어떤 것이 아니라, 공책에 민법의 조문을 적고 그 아래에 자기 나름대로 중요한 사항들을 메모한 것을 말한다. 처음에는 단순히 조문만을 베낀 것이 되어 별 내용이 없겠지만, 민법 공부를 해 나가면서 점점 내용을 추가해 가면 몇 년이 지났을 때에는 무척 두툼한 분량이 될 것이며, 그만큼 그 노트를 작성한 사람의 법적인 역량도 성숙해져 있을 것이라는 말이었다.

요컨대 법률가라면 어떤 분야에서 일하든, 민법 공부를 통해 훈련된 법적 추론의 방법 및 민법의 기본지식이 구체적인 법적 문제를 해결하는 데 있어서 가장 기초가 됨을 누구나 인정한다.

2. 역사적 배경

왜 민법의 공부가 다른 모든 법 분야를 제대로 이해하기 위한 초석이 되는지를 설명하기 위해서는 법 일반의 역사를 간략하게 살펴볼 필요가 있다.

오늘날 우리가 너무나 당연하게 우리 자신의 것이라고 믿고 있는 한국의 법은 사실은 서구의 법으로부터 많은 영향을 받아 만들어졌다. 그런데 서구법의 역사를 살펴보면 그 뿌리가 된 것이 로마법이었다. 법의 천재였던 로마인들은 인류의 역사에 있어서 전무후무하다고 할 수 있을 정도로 법을 고도로 발전시켰다. 서구인들은 이 로마법을 기초로 하여 중세 이후에 대학을 중심으로 법학을 발전시켰고, 대학을 통하여 로마법은 이탈리아를 넘어서서 유럽 전체로 확산되었다.

그런데 원래 로마인들이 발전시킨 법의 영역은 특히 民法 분야였다. 민법은 개인들 사이에서 발생한 분쟁, 주로 경제적인 분쟁을 해결하는 법의 분야이다. 민법은 국가와 개인 사이의 어떤 문제를 다루는 것이 아니라, 대등한 개인 간에 발생한 문제를 다룬다. 따라서 민법 문제에 있어서는 법률가가 국가 권력(그것은 왕, 혹은 종교, 아니면 다른 어떤 절대적 존재일 수도 있다)의 눈치를 볼 필요가 없이,

자유롭고 합리적인 해결책을 모색할 수 있었다. 따라서 로마법이 발전시킨 민법의 내용은 비슷한 경제적 문제가 발생하는 어느 곳에서나 시대를 초월하여 타당성을 가질 수 있었다.

> 어원을 살펴보면, 민법이라는 말도 로마로부터 유래한다. 로마인들은 자신들의 법을 "로마 시민에게만 적용되는 법"이라는 의미에서 시민법(ius civile)이라고 불렀다. 즉 이 시민법이라는 개념은 만민법(ius gentium: 로마 시민이 아닌 자들에게도 적용되는 법), 자연법(ius naturale: 인류에게 보편적으로 적용되는 법)과 대비되는 것이었다. 다른 한편으로 이 시민법이라는 용어는 이 세 가지 모두를 포괄하여 법 일반을 의미하기도 했다.
>
> 중세에서 시민법이라는 말은 교회법과 구별되는 세속법(즉, 로마법)을 의미함과 동시에, 법 일반을 가리키기도 했다. 근대에 들어와서 각국은 이 시민법이라는 용어를 그대로 차용하였다. 가령 프랑스는 droit civil, 독일은 Bürgerliches Recht 또는 Zivilrecht라는 용어를 민법의 의미로 사용하였다.
>
> 이 개념을 民法이라는 한자어로 만든 사람은 19세기 일본의 쯔다 마미찌(津田眞道)였으며, 그는 이 말을 네덜란드어인 Burgerlyk regt(시민법이라는 뜻)로부터 번역하였다고 한다.[4)]

따라서 중세 이후에 법학이 대학을 통하여 부흥하게 되었을 때 가장 중심이 된 분야는 로마법이었으며 그 핵심은 당연히 민법이었다. 이어서 가장 먼저 민법으로부터 독립하여 독자적인 영역을 확보하게 된 법 분야는 상법이었다. 민법과 상법을 합쳐서 私法이라고 부르니까, 결국 서구법의 출발은 공법이 아니라 사법이었던 셈이다.

헌법이나 형법과 같이 오늘날에는 엄청난 중요성을 가지는 법 분야들도 민법에 비하면 그 역사가 매우 짧다. 민법은 로마 때부터 발전하였으므로 2천년 이상의 역사를 가지고 있는 데 비하여, 근대 독일 형법의 출발점이라 할 수 있는 카롤리나 형법전(Constitutio Criminalis Carolina)은 1532년에, 세계 최초의 성문헌법인 미국 헌법은 1787년에야 만들어졌다. 행정법, 노동법 등과 같은 다른 법들의 역사는 더욱 짧다고 할 수 있다.

그러나 민법이 이렇게 다른 법 분야들에 비하여 압도적으로 오래되었다는

---

4) 보다 상세한 소개는 정종휴, 『역사 속의 민법』(1994), 28면 이하 참조.

사실에서 민법이 다른 법보다 중요하다는 결론이 바로 도출될 수는 없다. 가령 오늘날 매우 각광받고 있는 분야인 지식재산권법이나 조세법, 경제법 등의 역사가 짧다고 해서 그런 법들이 덜 중요하다고 할 수는 없기 때문이다.

오히려 법의 역사로부터 우리가 주목해야 하는 점은, 변화하는 사회의 모습이 새로운 법 분야의 출현을 필요로 하였을 때 그 새로운 영역들이 자신들의 학문적 기초를 어디로부터 마련하였을까 하는 점이다.

중세 이후 서구에서의 법 발전을 살펴보면 사법이 아닌 공법의 영역에 있어서도 그 출발점과 기초가 된 것은 로마법, 그리고 로마법을 중심으로 하여 발전한 민법학이었다. 결국 서구의 법률가들은 원래 로마법, 그리고 그 핵심을 차지하는 민법에서 발전시킨 여러 가지 법적 제도와 학설, 법적 추론의 방식을 기초로 하여 나머지 법 분야를 점차적으로 발전시켜 나갔다. 이런 의미에서 민법은 다른 모든 법의 어머니라고 할 수 있다. 민법에서부터 다른 모든 법이 (적어도 학문적인 의미에서는) 탄생하였다고 볼 수 있기 때문이다.

그래서 근대법의 아버지라고 일컬어지는 후고 그로티우스(Hugo Grotius, 1583-1645)는 다음과 같은 말을 한 적이 있다. 이 말은 그의 책 『갈리아인들에게 보내는 편지』(Epistolae ad Gallos, CLVI, 1633)에 실려 있다.

> "고귀한 인간에게 있어서 법 공부만큼 값어치 있는 일은 없다. 첫째, 인간을 다른 인간과, 나라를 다른 나라와 연결하는 법의 공부, 또한 조국의 법의 공부가 그러하다. 이것의 적지 않은 부분은 로마법으로 이루어지는데, … 로마법의 타당성은 많은 부분에 있어서 명확하지만, 특히 계약과 불법행위에 관한 부분에서 그러하다. 그래서 로마법은 로마인들이 무기로 정복하지 않은 민족들에게서도 성행하며, 그것도 위력에 의한 것이 아니라, 오로지 자신의 正義 덕택에 승리하는 것이다."

여기에서 그로티우스는 법 공부가 고귀한 인간들을 위한 가치 있는 일임을 강조하면서, 법 공부의 상당한 부분이 로마법에 관한 것이라고 말하고 있다. 특히 그는 로마법 중에서도 계약법과 불법행위법(이 두 가지를 합쳐서 채권법이라고 부르는데, 채권법이야말로 민법 전체 중에서 가장 중요한 부분이다)이 탁월하다는 점을 강조하면서, 그것이 가진 합리성 덕택에 많은 민족들에게 받아들여지고 있다고 한다. 이 말을 그로티우스가 한 것이 거의 400년 전이지만, 로마법과 민법이 가지는 중요한 가치는 여전히 유지되고 있다.

요컨대, 법 공부의 핵심은 바로 민법 공부이다. 민법을 열심히 공부하여 잘하게 되면, 다른 법의 공부도 틀림없이 잘할 수 있다. 민법에서 훈련된 법적 추론의 능력이 다른 분야에서도 똑같이 활용될 수 있기 때문이다. 반대로 민법 공부를 소홀히 하게 되어 흥미를 잃게 되고 결국 부실한 민법 실력을 가지게 된다면, 당장 변호사시험이나 사법시험에 합격하는 것도 어렵겠지만, 운 좋게 합격하여 법조인으로서 일을 시작한다 하더라도 그 사람의 미래는 암담할 수밖에 없다. 어떤 새로운 문제에 직면하였을 때 그것을 혼자서 해결할 수 있는 법적 사고의 훈련이 되어 있지 않기 때문이다.

민법은 아주 시시콜콜하고 사소한 문제를 다루며 일상생활에서 흔히 벌어지는 대수롭지 않은 사건들만을 가지고 씨름하는 것처럼 보이지만, 거기에서 훈련된 법률가적 사고방식이 수천억 원이 왔다 갔다 하는 큰 소송을 이길 수 있는 밑거름이 되는 것이다.

3. 하버드 대학의 공부벌레들

티머시 바텀즈(Timothy Bottoms, 제임스 하트 역), 린제이 와그너(Lindsay Wagner, 수잔 필즈 역) 등이 주연한 영화 『하버드 대학의 공부벌레들』(The Paper Chase, 1973)을 보면, 주인공인 하트가 하버드 로스쿨에 입학하여 첫 시간 수업을 받는 것으로 영화가 시작된다. 이 수업은 악명 높은 킹스필드 교수(Professor Kingsfield)가 담당하는데, 그 과목은 다름 아닌 계약법(contract law: 우리의 채권법에 해당함)이었다.

실제로 미국의 모든 로스쿨 학생들은 1학년 첫 학기에 반드시 계약법을 수강해야 한다. 이 과목이야말로 법 공부에 있어서 가장 기초가 되기 때문이다. 아까 그로티우스도 이미 언급하였지만, 계약법이야말로 민법의 핵심 영역이기 때문이다.

존 하우스먼(John Houseman)이 연기한 킹스필드 교수는 압도적인 권위와 카리스마로 로스쿨에 막 입학한 애송이 하트를 압도한다. 하트는 처음에는 이 계약법 수업에 적응하지 못하여 학교를 그만둘 위기에까지 처하게 되지만, 점차

계약법 공부에 전념하게 되면서 킹스필드 교수의 사랑을 받는 우수한 학생으로 성장하게 된다. 그는 심지어 그 교수의 외동딸인 수잔과 사랑에 빠지게 되는데, 이것은 그가 민법과의 사랑에 빠지게 된다는 類比(유비)처럼 보인다. 민법 공부를 제대로 못하면 법조인이 되는 것 자체가 힘들어지지만, 반대로 민법 공부를 잘하게 되면 훌륭한 법률가가 되는 초석을 적어도 절반은 닦은 것이다.[5)]

원래 소설을 원작으로 하는 이 영화에는 킹스필드 교수에 관한 멋진 묘사가 나온다. 법을 공부하는 학생이라면 한번쯤 음미해 볼 만한 대목이다:

> "킹스필드 교수는 절대로 웃는 법이 없고 외골수이다. 그러나 그는 계약법 속에서 생활하고 호흡하며 잠을 잔다. (Professor Kingsfield never smiles, has a one-track mind. But he lives, breathes, and sleeps contract law.)"

Ⅳ. 바람직한 민법 공부의 방법

1. 양창수 대법관의 충고

현재 대법관으로 재직하고 있으면서 동시에 가장 권위 있는 민법학자 중의 한 분이기도 한 양창수 대법관은 민법 공부의 어려움 그리고 그러한 어려움을 극복하는 바람직한 민법 공부의 방법에 대하여 다음과 같이 지적한 바 있다.[6)]

우선 민법 공부가 어려운 이유는 민법의 내용이 방대할 뿐만 아니라 그 내용이 매우 복잡하고 다양하기 때문이라고 한다. 민법은 복잡한 인간사의 모든 문제에 대하여 2천년이 넘게 축적된 지혜의 결정판이며, 가장 오랫동안 가장 완벽하게 발전한, "문제의 끝"까지 밀고 나가는 철저한 思考의 결과물이라고 한다. 그래서 다른 법들도 모두 민법에 기초하고 있다고 양 대법관은 말한다.

그렇다면 이렇게 복잡하고 방대하며 심오한 민법을 어떤 식으로 공부하는 것이 좋을까? 이하는 양 대법관이 제시하고 있는 방법에 필자의 의견을 덧붙인

5) 나머지 절반은 건전한 상식에 기초한 균형 잡힌 세계관이라고 저자는 생각한다.
6) 양창수, "민법강의에 앞서서,"『民法散考』(1998), 345면 이하.

것이다.

우선, 교과서나 판례를 읽는 것과 생각하는 것을 균형 있게 병행해야 한다. 교과서를 그냥 읽기만 하고 그 구체적 의미를 생각하지 않으면 그 공부는 살아 있는 지식이 되지 못한다. 스스로 많이 생각해 보는 것도 좋지만, 친구들과 스터디 그룹을 만들어 판례 등을 가지고 토론해 보는 습관을 기르면 가장 좋을 것이다. 법은 결국 이성이라는 무기를 가지고 벌이는 싸움이며, 법적 문제를 가지고 하는 토론은 그와 같은 정신적 싸움의 훌륭한 훈련장이기 때문이다.

둘째로, 법전을 중시해야 한다. 교과서를 포함한 다른 모든 것은 법전을 제대로 이해하기 위한 보조적 수단에 불과하다. 항상 법전과 함께 생활하는 자세, 자신의 법적 주장의 근거를 항상 법조문을 통하여 제시하는 습관을 길러야 한다.

셋째, 무비판적 외우기는 위험하지만 외우기를 외면해서는 안 된다. 법 공부에 있어서 근본적으로는 암기보다는 이해가 중요한 것이 사실이지만, 잘 이해한 내용을 암기까지 하였을 때 비로소 그 지식을 실제로 활용할 수 있게 된다. 중요한 조문들은 반복하여 읽어서 반드시 암기해야 하고, 중요한 청구권들의 성립 요건들은 특히 잘 외우고 있어야 사례 문제의 해결이 가능하다.

넷째, 혼자서 공부를 할 때(가령, 교과서를 읽을 때)에는 양보다는 질을 생각하라. 스스로의 머리로 생각하지 않으면서 암기만을 목적으로 그냥 읽어나가는 것은 효율적인 방법이 아닐 뿐 아니라, 제대로 암기도 되지 않는다. 항상 "왜?"라는 질문을 던지면서 읽으면 지금 당장은 시간이 많이 걸리겠지만, 그 생각의 훈련이 쌓이고 쌓여서 민법 실력이 된다. 곰곰이 생각해도 알 수 없는 부분이 있다면 체크만 해 두고 그 다음으로 넘어가는 것이 효율적이다.

다섯째, 나무가 아니라 숲을 보라. 세부적인 내용을 꼼꼼하게 이해하는 것도 중요하겠지만, 특히 총칙의 공부에 있어서는 내가 지금 총칙 전체 중에서 어느 부분을 공부하고 있는지에 대한 생각을 놓쳐서는 안 된다. 총칙은 7개의 장으로 구성되어 있으니, 내가 지금 그중의 어느 장을 공부하는지, 그 장 안에서는 다시 어느 부분을 공부하고 있는지를 알면서, 즉 전체의 구성을 생각하면서 공부해야 한다.

여섯째, 인용된 판례와 조문은 총칙의 범위를 벗어나는 것이라도 반드시 찾아보고 확인해야 한다. 총칙 공부가 특히 어려운 것은 총칙 밖의 이야기가 자주 나오기 때문이다. 뒷부분의 내용을 당장 이해할 수는 없다 하더라도, 새롭게 등장하는 판례 · 조문 · 법률용어 등은 꼭 찾아보고 확인하는 습관을 기르는 것이 좋다.

끝으로, 너무 학설대립에 집착하지 말아야 한다. 이 문제에 관하여 어떠한 다른 입장들이 있는지 대체적으로 파악하면 일단은 충분하다. 나중에 공부의 깊이가 더해지면, 그 학설들이 왜 다른 입장을 취하게 되었는지에 대해 보다 입체적인 이해가 가능할 것이다. 우선은 통설과 판례의 입장을 중심으로 하여 기본적인 법리를 확실하게 이해하는 것으로 족하다.

이상으로 양창수 대법관이 추천하는 민법 공부의 방법 몇 가지를 살펴보았다. 중요한 것은 말보다 실천이고, 좋은 공부 방법이 자신의 습관이 되도록 하는 것이다. 이제 본격적으로 민법 공부를 시작해 보자.

2. 판결문 읽는 방법

앞으로 수많은 판결들을 읽고 공부하게 될 것이므로, 판결문이 어떻게 구성되어 있고 각 부분의 의미가 무엇인지 먼저 배워보기로 하자. 이하에서 Ⓐ Ⓑ 등의 알파벳 번호는 원래 판결문에는 없지만, 설명의 편의를 위하여 저자가 붙인 것이다. 원래 판결문은 쭉 하나로 이어져 있지만, 설명의 편의를 위하여 이하에서는 내용을 몇 부분으로 나누었다.

Ⓐ 대법원 1983.6.14. 선고 80다3231 판결
Ⓑ [분묘이장]
Ⓒ [공1983.8.1.(709),1072]

Ⓐ 부분: 재판법원, 재판일자, 사건번호, 재판종류가 기재된다. 재판일자는 판결(선고일) 또는 결정 · 명령(告知日)이 내려진 일자이다. 사건번호는 접수연도, 사건부호, 진행번호의 순서로 이루어진다. 사건부호의 예를 들자면, 가단(민사 제1심 단독사건), 가합(민사 제1심 합의사건), 나(민사 항소사건), 다(민사 상고사건), 고합(형사 제1심 합의사건), 드합(가사 제1심 합의사건) 등이 있다. 재판종류는 판결, 결정, 명령이 있다.

Ⓑ 부분: 사건명으로서 법관이 정하는 것이 아니라 소장 제출시 접수공무원이 정한다.

Ⓒ 부분: 出典으로서 판결의 公刊 정보를 담고 있다. 대법원의 판결 등은 대법원판례집, 법원공보(73-95년), 판례공보(96년-)을 통하여, 하급심의 경우는 고등법원판례집, 하급심판결집, 각급법원 판결공보를 통하여, 헌법재판소의 경우는 헌재공보를 통하여 공간된다.

Ⓓ [판시사항]

가. 호주 아닌 가족의 사망의 경우 호주가 그 가족의 분묘에 관한 권리를 당연취득하는지 여부
나. 관습법과 사실인 관습의 차이
다. 관습법과 사실인 관습의 주장입증책임
라. 사실인 관습의 효력범위
마. 가정의례준칙 제13조의 규정과 상치되는 관습법의 효력을 인정할 수 있는지 여부
바. 가정의례준칙 제13조의 규정과 상치되는 사실인 관습의 효력인정 요건

Ⓔ [판결요지]

가. 민법 제996조의 규정은 호주 아닌 가족의 사망의 경우에는 그 적용이 없고, 호주라고 하여 그 가족이 사망하였을 경우에 그 가족의 제사상속인으로서 분묘 등에 관하여 당연히 그 권리가 귀속된다고 할 근거도 없다.
나. 관습법이란 사회의 거듭된 관행으로 생성한 사회생활규범이 사회의 법적 확신과 인식에 의하여 법적 규범으로 승인·강행되기에 이르는 것을 말하고, 사실인 관습은 사회의 관행에 의하여 발생한 사회생활 규범인 점에서 관습법과 같으나 사회의 법적 확신이나 인식에 의하여 법적 규범으로서 승인된 정도에 이르지 않은 것을 말하는바, 관습법은 바로 법원으로서 법령과 같은 효력을 갖는 관습으로서 법령에 저촉되지 않는 한 법칙으로서의 효력이 있는 것이며, 이에 반하여 사실인 관습은 법령으로서의 효력이 없는 단순한 관행으로서 법률행위의 당사자의 의사를 보충함에 그치는 것이다.
다. 법령과 같은 효력을 갖는 관습법은 당사자의 주장 입증을 기다림이 없이 법원이 직권으로 이를 확정하여야 하고 사실인 관습은 그 존재를 당사자가 주장 입증하여야 하나, 관습은 그 존부자체도 명확하지 않을 뿐만 아니라 그 관습이 사회의 법적 확신이나 법적 인식에 의하여 법적 규범으로까지 승인되었는지의 여부를 가리기는 더욱 어려운 일이므로, 법원이 이를 알 수 없는 경우 결국은 당사자가 이를 주장입증할 필요가 있다.

라. 사실인 관습은 사적 자치가 인정되는 분야 즉 그 분야의 제정법이 주로 임의규정일 경우에는 법률행위의 해석기준으로서 또는 의사를 보충하는 기능으로서 이를 재판의 자료로 할 수 있을 것이나 이 이외의 즉 그 분야의 제정법이 주로 강행규정일 경우에는 그 강행규정 자체에 결함이 있거나 강행규정 스스로가 관습에 따르도록 위임한 경우 등 이외에는 법적 효력을 부여할 수 없다.
마. 가족의례준칙 제13조의 규정과 배치되는 관습법의 효력을 인정하는 것은 관습법의 제정법에 대한 열후적, 보충적 성격에 비추어 민법 제1조의 취지에 어긋나는 것이다.
바. 가족의례준칙 제13조의 규정과 배치되는 사실인 관습의 효력을 인정하려면 그와 같은 관습을 인정할 수 있는 당사자의 주장과 입증이 있어야 할 뿐만 아니라 이 관습이 사적 자치가 인정되는 임의규정에 관한 것인지 여부를 심리판단하여야 한다.

Ⓕ [참조조문]

가. 민법 제996조 / 나. 다. 라. 민법 제1조, 제106조 / 마. 바. 민법 제1조, 제106조, 가정의례준칙 제13조

Ⓓ Ⓔ Ⓕ 부분: 판시사항은 이 판결 등에서 다루어지는 법적 쟁점을 정리한 것이고, 판결요지는 각 쟁점(판시사항)에 대한 법원의 판단을 정리한 것이며, 참조조문은 관련되는 근거 조문들을 摘示한 것이다. 대법원판례집, 판례공보의 편집자가 작성한 것으로 원래의 판결에는 포함되어 있지 않다. 판결의 주요 내용을 독자들이 빠르게 이해할 수 있도록 돕는 역할을 할 뿐이므로, 어떠한 법적 효력도 없다.

[전 문]

Ⓖ [원고, 상고인] 김형조 소송대리인 변호사 강안희
[피고, 피상고인] 이병우
[원심판결] 광주고등법원 1980.11.26 선고 78나610 판결

Ⓗ [주 문]

원심판결을 파기하여, 사건을 광주고등법원에 환송한다.

Ⓖ 부분: 당사자를 적시한다.

Ⓗ 부분: 主文으로서 재판의 결론에 해당하며, 재판의 必要的 기재사항이다. 대법원 판결의 경우 上告認容 또는 上告棄却(이것은 다시 破棄自判 또는 破棄還送임) 둘 중의 하나이다.

Ⓘ [이 유]

상고이유 제1점 및 제3점을 함께 모아 판단한다.

1. 원심판결 이유기재에 의하면, 원심은 원래 분묘의 소유권은 관습상 제사상속인에 전속하는 권리이고 민법 제996조의 규정에 의하더라도 분묘에 속한 1정보 이내의 금양임야와 600평 이내의 묘토인 농지, 족보와 제구의 소유권은 호주상속인이 이를 승계한다고 되어 있으므로 본소와 같이 분묘의 철거 및 묘역에 해당하는 임야부분의 인도를 청구함에 있어서는 위 분묘에 대한 대외적 관계에서의 처분권한을 가지는 호주상속인 겸 제사상속인을 상대로 하여야 할 것인바, 원고가 철거를 구하는 이 사건 분묘는 피고의 어머니인 소외 망 박분금의 묘임이 당사자사이에 다툼이 없고 을 제2호증 호적등본의 기재에 의하면, 피고와 동일 가적에 있는 아버지인 소외 이인창이 일가의 호주로서 생존하여 있음이 인정되므로 피고는 위 민법 법조에 의한 호주 및 제사상속인이 될 수 없음이 명백할 뿐더러 처가 먼저 사망한 경우에는 그 부가 망실의 제사를 통제하는 제주가 되는 것이 관습인 만큼 피고가 비록 위 망 박분금의 장남으로서 위 망인의 분묘를 사실상 설치하고 이를 수호 관리하였다고 하더라도 이러한 사정만으로는 피고에게 위 분묘의 소유권 또는 처분권한이 귀속된다고 할 수 없다 하여 이 사건 분묘의 소유권이나 처분권한이 없는 피고를 상대로 분묘의 철거 및 묘역의 인도를 구하는 이 사건 소는 부적법한 것이라고 판시하였다.

2. 민법 제996조의 규정은 호주상속에 관하여 호주상속의 효력으로 분묘에 속한 1정보 이내의 금양임야와 600평 이내의 묘토인 묘지, 족보와 제구의 소유권은 호주상속인이 이를 승계한다는 것으로 호주상속과 관계없는 가족의 사망의 경우에는 그 적용이 없고 호주라고 하여 그 가족이 사망하였을 경우에도 그 가족의 제사상속인으로서 분묘 등에 관하여 당연히 그 권리가 귀속된다고 할 근거가 없으므로 피고의 아버지인 소외 이인창이 호주이므로 호주로서 그 가족의 분묘에 관한 권리를 당연히 취득하는 것이라고 할 수 없다.

3. 민법 제1조는 민사에 관하여 법률에 규정이 없으면 관습법에 의하고 관습법이 없으면 조리에 의한다고 규정하여 관습법 및 조리의 법원으로서의 근거를 천명하고 있으며 한편 같은법 제106조는 법령 중의 선량한 풍속 기타 사회질서에 관계없는 규정과 다른 관습이 있는 경우에 당사자의 의사가 명확하지 아니한 때에는 그 관습에 의한다고 규정하여 사실인 관습의 효력을 정하고 있다.

관습법이란 사회의 거듭된 관행으로 생성한 사회생활규범이 사회의 법적 확신과 인식에 의하여 법적 규범으로 승인 강행되기에 이르른 것을 말하고 사실인 관습은 사회의 관행에 의하여 발생한 사회생활규범인 점에서는 관습법과 같으나 다만 사실인 관습은 사회의 법적 확신이나 인식에 의하여 법적 규범으로서 승인될 정도에 이르지 않은 것을 말하여 관습법은 바로 법원으로서 법령과 같은 효력을 갖는 관습으로서 법령에 저촉되지 않는 한 법칙으로서의 효력이 있는 것이며 이에 반하여 사실인 관습은 법령으로서의 효력이 없는 단순한 관행으로서 법률행위의 당사자의 의사를 보충함에 그치는 것이다.

일반적으로 볼 때 법령과 같은 효력을 갖는 관습법은 당사자의 주장 입증을 기다림이 없이 법원이 직권으로 이를 확정하여야 하나 이와 같은 효력이 없는 사실인 관습은 그 존재를 당사자가 주장 입증하여야 한다고 파악할 것이나 그러나 사실상 관습의 존부 자체도 명확하지 않을 뿐만 아니라 그 관습이 사회의 법적 확신이나 법적 인식에 의하여 법적 규범으로까지 승인된 것이냐 또는 그에 이르지 않은 것이냐를 가리기는 더욱 어려운 일이므로 법원이 이를 알 수 없을 경우 결국은 당사자가 이를 주장 입증할 필요에 이르게 될 것이다.

한편 민법 제1조의 관습법은 법원으로서의 보충적 효력을 인정하는 데 반하여 같은 법 제106조는 일반적으로 사법자치가 인정되는 분야에서의 관습의 법률행위의 해석기준이나 의사보충적 효력을 정한 것이라고 풀이할 것이므로 사법자치가 인정되는 분야 즉 그 분야의 제정법이 주로 임의규정일 경우에는 위와 같은 법률행위의 해석기준으로서 또는 의사를 보충하는 기능으로서 이를 재판의 자료로 할 수 있을 것이나 이 이외의 즉 그 분야의 제정법이 주로 강행규정일 경우에는 그 강행규정 자체에 결함이 있거나 강행규정 스스로가 관습에 따르도록 위임한 경우 등 이외에는 이 관습에 법적 효력을 부여할 수 없다고 할 것인바, 가정의례에 관한 법률에 따라 제정된 가정의례준칙(1973.5.17 대통령령 제6680호) 제13조는 사망자의 배우자와 직계비속이 상제가 되고 주상은 장자가 되나 장자가 없는 경우에는 장손이 된다고 정하고 있으므로 원심인정의 관습이 관습법이라는 취지라면(원심판시의 취지로 보아 관습법이라고 보여지나 반드시 명확하지는 않다) 관습법의 제정법에 대한 열후적(劣後的), 보충적 성격에 비추어 그와 같은 관습법의 효력을 인정하는 것은 관습법의 법원으로서의 효력을 정한 위 민법 제1조의 취지에 어긋나는 것이라고 할 것이고 이를 사실인 관습으로 보는 취지라면 우선 그와 같은 관습을 인정할 수 있는 당사자의 주장과 입증이 있어야 할 것일 뿐만 아니라 사실인 관습의 성격과 효력에 비추어 이 관습이 사법자치가 인정되는 임의규정에 관한 것이어야만 비로소 이를 재판의 자료로 할 수 있을 따름이므로 이 점에 관하여도 아울러 심리판단하였어야 할 것이므로, 따라서 원심인정과 같은 관습을 재판의 자료로 하려면 그 관습이 관습법인지 또는 사실인 관습인지를 먼저 가려 그에 따라 그의 적용여부를 밝혔어야 할 것이다.

4. 결국 원심은 민법 제996조 호주상속의 효력에 관한 법리를 오해하여 호주상속인만이 분묘에 관한 처분권한을 갖는다고 그릇 판단하였을 뿐만 아니라 관습법 및 사실인 관습의 효력과 그 성격에 관한 법리를 오해하여 심리를 다하지 아니하고 사실

을 그릇 인정하였다고 할 것이므로 이를 탓하는 상고논지는 그 이유가 있다 하겠으므로 상고이유 제2점에 대한 판단의 필요없이 원심판결은 파기를 면할 수 없다고 할 것이다.

그러므로 원심판결을 파기하여 사건을 광주고등법원에 환송하기로 관여법관의 의견이 일치하여 주문과 같이 판결한다.

Ⓙ 대법관 이일규(재판장) 이성렬 전상석 이회창

Ⓘ 부분: 이유로서 민사소송법 제208조 제2항에 따르면 "판결서의 이유에는 주문이 정당하다는 것을 인정할 수 있을 정도로 당사자의 주장, 그 밖의 공격·방어방법에 관한 판단을 표시한다."고 되어 있다. 즉 主文이라는 결론이 도출되게 된 근거를 기술한 부분이다.

Ⓙ 부분: 재판한 법관의 이름을 기재한다. 재판장은 재판진행과 행정업무를 담당하며, 主審은 재판기록을 검토하고 의견을 제시하는 역할을 한다.

제2장 민법의 의의와 법원

Ⅰ. 민법의 의의

1. 공법과 사법

법을 公法과 私法으로 나누는 것은 가장 일반적인 분류 방법이다. 공법에는 헌법, 형법, 행정법, 세법 등이, 사법에는 민법, 상법 등이 속한다. 공법과 사법의 중간 영역을 사회법이라 부르기도 하는데, 노동법, 경제법, 사회보장법 등이 해당한다.

(1) 공 · 사법의 구별에 관한 학설

이익설(목적설)과 성질설(송)이 대표적이다. 전자는 법이 보호하고자 하는 이익이 공적인 것인지 사적인 것인지에 따라 구별한다. 후자는, 공법은 불평등관계(권력 · 복종관계)를 규율하고 사법은 평등 · 대등관계를 규율한다고 본다.

그 밖에도 주체설, 생활관계설, 사적 자치설, 다원설(곽)이 있다.

이와 관련된 판례가 하나 있는데, 그것을 해석하는 학자의 입장에 따라서 성질설(송) 또는 주체설(지)의 입장을 취한 것으로 달리 이해되고 있다.

대결 2006.6.19, 2006마117

지방재정법에 의하여 준용되는 '국가를 당사자로 하는 계약에 관한 법률'에 따라 지방자치단체가 당사자가 되는 이른바 공공계약은 사경제의 주체로서 상대방과 대등한 위치에서 체결하는 사법(私法)상의 계약으로서 그 본질적인 내용은 사인 간의 계약과 다를 바가 없으므로, 그에 관한 법령에 특별한 정함이 있는 경우를 제외하고는 사적 자치와 계약자유의 원칙 등 사법의 원리가 그대로 적용된다.

(2) 공법과 사법의 차이점

양자를 구별할 실제적 필요성이 무엇인지 살펴보자. 우선, 지배적인 법원리가 차이가 난다. 공법에서는 여러 헌법적인 원리들이 중요하다면, 사법에서는 특히 사적 자치가 적용된다. 둘째, 구체적 법률관계에 관해 명문규정이 없는 경우에 적용될 법 또는 법원칙을 결정하기 위해서이다. 셋째, 민사사건과 행정사건의 구별 표준이 된다. 즉, 공 · 사법 여부에 따라 관할 법원이 지방법원 또는 행정법원 중 어느 쪽인지가 결정된다.

(3) 공 · 사법에 관한 로마의 구별

3세기 초에 활약한 로마의 대표적인 법률가인 울피아누스(Ulpianus)는 공법과 사법의 구별에 관한 고전적인 정의를 다음과 같이 제시했다.

울피아누스 D. 1.1.1.2 (법학제요 제1권)

법 공부에는 두 가지 대상, 즉 公法(ius publicum)과 私法(ius privatum)이 있다. 공법은 로마 국가의 질서에 관한 것이고, 사법은 개개인의 이익에 관한 것이다. 왜냐하면 전자는 공익을 위한 것이고, 후자는 사적인 것이기 때문이다.

울피아누스의 생각은 이익설과 비슷해 보인다. 로마 법률가들은 공법과 사법을 의식적으로 분리한 후, 법적 역량을 사법에 집중시켜서 사법을 고도의 학문성을 가진 영역으로 발전시켰다.

(4) 사법의 내용을 이루는 사법관계는 재산관계와 가족관계로 양분된다. 물권관계와 채권관계가 재산관계에 속하며, 친족관계가 가족관계에 속함은 異論의 여지가 없다. 그런데 상속관계가 어느 쪽에 속하는지에 대해 다툼이 있다. 전통적인 입장은 상속관계가 가족관계에 속하는 것으로 보지만, 유력한 다른 입장(곽 · 송)은 상속관계가 재산관계에 속한다고 본다.

2. 기타의 구별

그 외에도 익숙한 몇 가지의 구별들이 있다.

(1) 일반법과 특별법

민법은 가령 상법과의 관계에서 보면 일반법이다.

상법 제1조(상사적용법규) 商事에 관하여 본법에 규정이 없으면 상관습법에 의하고 상관습법이 없으면 민법의 규정에 의한다.

물론 상법도 여타의 상사특별법과의 관계에서 보면 일반법이다. 특별법은 일반법보다 우선하여 적용되며, 특별법에서 정하지 않은 사항이 있으면 일반법이 적용된다. 따라서 민법은 민사에 관한 법률 중에서도 가장 일반적인 법, 즉 다른 법에서 정하고 있지 않은 사항에 대하여 최종적으로 적용될 수 있는 근거가 되는 법이다.

(2) 實體法과 節次法

민법과 민사소송법은 각각 민사에 관한 실체법과 절차법에 해당한다. 즉 실체법은 권리 그 자체를 다루고, 절차법은 그 권리를 어떻게 절차적으로(가령 소송 등을 통해) 실현할지를 다룬다.

(3) 형식적, 실질적 민법

이 구별은 매우 중요하다. 형식적 의미의 민법은 현행 민법전을 말한다. 실질적 의미의 민법은 민법전에 포함되어 있지 않더라도 민사문제를 규율하는 법들을 포함하여 말한다. 그렇게 되면 현행 민법전 중에서도 제97조, 제389조는 오히려 제외되며, 부동산등기법, 주택임대차보호법, 민사 관습법 등은 여기에 포함된다. 민법학의 대상이 되는 민법은 당연히 실질적 민법이다.

(4) 民事와 商事

민사와 상사를 합쳐서 廣義(광의)의 민사라고 부르며 그것은 가령 형사와 대비된다. 狹義(협의)의 민사는 형식적 민법과 실질적 민법을 합친 것이고 商事와 대비된다.

II. 민법의 법원

1. 법원의 의의 및 순위

法源의 문제는 실질적 민법이 구체적으로 어떻게 존재하는지의 문제이다. 法源이란 법의 淵源의 줄임말로서 fontes iuris(라틴어), Rechtsquellen(독어), sources of law(영어)에 해당하는 표현이다.

이 법원은 두 차원으로 나누어 이해해 볼 수 있다. 하나는 법의 생성연원으로서 법의 존재형식 또는 현상형태이다. 다른 하나는 법의 인식연원으로서 재판(법의 발견 작용)의 기준이 되는 것을 말한다.7)

우리 민법 제1조는 법률—관습법—조리의 순서로 법원을 정하고 있다.

> **제1조(法源)** 민사에 관하여 법률에 규정이 없으면 관습법에 의하고 관습법이 없으면 조리에 의한다.

'법률'이란 '성문법'의 의미로서(성문법주의) 명령, 규칙 등도 포괄하는 개념이다. '민사'는 사법관계를 의미한다. 제1조에서 언급되지는 않았지만, 판례는 실질적 법원으로서의 의미가 있으므로 이하에서 함께 다룰 것이다.

2. 成文法(또는 제정법)

여기에서 성문법이라 함은 국회에 의하여 제정된 '형식적 의미의 법률'만이

7) 이 구별의 실제적 의미는 이하 V. 2 '條理의 法源性 여부'에서 나타난다.

아니고 모든 제정법을 의미한다. 단, 이 '성문법'에 '불문법'은 포함되지 않는다. 구체적으로는 다음과 같은 것들이 있다.

법률은 형식적 의미의 법률로서, 가장 중요한 것은 민법전이며 그 외에 민사에 관한 여러 법률들이 있다. 가령 주택임대차보호법, 농지법, 부동산등기법 등을 들 수 있다.

명령에는 대통령령, 총리령, 부령이 있으며, 민사에 관한 것은 민법의 법원이 된다.

대법원 규칙에는 민사소송규칙, 부동산등기법시행규칙,『공탁금의 이자에 관한 규칙』, 공탁사무처리규칙 등이 있으며, 민사에 관한 것은 민법의 법원이 된다.

조약도 국내법과 같은 효력이 있으므로(헌 6 ①), 민사에 관한 조약은 민법의 법원이 된다.

자치법은 지방자치단체의 조례, 규칙을 말하는데, 그중 민사에 관한 것은 민법의 법원이 된다(통설).

3. 관 습 법

(1) 관습법의 개념

관습법이란 사회의 거듭된 관행으로 생성한 사회생활규범이 사회의 법적 확신과 인식에 의하여 법적 규범으로 승인·강행되기에 이른 것을 말한다.

관습법이 성립하기 위해서는 ① 관행(관습)이 존재하여야 하고, ② 그것이 법이라는 법적 확신(보통은 판결로 인정)이 존재해야 하고, ③ 전체 법질서에 반하지 않아야 한다[특히 이하의 대판(전) 2005.7.21, 2002다1178에 의해 강조]. 그러나 관습법이기 위하여 반드시 국가의 승인(판결)을 필요로 하는 것은 아니다.

종전 대법원 입장: 대판 2004.1.16, 2001다79037

민법 제1008조의3에 의한 금양임야의 승계자는 제사를 주재하는 자로서 공동상속인 중 종손이 있다면 통상 종손이 제사의 주재자가 되나, 종손에게 제사를 주재하는 자의 지위를 유지할 수 없는 특별한 사정이 있는 경우에는 그렇지 않다고 할 것이다.

[위 판결의 개요] 종손은 '장자계(長子系)의 남자손(男子孫)으로서 적장자(嫡長子)'를 지칭. 법원은 이 문제에 관한 관습을 "상속인들간의 협의와 무관하게 우선적으로 적장자가 제사상속인이 되고 적장자가 없는 경우에는 적손(嫡孫), 중자(衆子), 서자(庶子), 중손(衆孫), 서손(庶孫)의 순서로 제사상속인이 됨"으로 이해.

대판(전) 2005.7.21, 2002다1178

[판시사항] [1] 관습법의 의의와 효력 및 '사회의 거듭된 관행으로 생성한 사회생활규범'이 법적 규범으로 승인되기에 이르렀다고 하기 위한 요건
[2] 관습법으로 승인되었던 '사회의 거듭된 관행으로 생성한 사회생활규범'이 그 법적 규범으로서의 효력을 상실하게 되는 경우
[3] 종중 구성원의 자격을 성년 남자만으로 제한하는 종래의 관습법의 효력 [다수의견, 별개의견(6인)]
[4] 공동선조와 성과 본을 같이 하는 후손은 성별의 구별 없이 성년이 되면 당연히 종중의 구성원이 되는지 여부(적극) 및 그 근거 [다수의견, 별개의견, 다수의견에 대한 보충의견]
[5] 종중 구성원의 자격에 관한 대법원의 변경된 견해가 이 사건 판결 선고 이전의 종중 구성원의 자격과 이와 관련된 법률관계에 대하여 소급적용되는지 여부(소극)
[6] 종원 지위의 확인을 구하는 이 사건 청구에 한하여 종중 구성원의 자격에 관한 대법원의 변경된 견해가 소급적용되는 근거

[판결요지] (1) 관습법이란 사회의 거듭된 관행으로 생성한 사회생활규범이 사회의 법적 확신과 인식에 의하여 법적 규범으로 승인·강행되기에 이른 것을 말하고, 그러한 관습법은 법원(法源)으로서 법령에 저촉되지 아니하는 한 법칙으로서의 효력이 있는 것이고, 또 사회의 거듭된 관행으로 생성한 어떤 사회생활규범이 법적 규범으로 승인되기에 이르렀다고 하기 위하여는 헌법을 최상위 규범으로 하는 전체 법질서에 반하지 아니하는 것으로서 정당성과 합리성이 있다고 인정될 수 있는 것이어야 하고, 그렇지 아니한 사회생활규범은 비록 그것이 사회의 거듭된 관행으로 생성된 것이라고 할지라도 이를 법적 규범으로 삼아 관습법으로서의 효력을 인정할 수 없다.

(2) 사회의 거듭된 관행으로 생성된 사회생활규범이 관습법으로 승인되었다고 하더라도 사회 구성원들이 그러한 관행의 법적 구속력에 대하여 확신을 갖지 않게 되었다거나, 사회를 지배하는 기본적 이념이나 사회질서의 변화로 인하여 그러한 관습법을 적용하여야 할 시점에 있어서의 전체 법질서에 부합하지 않게 되었다면 그러한 관습법은 법적 규범으로서의 효력이 부정될 수밖에 없다.

(3) **[다수의견]** 종원의 자격을 성년 남자로만 제한하고 여성에게는 종원의 자격을 부여하지 않는 종래 관습에 대하여 우리 사회 구성원들이 가지고 있던 법적 확신은 상

당 부분 흔들리거나 약화되어 있고, 무엇보다도 헌법을 최상위 규범으로 하는 우리의 전체 법질서는 개인의 존엄과 양성의 평등을 기초로 한 가족생활을 보장하고, 가족 내의 실질적인 권리와 의무에 있어서 남녀의 차별을 두지 아니하며, 정치 · 경제 · 사회 · 문화 등 모든 영역에서 여성에 대한 차별을 철폐하고 남녀평등을 실현하는 방향으로 변화되어 왔으며, 앞으로도 이러한 남녀평등의 원칙은 더욱 강화될 것인바, 종중은 공동선조의 분묘수호와 봉제사 및 종원 상호간의 친목을 목적으로 형성되는 종족단체로서 공동선조의 사망과 동시에 그 후손에 의하여 자연발생적으로 성립하는 것임에도, 공동선조의 후손 중 성년 남자만을 종중의 구성원으로 하고 여성은 종중의 구성원이 될 수 없다는 종래의 관습은, 공동선조의 분묘수호와 봉제사 등 종중의 활동에 참여할 기회를 출생에서 비롯되는 성별만에 의하여 생래적으로 부여하거나 원천적으로 박탈하는 것으로서, 위와 같이 변화된 우리의 전체 법질서에 부합하지 아니하여 정당성과 합리성이 있다고 할 수 없으므로, 종중 구성원의 자격을 성년 남자만으로 제한하는 종래의 관습법은 이제 더 이상 법적 효력을 가질 수 없게 되었다.

[별개의견] 남계혈족 중심의 사고가 재음미 · 재평가되어야 한다는 점에 대하여는 수긍한다 하더라도 종중의 시조 또는 중시조가 남자임을 고려할 때, 종중에 있어서의 남녀평등의 관철의 범위와 한계에 대하여는 보다 신중한 검토가 필요하고, 특히 종중은 다른 나라에서 유래를 찾아보기 어려운 우리나라에 독특한 전통의 산물이므로, 헌법 제9조에 비추어 우리의 전통문화가 현대의 법질서와 조화되면서 계승 · 발전되도록 노력하여야 할 것인바, 고유한 의미의 종중에 있어서 종원의 가장 주요한 임무는 공동선조에 대한 제사를 계속 실천하는 일이고, 따라서 종원은 기제 · 묘제의 제수, 제기 구입, 묘산 · 선영 수호, 제각 수리 등을 비롯한 제사에 소요되는 물자를 조달 · 부담하는 것이 주된 임무였으며, 종원의 이러한 부담행위는 법률적으로 강제되는 것이 아니고 도덕적 · 윤리적 의무에 불과하여, 그들의 권리가 실질적으로 침해되는 바가 없었으므로 법률이 간섭하지 않더라도 무방하다고 보기 때문에 종래의 관습법상 성년 남자는 그 의사와 관계없이 종중 구성원이 된다고 하는 부분은 현재로서는 문제될 것이 없고, 결국 관습법과 전통의 힘에 의하여 종래의 종중관습법 중 아직까지는 용인되는 부분이 있을 수 있다는 것을 이유로, 그러한 바탕 없이 새롭게 창설되는 법률관계에 대하여서까지 다수의견이 남녀평등의 원칙을 문자 그대로 관철하려는 것은 너무 기계적이어서 찬성할 수 없다.

(4) **[다수의견]** 종중이란 공동선조의 분묘수호와 제사 및 종원 상호간의 친목 등을 목적으로 하여 구성되는 자연발생적인 종족집단이므로, 종중의 이러한 목적과 본질에 비추어 볼 때 공동선조와 성과 본을 같이 하는 후손은 성별의 구별 없이 성년이 되면 당연히 그 구성원이 된다고 보는 것이 조리에 합당하다.

[별개의견] 일반적으로 어떤 사적 자치단체의 구성원의 자격을 인정함에 있어서 구성원으로 포괄되는 자의 신념이나 의사에 관계없이 인위적 · 강제적으로 누구든지 구

성원으로 편입되어야 한다는 조리는 존재할 수 없으며 존재하여서도 안 되는데, 주지하는 바와 같이 결사의 자유는 자연인과 법인 등에 대한 개인적 자유권이며, 동시에 결사의 성립과 존속에 대한 결사제도의 보장을 뜻하는 것이고, 그 구체적 내용으로서는 조직강제나 강제적 · 자동적 가입의 금지, 즉 가입과 탈퇴의 자유가 보장되는 것을 말하며, 특히 종중에서와 같이 개인의 양심의 자유 · 종교의 자유가 보장되어야 할 사법적(私法的) 결사에 있어서는 더욱 그러하다는 점 등에서 공동선조와 성과 본을 같이 하는 후손은 성별의 구별 없이 성년이 되면 조리에 따라 당연히 그 구성원이 된다고 보는 다수의견의 견해에는 반대하고, 성년 여자가 종중에의 가입의사를 표명한 경우 그 성년 여자가 당해 종중 시조의 후손이 아니라는 등 그 가입을 거부할 정당하고 합리적인 이유가 없는 이상 가입의사를 표명함으로써 종중 구성원이 된다고 보아야 한다.

[다수의견에 대한 보충의견] 별개의견이 본인의 의사와 관계없이 종중 구성원이 되는 점에 대하여 결사의 자유와 양심의 자유 등을 들어서 부당하다고 비판하는 것은 종중의 본질과 종중이 통상적인 사단법인 또는 비법인사단과 구별되는 특성을 고려하지 않은 것일 뿐만 아니라, 본인의 의사와 관계없이 종중 구성원이 되는 점이 왜 성년 남자에게는 문제될 것이 없고 성년 여성에게만 문제가 되는지 납득하기 어렵고, 성별에 의하여 종원 자격을 달리 취급하는 것은 정당성과 합리성이 없다.

(5) 종중 구성원의 자격에 관한 대법원의 견해의 변경은 관습상의 제도로서 대법원 판례에 의하여 법률관계가 규율되어 왔던 종중제도의 근간을 바꾸는 것인바, 대법원이 이 판결에서 종중 구성원의 자격에 관하여 '공동선조와 성과 본을 같이 하는 후손은 성별의 구별 없이 성년이 되면 당연히 그 구성원이 된다.'고 견해를 변경하는 것은 그동안 종중 구성원에 대한 우리 사회일반의 인식 변화와 아울러 전체 법질서의 변화로 인하여 성년 남자만을 종중의 구성원으로 하는 종래의 관습법이 더 이상 우리 법질서가 지향하는 남녀평등의 이념에 부합하지 않게 됨으로써 그 법적 효력을 부정하게 된 데에 따른 것일 뿐만 아니라, 위와 같이 변경된 견해를 소급하여 적용한다면, 최근에 이르기까지 수십 년 동안 유지되어 왔던 종래 대법원판례를 신뢰하여 형성된 수많은 법률관계의 효력을 일시에 좌우하게 되고, 이는 법적 안정성과 신의성실의 원칙에 기초한 당사자의 신뢰보호를 내용으로 하는 법치주의의 원리에도 반하게 되는 것이므로, 위와 같이 변경된 대법원의 견해는 이 판결 선고 이후의 종중 구성원의 자격과 이와 관련하여 새로이 성립되는 법률관계에 대하여만 적용된다고 함이 상당하다.

(6) 대법원이 '공동선조와 성과 본을 같이 하는 후손은 성별의 구별 없이 성년이 되면 당연히 그 구성원이 된다.'고 종중 구성원의 자격에 관한 종래의 견해를 변경하는 것은 결국 종래 관습법의 효력을 배제하여 당해 사건을 재판하도록 하려는 데에 그 취지가 있고, 원고들이 자신들의 권리를 구제받기 위하여 종래 관습법의 효력을 다투면서 자신들이 피고 종회의 회원(종원) 자격이 있음을 주장하고 있는 이 사건에 대하

여도 위와 같이 변경된 견해가 적용되지 않는다면, 이는 구체적인 사건에 있어서 당사자의 권리구제를 목적으로 하는 사법작용의 본질에 어긋날 뿐만 아니라 현저히 정의에 반하게 되므로, 원고들이 피고 종회의 회원(종원) 지위의 확인을 구하는 이 사건 청구에 한하여는 위와 같이 변경된 견해가 소급하여 적용되어야 할 것이다.

위 판결의 사실관계와 쟁점을 정리하면 다음과 같다. 대법원의 전원합의체 판결은 매우 중요하므로, 판결 전문을 꼼꼼하게 읽어볼 필요가 있다. 특히 반대의견이나 보충의견 등이 다수의견과 어떤 점에 있어서 다른지에 주목하면서 읽는다면, 법적 사고를 키우는 데에도 많은 도움이 된다. 따라서 앞으로 전원합의체 판결이나 다른 중요한 판결들이 나오는 경우에, 사실관계와 쟁점, 법원의 결론을 자기 나름대로 정리해 보는 습관을 기르면 좋을 것이다.

[위 판결의 사실관계]

(1) 피고는 용인 이씨 시조 길권의 18세손 말손을 중시조로 하는 종중.
(2) 원고들은 말손의 후손인 여성들로서 용인 이씨 33세손.
(3) 피고의 종중규약 제3조에는 "본회는 용인이씨 사맹공(휘 말자 손자)의 후손으로서 성년이 되면 회원자격을 가진다"고 규정.

[위 판결의 쟁점]

원고들의 주장: 피고의 종중규약에서 회원자격을 남자로 제한하고 있지 않으므로 원고들도 피고의 회원(종원)자격을 가진다.
피고의 주장: 종래 관습법에 의하면 여성은 종원이 될 수 없으므로 피고의 종중규약에서 회원의 자격을 명시적으로 남자로 제한하고 있지는 않다고 하더라도 원고들이 피고의 회원자격을 갖는다고 할 수 없다.

(2) 관습법과 성문법 간의 우열관계

관습법과 성문법 간의 우열관계에 대한 학설로는 보충적 효력설(곽 · 송)과 변경적 효력설이 있다. 후자는 양도담보, 명인방법의 예를 들고 있다. 판례는 관습법의 보충적 효력만을 인정하며,[8] 또한 관습법은 "헌법을 최상위 규범으로 하는 전체 법질서에 반하지 아니하여야" 함을 강조한다.[9]

8) 대판 1983.6.14, 80다3231.

여기에서는 80다3231 판결[10]의 내용을 보다 자세히 살펴보기로 하자. 우선 사실관계를 정리하면 다음 그림과 같다.

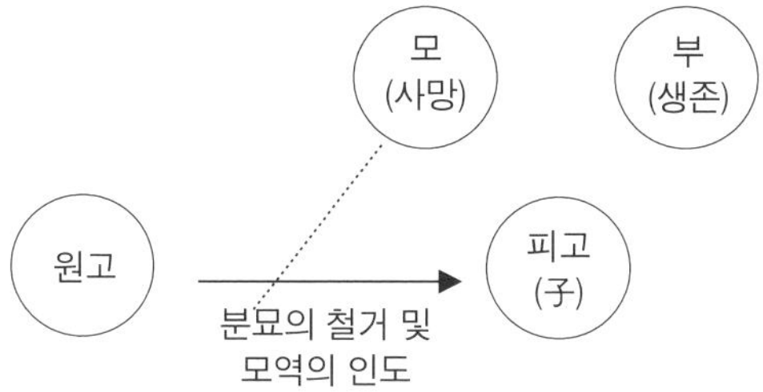

사안을 분석해 보면 다음과 같다. 핵심 쟁점은 분묘의 철거 및 묘역에 해당하는 임야부분의 인도 청구의 상대방이 누구인지, 피고인지 아니면 피고의 父인지이다.

이 점에 관하여 원심은 호주상속인 겸 제사상속인인 피고의 父를 상대로 청구해야 한다고 보았다. 관습에 따르면 제사상속인(夫가 亡室의 祭主)을 상대로, 민법 제996조에 따르면 호주상속인을 상대로 청구해야 하기 때문이다. 따라서 원고는 父를 상대로 청구해야 할 텐데 엉뚱한 子를 피고로 하여 청구한 셈이 되므로 원고의 청구는 부적법하여 각하되었다.

舊 제996조(분묘 등의 승계) 분묘에 속한 1정보 이내의 금양임야(禁養林野)와 6백평 이내의 묘토(墓土)인 농지, 족보와 제구(祭具)의 소유권은 호주상속인이 이를 승계한다.

現 제1008조의3 (분묘 등의 승계) 분묘에 속한 1정보 이내의 금양임야와 600평 이내의 묘토인 농지, 족보와 제구의 소유권은 제사를 주재하는 자가 이를 승계한다.

대법원의 입장은 원심과는 달랐다. 우선, 대법원이 보기에 민법 제996조는

9) 대판(전) 2005.7.21, 2002다1178.
10) 위 제1장 IV. 2 '판결문 읽는 방법'에서 전문을 소개하였음.

호주상속과 관계없는 가족의 사망의 경우에는 그 적용이 없다. 또한 관습법의 경우에는 가정의례준칙 제13조와 상충하는 문제가 있다는 것이다.

가정의례준칙 제13조(상제) ① 사망자의 배우자와 직계비속은 상제(喪制)[11]가 된다.
② 주상(主喪)은 장자가 되고, 장자가 없는 경우에는 장손이 된다.
③ 사망자의 자손이 없는 경우에는 最近親者가 상례를 주관한다.

그런데 관습법의 제정법에 대한 열후적(劣後的), 보충적 성격 때문에 그러한 관습법은 인정될 수 없다. 혹은 원심이 제사상속인이 분묘의 처분권을 가진다는 것을 관습법이 아니라 사실인 관습이라고 보았다면, 그 경우에는 먼저 그러한 관습의 존재 여부, 그리고 그 관습이 임의규정에 관한 것인지의 여부를 먼저 밝혔어야 한다고 보았다.

그런데 여기에서 대법원은 원고가 누구를 상대로 청구하는 것이 옳은지에 대한 최종적인 결론을 내리지는 않고(그러한 경우 破棄自判이 될 것임), 이 사건을 고등법원에 돌려보내고 있음에 주의해야 한다(破棄還送).

(3) 사실인 관습

위 판결에서 법원은 사실인 관습과 관습법을 구별하고 있다. 이 둘의 구별은 관습법의 이해에 있어서 매우 중요한 문제이므로 보다 자세히 살펴보기로 한다.

제106조(사실인 관습) 법령중의 선량한 풍속 기타 사회질서에 관계없는 규정과 다른 관습이 있는 경우에 당사자의 의사가 명확하지 아니한 때에는 그 관습에 의한다.

제106조는 법률행위 해석의 표준으로서 사실인 관습이 임의규정(법률 규정 중에서 강행규정이 아닌 것들)에 우선한다고 규정한다. 그렇다면 우리가 제1조로부터 알고 있는 법률이 관습법에 우선한다는 기본 원칙에 이것은 어긋나는 것일까?

이처럼 민법 제1조와 제106조의 관계에 관해서는 학설의 대립이 있다.

우선 다수설은 (사실인) 관습과 관습법의 구별을 인정한다. 그러나 여기에

11) 장례에 관한 제도라는 뜻도 있으나, 여기에서는 장례를 치르는 사람이라는 뜻임.

는 다시 제1조와 제106조의 모순을 인정하는 입장과 그렇지 않은 입장으로 나뉜다. 전자는 제1조가 제106조에 의하여 그 의의를 절반 상실하는 것으로, 사실인 관습은 사실상 관습법 이상의 효력을 가지는 것으로 보는데, 이 견해는 변경적 효력설에 입각한 것이다. 다른 한편으로 양 조문의 모순을 부인하는 입장에 따르면, 법원으로서의 관습법과 법률행위해석의 표준으로서의 사실인 관습은 논의의 차원이 다르다고 한다. 사실인 관습의 효력의 근거는 관습법의 규범력이 아니라 당사자의 의사이기 때문이다. 이 입장은 보충적 효력설에 입각한 것이며(곽·송), 저자가 보기에 타당한 견해이다.

다른 한편으로 소수설이 있는데, 이에 따르면 (사실인) 관습과 관습법에는 차이가 없다. 이 역시 결론에 있어서는 변경적 효력설과 같게 된다.

(4) 관습법과 사실인 관습의 차이

관습법은 사회의 거듭된 관행으로 생성한 사회생활규범이 사회의 법적 확신과 인식에 의하여 법적 규범으로 승인·강행되기에 이른 것이고, 사실인 관습은 사회의 관행에 의하여 발생한 사회생활 규범인 점에서 관습법과 같으나 사회의 법적 확신이나 인식에 의하여 법적 규범으로서 승인된 정도에 이르지 않은 것이다.

관습법은 바로 법원으로서 법령과 같은 효력을 갖는 관습으로서 법령에 저촉되지 않는 한 법규범으로서의 효력이 있다. 한편 사실인 관습은 법령으로서의 효력이 없는 단순한 관행으로서 법률행위의 당사자의 의사를 보충함에 그친다.

대판(전) 2003.7.24, 2001다48781

[다수의견] 사회의 거듭된 관행으로 생성한 어떤 사회생활규범이 법적 규범으로 승인되기에 이르렀다고 하기 위하여는 그 사회생활규범은 헌법을 최상위 규범으로 하는 전체 법질서에 반하지 아니하는 것으로서 정당성과 합리성이 있다고 인정될 수 있는 것이어야 하고, 그렇지 아니한 사회생활규범은 비록 그것이 사회의 거듭된 관행으로 생성된 것이라고 할지라도 이를 법적 규범으로 삼아 관습법으로서의 효력을 인정할 수 없는바, 제정 민법이 시행되기 전에 존재하던 관습 중 "상속회복청구권은 상속이 개시된 날부터 20년이 경과하면 소멸한다."는 내용의 관습은 이를 적용하게 되면 20년의 경과 후에 상속권침해가 있을 때에는 침해행위와 동시에 진정상속인은 권리를

잃고 구제를 받을 수 없는 결과가 되므로 소유권은 원래 소멸시효의 적용을 받지 않는다는 권리의 속성에 반할 뿐 아니라 진정상속인으로 하여금 참칭상속인에 의한 재산권침해를 사실상 방어할 수 없게 만드는 결과로 되어 불합리하고, 헌법을 최상위 규범으로 하는 법질서 전체의 이념에도 부합하지 아니하여 정당성이 없으므로, 위 관습에 법적 규범인 관습법으로서의 효력을 인정할 수 없다.

[반대의견] 법원으로서는 관습법이 다른 법령에 의하여 변경 · 폐지되거나 그와 모순 · 저촉되는 새로운 내용의 관습법이 확인되기 전까지는 이에 기속되어 이를 적용하여야 하고, 만일 관습법이 헌법에 위반된다면 그 이유로 이를 적용하지 아니할 수 있을 뿐이지 막연히 불합리하다거나 정당성이 없다는 등의 사유를 이유로 판례변경을 통하여 그 적용을 배제할 수는 없는바, 법원은 … 여러 차례에 걸쳐 이를 재확인하여 왔으며 …

[반대의견에 대한 보충의견] 관습법은 성문법률을 보충하는 효력을 가지는 것이기는 하지만 법률의 효력을 가지는 것이어서 그러한 관습법에 위헌적 요소가 있는 경우 (중략) 위헌결정의 불소급효원칙의 정신에 따라 그 선언이 있는 날 이후로만 그 관습법의 효력이 상실되도록 함이 상당하다.

대판 2007.1.25, 2005다26284

민법 시행 전의 재산상속에 관한 관습법에 의하면, 호주가 사망하여 그 장남이 호주상속을 하고 차남 이하 중자가 여러 명 있는 경우에 그 장남은 호주상속과 동시에 일단 전 호주의 유산 전부를 승계한 다음 그 약 1/2을 자기가 취득하고 나머지는 차남 이하의 중자들에게 원칙적으로 평등하게 분여할 의무가 있고 이에 대응하여 차남이하의 중자는 호주인 장남에 대하여 분재를 청구할 권리가 있는바, 위와 같은 관습법상의 분재청구권은 일반적인 민사채권과 같이 권리자가 분가한 날부터 10년이 경과하면 소멸시효가 완성된다.

(5) 특별규정

법률들은 곳곳에서 관습법의 효력을 인정하는 특별규정을 두고 있다.

제185조(물권의 종류) 물권은 법률 또는 관습법에 의하는 외에는 임의로 창설하지 못한다.

물론 이 경우에도 관습법은 보충적 효력만을 가지는 것으로 보아야 한다(보충적 효력설).

상법 제1조(상사적용법규) 商事에 관하여 본법에 규정이 없으면 상관습법에 의하고 상관습법이 없으면 민법의 규정에 의한다.

따라서 상관습법은 민법전에 우선하게 된다.

제234조(용수권에 관한 다른 관습) 전3조의 규정은 다른 관습이 있으면 그 관습에 의한다.

제234조에서도 민법은 관습이 용수권에 관한 규정(제231-233조)보다 우선하여 적용된다고 규정하고 있다. 또한 제106조에 의하여 임의규정보다는 사실인 관습이 우선하게 된다.

(6) 기타 관습법

우리 민법상 관습법에 의하여 인정되고 있는 대표적인 제도들로는 다음과 같은 것들이 있다.

名義信託은 대내적 관계에서는 신탁자가 소유권을 보유하고 이를 관리 수익하면서 단지 공부(公簿)상의 소유명의만을 수탁자로 하여 두는 것이다.[12]

양도담보는 채권담보의 목적으로 담보목적물의 소유권을 채권자에게 이전하여 채권자로 하여금 그 담보목적의 범위 내에서만 소유권을 행사케 하는 담보방법이다.[13]

明認方法은 수목의 집단 또는 미분리의 과실의 소유권을 제3자가 明認할 수 있도록 하는 공시방법을 말한다.

끝으로, 다음 판결에서 보는 바와 같이 墳墓基地權에 의하여 소유권자가 아닌데도 불구하고 분묘를 유지할 수 있는 일종의 地上權이 인정되고 있다.

대판 1982.1.26, 81다1220

분묘수호를 위한 유사지상권(분묘기지권)의 존속기간에 관하여는 민법의 지상권에 관한 규정에 따를 것이 아니라, 당사자 사이에 약정이 있는 등 특별한 사정이 있으면

12) 참조 대판 1987.5.12, 86다카2653.

13) 참조 대판 1954.3.31, 4287민상124.

그에 따를 것이며, 그런 사정이 없는 경우에는 권리자가 분묘의 수호와 봉사를 계속하는 한 그 분묘가 존속하고 있는 동안은 분묘기지권은 존속한다고 해석함이 상당하다.

4. 條 理

(1) 조리의 개념

條理는 개념 규정이 쉽지 않다. 事物의 本性이라는 측면에서는 사물의 도리, 본질적 법칙, 사물 · 자연의 이치 등으로 표현되고, 正義라는 측면에서 사회통념, 사회적 타당성, 신의성실, 사회질서, 형평, 이성, 법의 일반원칙 등으로 표현된다.

조리의 개념에 관해서는, "조리의 원조에 해당하는 naturalis ratio(자연적 이치) 개념을 원용한 가이우스(Gaius)의 萬民法에 대한 이해와 헌법 제6조 제1항을 통하여 지시되는 '일반적으로 승인된 국제법규' 사이의 精神史的 연결점이 중요"하므로, 결국 조리는 "문명국에 의해 승인된 법의 일반원칙 혹은 원리"라고 정의될 수 있다.[14)]

(2) 조리의 法源性 여부

학설의 태도를 보면, 긍정설과 부정설이 대립한다. 긍정설은 法源의 본질에 관한 인식연원설에, 부정설(곽 · 송)은 존재형식설에 기초하고 있다. 부정설에 따르면, 조리는 구체적 · 가시적 형태로 존재하지 않으므로 法源에 해당하지 않는다. 필자는 긍정설을 지지하고 있다.

판례는 긍정설을 따르는 것으로 보이나, 판례의 입장이 불분명하다는 견해(송)도 있다. 이하는 조리와 관련된 주요 판례들이다.

대판 1965.8.31, 65다1156

定款에 보수에 관한 규정이 없고 주주총회의 의결도 없는 경우의 舊商法상의 상무취체역에 대한 報酬는 그에 대한 상관습이나 민법의 규정 또는 민사관습도 없는 바이

14) 곽윤직 편집대표/최병조, 民法注解 [I] (1992), 54면(제1조).

니 條理에 의하여 상당한 액을 지급하기로 한 것이라고 단정하고 그 상당액을 증거에 의하여 일정액으로 인정한 원심의 조처에 위법이 없다.

대판(전) 2008.11.20, 2007다27670

[판시사항]

[1] 제사주재자의 결정 방법

[2] 망인의 유체·유골의 승계권자 및 피상속인이 생전행위 또는 유언으로 자신의 유체·유골의 처분 방법을 정하거나 매장장소를 지정한 경우 그 효력

[3] 제사주재자의 지위를 유지할 수 없는 특별한 사정의 의미

[판결요지]

[1] **[다수의견]** 민법 제1조는 민사에 관하여 법률에 규정이 없으면 관습법에 의하고 관습법이 없으면 조리에 의하도록 정하고 있는바, 누가 제사주재자가 되는지에 관하여는 법률에 아무런 규정이 없고, 제사주재자에 관한 종래의 관습 내지 판례법이 그 효력을 유지할 수 없게 된 현재의 상황에서는, 민법의 일반원리와 아울러 제사용 재산의 성격, 제사용 재산의 승계에 관한 민법 제1008조의3의 입법 목적, 제사가 가지는 역사적·사회적 의미 등을 종합적으로 고려하여 조리에 의해 제사주재자의 결정방법을 정해야 할 것이다.

그런데 우리 민법은 사적 자치의 원칙을 그 기본원리로 하고 있고, 그동안 상속인들 사이의 평등을 지향하는 방향으로 민법이 개정되어 왔으며, 통상 하나의 법률관계에서 여러 이해당사자들의 견해가 대립될 경우에는 일단 협의에 의하는 것이 가장 조리에 부합한다고 볼 수 있으므로, 공동상속인들이 있는 경우에는 그 공동상속인들 사이의 협의에 의해 제사주재자가 정해져야 한다고 봄이 상당하다.

그러나 공동상속인들 사이에 협의가 이루어지지 않는 경우에는, 제사주재자의 지위를 유지할 수 없는 특별한 사정이 있지 않은 한 망인의 장남(장남이 이미 사망한 경우에는 장남의 아들, 즉 장손자)이 제사주재자가 되고, 공동상속인들 중 아들이 없는 경우에는 망인의 장녀가 제사주재자가 된다고 봄이 상당하다.

[대법관 박시환, 대법관 전수안의 반대의견] 제사주재자는 우선 공동상속인들의 협의에 의해 정하되, 협의가 이루어지지 않는 경우에는 다수결에 의해 정하는 것이 타당하다.

[대법관 김영란, 대법관 김지형의 반대의견] 민법 제1008조의3에 정한 제사주재자라 함은 조리에 비추어 제사용 재산을 승계받아 제사를 주재하기에 가장 적합한 공동상속인을 의미하는데, 공동상속인 중 누가 제사주재자로 가장 적합한 것인가를 판단함에 있어서 공동상속인들 사이에 협의가 이루어지지 아니하여 제사주재자의 지위에 관한 분쟁이 발생한 경우에는 민법 제1008조의3의 문언적 해석과 그 입법 취지에 충실하면서도 인격의 존엄과 남녀의 평등을 기본으로 하고 가정평화와 친족상조의 미풍양속을 유지·향상한다고 하는 가사에 관한 소송의 이념 및 다양한 관련 요소를

종합적으로 고려하여 개별 사건에서 당사자들의 주장의 당부를 심리 · 판단하여 결정하여야 한다.

[2] **[다수의견]** (가) 사람의 유체 · 유골은 매장 · 관리 · 제사 · 공양의 대상이 될 수 있는 유체물로서, 분묘에 안치되어 있는 선조의 유체 · 유골은 민법 제1008조의3 소정의 제사용 재산인 분묘와 함께 그 제사주재자에게 승계되고, 피상속인 자신의 유체 · 유골 역시 위 제사용 재산에 준하여 그 제사주재자에게 승계된다.

(나) 피상속인이 생전행위 또는 유언으로 자신의 유체 · 유골을 처분하거나 매장장소를 지정한 경우에, 선량한 풍속 기타 사회질서에 반하지 않는 이상 그 의사는 존중되어야 하고 이는 제사주재자로서도 마찬가지이지만, 피상속인의 의사를 존중해야 하는 의무는 도의적인 것에 그치고, 제사주재자가 무조건 이에 구속되어야 하는 법률적 의무까지 부담한다고 볼 수는 없다.

[대법관 박시환, 대법관 전수안의 반대의견] 피상속인의 유체 · 유골은 제사용 재산인 분묘와 함께 제사주재자가 이를 승계한다고 본 다수의견에는 찬성한다. 그러나 제사주재자가 피상속인의 유체 · 유골에 대한 관리 · 처분권을 가지고 있다고 하여 정당한 사유 없이 피상속인의 의사에 반하여 유체 · 유골을 처분하거나 매장장소를 변경하는 것까지 허용된다고 볼 수는 없다.

[대법관 안대희, 대법관 양창수의 반대의견] (가) 장례의 방식이 다양화하여 분묘 없는 장례가 빈번하게 되고 또한 매장 또는 분묘개설을 강행할 근거가 없는 이상, 유체의 귀속은 분묘의 귀속과 분리하여 처리되어야 한다.

(다) 망인이 자신의 장례 기타 유체를 그 본래적 성질에 좇아 처리하는 것에 관하여 생전에 종국적인 의사를 명확하게 표명한 경우에는, 그 의사는 법적으로도 존중되어야 하며 일정한 법적 효력을 가진다고 함이 타당하다. 나아가 망인의 의사대로 이미 장례나 분묘개설 기타 유체의 처리가 행하여진 경우에는, 다른 특별한 사정이 없는 한 유체의 소유자라고 하더라도 그 소유권에 기하여 그 분묘를 파헤쳐 유체를 자신에게 인도할 것을 청구할 수 없다.

[3] 어떤 경우에 제사주재자의 지위를 유지할 수 없는 특별한 사정이 있다고 볼 것인지에 관하여는, 제사제도가 관습에 바탕을 둔 것이므로 관습을 고려하되, 여기에서의 관습은 과거의 관습이 아니라 사회의 변화에 따라 새롭게 형성되어 계속되고 있는 현재의 관습을 말하므로 우리 사회를 지배하는 기본적 이념이나 사회질서의 변화와 그에 따라 새롭게 형성되는 관습을 고려해야 할 것인바, 중대한 질병, 심한 낭비와 방탕한 생활, 장기간의 외국 거주, 생계가 곤란할 정도의 심각한 경제적 궁핍, 평소 부모를 학대하거나 심한 모욕 또는 위해를 가하는 행위, 선조의 분묘에 대한 수호 · 관리를 하지 않거나 제사를 거부하는 행위, 합리적인 이유 없이 부모의 유지(遺志) 내지 유훈(遺訓)에 현저히 반하는 행위 등으로 인하여 정상적으로 제사를 주재할 의사나 능력이 없다고 인정되는 경우가 이에 해당하는 것으로 봄이 상당하다.

5. 판　례

우선 관련된 용어들을 명확히 구별할 필요가 있다. 판결은 법원의 재판으로서 원칙적으로 口頭辯論에 의거하여 행하여지도록 되어 있는 것을 말한다. 판례(판결례)는 어떤 판결이 이후의 유사한 사건의 경우에도 先例로서 적용됨으로써 일종의 구속력을 갖게 된 경우이다. 판례는 판결에 의하여 밝혀진 이론 · 법칙 또는 규범이라고 보는 견해(곽)도 있다. 판례법은 판례가 법적 구속력을 가지는 경우를 말한다. 즉 판례가 法源으로 되는 경우이다.

판례가 法源으로서의 성질을 가지는지에 대해서, 학설은 긍정설도 있기는 하지만 부정설이 통설이다. 아직 이에 관한 판례는 없다.

한편 영미법에서는 이른바 先例拘束 原則(stare decisis)이 인정됨으로써 판례의 法源性이 인정된다. 그러나 우리의 경우 판례의 법원성이 인정되지 않음은 다음의 조문을 통해서도 명백하다.

법원조직법 제8조(상급심재판의 기속력) 상급법원의 재판에 있어서의 판단은 당해 사건에 관하여 하급심을 기속(羈束)한다.

즉, 이 규정은 부정설이 타당한 근거를 제시하고 있다. 핵심은 상급법원의 판단이 “당해 사건에 관하여” 구속력(=기속력)을 가질 뿐, 선례로서 법적 구속력을 가지지 않는다는 점이다. 그러나 그렇다고 하여 우리 법원의 판결, 특히 대법원의 판결이 선례로서의 구속력을 전혀 가지지 못하는 것은 아니라는 점은 다음 규정이 잘 보여준다.

법원조직법 제7조(심판권의 행사) ① 대법원의 심판권은 대법관전원의 3분의 2이상의 합의체에서 이를 행하며 대법원장이 재판장이 된다. 다만, 대법관 3인 이상으로 구성된 부에서 먼저 사건을 심리하여 의견이 일치한 때에 한하여 다음의 경우를 제외하고 그 부에서 재판할 수 있다.

1. 명령 또는 규칙이 헌법에 위반함을 인정하는 경우
2. 명령 또는 규칙이 법률에 위반함을 인정하는 경우
3. 종전에 대법원에서 판시한 헌법 · 법률 · 명령 또는 규칙의 해석적용에 관한 의견을 변경할 필요가 있음을 인정하는 경우

결국 위 규정은 대법원이 종래의 입장을 변경하려면 반드시 전원합의체에서 하도록 함으로써 대법원의 판례 변경에 신중을 기하도록 하고 있다. 따라서 하급심의 입장에서 대법원의 종전 입장과 다른 결론의 판결을 하는 것은 대법원이 전원합의체 판결을 하여 그 종전의 입장을 변경하지 않는 한 상급심에서 파기될 가능성이 극히 높다. 따라서 하급심은 물론이고 대법원 스스로도 대법원의 종전 입장에서 벗어난 판결을 하기가 매우 어려워진다. 따라서 판례는 법적 구속력을 가지지는 못하지만, 사실상의 구속력을 가진다고 말할 수 있다.

이 사실상의 구속력은 매우 강력한 것이어서, 결국 법원의 판례가 법으로 작동하는 점에 있어서는 판례법 국가와 우리의 현실이 크게 다르지 않다고 할 수 있다.

III. 사례 문제의 해결 방법

1. 서 론

법학 과목의 학교 시험에서든 아니면 사법시험이나 변호사 시험에서든 사례형 문제의 해결은 가장 중요한 부분이다. 법률가가 하는 일은 결국 구체적인 법적 사안을 해결하는 것인데, 바로 그 과정을 연습하고 실행에 옮겨보는 부분이기 때문이다.

민법 사례의 해결을 통하여 우리는 민법뿐만 아니라 법학 전반에 대한 문제해결 능력을 기르게 된다. 민법 문제의 해결을 통하여 법적 추론의 기본이 훈련되고, 이것이 다른 법 영역에도 그대로 옮겨져 적용되기 때문이다.

이하에서는 사례 문제를 해결하기 위한 기본적인 방법을 설명하고자 한다.[15] 중요한 것은 이러한 방법을 적용하여 실제 문제에 부딪혀서 자기 힘으로 해결해 보는 연습을 가능하면 많이 해 보는 것이다. 이 과정에서 많은 시행착오

15) 이 설명은 최병조, "土地買受人에 의한 地上物撤去行爲의 法律效果: 대법원 1993.3.26 제3부 91다14116(손해배상) 판결," 『민사판례연구』 제16집(1994), 131-166면에서 제시된 방법에 의한 것이다.

를 거칠 것이므로, 좋은 길잡이가 필요하다.[16] 담당 교수와 튜터(tutor)의 도움을 받을 수도 있겠고,[17] 친구들과 함께 사례 문제를 풀어보는 모임을 만들어서 서로 토론도 하고 잘못도 지적해 주면 큰 도움이 될 것이다.

2. 핵심 목표

가령 시험에서 다음과 같은 문제가 출제되었다고 하자.

B의 어머니인 C가 사망하였는데, B는 타인 A소유 임야에 그 허락을 얻지 않고 망인(亡人) C의 분묘를 설치하여 관리하고 있었다. 그런데 B의 아버지인 D가 생존하고 있으며, 호적상 D가 호주로 기재되어 있었다. A는 분묘의 철거와 묘역에 해당하는 토지 부분의 인도를 B에 대하여 청구하였다. A의 청구는 타당한가?

(1) 설문에 집중하라

가장 중요하지만 대부분의 학생들이 반복하여 저지르는 실수는, 문제를 제대로 읽지 않는 것이다. 문제 중에서도 가장 중요한 부분은 마지막의 질문(보통 設問이라고 함)이다. 답안은 문제 전체를 읽고 떠오르는 여러 법률문제에 대하여 모두 해답을 쓰는 것이 아니라, 마지막의 질문에 초점을 맞추어 작성되어야 한다.

이러한 설문은 매우 다양한 형태로 제시되지만, 가장 일반적인 것은 "~을 청구할 수 있는가?"라고 묻는, 즉 청구권과 관련된 것이다.

이러한 청구권 관련 설문은 다음과 같은 네 가지의 중요 요소를 포함하고 있다. 그것은 ① 누가(原告: 請求者), ② 누구를 상대로(被告: 被請求者), ③ 무엇을

16) 가령 송덕수, 『신민법사례연습』(2013)과 같은 훌륭한 교재가 도움이 될 것이다.

17) 이화여자대학교 법학전문대학원에서 저자가 담당하는 과목 중에서 1학년들을 대상으로 하는 '민상법의 기초' 수업에서는, 2학년 중에서 조교로 선발된 학생들이 튜터가 되어 10명 내외의 수강생들을 매주 한 번씩 만나서 지도하고 토론하는 튜터링(tutoring)을 2012년부터 실시하고 있다. 저자가 과제로 제시한 사례 문제를 수강생들이 답안으로 작성하여 튜터에게 제출하면 튜터는 그것을 읽고 수정해 주며, 답안에 대해 함께 토론하는 시간을 갖는다. 또한 튜터가 작성한 모범 답안을 저자가 읽고 수정하거나 평을 하는데, 그 결과물의 일부가 이 책에 수록되어 있다.

(청구취지), ④ 어떤 근거로(청구의 법적 근거) 청구할 수 있는지이다. 따라서 답안도 이 네 가지에 관하여 작성되어야 한다.

(2) 이자(二者) 관계로 환원하여 서술하라

조금 전에 말했듯이, 누가 누구를 상대로 청구하느냐 하는 것이 핵심 요소이므로, 문제에 등장하는 당사자들이 여러 명인 경우에는 반드시 두 사람(청구자와 피청구자)씩 나누어 서술하여야 한다. 가령 A, B, C 사이의 청구가 문제된다면, A와 B, A와 C, B와 C 사이로 나누어 답안을 작성한다.

(3) 건전한 상식에 기하여 당사자의 최종 목표를 간파하라

위의 예제에서는 A가 B에게 분묘의 철거와 토지의 인도를 청구하고 있어서 이미 최종 목표가 무엇인지가 명확히 드러나 있다. 그러나 설문에 따라서 최종 목표, 즉 당사자가 청구하는 것이 무엇인지가 전혀 드러나 있지 않은 경우도 많다. 가령 "A와 B 사이의 법률관계를 논하시오"와 같은 설문은 청구권에 대한 질문과 더불어 가장 흔하게 접하게 되는 것이다.

(4) 비본질적 요소를 제거하고 쟁점을 추출하라

일반인과 법률가의 가장 큰 차이점은 어떤 사안에 대하여 관련된 모든 문제에 관심을 가지는지 아니면 법적인 문제에 집중하는지 여부라고 할 수도 있다. 법적으로 문제되는 쟁점을 추출한 후, 그 쟁점에 대한 해결책을 법적 근거로부터 출발하여 제시하는 것이 바로 사례 답안의 핵심이다.

3. 구체적 답안 작성 방법

어떤 사례 문제를 읽으면서, 위에서 언급한 바와 같이, 누가 누구를 상대로 어떤 법적 근거에 기초하여 무엇을 청구할 수 있는지 하는 법적 쟁점에 대하여 일단 기본적인 아이디어를 가지게 되었다고 하자. 그렇다면 이제 이 아이디어를 어떻게 표현하여 멋진 답안으로 완성할 수 있을까? 좋은 답안이 되기 위해서는 다음과 같은 몇 가지를 주의할 필요가 있다.

(1) 구성을 명료하게 하라

훌륭한 답안인지는 그 목차만 보아도 알 수 있다. 답안 작성자의 핵심 생각이 목차에 가장 잘 표현되어 있기 때문이다. 따라서 일반적인 에세이나 문학적인 글을 작성할 때와는 달리, 사례 문제의 답안은 일단 목차가 명료하게 짜여 있어야 한다.

따라서 답안을 작성할 때에는 문제를 보고 무작정 써 가면서 고치는 것이 아니라, 먼저 핵심 논점을 파악한 후 목차를 어떻게 구성할지에 대해서 숙고할 시간을 가진 후 비로소 그 목차에 따라 적성하는 것이 바람직하다.

이때 주의해야 할 점은 목차번호의 규칙을 준수하는 것이다. 즉, Ⅰ.(로마숫자), 1.(아라비아숫자), (1)(괄호숫자), 1)(반괄호숫자), ①(원기호숫자)의 순서를 지켜야 한다.

(2) 논리적으로 서술하라

사례 답안 작성을 달리 표현하면 '논리적 글쓰기'라고 할 수 있다. 그만큼 사례 답안뿐만 아니라 모든 법률 문서 일반의 핵심은 그 논리성이다.

법학은 일반적인 논리학의 모든 규칙을 준수해야 하지만, 그중에서도 가장 자주 쓰이는 것은 삼단논법이다. 즉, 대전제에 해당하는 것은 어떤 법규범이고, 소전제에 해당하는 것은 구체적인 사안이다. 그리하여 소전제가 대전제에 포함될 수 있는지를 검토하여 결론을 도출하게 된다.

위의 예제에서 A는 B에게 분묘의 철거와 토지의 인도를 청구하고 있다. 그 법적 근거로서 가령 제213조[18]가 적용될 수 있는지를 검토하는 내용으로 답안을 작성한다고 하면,[19] 그 논리적 구조는 다음과 같다.

우선, 대전제로서 제213조가 있다. 소전제가 되는 것은 위의 문제에서 묘사된 구체적인 사정들(법적으로는 이것을 '사실관계'라고 한다)이다. 이 사실관계가 제213조에서 예정하고 있는 전제(법적으로는 이것을 '요건'이라고 한다)에 들어맞

---

18) 참조 제213조(소유물반환청구권) 소유자는 그 소유에 속한 물건을 점유한 자에 대하여 반환을 청구할 수 있다. 그러나 점유자가 그 물건을 점유할 권리가 있는 때에는 반환을 거부할 수 있다.

19) 제214조도 문제되지만, 논의를 단순하게 하기 위하여 그 부분은 여기에서는 생략한다.

는지를 검토한 후, 만약 그것이 긍정된다면 결론으로서 A의 청구는 긍정될 것이다. 이처럼 구체적 사안의 사실관계가 어떤 법규범이 예정하고 있는 요건에 해당하는 경우를 '포섭(包攝)'이라고 하는데, 사례 문제는 다른 말로 하면 '어떤 사실관계가 어떤 법규범에 포섭될 수 있는지 여부'를 따지는 것이다.

포섭 여부를 검토하여 결론적으로 A의 청구가 받아들여진다면, 그것은 동시에 제213조가 예정하고 있는 법적 효과가 실현된다는 의미이다. 즉, A는 제213조에서 규정하고 있는 효과("반환을 청구할 수 있다"로 표현됨)를 누릴 수 있게 된다는 뜻이 된다.

논리적인 답안이란 위와 같은 삼단논법적 포섭 여부를 설득력 있고 일목요연하게 제시하는 답안이다.

(3) 근거법규를 반드시 적시(摘示)하라

그런데 여기에서 이런 의문을 제기해 볼 수 있다. A가 청구하는 것이 분묘의 철거와 토지의 인도라고 할 때, 거기에 제213조가 해당되는지를 도대체 어떻게 미리 알 수 있을까 하는 점이다.

잘 훈련된 유능한 법률가라면 위와 같은 경우 제213조가 문제된다는 것을 즉시 알 수 있겠지만, 법을 처음 공부하는 학생의 입장에서 그것을 어떻게 알 수 있을까?

구체적 사안에 적용될 수 있는, 즉 사안이 거기에 포섭될 수 있는 근거 법규를 찾을 때 주목해야 하는 것은 법규의 요건 부분이 아니라 효과 부분이다. 즉, 근거 법규의 탐색에 있어서는, 위의 예제에서 'B의 어머니인 C의 분묘가 A 소유의 토지 위에 설치되어 있다는 사실', 즉 요건의 측면이 중요한 것이 아니라, '분묘의 철거와 토지의 인도'를 청구하고 있다는, 즉 효과의 측면이 더 중요하다.

요컨대, 청구하는 내용에 해당하는 그러한 법적 효과를 부여해 줄 수 있는 근거 조문들이 무엇이 있는지를 생각해 보아야 한다는 뜻이다. 민법 사례 문제에 있어서 근거 조문을 찾는 방법에 대해서는 이제 항을 바꾸어 더 자세히 살펴보기로 하고, 끝으로 이 대목에서 강조하고 싶은 것은, 답안을 작성할 때에는 검토의 대상이 되고 있는 근거 조문을 반드시 명백히 밝혀주어야 한다는 점이다. 이것은 많은 학생들이 간과하는 점이지만, 설문을 정확히 읽는 문제와도 밀접히 관련되어 있는, 사례 문제의 해결에 있어서 가장 중요한 사항이다.

4. 근거 법규를 찾는 방법

근거 법규를 찾을 때에는 그 효과 면에 먼저 주목해야 한다는 점은 앞에서 지적하였다. 그와 별개로, 이 문제에 관하여 지침이 될 수 있는 가장 기본적인 원칙을 하나 더 설명하고자 한다. 이것은 청구권이 어디로부터 나오는지, 즉 청구권이 발생하는 근거와 관련된 것이며, 앞으로 민법 사례를 해결할 때 항상 염두에 두어야 하는 가장 기본적인 원칙이다.

우리 민법의 청구권은 크게 두 가지가 있다. 하나는 채권적 청구권이고 다른 하나는 물권적 청구권이다. 즉, 채권으로부터 발생하는 청구권과 물권으로부터 발생하는 청구권이 있다. 물권과 채권이 무엇인지는 나중에 더 상세히 다룰 것이므로,[20] 여기에서는 "物權은 물건 기타의 객체를 직접 지배하는 권리이고, 債權은 채무자에게 일정한 행위를 요구할 수 있는 권리"라고만 알고 넘어가기로 한다.

위의 예제에서 A는 B에게 '분묘의 철거와 토지의 인도'를 청구하고 있는데, 이것은 물권적 청구권과 관련되어 있다. 왜냐하면, A와 B 사이에는 아무런 계약 관계나 다른 채권 관계가 없어서 B는 A의 채무자가 아니기 때문이다(채권은 채권자가 채무자에게 무엇을 요구하는 권리이므로).

또한 A가 청구하는 것은 구체적으로 보면 두 가지이다. 하나는 '분묘의 철거'이고 다른 하나는 '토지의 인도'이다. 일반인의 눈으로 보면 이 둘을 구별하는 것이 별 의미가 없을 수도 있지만, 법적으로는 이 두 가지의 청구가 큰 차이가 있다.[21] 어쨌든 중요한 것은 이 둘 모두 물권적 청구권에 해당한다는 점이다.

그런데, 실제 사례 문제에 있어서 더 자주 등장하는 것은 물권적 청구권이 아니라 채권적 청구권이다. 그러므로 여기에서는 이 채권의 전체적인 구성을 이해하는 것이 매우 중요하다.

채권이 발생하는 원인은 크게 두 가지이다. 하나는 계약으로부터 나오는 것

20) 제5장 III. 1. 및 특히 제9장 V. 1.

21) 그 상세한 논의는 물권법의 영역이므로 여기에서는 생략한다.

이고, 나머지 하나는 계약 없이 발생하는 것이다. 이 둘 중에서 더 중요하고 더 자주 쓰이는 것은 물론 계약으로부터 발생하는 채권이다. 즉, 채권에 있어서 가장 중요하고 일반적인 경우는 그것이 계약으로부터 발생하는 경우이다.

계약 없이 채권이 발생하는 경우는 여러 가지가 있으나 그중에서 가장 중요한 것은 두 가지이다. 첫째는 불법행위에 의한 경우이다. 즉, 불법행위를 한 자는 피해자에게 그 손해를 배상할 책임이 있는데(제750조), 피해자의 입장에서는 이것을 불법행위로부터 발생한 손해배상 채권이라 부르게 된다. 둘째는 부당이득에 의한 경우이다. 즉, 법률상 원인 없이 이익을 얻음으로써 타인에게 손해를 가한 자는 그 이익을 반환해야 할 책임을 지게 되는데(제741조), 손해를 입은 상대방의 입장에서는 이것을 부당이득으로부터 발생한 부당이득 반환채권이라 부르게 된다.

따라서 청구권이 발생하는 근거를 검토하는 순서를 요약하자면 다음과 같다. 가장 중요하고 가장 자주 쓰이므로 제일 먼저 검토해야 할 것은 계약으로부터 발생하는 채권이다. 둘째, 불법행위나 부당이득으로부터 발생하는 채권을 검토한다. 셋째, 물권적 청구권을 검토한다.

즉, 앞으로 사례 문제를 검토할 때 가장 먼저 생각해야 할 점은, 당사자(청구자와 피청구자) 사이에 어떤 계약 관계가 있는지, 문제되는 청구권이 그 계약으로부터 나올 수 있는 것인지 하는 것이다.

만약 당사자 사이에 계약 관계가 없거나, 아니면 있더라도 청구권이 그 계약과는 무관하다면, 이제 두 번째 단계로서, 불법행위나 부당이득이 성립했는지를 검토하게 된다. 만약 이 둘도 사안에서 문제되는 청구권과는 무관하다면, 세 번째 단계로서 물권적 청구권을 검토하면 된다.

위의 예제에서 A와 B 사이에는 아무런 계약 관계가 없다. 따라서 첫 번째 단계는 그냥 통과하게 된다. 두 번째 단계로서 불법행위와 부당이득을 검토해야 하는데, '효과'면을 생각해 보면 이 두 가지는 손해배상 또는 부당이득의 반환을 청구하는 것이다. 그런데 예제에서는 '분묘의 철거 및 토지의 인도'를 청구하고 있으므로, 이 두 번째 단계에도 해당하지 않음을 알 수 있다. 마지막 세 번째 단계에서 물권적 청구권을 검토한다면, 분묘의 철거는 제214조와 토지의 인도는 제213조와 관련됨을 알 수 있다.[22]

그렇다면 좋은 답안은 A의 청구가 제214조 또는 제213조에 포섭될 수 있는지를 논리적으로 검토하는 내용이 될 것이다. 답안의 구체적인 내용은 이제 항을 바꾸어 살펴보기로 하자.

IV. 사례 문제와 모범 답안

이하에서는 위에서 언급한 예제에 대한 두 개의 모범답안을 제시하고자 한다. 첫 번째 답안은 학생이 작성한 것이고, 두 번째 답안은 학생의 답안을 보충하기 위하여 저자가 작성한 것이다. 이렇게 두 답안을 비교하는 것은, 사례 문제에 정답이 있는 것이 아님을 보여주기 위해서이다. 또한 두 답안이 구성 면이나 서술 면에서 어떤 차이를 보이는지를 눈여겨본다면, 스스로 답안을 작성하는 데에 많은 참조가 될 수 있을 것이다.

1. 학생의 답안[23)]

Ⅰ. 문제의 제기

본 사안에서 A는 B에게 소유권에 기한 물권적 청구권을 행사하여 분묘의 철거(민법 제214조) 및 토지 인도를 청구(민법 제213조)하고자 하는데, 이때 청구의 상대방은 분묘 소유권 및 처분권한(이하 "분묘 처분권"이라 한다)이 있는 자(者)라야 A의 청구가 타당할 것이므로, 그 분묘 처분권이 누구에게 귀속하는지에 대한 검토가 필요하다.

관습에 따르면 호주인 D가 분묘의 처분권자인 반면, 성문법에 속하는 대통령령 구 가정의례준칙 제13조에서는 "사망자의 배우자와 직계비속이 상제가 되고 주상은 장자가 된다"고 하여 장자인 B가 분묘 처분권자가 되므로, 관습과 제정법 중 무엇이 우선 적용되는지가 문제된다.

그러므로 (i) 호주가 분묘 처분권자라는 관습(이하 "이 사건 관습"이라 한다)이 관습법인지 사실인 관습인지를 검토하고, (ii) 이 사건 관습이 관습법인 경우 관습법이 가

22) 그 상세한 내용은 물권법의 영역이므로 여기에서는 다루지 않는다.

23) 이 답안은 2013년 1학기에 저자의 수업에서 튜터로 일해 준 여진아 조교가 작성한 것이다.

정의례준칙 제13조보다 우선하여 적용될 수 있는지 여부와, (iii) 사실인 관습인 경우 구 가정의례준칙 제13조의 규정 성격(강행규정인지 임의규정인지)에 따라 사실인 관습의 우선 적용 여부가 달라지므로 이를 검토한다. 그런데 논의의 전제로서 관습법, 사실인 관습과 제정법의 우열관계가 문제되는바 민법 제1조와 제106조의 관계에 대해 우선적으로 검토한다.
이를 토대로 가정의례준칙 제13조에 따라 분묘 처분권이 장자인 B에게 귀속하여 A의 청구가 타당한지, 혹은 관습에 따라 분묘 처분권자 D에게 귀속하여 A의 청구가 부당한지를 검토한다.

Ⅱ. 민법 제1조와 제106조의 관계

1. 민법 제1조의 해석론

민법 제1조는 "민사에 관하여 법률에 규정이 없으면 관습법에 의하고 관습법이 없으면 조리에 의한다"고 하는데, 법률과 관습법의 우선순위에 대하여 학설은 (i) 법률에 흠결이 있는 경우에만 관습법이 보충적으로 적용되고 제정법이 존재하는 때에는 관습법이 적용될 수 없다는 보충적 효력설과, (ii) 관습법과 제정법 사이에 우열의 차이를 두지 않는 대등적 효력설이 대립한다. 판례는 관습법은 법원으로서 법령에 저촉되지 아니하는 한 법칙으로서의 효력이 있다고 하여 보충적 효력설과 같은 입장에 있다.

법문에 비추어 볼 때 관습법은 제정법이 없는 경우에만 보충적으로 적용되는 것이 타당하고, 제정법이 생활의 모든 부분을 규율하는 현대사회에서 관습법은 주변적인 기능만을 담당할 뿐이므로, 관습법에는 보충적 효력만이 인정된다고 봄이 타당하다.

2. 민법 제106조의 해석론

민법 제106조는 "법령 중의 선량한 풍속 기타 사회질서에 관계없는 규정과 다른 관습이 있는 경우에 당사자의 의사가 명확하지 아니한 때에는 그 관습에 의한다"고 하여, 사실인 관습이 임의규정에 우선한다고 규정한다. 이때 법률이 관습법에 우선한다는 민법 제1조의 해석과 배치되는 것인지가 문제되는데, 학설은 (i) 관습법과 사실인 관습의 구별을 인정하면서, 민법 제1조와 제106조의 모순을 인정하는 변경적 효력설과, (ii) 양 조문의 모순을 인정하지 않으면서 사실인 관습과 관습법은 논의의 차원이 다르다고 하는 보충적 효력설, (iii) 관습법과 사실인 관습의 구별 자체를 부정하며 변경적 효력설과 같은 결론에 이르는 견해가 대립한다.

이에 대하여 판례는 "관습법이란 사회의 거듭된 관행으로 생성한 사회생활규범이 사회의 법적 확신과 인식에 의하여 법적 규범으로 승인·강행되도록 된 경우를 말하고, 사실인 관습은 사회의 관행에 의하여 발생한 사회생활규범인 측면에서 관습법과 같으나 사회의 법적 확신이나 인식에 의하여 법적 규범으로서 승인된 정도에 이르지 않은 경우를 말한다"고 하여 법적 규범으로 승인된 정도를 기준으로 관습법과 사실인 관습을 구별하여 (ii)설과 같은 태도를 취하고 있다.

3. 관습법과 사실인 관습

관습법은 바로 법원으로서 법령에 저촉되지 않는 한 법칙으로서의 효력이 있으나, 사실인 관습은 법령으로서의 효력이 없는 단순한 관행으로서 법률행위 당사자의 의사를 보충하는 기능을 할 뿐이다. 또 관습법은 당사자의 주장 · 입증을 기다릴 필요 없이 법원이 직권으로 확정하여야 하고, 사실인 관습은 그 존재를 당사자가 주장 · 입증하여야 한다. 그러나 관습은 그 존부 자체도 명확하지 않을 뿐만 아니라 그 관습이 사회의 법적 확신이나 법적 인식에 의하여 법적 규범으로까지 승인되어 있는지의 여부를 가리기는 더욱 어려운 일이므로, 법원이 관습법을 알 수 없는 경우에는 결국은 당사자가 주장 · 입증할 필요가 있다.

Ⅲ. 이 사건 관습에 적용

1. 이 사건 관습이 관습법인 경우

(1) 관습법의 요건

판례는 관습법에 대하여 (i) 사회의 거듭된 관행으로 생성한 사회생활규범이 존재하고, (ii) 사회의 법적 확신과 인식에 의하여 법적 규범으로 승인 · 강행되기에 이른 것으로, (iii) 헌법을 최상위 규범으로 하는 전체 법질서에 반하지 않아야 정당성과 합리성이 인정된다고 한다. 이 사건 관습은 (ii)에서 법적 규범으로 승인 · 강행되었는지 여부가 불분명하므로 관습법이라고 단정짓기 어려우나 관습법인 경우에 대해 아래와 같이 검토한다.

(2) 사안의 적용

이 사건 관습에 대해 법원은 그 관습법의 존재를 알지 못하므로 관습법의 존재에 대하여 당사자 B의 주장 · 입증이 있어야 하고, 관습법으로 인정되는 경우 판례와 보충적 효력설에 따라 제정법인 가정의례준칙 제13조가 우선적으로 적용되어야 한다. 그러므로 B가 분묘 처분권을 갖고, A는 B를 상대로 분묘의 철거 및 묘역의 인도를 청구할 수 있어 A의 청구는 타당하다.

2. 이 사건 관습이 사실인 관습인 경우

(1) 문제점

이 사건 관습이 사실인 관습인 경우, 제정법인 가정의례준칙 제13조 규정의 성격이 강행규정인지 임의규정인지에 따라 사실인 관습의 우선 적용 여부가 달라지므로 이를 검토한다.

(2) 사실인 관습

1) 요 건

이 사건 관습은 (i) 사회의 거듭된 관행으로 발생한 사회생활 규범이지만, (ii) 이러한 관습이 사회의 법적 확신이나 인식에 의해 법적 규범으로 승인되었다고 보기에는 무리가 있어 사실인 관습일 가능성이 높은데, 이때의 관습은 관습법과 같이 법령으로서의 효력은 인정되지 않고 당사자의 의사를 보충할 수 있을 뿐이다. 이 경우 관습의 존재를 주장하는 B가 사실인 관습의 존재 사실과 가정의례준칙 제13조가 임의규정이라는 사실을 주장 · 입증해야 한다.

2) 제정법과의 우열관계

판례는 사실인 관습에 대하여 (i) 사적 자치가 인정되는 분야 즉 그 분야의 제정법이 주로 임의규정일 경우에는 법률행위의 해석기준으로서 또는 의사를 보충하는 기능으로서 이를 재판의 자료로 할 수 있을 것이나 (ii) 그 외 분야 즉, 제정법이 주로 강행규정일 경우에는 그 강행규정 자체에 결함이 있거나 강행규정 스스로가 관습에 따르도록 위임한 경우 등 이외에는 법적 효력을 부여할 수 없다고 한다.

(3) 사안의 적용

가정의례준칙 제13조는 현재 "주상은 배우자나 장자가 된다"고 개정되어 주상을 정하는 문제에 대한 당사자들의 선택권이 배우자 혹은 장자로 보다 넓어진 점, 판례가 제사주재자를 공동상속인 합의에 의해 정하는 것을 인정하고 있다는 점에 비추어 볼 때, 본 규정은 사적 자치가 인정되는 임의규정일 가능성이 높다. 그러므로 이 사건 관습이 사실인 관습인 경우, 이는 임의규정에 우선하여 적용되므로 D가 분묘 처분권자가 되어 B에 대한 A의 청구는 부당하게 된다.

만일 가정의례준칙 제13조가 강행규정이라고 본다면 사실인 관습보다 강행규정이 우선 적용되어, B가 분묘 처분권자가 되고 B에 대한 A의 분묘 철거 및 토지 인도 청구는 타당한 것이 된다.

Ⅳ. 결 론

이 사건 관습이 (i) 관습법인 경우, 보충적 효력설과 판례에 따라 제정법인 가정의례준칙 제13조가 우선 적용되므로 B가 정당한 분묘 처분권자가 되어 A의 청구는 타당하고, (ii) 사실인 관습인 경우 가정의례준칙 제13조가 강행규정이라면 사실인 관습보다 강행규정이 우선하므로 B가 분묘 처분권자가 되어 A의 청구는 타당하나, (iii) 임의규정이라면 사실인 관습을 법률행위의 해석기준으로 삼아 D가 분묘 처분권자로 볼 수 있어 A의 청구는 부당하게 된다.

2. 저자의 답안

I. 문제의 제기

A가 B에 대하여 분묘의 철거와 묘역에 해당하는 토지의 인도를 구하고 있으므로, 이것은 일단 소유권에 기한 소유물 반환청구(제213조)와 소유물 방해제거청구(제214조)에 해당하는 것으로 보인다. 그러나 가능한 모든 청구권의 근거를 빠짐없이 검토해 보아야 하므로, 먼저 다른 가능한 청구권의 근거가 있는지를 살펴본 후, 물권적 청구권을 검토하기로 한다.

II. A의 계약상 청구권

애초에 A 소유의 임야에 A의 허락을 받지 않고 B가 분묘를 설치하고 관리한 것을 볼 때, A와 B 사이에는 아무런 계약관계도 없는 것으로 보인다. 따라서 아무런 계약도 존재하지 않으므로, 어떤 계약에 기하여 A가 B에게 분묘의 철거와 묘역 토지의 반환을 청구할 수는 없다.

III. A의 사무관리, 부당이득, 불법행위에 기한 청구권

1. 사무관리에 기한 청구권

A의 허락 없이 B가 A의 토지에 분묘를 설치하고 그 분묘를 관리한 행위를 "의무 없이 A를 위하여 B가 A의 사무를 관리"한 것으로 볼 수는 없다. 따라서 사무관리(제734조)는 성립할 여지가 없고, 사무관리에 기한 A의 청구권 역시 생각할 수 없다.

2. 부당이득의 반환청구권

A는 B를 상대로 자신의 소유인 토지의 반환을 청구하고 있으므로, 이 토지의 소유권은 여전히 A에게 있다. 따라서 A가 B에게 청구하고 있는 토지의 반환이 B가 취득한 '이익'에 해당하는 것은 아니다. 즉, 이 토지의 반환청구는 부당이득의 반환청구에 해당하지 않는다(제741조).

만약 A가 B를 상대로 그동안 자기 토지를 분묘의 설치를 위하여 사용한 대가로서의 지료(地料)를 청구한다면, 그것은 부당이득에 해당할 수도 있다. 그러나 사안에서 A는 이것을 청구하고 있지 않다.

3. 불법행위에 기한 손해배상청구권

B가 A의 토지 위에 그의 허락도 없이 분묘를 설치하고 관리해 온 것이 불법행위에 해당할 수도 있다. 그러나 그것이 불법행위에 해당하다 하더라도, 그 경우 A는 B에게 금전배상이 원칙(제394조)인 손해배상을 청구할 수 있을 뿐(제750조), 분묘의 철

거나 묘토의 반환을 청구할 수는 없다.

즉, 위 사안에서는 불법행위에 기한 손해배상청구권이 문제되고 있지 않다.

4. 소 결

A는 B를 상대로 사무관리, 부당이득, 불법행위에 기해서는 분묘의 철거와 묘토의 반환을 청구할 수 없다.

IV. A의 물권적 청구권

1. 서 론

A가 B를 상대로 분묘의 철거와 묘토의 반환을 청구하는 경우, 그 근거가 될 수 있는 물권에는 두 가지의 종류가 있다.

우선 점유권에 기한 청구를 생각해 볼 수 있다. 이 경우 A는 점유회수청구권(제204조 제1항)에 의하여 묘토의 반환을, 점유보유청구권(제205조 제1항)에 의하여 분묘의 철거를 청구할 수 있다. 그러나 이러한 점유권에 기한 청구권의 성립 요건을 검토하는 것은 물권법의 과제이므로 이 답안의 범위를 벗어나는 것이어서 여기에서는 상론하지 않는다. 결론만을 간단히 적는다면, A는 묘토의 점유자가 아니므로 위의 두 청구권을 행사할 수 없다.

둘째로 소유권에 기한 청구를 생각해 볼 수 있다. 이 경우 A는 소유권에 기한 소유물방해제거청구권(제214조)을 행사하여 분묘의 철거를, 소유권에 기한 소유물반환청구권(제213조 본문)을 행사하여 묘토의 반환을 청구할 수 있을 것이다.

과연 소유권에 기한 A의 이러한 물권적 청구권이 성립하는지에 대하여 이하에서 항을 나누어 상론하기로 한다.

2. 소유권에 기한 소유물방해제거청구권

(1) 성립요건

소유물 방해제거청구권(제214조)이 성립하기 위해서는 다음의 요건을 갖추어야 한다. 즉, (i) 청구권자는 (소유권의 내용 실현을 방해받고 있는) 소유자이다. (ii) 상대방은 현재 방해하고 있는 자이다. (iii) 상대방이 점유침탈 이외의 방법으로 소유권을 방해하고 있어야 한다. (iv) 상대방의 고의 · 과실은 묻지 않는다. 이상의 요건들의 성립 여부를 항을 나누어 검토해 보자.

1) 청구권자가 (소유권의 내용 실현을 방해받고 있는) 소유자인지 여부

A는 분묘가 설치된 토지의 소유자이므로, 이 요건을 충족한다.

2) 상대방이 현재 방해하고 있는 자인지 여부

A의 토지 위에 설치된 것은 C의 유체(遺體)가 안장된 분묘이다. 이 분묘를 통하여 A 소유 토지의 소유권 실현을 방해하는 주체는 그 분묘의 소유자 또는 관리자가 될

것이다. 그렇다면 B가 이 분묘의 소유자 또는 관리자인지 여부에 따라 B가 A의 소유권 내용 실현을 방해하는지 여부가 결정된다. 이에 관해서는 이하에서 항을 바꾸어 상론하기로 한다.

3) 상대방이 점유침탈 이외의 방법으로 소유권을 방해하고 있는지 여부

분묘의 설치는 점유 자체의 침탈과는 별개의 문제이다. 점유의 침탈에 관해서는 이하에서 소유물 반환청구권을 검토하는 부분에서 다룰 것이다. 일단 여기에서는 소유권 실현의 방해 여부만 검토하기로 한다.

설치된 분묘는 지속적으로 A의 소유권 내용 실현을 침해하고 있다고 볼 수 있으므로 이 요건을 충족하는 것으로 볼 수 있다.

4) 상대방의 고의 · 과실 여부

이것은 방해제거청구권의 성립 여부와 무관하다. 즉, 소유권 실현의 방해라는 침해 행위가 있기만 하면 되는 것이지 방해자의 고의 · 과실은 요건이 아니다.

5) 소　결

나머지 요건의 성립은 모두 인정되고 결국 문제가 되는 것은 A 소유 토지의 소유권 내용 실현을 현재 방해하는 상대방이 누구인지 하는 것이다. 그 상대방은 C의 유체가 안장된 분묘의 소유자 또는 관리자라고 해야 한다. 그러므로 이제 이 문제에 관하여 항을 바꾸어 상론하겠다.

(2) 분묘의 소유자

이제 누가 분묘의 소유자인지 하는 문제를 다루기로 한다. 소유자와 관리자가 일치하지 않는 경우도 있을 수 있으나, 분묘의 경우에는 소유자가 관리자인 경우가 대부분이므로 이하에서는 분묘의 소유자에 관해서만 고찰하기로 한다. 소유자가 결정되면 소유물 방해제거청구권은 물론이고 (아래에서 검토할) 소유물 반환청구권의 상대방이 결정될 수 있다.

이 문제에 관해서는 대법원 2003.7.24. 선고 2001다48781 전원합의체 판결이 전환점이 되었다는 사실이 특히 중요하다. 왜냐하면 이하에서 상론하는 바와 같이, 분묘의 소유자는 제사주재자이며 그것은 보통은 종손(宗孫)이라는 것이 관습법임을 대법원은 일관되게 확인해 왔는데, 관습법의 효력에 관하여 위의 전원합의체 판결은 새로운 법리를 도입함으로써 결국 제사주재자에 관한 관습법의 효력이 부인되는 결과—그것은 2008.11.20. 선고 2007다27670 전원합의체 판결에 와서 비로소 이루어졌다—를 가져왔기 때문이다.

따라서 이하에서는, 대법원 2003.7.24. 선고 2001다48781 전원합의체 판결을 기준으로 하여 그 이전과 이후를 나누어 분묘의 소유주에 관한 법리의 변화를 연혁적으로 서술하기로 한다.

1) 대법원 2003.7.24. 선고 2001다48781 전원합의체 판결 이전

아직 현행 민법이 발효하기 전에 이 문제는 관습에 맡겨져 있었다. 일제강점기의 민사 기본법령을 정한 1912년의 조선민사령에서는 일본 민법 등 23개의 법령이 조선

에 적용됨을 정하면서도 "능력, 친족, 상속에 관한 규정은 조선인에게는 적용하지 않는다"(제11조)라고 규정했다. 따라서 우리 민법의 제정이 있기 전에 이 문제는 관습법으로 해결될 수밖에 없었고, 이 문제에 관한 관습을 확인하여 관습법으로 인정하는 임무는 법원에 맡겨져 있었다.

1958년의 대구 고등법원 판결은 "아국에 있어서 분묘는 당초 상주인 종자가 이를 설치함을 통칙으로 하고, 이후 가제묘사를 막론하고 종자종손이 제주가 되어 그 행사를 주재하는 것이므로, 분묘의 소유권은 종가에 속하며, 종가의 호주된 종손이 제사상속을 함과 동시에 이를 승계할 것이다."라고 하여 분묘의 소유권이 제사상속인인 종손에게 있음이 관습법임을 확인하였다(대구고등법원 1958.2.26. 선고 4290민미16 판결).

이듬해인 1959년에 대법원은 "분묘의 소유권은 제사상속인에 전속하는 권리이므로 분묘의 굴이(掘移)를 청구함에 있어서는 제사상속인을 상대로 하여야 한다."라고 하여 관습법에 따르면 분묘의 소유권이 제사상속인에게 있음을 재차 확인하였다(대법원 1959.10.8. 선고 4291민상627 판결).

1960년부터 발효한 우리 민법(1958.2.22. 법률 제471호로 제정)은 제사상속에 관해서는 직접적 규정을 두지 않고 관습의 영역에 맡기는 한편, 제996조에서 "분묘에 속한 1정보 이내의 금양임야와 600평 이내의 묘토인 농지, 족보와 제구의 소유권은 호주상속인이 이를 승계한다."라고 함으로써 제사재산의 상속에 관해서만 규정하였다.

여기에서는 직접적으로 분묘의 소유권 귀속에 대해서 규율되고 있지 않으나, 금양임야와 묘토인 농지를 호주상속인이 승계하도록 하는 점을 볼 때 이러한 제사용 재산에는 당연히 분묘도 포함되는 것으로 보아야 할 것이다.

이렇게 함으로써 우리 민법은 제사상속인이 분묘의 소유자라는 종전의 관습법을 제996조를 통하여 변경을 가한 것이 아니라, 오히려 호주상속인이 제사상속인이므로 호주상속인이 분묘를 상속한다는 입장을 조문에 반영한 것으로 보인다.

그 후 제996조는 1990년의 개정(1990.1.13. 법률 제4199호로 개정)에서 더 이상 호주상속의 효력에 관한 규정이 아니라 상속의 일반적 효력에 관한 제1008조의3으로 옮겨서 규정되었고, 그 승계권자도 호주상속인이 아니라 '제사를 주재하는 자'로 변경되었다. 그 후 호주제의 완전 폐지(2005.3.31. 법률 제7427호로 개정되어 2008.1.1.부터 시행된 민법)에도 불구하고 제1008조의3은 그대로 유지되어 현재에 이르고 있다.

요컨대, 분묘의 소유권은 구(舊) 제996조의 제정 이전에는 관습법에 의하여 제사상속인에게 인정되었다가, 구 제996조의 제정으로 호주상속인에게 인정되었지만 이것은 호주상속인이 곧 제사상속인이라는 관습법의 전제하에서 이루어진 일이었다.

이러한 생각을 잘 보여주는 것이 광주고등법원 1999.1.21. 선고 96나1275 판결이다. 여기에서 법원은 "분묘는 상속인들 중 누가 설치했든지와 관계없이 그 소유권은 호주상속인이 상속하여 그 소유로 귀속된다(1990.1.13. 법률 제4199호로 민법 제1008조의3이 신설된 이후에는 제사주재자가 이를 승계하나, 호주상속인 또는 호주

승계인은 특단의 사정이 없는 한 당연히 제사주재자의 지위도 승계하므로 이 사건에서는 차이가 없다).”라고 하고 있다.

그래서 호주제가 완전히 폐지된 2008년 이후는 물론이고 그 이전에도 구 제996조의 ‘호주상속인’과 제1008조의3의 ‘제사를 주재하는 자’는 일관되게 ‘제사상속인’의 의미였다고 보아야 한다. 그렇다면 구 제996조나 제1008조의3은 모두 민법 제정 이전의 관습법, 즉 제사주재자가 분묘를 포함하여 제사와 관련된 재산을 상속한다는 원칙을 지속적으로 유지해온 셈이다.

대법원 역시 이러한 입장을 일관되게 유지해 왔다. 가령 대법원 1997.9.5. 선고 95다51182 판결은 “종손이 있는 경우라면 그가 제사를 주재하는 자의 지위를 유지할 수 없는 특별한 사정이 있는 경우를 제외하고는 일반적으로 선조의 분묘를 수호 · 관리하는 권리는 그 종손에게 있다고 봄이 상당하므로, 종손이 아닌 자가 제사주재자로서 분묘에 대한 관리처분권을 가지고 있다고 하기 위하여는 우선 종손에게 제사주재자의 지위를 유지할 수 없는 특별한 사정이 있음이 인정되어야 한다.”라고 하고 있는데, 이 입장은 다른 여러 판결들에서도 마찬가지였다(대법원 1997.11.25. 선고 97누7820 판결, 대법원 1997.11.28. 선고 96누18069 판결, 대법원 2000.9.26. 선고 99다14006 판결, 대법원 2004.1.16. 선고 2001다79037 판결 등).

경우에 따라서 대법원은 분묘의 소유권 및 관리처분권이 종손이 아니라 제사상속인(대법원 1959.10.8. 선고 4291민상627 판결), 호주상속인(대법원 1993.8.27. 선고 93도648 판결), 종중(대법원 1992.3.13. 선고 91다30491 판결) 등에게 있다고 하였으나, 이들 모두가 실질적으로 제사를 주재하는 지위에 있었음을 고려한다면, 결국 대법원의 입장은 제사주재자가 제사상속인이라는 관습법상의 원칙을 일관되게 유지한 셈이다.

요컨대 대법원은, 구 제996조와 제1008조의 3의 해석에 있어서 제사주재자가 누구인지는 결국 관습법에 의해서 결정되는데, 그 관습법에 따르면 제사주재자가 되는 것은 원칙적으로 종손이나 실질적인 제사주재자(제사상속인, 호주상속인, 종중 등)에게도 종손과 마찬가지의 지위가 인정된다고 보아 온 것이다.

2) 대법원 2003.7.24. 선고 2001다48781 전원합의체 판결 이후

대법원 2003.7.24. 선고 2001다48781 전원합의체 판결에서 대법원은 제정민법이 시행되기 전에 존재하던 ‘상속회복청구권은 상속이 개시된 날부터 20년이 경과하면 소멸한다.’는 관습에 관습법으로서의 효력을 인정할 수 있는지 여부를 검토하였다. 대법원은 “헌법을 최상위 규범으로 하는 법질서 전체의 이념에도 부합하지 아니하여 정당성이 없으므로, 위 관습에 법적 규범인 관습법으로서의 효력을 인정할 수 없다”고 함으로써, 관습법이 전체 법질서에 부합하지 않는 경우 그 효력이 부인된다는 법리를 처음으로 확립하였다.

이러한 대법원의 입장은 2005.7.21. 선고 2002다1178 전원합의체 판결에서 여성의 종원지위에 관한 관습법에 대해서도 적용되었다. 즉, 대법원은 “공동선조의 후손

중 성년 남자만을 종중의 구성원으로 하고 여성은 종중의 구성원이 될 수 없다는 종래의 관습은, 공동선조의 분묘수호와 봉제사 등 종중의 활동에 참여할 기회를 출생에서 비롯되는 성별만에 의하여 생래적으로 부여하거나 원천적으로 박탈하는 것으로서, 위와 같이 변화된 우리의 전체 법질서에 부합하지 아니하여 정당성과 합리성이 있다고 할 수 없다"고 판시함으로써, 여성의 종원지위를 부인하는 종래의 관습법이 전체 법질서에 위배된다는 이유로 그 효력을 부인하였다.

이러한 관습법의 효력 상실에 관한 새로운 법리—전체 법질서에 위배되지 않아야 한다는—가 제사주재자에 관한 관습법에 적용된 것이 대법원 2008.11.20. 선고 2007다27670 전원합의체 판결이다. 이 판결에서 대법원은 통상 종손이 제사주재자가 된다는 종전의 관습법이 "가족 구성원인 상속인들의 자율적인 의사를 무시하는 것이고 적서간에 차별을 두는 것이어서 개인의 존엄과 평등을 기초로 한 변화된 가족제도에 원칙적으로 부합하지 않게 되었고, 이에 대한 우리 사회 구성원들의 법적 확신 역시 상당 부분 약화되었으므로, 더 이상 관습 내지 관습법으로서의 효력을 유지할 수 없게 되었으며, 그러한 관습에 터잡은 종래의 대법원판결들 역시 더 이상 판례법으로서의 효력을 유지할 수 없게 되었다"라고 함으로써 그 효력을 부인하였다.

그렇다면 제사주재자를 결정할 새로운 방법이 필요하게 되는데, 이에 관하여 대법원은 "제사주재자는 우선적으로 망인의 공동상속인들 사이의 협의에 의해 정해져야 하되, 협의가 이루어지지 않는 경우에는 제사주재자의 지위를 유지할 수 없는 특별한 사정이 있지 않은 한 망인의 장남(장남이 이미 사망한 경우에는 장남의 아들, 즉 장손자)이 제사주재자가 되고, 공동상속인들 중 아들이 없는 경우에는 망인의 장녀가 제사주재자가 된다"고 하였다.

3) 특정인이 제사주재자가 되는 것이 관습법인지 여부

위에서는 통상 종손이 제사주재자가 되는 것이 종래의 관습법이었다는 전제하에 서술하였는데, 그것이 과연 (사실인) 관습인지 관습법인지를 다시 한 번 검토해 보기로 한다.

관습인지 아니면 관습법인지에 관한 문제는 이미 대법원 1983.6.14. 선고 80다3231 판결에서 지적된 바 있다. 즉, 대법원은 "원심인정과 같은 관습을 재판의 자료로 하려면 그 관습이 관습법인지 또는 사실인 관습인지를 먼저 가려 그에 따라 그의 적용여부를 밝혔어야 할 것이다"라고 하였다.

그런데 위 대법원 판결의 원심 판결(광주고등법원 1980.11.26. 선고 78나610 판결)에서 법원이 관습의 내용으로 본 것은 종손이 제사주재자가 된다는 것이 아니라, "처가 먼저 사망한 경우에는 그 부가 망실의 제사를 통제하는 제주가 되는 것"이었다. 종손이 제사주재자가 된다는 것은 대법원이 일관되게 관습법으로서 인정해 온 것이었지만, 원심 법원이 관습이라고 본 것—처의 사망 시 부가 제사주재자가 되는—에 대해서는 대법원이 관습법으로서 인정한 사례가 없었다. 따라서 대법원이 이것이 관습인지 사실인 관습인지를 먼저 따져야 한다고 본 것은 타당하다고 생각된다.

결국 본 사안 및 대법원 1983.6.14. 선고 80다3231 판결에서는 두 가지의 관습이 문제된다고 볼 수 있다.

첫 번째 것은 종손이 제사주재자라는 것이다. 위에서 이미 언급한 바와 같이 대법원 2008.11.20. 선고 2007다27670 전원합의체 판결로 효력이 부인되기 이전까지 대법원은 통상 종손이 제사주재자임을 일관되게 확인해 왔다. 이것은 제사주재자의 결정에 관한 관습에 대하여 법원이 사회구성원에 의한 법적 확신이 있음을 확인하고 이 관습을 일관되게 재판규범으로서 적용함으로써 그것이 (사실인) 관습에 그치는 것이 아니라 관습법임을 인정한 것이다.

두 번째 것은 처의 사망 시 夫가 제사주재자라는 것이다. 이에 관해서는 대법원 1983.6.14. 선고 80다3231 판결이 지적하고 있는 바와 같이, 그것이 사실인 관습인지 아니면 관습법인지가 일단은 불분명하다. 이 판결에서 대법원은 "원심판시의 취지로 보아 관습법이라고 보여지나 반드시 명확하지는 않다"라고 하면서, 이것을 사실인 관습으로 보는 경우와 관습법으로 보는 경우를 나누어서 논의하고 있다.

이에 관해서는 이제 항을 바꾸어 보다 자세히 살펴보기로 한다.

4) 특정인이 제사주재자가 된다는 것이 (사실인) 관습인지 관습법인지 여부에 따라서 본 사안의 결론이 달라지는지 여부

조금 전에 살펴본 바와 같이 종손이 제사주재자가 된다는 것은 확고한 관습법이었지만, 처의 사망 시 부가 제사주재자가 되는 것은 관습법인지의 여부가 불확실했다. 그런데 특정인(종손 또는 부)이 제사주재자가 된다는 것이 관습법인지 아니면 사실인 관습인지 여부에 따라서 과연 본 사안의 결론이 달라지는지를 검토하여 보자.

이 문제는 사실인 관습과 관습법의 관계 혹은 제106조와 제1조의 관계를 어떻게 이해하느냐에 따라 결론이 달라진다고 할 수 있다.

관습법의 효력에 관한 이른바 변경적 효력설에 의하면, 사실인 관습이 임의규정보다 우선하여 적용되는 범위에서 사실인 관습은 관습법보다도 우월한 효력을 가지는 셈이 되어 결국 제1조는 그 의의를 상당 정도 상실하게 된다.

한편 관습법의 효력에 관한 이른바 보충적 효력설에 의하면, 제106조에서 문제되는 사실인 관습은 법률행위의 해석에 있어서 당사자의 의사를 보충하기 위해서만 적용되므로, 제1조와 제106조는 모순이 되는 것이 아니라 서로 다른 차원의 논의를 하고 있는 것이 된다. 이 견해에 따르면 제106조에서 문제가 되는 법률행위의 해석과 관련해서는 사실인 관습과 관습법은 아무런 효력의 차이가 없다고 한다. 제106조에서는 사실인 관습이 당사자의 의사를 보충하기 때문에 거기에 임의규정보다 우선하는 효력이 인정되는 것이므로, 개념 속에 이미 사실인 관습을 포함하고 있는 관습법에도 당연히 동일한 효력이 인정되어야 한다는 것이다.

요컨대, 보충적 효력설에 따를 때 제106조와 관련해서는 사실인 관습과 관습법의 구별은 의미가 없다.

반대로 변경적 효력설에 따르면, 사실인 관습에는 오히려 임의규정을 능가하는 효

력을 인정하면서 관습법에는 그러한 효력을 인정하지 않는 해석도 가능하게 된다(여진아 조교의 모범답안은 이러한 변경적 효력설에 근거하고 있는 것으로 보임). 그러나 보충적 효력설의 입장에서 이러한 해석은 타당하지 않다.

판례는 제106조의 해석과 관련해서는 변경적 효력설과 보충적 효력설 중에서 어느 입장을 취하는지 명확하게 밝힌 바가 없지만, 일반적으로 제1조의 해석과 관련해서는 보충적 효력설을 취하고 있다. 따라서 제106조와 관련해서도 판례의 입장을 변경적 효력설에 입각하여 추측해 볼 수 있고, 본 사안도 그와 같은 입장에 따라 해결하기로 한다.

이처럼 보충적 효력설과 판례의 입장에 따라서 본 사안을 살펴본다면, 여기에서는 당사자들 사이의 어떤 법률행위의 해석이 문제되고 있지 않다. 본 사안에서는 제사주재자가 누가 되는지에 대한 사회구성원들이 누구나 인정하는, 즉 법적 확신을 가지는 객관적인 규범으로서의 관습법이 문제되고 있다. 즉 본 사안에서는 법률행위의 해석이 문제되지 않기 때문에 사실인 관습은 고려의 대상이 될 수 없다.

그렇다면 종손이 제사주재자가 된다는 관습법은 본 사안에서 고려의 대상이 될 수 있다. 그 관습법이 전체 법질서에 합치하지 않으므로 효력을 상실한다는 것은 별개의 문제이다. 그런데 처의 사망 시 부가 제사주재자가 된다는 관습은 그것이 관습법의 효력을 가지는 경우에만, 본 사안에서 재판규범으로서 고려의 대상이 될 수 있다.

요컨대 원심 법원이 만약 부가 제사주재자가 된다는 것을 관습법으로 인정하였다면, 그것은 일단 법원이 고려할 재판규범이 되지만, 그것이 사실인 관습인 경우라면 본 사안에서는 법률행위의 해석이 문제되지 않으므로 아예 고려의 대상이 되지 못한다.

그런데 이처럼 부가 제사주재자가 된다는 것을 관습법으로 볼 경우에는, 성문법인 구 가정의례준칙 제13조와의 관계가 문제된다. 이에 관해서는 항을 바꾸어 상론하기로 한다.

5) 구 가정의례준칙 제13조와 관습법의 효력상 우열관계

구(舊) 가정의례준칙(대통령령 제6680호, 1973.5.17. 제정) 제13조는, "① 사망자의 배우자와 직계비속은 상제가 된다. ② 주상(主喪)은 장자(長子)가 되고, 장자가 없는 경우에는 장손이 된다"고 규정하고 있었다. 이 가정의례준칙은 구 가정의례에 관한 법률(법률 제2079호, 1969.1.16. 제정) 제3조 제2항에 따라 제정된 것이다. 거기에서는 "가정의례의 의식절차에 관한 준칙은 가정의례심의위원회와 국무회의의 심의를 거쳐 대통령이 이를 고시한다."라고 규정하고 있었다.

그 후 이 법률은 건전가정의례의 정착 및 지원에 관한 법률(법률 제5837호, 1999.2.8. 제정)로 대체되면서 폐지되었다. 이 새로운 법률에 의해서 건전가정의례준칙(대통령령 제16544호, 1999.8.31. 제정)이 만들어졌고, 이로써 종전의 가정의례준칙은 폐지되었다.

현행 건전가정의례준칙(대통령령 제21083호, 2008.10.14. 전부개정)은 제15조에서 상제(喪制)를 규정하고 있는데, "① 사망자의 배우자와 직계비속은 상제(喪制)가

된다. ② 주상은 배우자나 장자가 된다. ③ 사망자의 자손이 없는 경우에는 최근친자(最近親子)가 상례를 주관한다."라고 하고 있다. 즉, 제1항은 구 가정의례준칙과 같지만 제2항에 있어서는 배우자에게도 장자와 동일한 주상(主喪)의 지위를 인정하고 있으며, 추가적으로 사망자의 자손이 없는 경우에 대하여 제3항에서 규정하고 있다.

이와 같이 구 가정의례준칙 제13조 제2항과 현 건전가정의례준칙 제15조 제2항의 내용에 큰 변화가 있었으므로, 그 각각의 내용에 대하여 나누어 검토하기로 한다.

먼저 구 가정의례준칙 제13조 제2항에 따르면 장자나 장손이 주상이 되므로, 이것은 종손이 제사주재자가 된다는 관습법과는 일치하는 내용이지만, 처의 사망 시 부가 제사주재자가 된다는 관습법(위에서 이미 본 바와 같이 이것을 관습법으로 이해하는 경우)과는 서로 충돌하게 된다.

이때 판례와 같이 관습법의 효력에 관하여 보충적 효력설을 취하게 되면, 성문법인 구 가정의례준칙 제13조 제2항이 우선하여 적용되므로 이와 배치되는 내용인 부가 제사주재자가 된다는 관습법은 효력을 상실한다.

한편 현행 건전가정의례준칙 제15조 제2항에 따르면, 배우자 또는 장자가 제사주재자가 된다고 하고 있으므로, 이것은 종손이 제사주재자가 된다는 관습법과는 물론이고 처의 사망 시 부가 제사주재자가 된다는 관습법과도 배치되지 않는다.

그런데 이 두 관습법의 효력 범위를 생각해 본다면, 종손이 제사주재자가 된다는 것은 상제에 있어서 일반적인 원칙으로서의 관습법이라 할 수 있고, 부가 제사주재자가 된다는 것은 처가 사망하였다는 특수한 경우에 대한 관습법이라고 할 수 있다. 그런데 특별법이 일반법보다 우선적으로 적용된다는 일반적인 법리가 이 두 관습법의 관계에 대해서는 적용되지 않는 것으로 보인다. 즉, 이 두 관습법은 어느 하나가 다른 하나를 배제하는 관계라기보다는, 일반적으로는 종손이 제사주재자가 되지만 처의 사망 시에는 부가 제사주재자가 될 수 있다는 '또는'의 의미로 이해하는 것이 더 타당하다고 생각된다. 현행 건전가정의례준칙 제15조 제2항에서 배우자 또는 장자가 제사주재자가 된다고 규정하는 것도 바로 이러한 취지에서 두 관습법의 관계를 이해하고 있기 때문이라고 보인다.

6) 소결: 분묘의 소유자

먼저 관습법 측면을 보자면, 제사주재자가 분묘를 포함하여 제사와 관련된 재산의 상속권을 가진다는 것은 현행 민법 제정 이전부터 현재에 이르기까지 변함없이 관습법으로서 인정되었다. 또한 누가 제사주재자인가의 문제에 있어서는, 종손이 제사주재자라는 것은 대법원에 의해 일관되게 관습법으로 인정되었고, 처의 사망 시 부가 제사주재자가 된다는 것은 위의 관습법만큼 확고하게 대법원에 의하여 관습법으로 인정을 받은 것은 아니지만, 대체로 관습법으로 인정할 수 있을 것으로 보인다.

한편 민법의 규정을 보자면, 구 제996조 및 현 제1008조의3은 가가 '호주상속인' 및 '제사를 주재하는 자'에게 분묘 및 제사와 관련된 재산의 소유권을 인정하면서도, 앞의 호주상속인을 제사주재자로서의 제사상속인의 의미로 이해함으로써 결국 호주제의 존폐 여부와 상관없이 일관되게 제사주재자에게 분묘 및 제사와 관련된 재산의 소유권을 인정한 셈이었다.

그러나 민법은 구체적으로 누가 제사주재자인지에 대해서는 아무런 규정을 두지 않음으로써, 결국 이 문제가 관습법에 의하여 해결되도록 한다는 입장을 취하였고, 그리하여 위의 관습법들이 이 문제에 관하여 대법원에 의하여 일관되게 적용되는 결과를 가져왔다.

이 문제에 대해서 현행 건전가정의례준칙 제15조 제2항이 ― 구 가정의례준칙 제13조 제2항에서는 오로지 종손에게만 제사주재자의 지위를 인정한 것과는 다르게 ― 배우자와 장자 모두에게 제사주재자의 지위를 인정한 것도 위의 두 가지 관습법을 모두 수용한 결과라고 생각된다.

그런데 이 문제에 관한 근본적인 법리의 변화는 대법원 2008.11.20. 선고 2007다27670 전원합의체 판결에 의해 이루어졌다. 이 판결에서 대법원은 종손이 제사주재자가 된다는 관습법이 전체 법질서에 위배된다는 이유로 그 효력을 부인하고, 제사주재자 결정은 원칙적으로 상속인 간의 협의에 의한다는 새로운 법리를 확립하였다.

(3) 사안의 해결

결국 분묘의 소유권은 제사주재자에게 있는데, 제사주재자는 원칙적으로 협의에 의하여 결정된다. 만약 협의가 성립하지 않은 경우라면, "제사주재자의 지위를 유지할 수 없는 특별한 사정이 있지 않은 한 망인의 장남(장남이 이미 사망한 경우에는 장남의 아들, 즉 장손자)이 제사주재자가 되고, 공동상속인들 중 아들이 없는 경우에는 망인의 장녀가 제사주재자"가 된다(대법원 2008.11.20. 선고 2007다27670 전원합의체 판결).

그런데 본 사안은 공동상속인들 사이에서 누가 제사주재자가 될지에 관하여 분쟁이 있어서 협의가 필요한 상황이 아니다. 오히려 공동상속인들의 의사와는 상관없이, 누가 분묘의 소유권자를 상대로 한 소송의 피고적격(被告適格)이 있는지가 문제될 뿐이다.

따라서 이러한 경우에는 제사주재자가 누구인지에 관한 공동상속인들의 협의는 별로 의미가 없다고 보아야 한다. 다시 말해, 마치 협의가 성립하지 않은 경우처럼, 망인의 장남 혹은 (장남이 사망한 경우에는) 장손자, (공동상속인 중 아들이 없는 경우에는) 장녀가 제사주재자로 되며, 그가 분묘의 소유권을 취득한다고 해야 한다.

이런 식으로 해석하지 않는다면, 공동상속인 중의 일인이 분묘의 소유자라는 이유로 피고로서 제소당한 경우 피고적격(被告適格)의 부인(否認)을 위하여 공동상속인들이 협의를 하여 다른 사람을 제사주재자로 결정하거나 혹은 그와 같은 결정이 이미 있었다고 주장하는 부당한 결과가 나올 수도 있을 것이다.

요컨대, 본 사안에서 분묘의 소유권은 망인의 남편 D에게 있는 것이 아니라, 망인의 자녀인 B에게 있는 것으로 보인다. 이것은, 본 사안에서는 다른 자녀가 언급되어 있지 않으므로 B가 망인의 유일한 자녀이거나 혹은 장남 (또는 장녀)라는 전제에 기한 것이다.

그렇다면 A의 B를 상대로 한 방해제거청구권(제214조)에 기한 분묘 철거 청구는 타당하다.

3. 소유권에 기한 소유물반환청구권

(1) 성립요건

소유물 반환청구권(제213조)이 성립하기 위해서는 다음의 요건을 갖추어야 한다. 즉, (i) 청구권자는 자기 소유의 물건을 점유하고 있지 않은 소유자이다. (ii) 상대방은 그 물건을 현재 점유하고 있는 자이다. (iii) 상대방에게 점유할 권리가 없어야 한다. (iv) 상대방의 고의 · 과실은 묻지 않는다. 이상의 요건들의 성립 여부를 항을 나누어 검토해 보자.

1) 청구권자가 자기 소유의 물건을 점유하고 있지 않은 소유자인지 여부

A는 B가 설치한 분묘로 인하여 자기 토지의 소유권을 방해받고 있을 뿐만 아니라, 또한 묘역에 해당하는 토지를 점유하지 못하고 있는 것으로 보인다. 따라서 위의 요건에 해당한다.

2) 상대방이 그 물건을 현재 점유하고 있는 자인지 여부

B가 묘역에 해당하는 토지를 현재 점유하고 있는지가 문제되는데, 민법상의 점유는 물건에 대한 사실상의 지배를 의미한다(제192조 제1항). 그런데 이러한 사실상의 지배라고 하는 것은 "반드시 물건을 물리적, 현실적으로 지배하는 것만을 의미하는 것이 아니고, 물건과 사람과의 시간적, 공간적 관계와 본권관계, 타인 지배의 배제 가능성 등을 고려하여 사회관념에 따라 합목적적으로 판단"(대법원 1996.9.10. 선고 96다19512 판결)된다.

B는 A의 허락을 받지 않고 분묘를 설치하였는데, 분묘가 그 묘토를 떠나서는 존재할 수 없는 점을 고려할 때 분묘의 소유자인 B는 묘토를 점유하는 것으로 보아야 한다(참조 대법원 2010.1.28. 선고 2009다61193 판결). 따라서 이 요건 역시 충족한다.

3) 상대방에게 점유할 권리가 없는지 여부

소유물반환청구가 성립하기 위해서는 상대방에게 점유할 권리가 없어야 한다(제213조 단서). 점유할 권리, 즉 점유를 정당화하는 권리로서는 임차권과 같은 채권, 지상권 · 전세권 등 점유를 수반하는 물권, 동시이행의 항변권 등이 있다.

A의 임야 위에 B가 A의 허락 없이 분묘를 설치한 것으로 볼 때, A와 B 사이의 약정에 기한 채권(가령 임차권) 또는 물권(가령 지상권)의 성립을 인정하기는 어렵다. 또한 A와 B 사이에 어떠한 쌍무계약도 존재하지 않으므로 동시이행의 항변권도 성립할 수 없다.

점유할 권리로서 유일하게 고려해 볼 수 있는 것은 B에게 관습법상의 분묘기지권(墳墓基地權)이 성립하는 경우이다. 그런데 유사지상권으로서의 분묘기지권이 성립하는 경우는 다음의 세 가지가 있다고 판례에 의해서 인정되고 있다. 즉, (i) 타인의

소유에 속하는 토지에 소유자의 승낙을 얻어서 분묘를 설치하는 경우, (ii) 자기소유의 토지에 분묘를 설치한 후 그 토지를 타인에게 양도하면서 분묘를 이장하겠다는 특약이 없는 경우, (iii) 시효취득에 의하여 분묘기지권을 취득하는 경우가 그것이다.

본 사안의 경우에는 A 소유의 임야 위에 B가 A의 허락 없이 분묘를 설치하였으므로, (i) 또는 (ii)의 경우는 해당하지 않는다. 그렇다면 (iii)의 경우, 즉 시효취득에 의한 분묘기지권에 관해서만 보다 자세히 살펴보자.

시효취득에 의한 분묘기지권은 타인의 소유토지에 소유자의 승낙 없이 분묘를 설치한 경우에도 20년간 평온, 공연하게 그 분묘의 기지(基地)를 점유하면 취득하게 되는(제248조, 제245조 제1항), 지상권과 유사한 관습법상의 물권이다.

그런데 분묘기지권은 분묘의 소유를 목적으로 타인의 토지를 사용하는 권리이므로 분묘기지권을 취득할 수 있는 자는 분묘의 소유자에 한한다. 그런데 앞에 본 바와 같이 분묘의 소유자는 제사주재자이며, 본 사안의 경우 제사주재자는 망인의 자녀인 B라고 할 것이므로, B는 나머지 요건을 갖추었을 경우 분묘기지권자가 될 수도 있다.

그렇다면 B가 20년간 평온(平穩)·공연(公然)하게 그 분묘의 기지를 점유하였는지의 여부에 따라 분묘기지권의 성립 여부가 결정될 것이다.

이때 분묘기지권은 봉분 등 외부에서 분묘의 존재를 인식할 수 있는 형태를 갖추고 있는 경우에 한하여 인정되고, 평장되어 있거나 암장되어 있어 객관적으로 인식할 수 있는 외형을 갖추고 있지 아니한 경우에는 인정되지 않는다.

또한 분묘기지권은 소유권이 아니므로, 분묘를 수호하고 봉제사하는 목적을 달성하는 데 필요한 범위 내에서 타인 토지를 사용할 수 있는 권리를 의미할 뿐이다.

분묘기지권의 존속기간에 대해서는, "민법의 지상권에 관한 규정(민법 제280조 제1항)에 따를 것이 아니라, 당사자 사이에 약정이 있는 등 특별한 사정이 있으면 그에 따를 것이며, 그런 사정이 없는 경우에는 권리자가 분묘의 수호와 봉제사를 계속하는 한 그 분묘가 존속하고 있는 동안은 분묘기지권은 존속"한다는 것이 판례이다(가령 대법원 1982.1.26. 선고 81다1220 판결).

요컨대, B가 20년 이상 평온·공연하게 위 분묘의 기지를 점유하여 분묘기지권이 인정되는 경우에는, B에게 위 묘토를 점유할 권리가 있으므로 A는 B에게 위 묘토의 반환을 청구하지 못한다. 그렇지 않은 경우라면, B에게는 점유할 권리가 없으므로, A는 B에게 위 묘토의 반환을 청구할 수 있다.

한 가지 주의할 것은 이러한 분묘기지권이 인정되는 경우라면, 위에서 살펴본 소유물방해제거청구권으로서의 분묘의 철거 청구 또한 허용되지 않을 것이라는 점이다.

4) 상대방의 고의·과실

상대방의 고의·과실은 소유물반환청구권의 성립과 무관하므로, 여기에서는 문제되지 않는다.

(2) 소 결

원칙적으로 B에게는 묘토를 점유할 권리가 없으므로 A는 B에게 소유권에 기하여 묘토의 반환을 청구할 수 있다(제213조). 그러나 예외적으로 B가 20년 이상 분묘의 기지를 평온 · 공연하게 점유하여 B에게 분묘기지권이 인정되는 경우라면, A의 반환 청구는 인정되지 않는다.

4. 결 론

A는 B를 상대로 소유물방해제거청구권(제214조)에 근거하여 분묘의 철거를 청구할 수 있다. 또한 A는 B를 상대로 소유물반환청구권(제213조)에 근거하여 묘토의 반환을 청구할 수 있다. 그러나 B에게 분묘기지권이 인정되는 경우라면, 위와 같은 A의 청구들은 부인되어야 한다.

Ⅴ. 모범 답안과 강평

이하에서는 다른 사례 문제에 대하여 학생이 작성한 모범답안을 제시하고, 거기에 대한 저자의 강평(학생의 답안에 대한 교수의 전체적 평가)을 덧붙였다.

1. 문 제

A는 亡(망: '돌아가신'이라는 의미) C 및 그와 법률혼 관계에 있는 D 사이에서 출생한 자녀 중 장남이고, B는 C 및 그와 사실혼 관계에 있는 E 사이에서 출생한 자이다. C는 1947.7.26. D와 혼인하여 그 사이에 A 등 자녀를 두었는데, 1961.경부터 D와 떨어져 E와 동거에 들어간 이래 2006.1.8. 사망할 때까지 약 44년간 E와 함께 살면서 그 사이에 B를 두었다. B는 2006.1.8. C가 사망하자 C의 유체를 공원묘지에 안장하였다. A는 C의 유체를 선산에 미리 준비해 놓은 묘터에 모셔야 한다면서 이장을 요구하였고, B가 이를 거부하자 B를 상대로 망인의 유체 인도를 청구하였다. A의 청구는 타당한가?

2. 학생의 답안[24]

Ⅰ. 문제제기

A가 B에게 유체의 인도를 청구하고 있는바, 이는 소유권에 기한 물권적 청구권의

24) 이 답안은 2013년 1학기에 저자의 수업에서 튜터로 일해 준 김영림 조교가 작성한 것이다.

행사이다(민법 제213조, 이하 법명 생략). 청구의 타당성은 ① A에게 유체의 소유권이 존재하고, ② B가 현재 유체를 점유하고 있으며, ③ B에게 A에 대한 대항사유가 없는 경우에 인정될 수 있다.

일단 B는 망 C의 유체로 묘지를 설치한 자로서 규범적 의미에서 유체를 점유하는 자라고 할 수 있으므로 반환청구권의 상대방이 된다는 데 의문이 없다. 하지만 A의 소유권 존부는 i) 민법 제1008조의3의 적용범위와, ii) 제사주재자의 결정 기준 및 iii) 상속의 순위를 검토하여 가려내어야 한다. 또한 A의 소유권이 인정된다고 하더라도, i) 이미 유체가 망인의 의사대로 처리된 경우이거나 ii) A에게 제사주재자의 지위를 유지할 수 없는 특별한 사정이 있어서 B가 A의 청구에 대항할 수 있는지도 문제된다. 이와 유사한 사안에서의 전원합의체 판결 태도를 통해 A의 청구가 타당한지 살펴보겠다.

II. 유체 소유권의 귀속 주체

1. 민법 제1008조의3의 적용범위

(1) 문제점

유체의 소유권 귀속에 관한 규정이 없는 가운데, 법 제1008조의3은 분묘에 속한 금양임야와 묘토인 농지, 족보와 제구, 즉 제사용재산은 제사주재자가 승계한다고 규정한다. 유체가 열거되지는 않았지만 위 규정상의 제사용재산에 포함되는지 해석상 문제된다.

(2) 判例의 태도 (2008.11.20. 선고 2007다27670 전원합의체 판결)

전원합의체 판결의 다수의견은 유체는 분묘의 본체가 되는 것이므로 유체 역시 제사용재산에 준하여 제사주재자가 승계한다고 하였다. 반면, 반대의견은 오늘날 분묘의 개설이 장례에 필수적이지 않으므로, 유체의 귀속은 분묘와 분리되어 처리되어야 한다고 하였다.

(3) 소 결

유체는 제례와 맞물려 인식하는 것이 사회통념이므로 제사용 재산에 준하여 보는 것이 합리적이다. 따라서 법 제1008조의3에 의해 제사주재자가 소유한다고 보아야 한다.

2. 제사주재자의 결정

(1) 문제점

제사주재자가 유체의 소유권을 가진다고 하더라도, 누가 제사주재자가 되는지 명문의 규정이 없어 이 또한 해석상 문제된다. 법률상 근거가 없다면 관습법, 관습법도 없다면 조리를 근거로 제사주재자를 결정해야 할 것인데(법 제1조), 종래에는 종손이 제사주재자가 된다는 관습법이 인정되었다.

(2) 종래 관습법의 폐지

위 판결은 종래의 관습이 헌법 제36조 제1항상 가족 내에서의 개인의 존엄과 양성평등 이념에 비추어 보더라도 더 이상 헌법을 최상위 규범으로 하는 전체법질서에 부합하지 않게 되었고, 법적 확신마저도 약해져 더 이상 관습법으로서의 효력을 유지할 수 없다고 하였다.

(3) 제사주재자의 결정 방법

종래 관습법이 효력을 잃었다면 조리에 의하여 제사주재자를 결정해야 할 것이다. 위 판결에서도 우선적으로 공동상속인들의 협의로 제사주재자를 정하는 것이 조리상 합당하다고 하였다. 그러나 협의가 성립하지 않은 경우에 대해서는 어느 방법이 조리상 합당한지 견해가 갈리는데, 다수의견은 장남이 우선적으로 제사주재자가 되고, 장남이 없으면 장손, 아들이 없으면 장녀가 된다고 하였다. 반면, 일부 반대의견은 공동상속인들의 다수결에 의한다고 하였고 다른 반대의견은 여러 사정을 고려하여 법원이 결정할 것이라 하였다.

(4) 소 결

유체의 소유권은 누구에게 유체가 속하는지 알 수 없는 상태를 최소화하는 동시에 공동상속인들의 가정 내 사적 자치를 해하지 않는 범위에서 결정되어야 한다. 따라서 대법원의 다수의견에 따라 일단 공동상속인들 간의 협의에 의하되, 협의로 정하지 못한 경우에 유체가 누구에게 귀속되는지 불명한 상태 없이 바로 장자가 제사주재자로 된다고 봄이 조리상 타당하다.

3. 공동상속인의 범위

제사주재자가 공동상속인들 중 결정된다면, 상속의 순위를 검토하여 상속인이 될 자를 알아보아야 한다. 亡 C의 사망 시 직계비속인 A 등 자녀와 B가 1순위로 상속인이 되고(법 제1000조 제1항 제1호), 동순위인 A 등 자녀와 B는 공동상속인이 된다(동조 제2항). 이때 A 등 자녀는 혼인 중 子로서의 직계비속이고, B는 C가 母인 경우 출생과 동시에, C가 父인 경우 인지를 통해 혼인 외의 자로서 직계비속이 된다. 한편, 법률상 배우자인 D도 직계비속과 동순위로 공동상속인이 된다(법 제1003조 제1항).

4. 사안의 경우

A는 亡 C의 공동상속인 중 1인이 되므로 제사주재자가 될 가능성이 있는데, 대법원의 다수의견에 따를 때, 나머지 공동상속인들과 협의가 이루어지지 않으면 장자인 A가 제사주재자가 되어 분묘 등 제사용재산과 함께 유체의 소유권을 가진다. A에게 유체의 소유권이 귀속됨을 전제로 B가 대항할 수 있는 사유가 있는지 판단해 보기로 한다.

Ⅲ. B가 대항할 수 있는 사유

1. 유체가 망인의 의사대로 처리된 경우

(1) 判例의 태도

A가 유체의 소유권자라 하더라도 이미 망인의 의사대로 처리된 유체의 인도를 구할 수 있는지가 다시 문제된다.

위 판결에서 다수의견은 유체처리에 관하여 망인의 의사는 존중되어야 하지만 제사주재자가 망인의 의사에 구속될 법적인 근거가 없다고 하였고, 이에 반해, 일부 반대의견은 제사주재자가 피상속인의 유체에 대한 관리처분권을 가지고 있다고 하여 정당한 사유 없이 망인의 의사에 반하여 매장장소를 변경하는 것까지 허용된다고 할 수는 없다고 하였다. 또한 다른 반대의견은 망인의 의사는 법적 효력을 가지므로 특별한 사정이 없는 한 유체인도청구를 할 수 없다고 하였다.

(2) 소 결

B가 망인의 의사대로 유체가 처리되었음을 주장하더라도 유언사항이 아닌 이상 망인의 의사해석은 또 다른 분쟁을 가져올 가능성이 크므로 사자의 인격권만을 근거로 유체에 관한 망인의 생전 의사에 법적 구속력을 인정하기는 어렵다. 따라서 망인의 의사대로 이미 유체가 처리되었다는 점은 A의 인도청구에 대항할 수 있는 사유가 될 수 없다.

2. 제사주재자의 지위를 유지할 수 없는 특별한 사정

(1) 判例의 태도

위 판결에서 다수의견은 제사주재자의 결정과 관련하여 공동상속인들의 협의에 의해 정할 수 없는 경우에는 장남이 제사주재자가 된다고 하면서도 '제사주재자의 지위를 유지할 수 없는 특별한 사정이 있지 않은 한' 이라는 조건을 부가하고 있다. 이때의 특별한 사정이란 현재의 관습을 고려하여 중대한 질병, 생계가 곤란할 정도의 경제적 궁핍, 평소 부모를 학대하거나 위해를 가하는 행위, 제사를 거부하는 행위. 합리적인 이유 없이 부모의 유지 내지 유훈에 현저히 반하는 행위 등으로 정상적으로 제사를 주재할 의사나 능력이 없다고 인정되는 경우라 하고 있다.

(2) 소 결

제사주재자의 지위를 유지할 수 없는 특별한 사정은 B가 신의칙이나 권리남용의 항변으로도 주장할 수 있을 것으로 보인다.

Ⅵ. 결 론

유체의 소유권은 제1008조의3의 제사용재산에 준하여 제사주재자에게 귀속되고, 제사주재자는 공동상속인들의 협의가 없을시 장자가 된다. 따라서 장자인 A는 유체의 소유권을 가진다. 한편, B는 이미 망인의 의사대로 유체가 처리되었음을 이유로

A의 청구에 대항할 수는 없지만, A에게 제사주재자의 지위를 유지할 수 없는 특별한 사정이 있다면 대항할 수 있다. B가 위와 같은 특별한 사정이 있다는 점을 입증하지 못하는 한 A의 청구는 타당하다.

3. 강 평

이 사례 문제는 2008.11.20. 선고 2007다27670 전원합의체 판결을 재구성한 것이다. 이 판결의 내용을 제대로 이해하였는지, 또한 문제에서 쟁점이 되고 있는 유체의 소유권 및 제사주재자의 문제를 사례 답안의 형식에 맞추어 얼마나 잘 서술하였는지가 문제된다.

모범 답안을 보면, 이러한 출제의 취지에 매우 잘 부응하고 있다. 워낙 잘 작성된 답안이어서 특별히 나무랄 데가 없다.

제3장 민법전의 연혁과 구성

Ⅰ. 한국 민법전의 제정 과정

1. 19세기 말까지의 과정

우리 민법의 역사를 해방 이전으로 거슬러 올라가 살펴보면, 19세기 말 이래로 다음과 같은 주요한 사건들을 언급할 수 있다.

1876: 강화도조약
1894-1896: 갑오개혁
1895: 법관양성소 설치
1910: 勅令「조선에 시행할 법령에 관한 건」[한국에서 필요한 법률은 조선총독의 명령(制令)으로 정할 수 있다.]
1912: 朝鮮民事令(制令 제7호) - 한국인의 민사에 관해서 일본 민법 등 일본의 법률 적용

일본의 군사적 위협의 결과로 1876년에 조선과 일본은 강화도 조약을 체결하게 되었다. 이 조약은 불평등 조약으로서 일본의 치외법권을 인정하고 조선의 3개 항구를 강제로 개방하는 내용이었다. 이어서 조선은 미국, 영국, 독일, 러시아 등과도 비슷한 내용의 불평등 조약을 체결하게 되는데, 이후 조선은 이러한 일본과 서구 열강의 각축장이 되고 말았다.

한반도의 주도권을 둘러싼 이러한 열강들의 다툼 속에서 최종적인 승자가 된 것은 일본이었다. 일본은 청일전쟁(1894)과 러일전쟁(1904)의 승리를 통하여

조선에서 청나라와 러시아를 몰아내고 독점적인 지배권을 확립하였다. 이어서 일본은 을사보호조약(1905)을 통하여 조선의 외교권을, 한일신협약(1907)을 통하여 조선의 입법권, 행정권을 박탈한 후, 한일 병합조약(1910)을 통하여 한국의 식민지화를 완료하였다.

1912년 일본은 「조선민사령」을 제정함으로써, 일본의 민법전을 비롯한 23개의 법령이 한국인의 민사에 관하여 적용되도록 하였다. 이렇게 하여 한반도에서는 조선 왕조 이래의 전통적인 법과는 완전히 단절된 일본의 법이 적용되게 되었다. 일본 민법은 한국이 독립을 회복한 1945년 이후에도 계속 적용되어, 한국 민법전이 1960년 1월 1일 발효할 때까지 약 48년 동안 그 효력을 유지하였다.

2. 1945년 이후의 민법전 제정 과정[25)]

1948: 법전편찬위원회 설치
1949: 심의 시작
1953: 공식 초안의 정부 이송
1957: 국회 본회의 통과
1958.2.2: 공포
1960.1.1: 시행
이후 2013.4.5까지 21차의 개정

1945년 8월 15일 일본이 2차 세계대전에서 패망함으로써 한국은 독립을 되찾았다. 일본법으로부터 벗어나서 자주적인 법률을 갖추는 것은 새로운 국가의 가장 시급한 과제 중의 하나였다. 그러나 이 작업이 바로 시작될 수는 없었다. 즉시 한국인에 의한 정부가 구성되지 못하고 미군에 의한 군정이 3년 동안 실시되었기 때문이다.

1948년 한국 정부가 수립된 직후부터 법전편찬위원회가 구성됨으로써, 민

25) 이에 관한 기본적인 연구로서는 정종휴, "민법전의 편찬," 『한국 법학 50年—과거 · 현재 · 미래; 대한민국 건국 50주년 기념 제1회 한국법학자대회 논문집』 제1권(1998), 540면 이하; 양창수, "민법안의 성립과정에 관한 소고," 『민법연구』 제1권(1991), 61면 이하; 양창수, "민법안에 대한 국회의 심의(I)" 및 "민법안에 대한 국회의 심의(II)," 『민법연구』 제3권(1994), 1면 이하 참조.

법전의 기초 작업을 수행할 “법전편찬위원회 민법분과위원회”도 활동을 개시하였다. 그러나 얼마 후에 한국전쟁이 발발함으로써 법전편찬위원회의 활동은 사실상 중단되고 말았다.

이러한 상황에서 법전편찬위원회의 위원장이었던 김병로(나중에 초대 대법원장이 됨)가 거의 단독으로 작업을 진행하여 4년 7개월 만인 1952년 7월에 민법전의 초안이 완성되었다. 이 초안은 1954년 10월에 정부안으로서 국회에 제출되어 1957년 12월에 국회에서 의결되었다. 정부는 이 민법안을 1958년 2월 22일 법률 제471호로 공포하였다. 공포 당시 민법전의 본문은 1111개조이고 부칙은 28개조였다. 민법전은 1960년 1월 1일부터 시행되었다(부칙 28조).

3. 제정 민법전의 특징

이와 같이 제정된 한국 민법전에 대해서는 다음과 같은 점들이 그 주요한 특징으로서 지적될 수 있다.[26)]

(1) 일본법으로부터의 시급한 탈피

새로운 민법전의 가장 큰 목표는 일본법으로부터의 조속한 해방이었다. 1945년 해방이 이루어진 이후에도 법의 공백을 막기 위하여 일본의 법이 한국에서 계속 적용될 수밖에 없다는 것은 한국인들에게는 참기 어려운 일이었다. 그래서 내용이 완벽하지 않아도 좋으니 하루 빨리 독자적인 민법전을 완성하는 것이 가장 중요한 목표였다.

가령 민법전의 기초자였던 김병로는 국회 본회의에서 다음과 같이 발언하였다.

> “(전시 중) 행정부에서나 입법부로서나 또 재야 법조계로서나 뭐 그뿐만 아니라 대한민국 국민된 자의 양심상에 있어서 졸속 … 좀 졸렬하더라도 신속한 주의를 취해서 남의 나라 것을 대략 번역이라도 하더라도 일본법이라는 그것은 일소하고 대한민국 법률로서 우리가 제정을 아니 하면 안 되겠다는 이러한 여론이 높았습니다.”[27)]

26) 송덕수, 『민법총칙』 제2판(2013), 40-41면 참조.

그래서 중간에 한국 전쟁이라는 큰 장애물이 있었음에도 불구하고, 한국 민법전의 초안은 불과 4년 7개월(1948.12.15-1952.7.4) 만에 완성이 되었고, 국회에서의 심의 작업과 공포(1958.2.22)까지의 시간을 합치더라도 10년이 채 걸리지 않았다.

그런데 이렇게 짧은 시간 내에 민법전을 완성할 수밖에 없었던 사정은 많은 부작용을 가져왔다. 그것은 이하에서 언급하는 특징들과 관련이 있다.

(2) 학문적 연구의 부족

아직 민법학계가 성립하기도 전에 실무가들에 의하여 먼저 법전이 만들어져야 했으므로, 학문적 연구의 결과가 충분히 반영된 민법전은 전혀 기대할 수 없었다. 거기에다 시간의 제약, 입법 자료의 부족, 한국 전쟁의 혼란 등이 겹쳐서 충분한 자료와 연구 성과의 반영이 어려웠다.

결과적으로 민법전은 제정 당시부터 서로 모순된 내용의 규정을 포함하기도 했고, 용어가 통일되지도 않는 등 많은 결함을 안고 있었다. 따라서 국회 심의 단계에서부터 이미 민법 규정의 불완전성을 지적하는 많은 비판들이 이루어졌다.[28]

(3) 일본 민법학의 영향

일본 민법으로부터의 탈피를 목표로 했지만, 역설적으로 한국 민법전에 가장 큰 영향을 끼친 것은 일본 민법전과 일본 민법학이었다.

우선 인적인 면에서 보면, 법전편찬위원회의 위원으로서 또는 국회에서의 심의 과정에서 주도적으로 참여한 이들은 모두 일제 강점기에 법관이나 변호사로 일했던 사람들이었다. 이들은 일본법에 따른 법학 교육을 받았고 일본의 사법시험에 합격하여 법률가 자격을 얻었었다. 새로운 한국의 민법전 제정을 위하여 이들이 동원할 수 있었던 최선의 자료는 당시까지의 일본 민법과 일본 민법학이었다.[29]

---

27) 정종휴, 『역사 속의 민법』(1994), 153면.

28) 서민, "역사적 시각에서 본 한국민법의 개정," 『법사학연구』 제46호(2012), 13면.

29) 정종휴, 위의 책(주 27), 184면.

일본 민법 역시 일본이 전통법으로부터 독자적으로 만든 것이 아니라, 서구법을 받아들여 만든 것이다. 19세기 후반 들어 일본은 미국 등에 의하여 강제 개국을 당한 후 불평등 조약 철폐 전제로서의 법제 정비가 시급했고, 우선은 브와소나드(Boissonade)라는 프랑스 학자가 중심이 되어 프랑스법을 모방하여 민법을 제정하게 되었다. 이 민법은 1890년 공포되었지만, 곧 격렬한 반대에 부딪혀 1892년 폐지되고 만다. 호스미 노부시게, 토미이 마사아키라, 우메 켄지로오가 중심이 된 새로운 민법 제정 작업에 있어서는 전체적으로 보아 프랑스법으로부터 독일법으로의 전환이 이루어지는데, 그 큰 징표는 일본 민법(1898)이 판덱텐 체계를 채택한 것이 될 것이다.

그러나 전체적으로 보아 일본 민법은 우리 민법에 비하여 훨씬 더 프랑스 민법전의 영향을 크게 받은 민법이다. 일본의 민법학계는 민법전 제정 이후 이른바 "학설계수"라고 하여 독일법학의 영향을 압도적으로 받게 되었고, 프랑스적인 민법전에 독일적인 민법학계라고 하는 이른바 "이중구조"를 가지게 되었다.

둘째, 한국 민법의 기초자들은 일본 민법전과 일본 민법학을 일본의 고유한 것이 아닌 서양의 것을 거의 그대로 가져온 것으로 파악하였다. 가령 법전편찬위원회의 위원장이었던 김병로는 국회의 민법안 심의과정에서 다음과 같이 말하였다.[30)]

"일본법이라는 법 자체가 민법의 불란서법, 독일법 그것을 태반히 갖다가 그대로 번역한 것이란 말이에요. 또 근래에 참고로 하는, 제일 가찹게 제정되었다는 중국법 또는 만주국법 이것도 전부 일본사람이 가서 다 기안하고 일본사람이 한 것이라 그 말이예요. 그럼 인제 여기서 독일 것이나 불란서 것이나 설혹 중국 것이나 만주국법이나 어느 것을 가서 참고하고서 우리나라에 이와 같이 조문이 적당하다고 생각할 수 있는 그것이 자연적으로 일본 것하고 보통에 있어서는 합치되는 조문이 많습니다."

요컨대, 한국 민법의 기초자들은 일본 민법에 대하여 매우 실용주의적인 태도를 취하였다. 즉 일본 민법 및 일본 민법학의 성과를 무조건 거부하는 것이 아니라 적극적으로 수용하면서 한국 사회의 상황에 맞게 적절히 수정하는 것을 목표로 삼았다.

30) 정종휴, 위의 책(주 27), 205면.

(4) 비교법적 성과

결국 한국 민법전은 비교법적 검토 작업의 결과물이었다. 물론 일본 민법전과 일본 민법학의 영향을 가장 크게 받았다. 그러나 초안 편찬 당시 고려 가능한 다른 주요 법전들, 가령 프랑스 민법전, 독일 민법전, 스위스 민법전(채무법 포함), 중화민국 민법전, 만주국 민법전, 영미법 등을 모두 참조하여, 한국의 실정에 맞게 취사선택하였다.

결과적으로 볼 때 한국 민법전의 재산법 부분은 프랑스 민법으로부터 많은 영향을 받은 일본 민법전과 비교하면 훨씬 더 독일 민법전에 가까운 모습을 가지게 되었다. 그러나 한국 민법전에는 독일 민법전 이외에도 위에서 언급한 다양한 다른 법전들에서 유래하는 규정들이 상당수 포함되어 있다.

(5) 전통법과의 단절

한국 민법전의 제정 과정에서 조선시대의 경국대전으로 대표되는 전통법 중의 민사법적 내용이나 관습법은 거의 고려되지 못하였다. 그 원인은 다음과 같은 것이라고 생각된다.

첫째, 입법 과정이 시간에 쫓기면서 급히 진행되었으며 기초 작업에는 오직 실무가만이 참여하였으므로, 전통법에 대한 학문적인 연구를 통하여 그것을 적절하게 반영하는 일이 불가능했다. 또한 관습법의 조사를 통하여 그것을 조문화하는 작업도 이루어지지 못했다.

둘째, 일제 강점기를 통하여 한국의 전통 일반에 대한 철저한 파괴가 이루어졌다. 입법자들이 전통적 관습을 고려할 만한 여력도 없었지만 설사 고려하려고 시도했다 하더라도, 일제 강점기를 통하여 전래의 관습은 이미 왜곡되고 소멸된 상태였다.[31)]

일제의 식민지 통치는 한국인들이 자신들의 과거의 역사와 문화에 대하여 부정적인 인식을 가시도록 강요하였다. 해방이 되고 나서도 한국인들 스스로가 이러한 식민지적 역사관을 극복하는 데에 많은 시간이 필요했다. 가령 한국의 전통법에 대한 연구와 조명이 한국의 법학계에서 시작된 것은 해방 후 25년 이

31) 정종휴, 위의 책(주 27), 195면.

상이 지난 1970년대부터였다.

(6) 결 론

우리 민법의 제정 작업에 참여한 학자와 실무가들은 어쩔 수 없이 일제 강점기에 법률가로서 활동하였던 세대였으므로 일본 민법학의 영향을 많이 받을 수밖에 없었고, 이 일본 민법학은 이미 독일 법학 쪽으로 강하게 경도(傾倒)되어 있었으므로, 결국 한국 민법전에서는 일본 민법전에 비하여 훨씬 더 독일 민법의 영향이 크게 나타나게 되었다.

그렇다고 하여 우리 민법전의 기초자들이 일본 민법과 독일 민법의 성과에만 전적으로 의존한 것은 아니고, 당시 상황에서 활용 가능한 모든 비교법적 성과를 종합하여 그것을 입법에 반영하였다고 보아야 할 것이다. 즉, 우리 민법전은 스위스 민법의 영향을 받기도 하였고, 프랑스 민법이나 오스트리아 민법의 흔적도 곳곳에서 나타난다.

결국 우리 민법전은 일본을 통하여 독일 민법학을 수용한 결과가 상당 부분 반영되어 만들어졌지만, 보다 넓게 서구 민법학의 성과를 반영한 결과물이라고 볼 수 있다. 그렇게 보면 우리 민법전은 일본의 영향 속에서가 아니라, 역사적으로 발전해 온 서구 민법학의 성과와 연결되어 창조되었다는 것이 보다 정확한 평가가 될 것이다. 그런데 서구 민법학의 뿌리는 로마법이므로, 결국 우리 민법은 중세 이후의 서구 법학의 발전 과정을 거쳐서 최종적으로는 로마법에까지 精神史的으로 연결된다.

II. 한국 민법전의 개정 과정

1960년 1월 1일부터 발효한 이래 한국 민법전에는 2013년까지 모두 21차례의 크고 작은 규모의 개정이 이루어졌다. 특히, 재산법 분야에 관하여 현재 진행 중인 개정 작업은 2009년부터 정부의 주도하에 새롭게 제3차 민법개정위원회가 구성되면서 시작되었으며, 그 성과는 제18차 개정(2011.3.7)에서부터 반영되고 있다. 따라서 이하에서는 개정의 과정을 2009년 이전과 이후로 나누어 설명하기로 한다.

1. 2009년 이전의 개정 작업

여기에는 제1차 개정(1962.12.29)부터 제17차 개정(2009.5.8)까지가 해당된다. 이 중에서 민법 부칙에 의한 4차례의 개정(제2-4차, 제14차) 및 다른 법률의 개정에 따른 4차례의 개정(제8-9차, 제13차, 제15차)을 제외하면, 민법 조항 자체의 개정이 이루어진 것은 모두 9차례(제1차, 제5-7차, 제10-12차, 제16-17차)였다.

이 9차례의 실질적 개정 중에서 가족법(친족 · 상속편)에 관한 것은 모두 8차례(제1차, 제5차, 제7차, 제10-12차, 제16-17차)였고, 재산법(총칙 · 물권 · 채권편)에 관한 것은 모두 3차례(제6차, 제10차, 제16차)였다. 제10차와 제16차 개정에서는 가족법과 재산법이 함께 개정되었다.

개정 횟수만 보아서도 알 수 있지만, 가족법에 대해서는 자주 개정이 이루어졌을 뿐만 아니라 많은 규정들이 개정되었고, 양성 평등에 관한 사회적 요구가 끊임없이 반영되어 내용 면에서 근본적인 변화들이 많이 이루어졌다(특히 제5차, 제7차, 제12차 개정). 이와 같은 개정의 결과로 한국 민법의 가족법은 제정 당시와는 완전히 다른 모습이 되었다.[32] 그 결과를 한마디로 요약한다면, 가부장제적인 가족법으로부터 양성평등적인 가족법으로의 변화라 할 것이다.

그런데 재산법 분야에 대해서는 극히 소규모의 개정만이 이루어졌다. 제6차 개정(1984.4.10)과 제10차 개정(2001.12.29)에서는 각각 3개의 조문이 개정 · 신설되었고, 제16차 개정(2007.12.21)에서는 2개의 조문이 개정되는 것에 그쳤다. 더구나 이렇게 개정되거나 신설된 조문들은 사회적으로 큰 파급력을 가진 중요한 문제와는 비교적 거리가 먼 것들이었다. 가령 제16차 개정에서 개정된 제97조는 법인 이사 등의 일정한 행위에 대한 과태료를 이전의 "5만환 이하"에서 "500만 원 이하"로 현실화하였다.

민법이 시행된 초기부터 민법 규정의 불완전성이 많이 지적되었으며, 입법 당시와는 크게 달라진 사회적 · 경제적 여건과는 어울리지 않는 규정들이 늘어났음에도 불구

32) 송덕수, 위의 책(주 26), 52면.

하고, 민법 개정을 위한 체계적이고 종합적인 연구가 시작된 것은 1980년대 이후의 일이다.

가족법에 대한 개정은 양성 평등이라는 정치적 쟁점이 그 중심에 놓여 있었기 때문에, 여성의 지위 향상을 위한 사회 운동의 결과로서 이루어졌다. 바꾸어 말하자면, 개정에 대한 지속적이고 강력한 요청이 여성계에 의하여 항상 제기되었고 이것이 중요한 정치적인 쟁점이 됨으로써 개정을 위한 강력한 동력을 확보할 수 있었다.

그러나 민법 중의 재산법에 대한 개정은 민감한 정치적 쟁점과는 비교적 거리가 멀기 때문에 대중적 지지를 추구하는 각 정당들로서도 재산법의 개정에 적극적으로 나설 이유는 없었다.

간혹 재산법의 규정 가운데서 정책적인 이유로 개정이 꼭 필요한 부분이 있는 경우에도, 민법 규정 자체를 개정하는 것은 매우 어려운 일이었다. 재산법 부분의 내용이 매우 방대하기 때문에 한 규정의 개정이 체계적으로 문제가 없는지에 대한 검토가 어려웠고, 다른 법률과 판례에 미칠 큰 영향 때문에 개정 작업에 감히 착수하기가 어려웠다. 요컨대 학계와 실무계, 사회 전반의 동의를 확보할 수 있는 개정안을 마련하는 것은 정부나 그 어떤 주체도 감당하기 어려운 숙제였다.

그래서 그동안 정부는 개정이 꼭 필요한 문제들에 대하여 특별법을 제정하는 방법으로 접근할 수밖에 없었다. 가령『주택 임대차 보호법』(1981년),『가등기담보 등에 관한 법률』(1983년),『집합건물의 소유 및 관리에 관한 법률』(1984년),『상가건물 임대차 보호법』(2001년),『보증인 보호를 위한 특별법』(2008년) 등이 그러한 특별법에 해당한다.

민법 중 재산법 부분의 개정을 위한 정부의 노력이 본격화된 것은 1999년에 법무부가 '민법(재산법)개정특별위원회'를 조직하면서부터였다. 이 위원회는 모두 13인의 위원으로 구성되어 5년 동안 민법 개정을 위한 연구를 계속하였고 2004년에 그 결과를 민법개정안으로서 법무부에 제출하였다. 이 개정안은 정부제안 법률안으로서 같은 해에 국회에 상정되었으나 국회에서 심의를 마치지 못한 채 국회가 폐회됨으로써 자동 폐기되고 말았다.

2. 2009년 이후의 개정 작업

2009년 이후에는 4차례(제18-21차)에 걸쳐서 민법 개정이 이루어졌다. 특히 제18차 개정(2011.3.7)에서는 재산편 및 가족편에 걸쳐서 130여개 조항이 개정 · 신설 · 폐지되는 대폭적인 변화가 이루어졌다. 이것은 한국 민법전 제정 이후 최초로 이루어진 재산법 분야에 대한 본격적인 개정이며, 2009년부터 활동을 개시한 제3차 민법개정위원회의 개정안이 반영된 첫 번째 성과라는 의미가 있다.

제3차 민법개정위원회의 위원장 서민 교수는 개정안이 추구해야 할 목표와 개정안의 연구방법에 관하여 다음과 같은 점들을 제시하고 있다.

우선, 새로운 민법 개정안이 지향하는 목표를 다음과 같이 제시한다: "첫째로 변화된 사회경제적 현실과 발전된 경제거래를 고려하여야 한다. 둘째로 과학기술 발달의 결과 이루어진 거래형태의 변화를 고려하여야 한다. 셋째로 지구촌의 글로벌화에 의하여 크게 증가한 국제거래로 말미암아 변화된 거래환경을 고려하여야 한다. 넷째로 경제적 · 사회적으로 취약한 시민을 위한 배려를 하여야 한다. 다섯째로 국민의 언어생활도 변화하였으므로 민법의 문장을 국어의 문장법에 맞고, 또한 국민이 이해하기 쉬운 표현으로 바꾸어야 한다."[33)]

이러한 목표를 달성하기 위하여 민법개정위원회가 개정안을 마련하는 과정에서 구체적으로 작업을 진행하는 방법에 관하여 서민 위원장은 다음과 같이 요약한다:

"(1) 그동안 학계에서 이루어 놓은 연구결과를 집대성함은 물론, (2) 판례를 통하여 집적된 법원칙을 반영하여야 하고, (3) 과거의 민법개정위원회에서 개정안연구를 위하여 진행되었던 논의의 내용을 참고하여야 하며, (4) 개정안의 확정 전에 민법개정에 이해관계 있는 모든 유관기관과 전문가의 의견을 청취하여야 한다. 그리고 (5) 외국의 제도를 두루 살펴 비교법적으로 검토하고, (6) 외국에서 진행되고 있는 민법개정연구에도 관심을 가지고 그 내용을 충분히 참작하여야 할 것이다. 이를 위해서는 외국의 민법개정에 참여하는 학자 및 실무가들과의 교류를 통하여 관련된 정보를 신속히 얻는 일이 필요하다."[34)]

새로운 민법개정위원회가 마련한 개정안의 첫 번째 성공적 결과가 제18차 개정이었다. 이 개정안은 행위능력과 후견제도를 전면적으로 변경한 것으로서, 성년연령을 20세에서 19세로 낮추고, 금치산 · 한정치산 제도를 폐지하고 성년후견 제도를 도입하는 것을 주요한 내용으로 하는데, 성공적으로 국회의 심의를 통과하여 2011.3.7.에 공포되었으며, 2013.7.1.부터 시행되고 있다.

III. 민법전의 체계

1. 판덱텐 체계

총칙을 시작으로 하여 물권, 채권, 친족, 상속까지 5개의 부분으로 민법을 구성하는 방식을 흔히 판덱텐 체계(Pandektensystem, '체계' 대신 '편별법'이라고도

33) 서민, 위의 글(주 28), 20면.

34) 서민, 위의 글(주 28), 21면.

함)라고 한다.

판덱텐이라는 말은 독일어의 Pandekten에서 유래한 것으로, 이 말은 다시 그리스어인 pandektes로부터 유래한다. 또한 라틴어로는 digesta라고 하는데, 이 말들의 원래 의미는 "요약(또는 정리)된 것"이다. 그런데 보통 이 말은 원래의 의미로서가 아니라, 로마법 대전(529-534년 동로마 황제 유스티니아누스가 만듦) 중에서 학설휘찬(學說彙纂) 또는 학설유집(學說類集)이라고 부르는 부분을 가리킨다. 로마 법률가들의 학설을 모아 정리한 이 판덱텐(디게스타)이야말로 로마법의 핵심 부분으로서, 중세 이후 법학 연구에 있어서 가장 중심이 되었던 대상이었다.

19세기 독일의 법학은 바로 이 판덱텐, 즉 로마법의 연구에 전념했었기 때문에 판덱텐 학파(Pandektistik)라는 이름을 얻게 되었다. 그런데 이 판덱텐 학파에 속하는 학자들, 특히 19세기 초에 활약한 구스타프 후고(Gustav Hugo), 아놀드 하이제(Arnold Heise)에 의해 만들어진 민법의 체계라는 의미에서 이 체계를 판덱텐 체계라고 부르게 된 것이다.

판덱텐 체계의 특징은 다음과 같다.

우선 총칙과 더불어 '물권-채권-친족-상속'으로 구성된다는 점에 있어서는 그 이전까지의 지배적인 체계였던 법학제요 체계의 계승이라고 할 만하다.

그러나 총칙의 탄생이라는 면에서는 이전의 체계에서는 찾아볼 수 없는 새로운 면모를 가지고 있다. 이 총칙(Allgemeiner Teil)은 '일반적 부분'이라는 뜻으로, 법학에 있어서의 기하학적 사고 또는 체계화 추구의 산물이라 할 수 있다. 즉 총칙은 민법의 각 부분에 있어서 공통되는 요소를 '괄호' 앞으로 끄집어 낸 것이다.

$$aw + ax + ay + az = a\ (w + x + y + z)$$

이처럼 공통적인 요소를 추출하기 위해서는 법전 전체가 매우 유기적이고 체계적으로 구성되어야 할 뿐 아니라, 각 조문에 있어서 고도로 추상적인, 정확한 개념이 사용되어야 한다. 19세기 초에 만들어진 프랑스 민법전과 오스트리아 민법전은 전통적인 방식인 법학제요 체계를 채택한 반면, 판덱텐 법학의 영향하에 19세기 후반에 만들어진 법전들은 대체로 이 방식을 채택하였고, 일본 민법전에 이어 우리 민법전도 이 방식을 받아들였다.

2. 법학제요 체계

法學提要(institutiones)는 원래 '제도', '체계', '규정', '교육' 등을 의미하는 라틴어 단어 institutio에서 유래하는데, 법학입문 또는 법학개론과 같은 입문적 교과서를 의미한다. 이 이름의 책 중에서 가장 유명한 것은 로마의 법률가였던 가이우스(Gaius)의 것(161년경)인데, 이 책은 간단명료한 체계와 문체로 로마법의 핵심내용을 잘 정리하였다.

이 책의 영향력이 워낙 컸기 때문에 6세기에 동로마의 유스티니아누스 황제가 로마법 대전을 편찬할 때, 이 책의 상당 부분을 그대로 가져왔다고 할 수 있는 같은 이름의 책을 만들어서 법전에 포함시켰다. 후세에는 이 유스티니아누스 황제의 법학제요[35]가 매우 큰 영향을 끼쳤고, 18세기에 이르기까지도 이 책은 법전이면서 동시에 법학입문 교과서의 역할을 하였다.

또한 이 책이 택하고 있는 민법의 체계 역시 18세기 말까지 지배적인 역할을 하였다. 가이우스에 의하여 처음 도입된 이 방식은 민법 전체를 人(personae), 물건(res),[36] 그리고 訴權(actiones)의 세 부분으로 구성하는 것이다.

> 가이우스 법학제요와 마찬가지로 4권으로 이루어진 유스티니아누스의 법학제요는 각 권이 다시 여러 개의 장으로 나뉘어 있기는 하지만 구성면에서 가이우스의 3분법을 충실히 계승하고 있다.
>
> 우선, 가이우스에서의 서론(Gai. 1,1-1,8)에 해당하는 2개의 장(1,1-1,2)에서 정의(正

35) 유스티니아누스 법학제요에 대한 훌륭한 우리말 번역본이 나와 있다. 성중모, "유스티니아누스 법학제요 한글 초역—제1권 번역과 주석," 『법사학연구』 제44호 (2011), 315-354면; 성중모, "유스티니아누스 법학제요 한글 초역—제2권 번역과 주석," 『법사학연구』 제45호 (2012), 127-258면; 성중모, "유스티니아누스 법학제요 한글 초역—제3권 번역과 주석," 『법사학연구』 제46호 (2012), 547-658면; 성중모, "유스티니아누스 법학제요 한글 초역—제4권 번역과 주석," 『법사학연구』 제47호 (2013), 183-282면.

36) 이것은 오늘날의 물건보다 훨씬 포괄적인 개념이다. 그 상세한 내용은 서을오, "채권법의 학설사적 기초 연구(1): 법학제요체계와 판덱텐체계," 法史學硏究 30호(2004), 특히 295면 이하 참조.

義)와 법 그리고 법의 종류가 언급된 후, 1권의 끝까지(1,3-1,26) 인(人)에 관한 법이 다루어진다.

둘째로, 물건에 관한 법은 제2권에서 제4권의 앞부분까지(2,1-4,5)를 차지한다. 우선 물건의 분류(2,1)와 무체물(2,2)이 설명된 후, 무체물에 속하는 제한물권(2,3-2,5)이 다루어진다. 이어서 물건의 취득이 설명되는데, 먼저 단일물의 취득인 사용취득과 증여가 다루어지고(2,6-2,7), 양도가 금지되는 경우(2,8) 및 권력복종자에 의한 취득(2,9)에 관한 설명이 부연된 후, 집합물(역시 무체물에 속한다)의 대표적인 경우인 상속재산의 취득에 관해 제2권의 나머지와 제3권의 앞부분이 할애된다(2,10-3,12). 이어서, 무체물의 세 번째 범주라고 할 수 있는 채권이 제3권의 나머지와 제4권의 초입부에서 다루어진다(3,13-4,5).

셋째로, 제4권의 나머지(4,6-4,18)에서는 소권에 관한 내용이 가이우스에서와 마찬가지의 순서로, 즉 소권, 항변권, 특시명령의 순으로 설명된다.

3. 결 론

법학제요의 삼분법은 역사적으로 다소 복잡한 경로를 거쳐서 판덱텐 체계 속으로 수용되었다.[37)]

법학제요 체계의 핵심은 물건(res)이라는 포괄적인 개념 속에 오늘날의 물권뿐만 아니라 채권, 상속이 포함되어 있다는 점이었다. 중세 이후에 물권과 채권의 구별이 지속적으로 진행됨으로써 채권이 물건(res) 개념으로부터 떨어져 나왔고, 다시 자연법학의 영향으로 친족법이 인법(人法)으로부터, 상속법이 물건(res)으로부터 분리됨으로써, 18세기 말의 후고(Hugo)와 하이제(Heise)에 이르러 판덱텐 체계가 완성되게 되었다.

결국 판덱텐 체계는 법학제요 체계와는 전혀 다른 어떤 것이 아니라 그것을 변형 발전시킨 것이며, 이것은 이미 가이우스의 법학제요 체계 속에 내재되어 있던, 법 전체를 하나의 체계를 가지고 일목요연하게 설명하고자 하는 시도의 완성이라고 볼 수 있다. 이러한 체계화 시도는 로마법학의 결의론(決疑論, Kasuistik) 성격이 충실하게 수용되었던 중세법학에서는 결코 성공할 수 없었지만, 인문주의 법학과 자연법론에 의한 지속적인 문제제기를 통해 결국 근대 민

37) 그 상세한 과정은 서을오, 위의 논문(주 36), 291-304 및 이상태, 물권 · 채권 준별론을 취한 판덱텐체계의 현대적 의의, 건국대학교출판부(2006) 참조.

법전의 제정을 통해 그 꽃을 피우게 되었다. 그 뒤를 이은 판덱텐 체계는 그것을 더욱 발전시킴으로써 독일 민법전과 우리 민법전의 기초가 되었다.

IV. 총칙의 구성

1. 구성의 원리

우리 민법전의 총칙편을 보면 모두 7개의 장으로 구성되어 있다. 우선 제1장은 통칙으로서 총칙의 총칙 같은 역할을 한다. 그러고 보면 판덱텐 체계의 특징인 총칙은 민법 전체의 구성에서뿐만 아니라, 각 개별 부분에 있어서도 나타남을 알 수 있다. 가령 물권편의 제1장인 총칙(185-191), 채권편의 제1장인 총칙(373-526)이 그 대표적인 예이다. 보다 세부적으로 총칙편 안만 보더라도 제3장인 법인과 제5장인 법률행위는 다시 그 안에 제1절로서 총칙을 두고 있다.

총칙편에서 제1장 통칙을 제외한 나머지 6개의 장은, 권리의 주체(인, 법인), 권리의 객체(물건: 물권의 객체가 됨), 권리의 변동(법률행위, 소멸시효: 권리의 변동 원인이 됨)이라는 틀에 따라서 구성되어 있다(제6장 기간은 권리 변동과 관련된 사항으로서, 권리의 변동에 포함시킬 수 있음).

이 방식은 사실은 법학제요 체계를 충실히 계승한 것이다. 권리의 주체는 법학제요의 人에, 권리의 객체는 물건, 권리의 변동은 訴權(actiones)[38]에 대응한다.

2. 가족법과 총칙 규정

총칙은 원칙적으로 재산법에만 적용된다. 그러나 法源, 신의칙, 주소, 부재와 실종, 물건, 기간 등은 가족법에도 적용된다.

가족법에 있어서는 총칙과 다른 특별규정이 있는 경우 그 특별규정이 우선하고, 특별규정이 없는 경우에도 총칙은 원칙적으로 적용되지 않는다.

---

38) 이것은 actio의 복수로서 원래는 행위라는 의미이지만, 법적으로 중요한 행위는 소송행위이므로 訴權으로 번역됨.

제4장 민법의 기본원리, 해석과 적용

Ⅰ. 민법의 기본원리

1. 근대 민법전의 원리

서구의 주요한 민법전들은 19세기에 만들어졌다. 1804년에 프랑스 민법전, 1811년에 오스트리아 민법전, 그리고 가장 늦게 1900년에 독일 민법전이 만들어졌다. 이 법전들은 자본주의, 산업혁명, 시민계급의 성장이라는 이 시대의 키워드로부터 벗어날 수 없었고, 다음과 같은 원리들을 민법의 최고 가치로 인정하였다.

우선, 사유재산권 존중 원칙은 소유권 절대 원칙이라고도 하며, 개인의 소유권을 철저하게 보장하는 것을 말한다(우리의 경우 참조 211, 헌 23 ①). 둘째, 사적 자치 원칙은 달리 표현하자면 법적 자유방임주의라고 할 수 있는데, 법적 거래에 있어서 개인의 자유를 최대한 보장하고 법이 최소한으로 개입하려는 입장이다(헌 10, 37 ①, 119 ① 등, 민 103-105). 셋째, 과실책임 원칙은 채무불이행이나 불법행위에 따른 책임을 부과함에 있어서 채무자나 불법행위자의 고의나 과실을 요구하는 입장이다(민 390, 750).

고의와 과실의 구별: 고의는 결과 발생을 인식한 것이고, 과실은 결과를 부주의로 인식하지 못한 것을 말한다. 형법과는 달리 민법에서는 원칙적으로 책임의 유무나 범위에서 고의와 과실이 구별되지 않고 똑같이 취급된다. 그래서 보통은 과실 여부만 따지게 된다.

과실의 종류: 부주의의 정도에 따라서 구분하자면, 중과실은 현저하게 주의를 게을리한 경우(조문에서 "중대한 과실"로 표현)이고, 경과실은 다소라도 주의를 게을리한 경우로서 일반적으로 민법에서 말하는 과실이다. 주의의무의 종류에 따라 구분하자면, 추상적 과실은 객관적으로 보통 · 평균인에게 요구되는 주의를 게을리한 것(조문에서 "선량한 관리자의 주의", "善管注意" 등으로 표현됨)이고, 여기에는 다시 경과실(민법상의 원칙)과 중과실이 있다. 구체적 과실은 주관적으로 행위자 자신의 평상시의 주의를 게을리한 것("자기 재산과 동일한 주의"라고 조문에 표현)으로 중과실의 경우는 없고 항상 구체적 경과실만 요구된다.

2. 사회적 조정의 원칙

이미 19세기 후반에 오면 자본주의와 부르주아(bourgeois)적 자유주의에 대한 비판이 거세졌고, 위에서 언급한 근대 민법전의 고전적 원리들을 제한하고자 하는 새로운 요구들이 등장하였다. 그것들은 고전적 원리를 제한하는 새로운 원리들로 부상하였는데, 이것들을 총괄하여 사회적 조정의 원칙이라고 부를 수 있을 것이다.

이러한 제한 원리가 우리 법에 반영된 예로는 공공복리(헌 23, 119 ②), 신의칙 및 권리남용 금지(민 2), 사회질서(민 103), 폭리행위 금지(민 104), 소비대차 및 임대차의 강행규정(민 607, 608, 652 등), 정당방위 및 긴급피난(민 761), 遺留分(민 1112), 기타 다수의 특별법(이자제한법, 『주택 임대차 보호법』, 「약관의 규제에 관한 법률」 등)이 있다.

II. 민법전의 적용 범위

민법이 적용되는 事項은 물론 私法關係이다.

때의 측면에서 볼 때, 法律不遡及의 원칙은 민법의 경우에도 원칙적으로 적용되지만 형법에서만큼 엄격하게 적용되는 것은 아니다. 오히려 우리 민법은 일정 부분에 있어서 민법의 遡及效를 인정하였다.

민법 부칙 제2조(본법의 소급효) 본법은 특별한 규정이 있는 경우 외에는 본법 시행일 전의 사항에 대하여도 이를 적용한다. 그러나 이미 구법에 의하여 생긴 효력에 영향을 미치지 아니한다.

인(人)의 측면에서 보면, 우선 자연인의 경우 모든 국민에게 적용(헌 11 ①)되며 준거법의 문제는 국제사법이 결정한다. 법인의 경우에도 민법이 적용됨은 당연하다.

끝으로 장소의 측면에서, 민법은 대한민국의 모든 영토 내에서 적용된다.

Ⅲ. 민법의 해석

1. 해석의 방법

이 문제에 대해서는 전통적으로 4가지의 해석방법이 확립되어 있다. 우선, 文理解釋은 조문을 문자적으로 해석하는 것으로서 모든 해석에 있어서 출발점이 된다. 둘째로, 論理解釋은 체계적 해석이라고도 부르는데 어떤 조문을 그 법 전체와의 체계적 조화라는 맥락에서 해석하는 것이다. 셋째로, 역사적 해석은 법 제정 당시의 입법자의 의도를 반영하려는 해석 방법이다. 끝으로, 목적론적 해석은 법이 제정된 목적과 취지에 맞게 해석하려는 방법이다.

해석 방법을 적용하는 순서는 다음과 같다. 우선 문리해석을 하고, 둘째로 논리해석을 하며, 역사적 해석과 목적론적 해석은 마지막으로 적용한다.

2. 해석의 기술

자주 사용되는 대표적인 해석의 기술로는 다음과 같은 것들이 있다.

(1) 반대해석

조문에 "a이면 b이다"와 같이 되어 있는 경우, "a가 아니면 b가 아니다"와 같이 해석하는 것을 말한다. 가령 다음의 예를 보자.

제184조(시효의 이익의 포기 기타) ① 소멸시효의 이익은 미리 포기하지 못한다.

여기에서 문제가 되는 것은 "미리 포기하지 못한다"라는 부분이다. 미리가 아니라 나중에라면 과연 포기할 수 있을까라는 물음에 대하여, 그것을 긍정하는 것이 반대해석이다. 즉, a가 '미리', b는 '포기할 수 없다'가 되면, 그 반대해석은 '미리가 아닌 나중'에는 '포기할 수 없다가 아니라 있다'가 된다. 주의할 점은 반대해석이 항상 허용되는 것은 아니라는 사실이다.

(2) 類推解釋

어떤 조문에서 예정하고 있는 경우를 그와 유사한 사례에까지 확장시켜 적용하는 것을 말한다. 가령 다음의 예를 보자.

제107조(진의 아닌 의사표시) ① 의사표시는 표의자가 진의 아님을 알고 한 것이라도 그 효력이 있다. 그러나 상대방이 표의자의 진의 아님을 알았거나 이를 알 수 있었을 경우에는 무효로 한다.

이 조항은 원래는 비진의 의사표시(이에 관해서는 나중에 제11장에서 자세히 배움)를 규율한다. 그런데 이 규정이 대리인이 본인의 이익 · 의사에 반하여 자기 또는 제3자의 이익을 위한 배임적 대리행위를 하는 경우인 이른바 대리권의 남용 및 법인 이사의 대표권의 남용에도 유추적용되고 있다. 가령 다음의 판결을 보자.

대판 1999.3.9, 97다7721, 7738

지배인의 행위가 영업에 관한 것으로서 대리권한 범위 내의 행위라 하더라도 영업주 본인의 이익이나 의사에 반하여 자기 또는 제3자의 이익을 도모할 목적으로 그 권한을 행사한 경우에 그 상대방이 지배인의 진의를 알았거나 알 수 있었을 때에는 민법 제107조 제1항 단서의 유추해석상 그 지배인의 행위에 대하여 영업주 본인은 아무런 책임을 지지 않는다고 보아야 하고 …

이 사안의 경우 지배인의 행위는 원래는 제107조에서 말하는 비진의 의사표시에 해당하지 않는다. 그러나 법원은 여기에서 '眞意'의 의미를 '본인의 이익이나 의사에 반하여 자기 또는 제3자의 이익을 도모할 목적으로'의 경우에까지 확장시킴으로써 제107조의 유추해석을 인정하고 있다.

(3) 擴張解釋(확장해석)과 縮小解釋(축소해석)

조문에서 사용된 어떤 개념의 의미를 확장 또는 축소하여 적용하는 방법을 말한다. 가령 다음 판결의 예를 보자. 흔히 송두율 교수 사건으로 알려진 이 판결에서는 국가보안법 제6조 제2항에서 말하는 '탈출'의 의미가 문제되고 있다.

국가보안법 제6조(잠입, 탈출) ② 반국가단체나 그 구성원의 지령을 받거나 받기 위하여 또는 그 목적수행을 협의하거나 협의하기 위하여 잠입하거나 탈출한 자는 사형·무기 또는 5년 이상의 징역에 처한다.

대판(전) 2008.4.17, 2004도4899

[판시사항] 대한민국 국민이 외국에 거주하다가 반국가단체의 지배하에 있는 지역으로 들어간 행위가 국가보안법 제6조 제2항의 '탈출'에 해당하는지 여부.

[다수의견] 국가보안법 제6조 제1항의 탈출에는, 누구라도 대한민국의 통치권이 실지로 미치는 지역을 떠나 직접 또는 외국을 거쳐 바로 반국가단체의 지배하에 있는 지역으로 들어가는 행위 외에 대한민국 국민이 외국에 거주하다가 그곳을 떠나 그에 대한 대한민국의 통치권이 사실상 행사되기 어려운 반국가단체의 지배하에 있는 지역으로 들어가는 행위도 포함되며, 제6조 제2항의 탈출에는 위 행위 외에 누구라도 대한민국의 통치권이 실지로 미치는 지역을 떠나 외국으로 나가는 행위까지 포함된다.

[별개의견] 국가보안법 제6조 제1항, 제2항에서 말하는 탈출이란 대한민국의 이른바 영토고권(領土高權)이 현실적으로 미치고 있는 남한 지역으로부터 이탈하는 행위를 말하는 것으로 보는 것이 옳다. 따라서 대한민국의 영역 밖에서 거주하다가 반국가단체의 지배하에 있는 지역으로 들어가는 행위는 그 행위자가 대한민국 국민이든 대한민국 국민이 아니든 가리지 않고 모두 국가보안법 제6조 제1항, 제2항에서 정한 탈출에 해당하지 않는 것으로 보아야 한다.

이 판결에서 다수의견과 별개의견은 '탈출'의 해석과 관련하여 서로 다른 입장을 취하고 있다. 즉 다수의견은 외국에 있다가 북한으로 들어가는 경우 탈출에 해당한다고 하고, 별개의견은 그 경우 탈출이 아니라고 한다. 이 탈출개념에 대하여 다수의견은 일종의 확대해석을, 별개의견은 축소해석을 시도하고 있다고 볼 수 있다.

3. 해석의 사명

우리가 법 해석 작업을 함에 있어서는 법적 안정성(일반적 확실성)과 구체적 타당성(정의 또는 형평의 표현) 사이에서 위태로운 줄타기를 해야 하는 경우가 많다. 이에 관해서는 다음의 흥미로운 두 판결을 비교해 보면 많은 시사점을 얻을 수 있을 것이다.

이미 언론을 통하여 "아름다운 판결"로 유명해진 이 사건의 사실관계는 매우 간단하다. 1999년 70대 노인 한 분이 딸 이름으로 계약을 하고 주택공사의 임대아파트에 입주했다. 원래 5년이 지나면 분양을 받을 수 있었을 텐데, 이 노인은 계약당사자가 아니었고, 딸은 무주택자가 아니어서 분양을 받을 자격이 없었다. 주택공사가 노인을 상대로 제기한 이 아파트의 명도소송(明渡訴訟)[39]에서 고등법원과 대법원은 각각 구체적 타당성과 법적 안정성을 중시하는 서로 다른 입장을 보여 주었다.[40]

대전고판 2006.11.1, 2006나1846

이 사건 임대주택의 임차 목적은 분명히 피고 2의 주거공간을 구하는 것이었지 피고 1의 주거공간을 구하는 것이 아니었다. … 이 사건에서 피고 1이 자신의 명의로 아버지의 주거에 관한 임대차계약을 체결하면서 법적으로 허용되지 않는 어떠한 이익을 얻거나 법적 규제를 회피하려 하였던 것은 아니다.

만일 위와 같은 실수가 개입되지 않았더라면 피고 2가 임대주택을 우선분양받을 권리를 갖게 되었을 것이라는 점에 대해서는 의문의 여지가 없다. 피고 2는 현재 75세의 고령에 홀로 살고 있는 노인이다. 경제적 활동을 할 능력을 잃었고 넉넉한 재정능력도 갖고 있지 못하다. 이런 사정에 놓여있는 피고 2에 대하여 임대차계약 체결과정에서 있었던 작은 실수 때문에 이제 와 그 주거공간에서 계속 거주할 권리를 갖지 못한다고 하기에는, 원인이 된 피고들측의 잘못과 그 결과 사이에 균형을 잃었다는 느

39) 명도소송이란 無權利者를 상대로 부동산의 引渡 및 무권리자의 부동산으로부터의 退去를 청구하는 소송이다.

40) 이 판결에 관한 보다 상세한 논의는 김재형, "황금들녘의 아름다움—법해석의 한 단면," 『민법론』. IV(2011), 145-185면; 문광섭, "임대주택법상 '임차인'에 관한 법률의 해석 및 법률행위의 해석(2009.4.23. 선고 2006다81035 판결: 공2009상, 724)," 『대법원판례해설』 제79호(2009), 472-554면; 박철, "법률의 문언을 넘은 해석과 법률의 문언에 반하는 해석," 『법철학연구』 제6권 제1호, 185-236면 참조.

낌을 지울 수 없다.

법률용어로서의 '임차인'이라는 단어가 임대차계약의 양 당사자 중 부동산을 빌리는 측 당사자를 의미한다는 사실은 굳이 법률가가 아니더라도 잘 알고 있다. 그러나 법률 문언의 올바른 의미를 밝히기 위해서는 법률용어로서의 의미만이 아니라 그 법률이 달성하고자 한 정책목표와 우리 사회가 법체제 전체를 통하여 달성하고자 하는 가치를 아울러 고려하여야 한다. 위 법률의 문언만이 아니라 위 법률이 달성하고자 한 정책적 목표와 위 법률이 의도한 계획의 관점에서 보면, 피고 2의 주거안정은 당초부터 위 정책목표와 계획상의 보호범위 내에 있었던 것이지 그 바깥에 있었다고 생각되지 않는다. 정책적 목적과 계획을 분명하게 하기 위하여 사용된 언어가 그 정책적 목적과 계획의 실행을 제한하고 억제하는 방향으로 해석되고 집행되는 것은 옳은 일이 아니다. …

오히려 이 법상의 임차인의 요건을 그렇게까지 문언적, 법형식적으로 해석할 것이 아니라 이 사건과 같은 특별한 사정이 있는 예외적 사안에서 임대차계약의 목적과 재정적 부담과 실제 거주자라는 실질적 측면에서 사회적 통념상 임차인으로 충분히 관념될 수 있는 피고 2가 위 법상의 임차인 요건을 갖추었다고 보는 것이 위 법의 공익적 목적과 계획에 부합하는 해석이라고 생각한다.

가장 세심하고 사려 깊은 사람도 세상사 모두를 예상하고 대비할 수는 없는 법이다. 가장 사려 깊고 조심스럽게 만들어진 법도 세상사 모든 사안에서 명확한 정의의 지침을 제공하기는 어려운 법이다. 법은 장래 발생 가능한 다양한 사안을 예상하고 미리 만들어두는 일종의 기성복 같은 것이어서 아무리 다양한 치수의 옷을 만들어 두어도 예상을 넘어 팔이 더 길거나 짧은 사람이 나오게 된다. 미리 만들어 둔 옷 치수에 맞지 않다고 하여 당신의 팔이 너무 길거나 짧은 것은 당신의 잘못이니 당신에게 줄 옷은 없다고 말할 것인가? 아니면 다소 번거롭더라도 옷의 길이를 조금 늘이거나 줄여 수선해 줄 것인가? 우리는 입법부가 만든 법률을 최종적으로 해석하고 집행하는 법원이 어느 정도 수선의 의무와 권한을 갖고 있다고 생각한다. 이는 의회가 만든 법률을 법원이 제멋대로 수정하는 것이 아니라 그 법률이 의도된 본래의 의미를 갖도록 보완하는 것이고 대한민국헌법이 예정하고 있는 우리 헌법체제의 일부라고 생각한다. …

가을 들녘에는 황금물결이 일고, 집집마다 감나무엔 빨간 감이 익어 간다. 가을걷이에 나선 농부의 입가엔 노랫가락이 흘러나오고, 바라보는 아낙의 얼굴엔 웃음꽃이 폈다. 홀로 사는 칠십 노인을 집에서 쫓아내 달라고 요구하는 원고의 소장에서는 찬바람이 일고, 엄동설한에 길가에 나앉을 노인을 상상하는 이들의 눈가엔 물기가 맺힌다.

우리 모두는 차가운 머리만을 가진 사회보다 차가운 머리와 따뜻한 가슴을 함께 가진 사회에서 살기 원하기 때문에 법의 해석과 집행도 차가운 머리만이 아니라 따뜻한 가슴도 함께 갖고 하여야 한다고 믿는다. 이 사건에서 따뜻한 가슴만이 피고들의 편에 서있는 것이 아니라 차가운 머리도 그들의 편에 함께 서있다는 것이 우리의 견해이다. …
판사 박철(재판장) 정선오 윤영훈

대판 2009.4.23, 2006다81035

[1] 법은 원칙적으로 불특정 다수인에 대하여 동일한 구속력을 갖는 사회의 보편타당한 규범이므로 이를 해석함에 있어서는 법의 표준적 의미를 밝혀 객관적 타당성이 있도록 하여야 하고, 가급적 모든 사람이 수긍할 수 있는 일관성을 유지함으로써 법적 안정성이 손상되지 않도록 하여야 한다. … 요컨대, 법해석의 목표는 어디까지나 법적 안정성을 저해하지 않는 범위 내에서 구체적 타당성을 찾는 데 두어야 한다. … 그 과정에서 가능한 한 법률에 사용된 문언의 통상적인 의미에 충실하게 해석하는 것을 원칙으로 하고, 나아가 법률의 입법 취지와 목적, 그 제·개정 연혁, 법질서 전체와의 조화, 다른 법령과의 관계 등을 고려하는 체계적·논리적 해석방법을 추가적으로 동원함으로써, 앞서 본 법해석의 요청에 부응하는 타당한 해석이 되도록 하여야 한다. 한편, 법률의 문언 자체가 비교적 명확한 개념으로 구성되어 있다면 원칙적으로 더 이상 다른 해석방법은 활용할 필요가 없거나 제한될 수밖에 없고, 어떠한 법률의 규정에서 사용된 용어에 관하여 그 법률 및 규정의 입법 취지와 목적을 중시하여 문언의 통상적 의미와 다르게 해석하려 하더라도 당해 법률 내의 다른 규정들 및 다른 법률과의 체계적 관련성 내지 전체 법체계와의 조화를 무시할 수 없으므로, 거기에는 일정한 한계가 있을 수밖에 없다.
[2] 구 임대주택법(2005.7.13. 법률 제7598호로 개정되기 전의 것) 제15조 제1항에서 규정하는 '임차인'이란 어디까지나 그 법률이 정한 요건과 절차에 따라 임대주택에 관하여 임대사업자와 임대차계약을 체결한 당사자 본인으로서의 임차인을 의미하고, 이와 달리 당사자 일방의 계약 목적, 경제적 부담이나 실제 거주 사실 등을 고려한 '실질적 의미의 임차인'까지 포함한다고 변경, 확장 해석하는 것은 법률 해석의 원칙과 기준에 어긋나는 것으로서 받아들일 수 없다.

IV. 민법의 적용

논리학에 있어서 가장 기본적인 추론 방법인 3段論法은 법에 있어서 가장 많이 사용되는 것이기도 하다. 즉, 大前提는 추상적인 법규, 小前提는 구체적인 생활관계, 결론은 법률효과에 해당한다. 예를 들어 불법행위에 관한 일반규정인 제750조를 보기로 하자.

제750조(불법행위의 내용) 고의 또는 과실로 인한 위법행위로 타인에게 손해를 가한 자는 그 손해를 배상할 책임이 있다.

대부분의 법규들이 그러하듯이 이 조문 역시 요건과 효과라는 두 요소로 이루어져 있다. 요건은 삼단논법의 대전제에 해당하는 것으로, 위 조문에서는 고의·과실, 위법행위, 손해발생이 거기에 해당한다. 소전제는 이 요건들을 구체적 사안에 적용하여 그 해당 여부를 판단하는 사실 인정 부분이다. 가령 "갑돌은 고의로 위법행위를 하여 손해를 발생시켰다"가 될 것이다. 효과는 논리적인 결론에 해당하는 부분으로서 위 조문에서는 손해배상책임이 해당한다.

일반적으로 어떤 조문의 전제에 해당하는 부분을 법률요건, 결론에 해당하는 부분을 법률효과라고 한다.

제2부_ 권　리

제5장 권리의 개념과 종류
제6장 신의성실의 원칙

제5장 권리의 개념과 종류

Ⅰ. 법률관계

1. 의 의

法律關係는 법에 의하여 규율되는 생활관계로서 好意關係와는 구별된다. 호의관계는 법에 의한 강제가 불가능하고 손해배상 청구 역시 불가능하지만, 때로는 법률관계로 발전하기도 한다.

양자의 구별은 쉽지 않는데, 일응 기준이 될 수 있는 것은 상대방이 적절한 주의를 가지고 호의행위자의 의사를 이해했다면 어땠을까 하는 점이다. 여기에서는 당사자의 구체적인 실제의 의사가 중요하고, 구체적 사정에 따른 객관적 평가(합리적 판단)에 따라 법률관계인지 호의관계인지의 여부를 결정하게 된다.

법률관계는 법률제도와는 구별된다. 전자가 구체적인 사례라면, 후자는 일반적·추상적으로 유형화된 것이다. 가령 갑과 을이 매매계약을 체결한 경우, 추상적인 의미에서의 매매는 법률제도이고, 구체적으로 갑과 을이 매매계약을 통하여 권리와 의무를 부담하게 된 상태가 법률관계이다.

2. 법률관계의 내용

법률관계의 핵심은 권리·의무관계이다. 권리와 의무는 여러 개도 존재할 수 있다. 또한 특정인 사이에서 또는 특정인과 일반인 사이에서도 성립할 수 있다.

때때로 법률관계는 그 안에 포함된 기본적인 권리 · 의무를 넘어서서 보다 포괄적인 어떤 것을 수반하기도 한다. 가령 기타의 행위의무[기본채무 이외의 용태의무, 부수적 의무, 행태의무, 신의칙상의 부수의무(판례)]가 여기에 해당한다. 그 밖에도 특별한 권리(취소권 등), 보호이익, 부담, 제한 등을 포함할 수 있다.

II. 권리의 의의

1. 定 義

일반적으로 權利는 인간의 이익의 만족을 위하여 법이 어떤 개인에게 부여한 意思의 힘(Willensmacht)이라고 정의된다. 각각의 개념 징표들을 구체적으로 살펴보면 다음과 같다.

우선 권리는 법으로부터 부여된 것이므로 도덕이나 관습에 의해 부여된 것은 권리가 아니다. 또한 권리는 人(자연인, 법인)에게 부여된다. 아울러 권리는 의사의 힘이다. 즉 자신의 意思에 따라 무엇이든 할 수 있는 결정권이며, 개인의 자유를 보호하려는 자유주의의 표현이다. 권리의 목적은 인간의 이익의 만족이다.

2. 학 설

권리의 본질에 관해서는 여러 가지 학설이 있다.

우선 가장 고전적인 입장은 意思說이다. 이것은 근대 민법학의 토대를 마련한 철학자 칸트(Kant), 독일의 위대한 법학자들인 사비니(Savigny), 푸흐타(Puchta), 빈트샤이트(Windscheid) 등이 주장한 것으로, 권리는 법에 의해 주어진 意思의 힘이라는 입장이다. 이들은 자유 개념의 다른 표현인 意思 개념을 중심으로 하여 민법의 전체 체계를 구성하였다. 근대 시민사회의 핵심 이념이었던 이 의사 또는 자유가 얼마나 법에 있어서 핵심적인 요소인지는 칸트의 법에 관한 정의에서도 잘 나타난다.

임마누엘 칸트(1724-1804), 도덕형이상학 Die Metaphysik der Sitten, I, § B

법이란 한 사람의 恣意가 자유의 보편적 법칙에 따라 다른 사람의 자의와 조화를 이룰 수 있는 조건의 총체이다. (Das Recht ist der Inbegriff der Bedingungen, unter denen die Willkür des einen mit der Willkür des anderen nach einem allgemeinen Gesetz der Freiheit in Einklang gebracht werden kann.)

19세기의 이상주의 혹은 자유주의는 개인의 해방을 목표로 하였으며, 私法의 목표 역시 자율적 인격으로서의 인간의 자유를 보장하는 것이었다. 사법체계의 정점에는 권리 주체로서의 개인이 있고, 그의 자유영역이 바로 권리였다. 따라서 권리는 사법의 중심 개념이고, 다양한 법생활로부터의 최종적 추상화였다. 이때 법질서는 권리의 실현을 위한 기초의 의미만을 가질 뿐이었다.

19세기 말에 의사설에 반기를 들고 권리 개념에 획기적인 변화를 가져온 것이 利益說이다. 이것은 독일의 위대한 법학자 예링(Rudolf von Jhering, 1818-1892)이 주창한 입장으로, 권리를 법적으로 보호되는 이익으로 파악한다. 그가 보기에 의사설은 의사의 힘을 부여하는 목적을 무시하였다. 이익설은 자유주의적이고 개념법학적 성격이 강한 의사설과는 달리 법이 사회 속에서 실제로 어떻게 작용하는지에 관심을 기울였다. 즉, 보다 중요한 것은 필요성과 이익의 충족이라는 것이었다. 따라서 권리는 "법적으로 보호된 이익"이라고 정의됨으로써 권리의 내용을 목적에 의하여 제한하였다.

20세기 들어서 몇몇 새로운 학설들이 등장하였다. 우선 권리 개념을 제거하려는 나치의 시도는 실패하였다. 이후 독일의 통설이 된 것은 이른바 權利法力說이다. 이 견해는 에넥체루스-니퍼다이(Enneccerus-Nipperdey), 레만-휘프너(Lehman-Hübner), 슈바브(Schwab) 등이 주장한 것으로, 권리를 "법질서가 이익보호의 목적으로 부여한 의사 내지 법의 힘(Willens- bzw. Rechtsmacht)"으로 파악한다. 결국 이 입장은 의사설과 이익설을 종합한 후 거기에 법질서에 의한 승인이라는 새로운 측면을 추가한 것이라 볼 수 있다.

아울러 20세기에는 19세기와는 달리 권리 개념의 지위 변화를 볼 수 있다. 실제의 생활관계를 고려하지 않는 추상적 개념의 한계이기도 하고, 사회적 약자 보호의 필요성이 증가하면서 개인의 자유를 제한하는 법질서의 역할이 강조되었기 때문이기도 했다. 결국 권리 개념의 자리를 대체한 것은 법률관계 개념이었다.

3. 유사 개념

권리와 구별할 필요가 있는 유사한 개념들을 살펴보자. 우선 權限은 법률상의 지위 또는 자격이다. 대리인의 대리권, 법인의 이사의 대표권, 사단법인 사원의 결의권 등이 그 예이다. 權能은 권리의 구체적 측면을 말한다. 가령 소유권이 권리라면, 사용권, 수익권, 처분권은 개별적인 권능이다. 또한 反射的 利益은 權利反射 또는 反射的 效果라고도 하는데, 권리가 없는데도 불구하고 간접적으로 어떤 이익을 누리게 되는 것을 말한다. 가령 다음의 판결에서 대법원은 피고의 과징금부과 취소 재결을 취소해 달라는 원고의 주장에 대하여, 원고는 처분의 상대방 아닌 제3자에 불과하므로 그 취소를 구할 법률상 이익이 없으며 반사적 이익을 가질 뿐이라고 하여 원고의 청구를 기각하였다.

대판 1992.12.8, 91누13700

처분 등의 직접 상대방이 아닌 제3자라도 당해 처분 등의 취소를 구할 법률상의 이익이 있는 경우에는 취소소송의 원고적격이 인정된다고 할 것(행정소송법 제12조 참조)이나, 여기서 법률상의 이익이라 함은 당해 처분 등의 근거가 되는 법규에 의하여 보호되는 직접적이고 구체적인 이익을 말하므로, 단지 간접적이거나 사실적, 경제적인 이해관계를 가지는데 불과한 경우에는 행정소송을 제기할 법률상의 이익이 없다. 과징금부과처분의 근거가 된 자동차운수사업법 제4조 제2항, 같은법 시행규칙(1991.9.27. 교통부령 제960호로 개정되기 전의 것) 제7조 제4항이 자동차운송사업면허를 함에 있어서 사업구역을 정하도록 하고, 그 운송사업자로 하여금 면허받은 사업구역 외에 상주하여 영업할 수 없다고 규정한 것은 각 지역 국민의 편익을 위한 것이고, 사업구역 위반으로 인한 과징금부과처분에 의하여 다른 사업구역의 동종업자의 영업이 보호되는 결과가 되더라도 그것은 면허의 조건으로 부가되는 사업구역 제도의 반사적 이익에 불과하다.

Ⅲ. 權利(私權)의 분류

우선, 권리는 내용(사회적 생활이익)면에서 재산권(물권, 채권, 지적재산권), 인격권, 가족권(신분권/친족권), 사원권으로 구분된다. 또한 작용(효력)면에서는 지배권, 청구권, 형성권, 항변권으로 나뉜다. 그 밖에도 절대권과 상대권으로, 또는 一身專屬權과 非專屬權으로, 主된 권리와 從된 권리로, 旣成의 권리와 期待權으로 구분할 수 있다. 이제 각 구분에 대하여 구체적으로 살펴보자.

1. 내용에 따른 분류

財産權에는 물권, 채권, 지식재산권, 상속권이 속한다. 物權은 물건 기타의 객체를 직접 지배하는 권리이고, 債權은 채무자에게 일정한 행위를 요구할 수 있는 권리이다. 知識財産權은 知的財産權이라고도 하며 지적 창작물에 부여되는 권리이고, 상속권은 상속인이 가지는 권리인데 가족권(다수설) 혹은 재산권(곽 · 송)이다.

人格權은 생명, 신체, 명예 등에 대하여 인정되는 권리(751 ①)이다. 그중에서 명예권에 대해서는 다음의 결정을 참조할 수 있다.

대결 2005.1.17, 2003마1477

명예는 생명, 신체와 함께 매우 중대한 보호법익이고 인격권으로서의 명예권은 물권의 경우와 마찬가지로 배타성을 가지는 권리라고 할 것이므로 사람의 품성, 덕행, 명성, 신용 등의 인격적 가치에 관하여 사회로부터 받는 객관적인 평가인 명예를 위법하게 침해당한 자는 손해배상 또는 명예회복을 위한 처분을 구할 수 있는 이외에 인격권으로서 명예권에 기초하여 가해자에 대하여 현재 이루어지고 있는 침해행위를 배제하거나 장래에 생길 침해를 예방하기 위하여 침해행위의 금지를 구할 수도 있다.

家族權은 身分權 또는 親族權이라고도 하며, 가족 또는 친족 관계의 구성원으로서 가지는 권리이다. 가령 친권이나 부양청구권 등이 이에 해당한다.

社員權은 단체의 구성원이 단체에 대하여 가지는 권리이다.

2. 작용(효력)에 따른 분류

(1) 支 配 權

객체에 대한 직접적 지배를 내용으로 하는 권리이다. 물권, 지식재산권, 친권, 후견권, 인격권(다수설)이 이에 해당한다. 채권은 통설에 따르면 청구권에 속하며, 사원권에 대해서는 견해 대립이 있다.

(2) 청 구 권

타인에게 일정한 행위를 요구할 수 있는 권리로서 그 대표적인 예는 채권이다. 그러나 '채권'이 '청구권'과 동일한 개념은 아님에 주의하여야 한다.

채권과 청구권의 차이: 이 두 가지는 각각 다른 차원의 분류에 속한다. 즉 전자는 권리를 내용면에서, 후자는 작용면에서 파악한 것이다. 또한 채권이 아닌 물권, 상속권, 가족권, 지식재산권에서도 청구권은 발생한다(물권적 청구권, 상속회복청구권, 부양청구권 등). 또한 채권에는 청구권 이외에도 여러 권능이 포함되어 있다. 가령 급부의 수령 · 보유력, 채권자대위권, 채권자취소권, 항변권, 해제권 등이 그 예이다. 또한 이행기가 되지 않은 채권의 경우 아직 청구권은 없다.

한편 이름은 '청구권'이지만 실질은 형성권인 권리들이 있다. 지료증감청구권(286), 지상물매수청구권(283 ②) 등이 그 예이다.

(3) 형 성 권

일방적 의사표시로 법률관계를 변동시키는 권리이다. 여기에는 우선 당사자의 의사표시에 의한 것이 있다. 가령 법률행위의 동의권(5, 10), 취소권(140 이하), 추인권(143 이하), 상계권(492), 계약의 해제권 · 해지권(543) 등이 그 예이다. 한편 법원의 판결을 필요로 하는 경우도 있다. 채권자취소권(406), 재판상 이혼권(840), 친생부인권(846) 등이 그 예이다.

(4) 항 변 권

상대방의 청구권 행사를 저지할 수 있는 권리이다. 여기에는 상대방의 청구를 일시적으로 저지하는 延期的 항변권(일시적 저지)과 영구적으로 저지하는 영구적 항변권이 있다. 전자의 예는 동시이행의 항변권(536), 보증인의 催告 · 檢索의 항변(437)이 있고, 후자의 예는 상속인의 한정승인의 항변(1028)이 있다.

항변권과 혼동하지 말아야 할 유사개념들이 있다. 異議는 상대방의 권리를

(권리 불성립, 소멸 등을 이유로) 부인하는 것이다(451 ①, 639 ①, 706 ③ 등). 소송상의 항변은 상대방의 신청이나 주장을 배척하기 위해 다른 사항을 주장하는 방어방법이다.

3. 기타의 분류

권리 주장의 범위에 따라서, 누구에게나 주장할 수 있는 絶對權(對世權)과 특정한 사람에게만 주장할 수 있는 相對權(對人權)으로 나뉜다. 전자의 예는 지배권(물권, 친권 등)이고, 후자의 예는 청구권 또는 채권이다.

권리의 이전(양도 · 상속) 가능성에 따라서는, 이전이 되지 않는 一身專屬權과 非專屬權으로 나뉜다.

主된 권리와 從된 권리는 원본채권과 이자채권, 피담보채권과 질권 · 저당권 등의 예에서 볼 수 있듯이, 주된 권리가 존재하는 것을 전제로 하여 종된 권리가 존재하게 된다.

권리의 성립 여부에 따라서는, 이미 성립한 旣成의 권리와 아직 성립하지 않은 期待權(조건부, 기한부 권리, 물권적 기대권)으로 나누어 볼 수 있다.

IV. 권리의 競合

권리의 경합이란 동일한 당사자 사이에서 하나의 사실로 둘 이상의 권리가 발생하는 경우를 말한다. 가령 임대인이 임차목적물의 반환을 청구함에 있어서 임대차계약에 기한 반환청구권(참조 618)을 행사할 수도 있고 소유권에 기한 반환청구권(213)을 행사할 수도 있는 상황이 그러하다.

이처럼 동일한 목적을 달성하기 위한 복수의 채권이 존재하는 경우 소멸시효의 중단은 개별적으로 판단하여야 한다.

채무불이행에 의한 손해배상청구권과 불법행위에 의한 손해배상청구권의 경우에, 경합을 인정하는 것이 다수설과 판례의 입장이다.

대판 2001.3.23, 2001다6145

채권자가 동일한 목적을 달성하기 위하여 복수의 채권을 갖고 있는 경우, 채권자로서는 그 선택에 따라 권리를 행사할 수 있되, 그중 어느 하나의 청구를 한 것만으로는 다른 채권 그 자체를 행사한 것으로 볼 수는 없으므로, 특별한 사정이 없는 한 그 다른 채권에 대한 소멸시효 중단의 효력은 없는 것이고, 채권자가 채무자를 상대로 공동불법행위자에 대한 구상금 청구의 소를 제기하였다고 하여 이로써 채권자의 사무관리로 인한 비용상환청구권의 소멸시효가 중단될 수는 없다.

한편 法規競合(法條競合)은 동일한 사실에 둘 이상의 법규가 적용될 수 있는 상황인데, 이때 한 법규가 다른 것을 배제(예: 756과 국가배상법 2, 민 535와 574)하는 것이면 둘 중 하나의 법규만 적용되게 된다. 보통 일반법과 특별법이 겹치는 부분에서 이러한 법규경합이 발생한다.

V. 권리의 충돌과 순위

서로 다른 사람들 사이에서 동일한 객체에 관하여 양립할 수 없는 여러 권리가 성립한 경우 권리의 순위 문제가 발생한다.

물권에 있어서는 소유권보다 제한물권이 우선하는 것이 원칙이고, 제한물권 중에서는 異種 간에는 법률규정에 의해, 同種 간에는 성립 순서에 따라 순위가 결정된다.

채권의 경우에는, 채권자 평등의 원칙(채권자가 동등하게 다루어져서 결국 채권액에 비례하여 辨濟받음)이 지켜지는 것은 破産에 있어서이고, 보통의 경우에는 先行主義(먼저 청구하는 자가 우선함)가 지배하게 된다.

물권과 채권 사이에서는 대체로 물권이 우선하지만, 상당한 예외들이 있다.

제6장 신의성실의 원칙

Ⅰ. 서 론

1. 의의 및 규정화의 이유

信義誠實의 원칙(줄여서 信義則)은 법적 거래에 있어서 상대방의 신뢰를 헛되이 하지 않도록 성의를 가지고 행동해야 함을 말한다. 이것은 도덕적, 윤리적 평가개념이 법적 개념으로 도입된 것이다.

> **제2조(신의성실)** ① 권리의 행사와 의무의 이행은 신의에 좇아 성실히 하여야 한다.
> ② 권리는 남용하지 못한다.

통설(곽)은 이 원칙이 권리의 사회성·공공성을 강조하는 것이라고 이해한다. 이것은 통설이 근대 민법의 고전적 3대원리보다 공공복리 원칙을 더 우위에 두기 때문이다. 즉 통설에 따르면 신의칙은 예외가 아닌 원칙이 되며, 제2조는 당연한 내용을 규정으로 만든 것이 된다.

반면 고전적 3대원리를 더 중요시하는 입장(송)에서 보면, 신의칙은 3대원리를 제약하기 위한 특별한 규정으로서, 원칙이 아닌 예외가 된다.

저자 역시 신의칙을 3대원리의 제약원리로 이해하는 입장이다. 그러나 어느 쪽으로 보든 신의칙의 내용에 대한 이해가 크게 달라지는 것은 아니다. 결국 사적 자치(3대원리 중에서도 핵심)를 더 중요시할 것이냐 아니면 신의칙을 더 중시할 것이냐에서 차이가 있을 뿐이다.

2. 법적 성격

제2조는 대표적인 일반조항(백지조항)이다. 요건도 효과도 규정하고 있지 않으며, 고의 · 과실 등도 요건이 아니다.

신의칙은 행위규범이면서 동시에 재판규범이다.

이것이 강행규정인지 여부에 대해서는, 항상 그렇다는 입장(송, 판례)이 있고, 대체로 그렇다는 입장(의사 보충시는 임의규정)이 있다.

신의칙은 민법의 모든 분야에 적용되며 민법 외에 상법, 공법에도 적용된다.

II. 역사적 연원

1. 로마법의 학파 대립: '원리'와 '제도'

로마법학에는 크게 두 가지의 학파가 존재했다. 하나는 사비누스(Sabinus) 학파이고 다른 하나는 프로쿨루스(Proculus) 학파였다.

사비누스 학파는 법을 사회적으로 동료 인간에 대하여 부담하는 책임으로부터 도출하였다. 신의성실의 원칙(bona fides, 라틴어로서 직역하면 '좋은 信義'라는 뜻)을 창안한 것은 바로 이 학파였는데, 이 원칙은 개방적이고 해석 가능한 스토아(Stoa)적 신뢰원리였다. 이 학파는 법의 이념적 원리의 지도하에 사태를 평가적으로 판단하는 원리법학 혹은 평가법학의 경향을 가졌는데, 사태에 대한 총체적인 시각을 가지고 사태의 관계적 측면을 고려하였다.

반면 프로쿨루스 학파는 요즘 식으로 말하자면 법실증주의적 입장을 취했는데, 도덕 원리가 아니라 일반언어적 텍스트가 법 해석의 기준이었고, 법률의 흠결은 입법으로 보완(後法 優先)해야 한다는 태도를 취했다.

이 두 학파 중에서 보다 주류적인 지위를 차지한 것은 프로쿨루스 학파였지만 도덕 원리가 법에 개입하는 것을 일정한 범위에서 허용했던 사비누스 학파의 입장도 많은 문제에 있어서 관철이 되었다. 특히 신의성실의 원칙은 원래는 사비누스 학파의 창안물이었지만 로마법학의 기본원리로서 중요한 역할을 하였고, 결국 그것이 현대에 이르기까지 유지되어 온 것이다.

2. 근대법전

19세기의 민법전들은 신의칙이 민법 전체를 관통하는 기본 원리라고 규정하지는 않았다. 프랑스민법은 계약의 이행(1134 ③)에 관해서만, 독일민법은 계약의 해석과 채무의 이행(257, 242)과 관련해서만 이 원칙을 규정하였다. 물론 독일의 학설은 신의칙의 적용을 채권법 전체에 확장시켰다.

신의칙을 민법 전체의 기본 원리로 입법화한 최초의 법전은 스위스 민법전이다.

스위스 민법전 제2조 ① 모든 사람은 권리의 행사와 의무의 이행에 있어서 신의성실(Treu und Glaube)에 따라 행동하여야 한다.

일본 민법(1 ②)과 한국 민법은 스위스 민법의 이 규정을 받아들였다. 우리 대법원 역시 수많은 판결에서 신의칙을 일반 조항으로서 폭넓게 적용하고 있다.

대판 1998.8.21, 97다37821

신의성실의 원칙에 반하는 것은 강행규정에 위배되는 것으로서 당사자의 주장이 없더라도 법원이 직권으로 판단할 수 있으므로 원심법원이 직권으로 신의칙에 의하여 신용보증책임을 감액한 데에 변론주의를 위배한 위법은 없다.

대판 2004.7.22, 2002두11233

신의성실의 원칙은 법률관계의 당사자는 상대방의 이익을 배려하여 형평에 어긋나거나 신뢰를 저버리는 내용 또는 방법으로 권리를 행사하거나 의무를 이행하여서는 아니된다는 추상적 규범을 말하는 것으로서, 신의성실의 원칙에 위배된다는 이유로 그 권리의 행사를 부정하기 위하여는 상대방에게 신의를 주었다거나 객관적으로 보아 상대방이 그러한 신의를 가짐이 정당한 상태에 이르러야 하고, 이와 같은 상대방의 신의에 반하여 권리를 행사하는 것이 정의 관념에 비추어 용인될 수 없는 정도의 상태에 이르러야 하고, 일반 행정법률관계에서 관청의 행위에 대하여 신의칙이 적용되기 위해서는 합법성의 원칙을 희생하여서라도 처분의 상대방의 신뢰를 보호함이 정의의 관념에 부합하는 것으로 인정되는 특별한 사정이 있을 경우에 한하여 예외적으로 적용된다.

Ⅲ. 신의칙의 기능

신의칙은 다양하게 적용되는데, 그 기능을 몇 가지로 나누어 본다면 다음과 같다.

해석기능은 법과 법률행위의 합리적 의미를 밝히는 것이다(예: 기타의 행위의무). 보충기능은 규율되지 않은 입법의 틈을 보충하는 것이다(예: 사정변경의 원칙에 의한 해제 · 해지). 수정기능은 확정된 내용을 수정하는 것이다[예: 사소한 채무불이행을 이유로 해제(544)할 수 없음]. 금지기능은 구체적 행위의 효과를 금지하는 것이다(예: 권리남용).

대판 2006.10.12, 2004다48515

부동산 거래에 있어 거래 상대방이 일정한 사정에 관한 고지를 받았더라면 그 거래를 하지 않았을 것임이 경험칙상 명백한 경우에는 신의성실의 원칙상 사전에 상대방에게 그와 같은 사정을 고지할 의무가 있으며, 그와 같은 고지의무의 대상이 되는 것은 직접적인 법령의 규정뿐 아니라 널리 계약상, 관습상 또는 조리상의 일반원칙에 의하여도 인정될 수 있다.

대판 1998.6.12, 98다8776

계속적 보증계약에서 보증인은 변제기에 있는 주채무 전액에 대하여 책임을 지는 것이 원칙이고, 다만 보증 당시 주채무의 액수를 보증인이 예상하였거나 예상할 수 있었을 경우에는 그 예상 범위로 보증책임을 제한할 수 있으나, 그 예상 범위를 상회하는 주채무 과다 발생의 원인이 채권자가 주채무자의 자산 상태가 현저히 악화된 사실을 잘 알거나 중대한 과실로 알지 못한 탓으로 이를 알지 못하는 보증인에게 아무런 통보나 의사 타진도 없이 고의로 거래 규모를 확대함에 연유하는 등 신의칙에 반하는 사정이 있는 경우에 한하여 보증인의 책임을 합리적인 범위 내로 제한할 수 있다.

IV. 신의칙의 하부 원칙

신의칙에는 여러 가지 하부 원칙들이 있다. 우선 權利濫用 禁止의 원칙은 무척 중요하므로 아래에서 따로 다루기로 한다. 事情變更의 원칙은 법률행위의 기초가 된 사정의 중대한 변경이 있는 경우 법률행위의 수정을 인정하는 원칙이다. 우리 민법에 조문으로서 인정되지 않았지만, 학설과 판례는 이 원칙을 인정하고 있다. 矛盾行爲 禁止의 원칙(영미법의 禁反言의 法理)은 앞서서 행한 행위와 모순되는 행위를 나중에 하는 것을 금지하는 원칙이다. 失效의 원칙은 권리를 오랫동안 행사하지 않아서 권리를 행사하지 않을 것이라는 신뢰가 형성된 경우 나중에 권리 행사를 할 수 없다는 원칙이다. 판례는 권리를 장기간 행사하지 않은 경우, 권리행사의 기회에 행사하지 않은 경우, 위의 두 가지 모두를 갖춘 경우 등에 있어서 이 실효의 원칙을 인정하고 있다.

대판 2007.3.29, 2004다31302

이른바 사정변경으로 인한 계약해제는, 계약성립 당시 당사자가 예견할 수 없었던 현저한 사정의 변경이 발생하였고 그러한 사정의 변경이 해제권을 취득하는 당사자에게 책임 없는 사유로 생긴 것으로서, 계약내용대로의 구속력을 인정한다면 신의칙에 현저히 반하는 결과가 생기는 경우에 계약준수 원칙의 예외로서 인정되는 것이고, 여기에서 말하는 사정이라 함은 계약의 기초가 되었던 객관적인 사정으로서, 일방당사자의 주관적 또는 개인적인 사정을 의미하는 것은 아니다. 또한, 계약의 성립에 기초가 되지 아니한 사정이 그 후 변경되어 일방당사자가 계약 당시 의도한 계약목적을 달성할 수 없게 됨으로써 손해를 입게 되었다 하더라도 특별한 사정이 없는 한 그 계약내용의 효력을 그대로 유지하는 것이 신의칙에 반한다고 볼 수도 없다. 지방자치단체로부터 매수한 토지가 공공공지에 편입되어 매수인이 의도한 음식점 등의 건축이 불가능하게 되었더라도 이는 매매계약을 해제할 만한 사정변경에 해당하지 않고, 매수인이 의도한 주관적인 매수목적을 달성할 수 없게 되어 손해를 입었다 하더라도 매매계약을 그대로 유지하는 것이 신의칙에 반한다고 볼 수도 없다고 한 사례.

대판 2010.6.24, 2010다2107

제1심에서는 이사회의 소집절차가 적법함을 전제로 한 주장을 하였다가 원심에 이르러서는 그 소집절차의 하자를 주장한 것이 금반언의 원칙이나 신의성실의 원칙에 반한다고 할 수 없다고 한 사례.

대판 2005.10.28, 2005다45827

일반적으로 권리의 행사는 신의에 좇아 성실히 하여야 하고 권리는 남용하지 못하는 것이므로 권리자가 실제로 권리를 행사할 수 있는 기회가 있었음에도 불구하고 상당한 기간이 경과하도록 권리를 행사하지 아니하여 의무자인 상대방으로서도 이제는 권리자가 권리를 행사하지 아니할 것으로 신뢰할 만한 정당한 기대를 가지게 된 다음에 새삼스럽게 그 권리를 행사하는 것이 법질서 전체를 지배하는 신의성실의 원칙에 위반하는 것으로 인정되는 결과가 될 때에는 이른바 실효의 원칙에 따라 그 권리의 행사가 허용되지 않는다고 보아야 할 것이고, 또한 실효의 원칙이 적용되기 위하여 필요한 요건으로서의 실효기간(권리를 행사하지 아니한 기간)의 길이와 의무자인 상대방이 권리가 행사되지 아니하리라고 신뢰할 만한 정당한 사유가 있었는지의 여부는 일률적으로 판단할 수 있는 것이 아니라 구체적인 경우마다 권리를 행사하지 아니한 기간의 장단과 함께 권리자측과 상대방측 쌍방의 사정 및 객관적으로 존재한 사정 등을 모두 고려하여 사회통념에 따라 합리적으로 판단하여야 할 것이다.
근로자가 사직원의 작성 · 제출이 자신이 아닌 그의 형에 의하여 이루어졌음을 이유로 의원면직의 무효확인을 구하는 사안에서, 근로자의 형이 사직원을 제출하게 된 경위 및 근로자가 아무런 이의 없이 퇴직금을 수령한 점 등 제반 사정에 비추어 볼 때, 의원면직일로부터 5년여가 경과한 후에 위와 같은 소를 제기하는 것은 신의칙 내지 금반언의 원칙에 반하는 것으로서 부적법하다고 한 원심의 판단을 수긍한 사례.

V. 신의칙 적용의 태도

법원이 신의칙을 남용하게 되면 일반조항에로 도피하는 것이 되고, 반대로 신의칙을 너무 소극적으로 적용하면 당사자의 보호를 포기하는 결과가 된다. 법해석의 입장에 관한 논의에서 법적 안정성을 취할 것이냐 아니면 구체적 정의를 추구할 것이냐 사이의 논쟁이 연장된 것이라 볼 수 있다. 삼권분립을 무시하고 법원이 지나친 사법적극주의를 취하는 것도 문제가 있겠지만, 최근까지의 우리 법원의 모습을 보면 "법관은 판결로만 말한다"라는 모토 속에서 지나치게 법적 안정성 쪽을 추구하지 않았나 하는 우려가 있다. 적어도 일반 국민들에게는 그러한 의심을 많이 주었던 것이 사실이다. 이제는 법원도 보다 과감한 판결을 더 많이 내렸으면 하고, 또한 일반 국민들이나 정치인들 역시 자기 이해관계에 맞지 않는다고 하여 판결을 근거 없이 비판하는 일도 적어진다면 더 바람직할 것이다.

VI. 권리남용금지의 원칙

1. 신의칙과의 관계

다수설은 권리행사가 신의성실에 반하면 권리남용이 된다고 한다(곽 · 송 · 판례). 이와는 달리, 두 원칙은 각각 적용국면을 달리한다는 견해도 있다. 어쨌든 권리남용 금지는 신의칙의 파생원칙이라고 보아야 한다.

2. 연 혁

신의칙과 마찬가지로 권리남용금지의 원칙 역시 로마법으로부터 유래하며, 사비누스 학파 쪽의 창안물이다. 로마법에서 이것은 상대권의 권리 주장이 신의성실에 어긋날 경우에는 그 이행을 거절할 수 있는 惡意의 抗辯(exceptio doli)이라는 형태로 인정되었다. 근대에 와서 이 원칙은 프랑스 판례법에서 "권리의 남용(abus de droit)"이라는 제도로 발전하였지만, 자유주의가 보다 강하게 지배했던 독일 민법전에서는 한발 후퇴하여 "사해행위(Schikane) 금지"라는 소극적 형태로만 규정되었다(독일 민법 제226조). 이후 독일의 판례법은 이 권리남용의 범위를 확장시켰다.

이 원칙을 본격적으로 명문화한 것은 역시 스위스 민법이다.

스위스 민법전 제2조 ② 권리의 명백한 남용은 법의 보호를 받지 못한다.

이것을 일본 민법(1 ③)과 한국 민법이 받아들인 것이다.

3. 요 건

조문은 요건과 효과를 정하고 있지 않아서 이 부분은 학설과 판례에 맡겨져 있다.

우선, 권리 행사가 있어야 하는데 여기에서 '권리'는 넓게 파악된다. 즉 법적 지위 주장, 계약의 효력 주장도 포함된다. 즉 법적 효과를 주장하는 모든 행위가 여기에 포함된다(송). 권리의 불행사가 권리남용이 되기는 원칙적으로 어렵다. 친권의 경우를 제외하면 불행사 자체는 남용이 아니다.

둘째로, (권리의 행사가) 신의칙에 위배되어야 한다.

주의할 점은 주관적 요건(권리자의 주관적 加害 의사)은 요구되지 않는다는 점이다(학설 일치). 그런데 판례는 토지소유권 행사의 경우 가해의 의사를 요구하고 있다. 물론 일부 판결에서는 주관적 요건을 완화하려는 시도도 보이지만, 주관적 요건은 부인하는 것이 타당하다(송).

4. 효 과

청구권의 경우 법질서는 그 청구권의 실현에 협조하지 않는다. 형성권의 경우라면 효과가 발생하지 않는다. 손해 발생의 경우에는 손해배상책임을 묻게 될 것이다. 또한 계약의 효력을 주장하는 경우에도 그 계약의 효력은 없게 된다.

그러나 남용된 권리의 박탈에 있어서는 친권(924)의 경우에도 신중해야 한다. 즉 권리남용 금지의 원칙은 일반적으로 신의칙보다 신중하게 적용되어야 한다.

대판 1980.5.27, 80다484

원고소유 대지 위에 건립된 건물부분을 철거한다면 건물 전체가 붕괴될 위험이 있어 원고에게는 이득이 없으면서 오직 피고에게 손해만을 주기 위하여 소송에 이른 사정이 인정되는 경우에만 권리남용이 된다.

대판 1993.5.14, 93다4366

권리의 행사가 주관적으로 오직 상대방에게 고통을 주고 손해를 입히려는 데 있을 뿐 이를 행사하는 사람에게는 아무런 이익이 없고 객관적으로 사회질서에 위반된다고 볼 수 있으면 그 권리의 행사는 권리남용으로서 허용되지 아니한다고 할 것이고, 권리의 행사가 상대방에게 고통이나 손해를 주기 위한 것이라는 주관적 요건은 권리자의 정당한 이익을 결여한 권리행사로 보여지는 객관적인 사정에 의하여 추인할 수 있다.

대판 2003.11.27, 2003다40422

권리의 행사가 주관적으로 오직 상대방에게 고통을 주고 손해를 입히려는 데 있을 뿐 이를 행사하는 사람에게는 아무런 이익이 없고, 객관적으로 사회질서에 위반된다고 볼 수 있으면, 그 권리의 행사는 권리남용으로서 허용되지 아니하고, 그 권리의 행사가 상대방에게 고통이나 손해를 주기 위한 것이라는 주관적 요건은 권리자의 정당한 이익을 결여한 권리행사로 보여지는 객관적인 사정에 의하여 추인할 수 있으며, 어느 권리행사가 권리남용이 되는가의 여부는 개별적이고 구체적인 사안에 따라 판단.

계쟁 토지가 51㎡에 불과한 점, 위 송전선을 철거하여 이설하기 위하여는 막대한 비용과 손실이 예상되는 반면 송전선이 철거되지 않더라도 토지를 이용함에 별다른 지장이 없는 점 등에 비추어 농로 위로 지나가는 송전선의 철거를 구하는 청구가 권리남용에 해당.

제3부_ 법률행위

제 7장 법률행위 서론
제 8장 강행법규 위반
제 9장 반사회질서의 법률행위
제10장 불공정한 법률행위
제11장 비진의 의사표시
제12장 허위표시
제13장 착오에 의한 의사표시
제14장 사기 · 강박에 의한 의사표시
제15장 의사표시의 효력발생
제16장 대 리
제17장 무권대리
제18장 무효와 취소
제19장 조건과 기한

제7장 법률행위 서론

Ⅰ. 권리의 변동과 법률요건

1. 권리의 변동

법률관계는 법률요건(전제 · 원인)과 법률효과(결과)의 결합으로 파악될 수 있다. 또한 법률관계의 변동은 권리 · 의무 관계의 變動(得失變更)이기도 하다. 發生은 권리의 취득이고, 變更은 주체 · 내용(객체) · 작용에 대한 변화이며, 消滅은 권리의 상실을 말한다.

2. 법률요건

法律要件은 構成要件이라고도 하는데, 법률관계 변동의 원인(법률효과의 발생에 적합한 법적 상태)을 말한다. 이때 법률요건을 구성하는 개개의 사실을 法律事實이라 한다.

법률사실은 다시 容態(사람의 정신작용이 작용한 것)와 事件(그렇지 않은 것)으로 구별된다.

용태 중에서 가장 중요한 것은 의사표시이다. 청약, 승낙, 농의 등이 이에 해당한다. 그 자세한 내용은 아래에서 따로 다룰 것이다. 용태에는 그 밖에도 의사의 통지(催告, 거절 등), 관념의 통지(사원총회 소집의 통지 등), 감정의 표시(용서 등), 사실행위(주소의 설정, 점유의 취득과 상실 등)가 포함된다.

사건에는 사람의 출생 · 사망, 물건의 자연적 멸실 등이 포함된다.

II. 의사표시와 법률행위

1. 개　념

法律行爲는 당사자가 원하는 대로 법률효과가 발생하는 법률요건이다. 나머지 법률요건(준법률행위, 불법행위, 부당이득, 사무관리 등)에는 법질서가 인정하는 효과만이 부여될 뿐이다.

법률행위의 핵심 요소는 意思表示이다. 하나의 의사표시로 이루어진 법률행위를 單獨行爲(一方行爲)라 하고, 2개 이상의 의사표시가 모여서 된 경우는 契約(대립적 · 교환적 의사)과 合同行爲(평행적 · 구심적 의사, 가령 사단법인 설립행위)가 있다.

2. 意思의 종류

의사의 종류를 단계별로 살펴보자. 가령 신문을 하나 구입하는 행위를 예로 들어 설명하기로 한다.

우선 (意思에 속하지는 않지만) 動機는 "뉴스에 대해 알고 싶다"는 내적인 목적을 말한다. 行爲意思는 행위하고 있다는 의식으로서, 위 예의 경우에는 "말을 하려고 한다"는 의식이다. 表示意思는 법적으로 어떤 의미 있는 표시행위를 하려는 의사로서, 위 예의 경우에는 "무언가를 구입하려는" 의사이다. 效果意思는 가장 중요한 의사인데, 특정한 법적 효과를 가져오는 表示行爲를 하려는 의사이다. 위 예의 경우 "이 신문을 구입하려는" 의사이다.

끝으로, 의사에 속하지는 않지만 表示行爲에 관해서 보자면, 그것은 효과의사를 외부에서 인식하도록 표명하는 행위로서, 위 예의 경우 "이 신문을 구입하겠다"라고 실제로 그렇게 말하는 행위이다.

3. 表示行爲의 종류

우선 의사를 직접적으로 표시하는 明示的 표시행위가 있다. 이와 대비되는 黙示的(推斷的, 間接的) 표시행위는, 행위가 직접적으로는 다른 목적을 추구하면서 간접적으로는 효과의사를 표현하는 경우이다. 이 경우 우리는 행위로부터 효과의사를 推斷하게 된다.

擬制的(의제적) 표시행위는 일정한 사실을 의사표시로 의제하는 경우(예: 법정추인, 145)를 말한다. 끝으로, 침묵도 예외적으로는 의사표시로서 인정될 때가 있다.

4. 의사표시 이론

의사표시는 의사와 표시라는 두 개의 요소로 이루어진 만큼, 둘 중 어느 쪽에 중점을 둘 것이냐에 따라 여러 가지 이론이 있다. 일단 고전적인 입장인 意思主義는 의사를 중시한다. 그렇게 되면 表意者에게 유리하고 受領者에게 불리하게 된다. 반대로 表示主義는 표시를 중시하며, 표의자에게 불리하고 수령자에게 유리한 입장이다. 또한 효력주의는 의사와 표시를 일체로 파악한다.

독일의 대표적인 민법학자인 플루메(Werner Flume) 교수는 의사주의에 입각하나 의사와 표시를 일체로 파악하는 독특한 입장(新意思主義: 독일의 소수설)을 취하였다. 우리의 다수설은 의사와 표시 양쪽을 다 고려하는 일종의 절충주의를 택하고 있으나, 이 입장은 실질적으로 표시주의에 가깝다고 할 수 있다.

III. 법률행위의 종류

1. 개　관

법률행위는 다양하게 분류할 수 있다. 우선 의사표시의 개수에 따라 단독행위, 계약, 합동행위로 나뉜다. 또한 일정한 방식을 요구하느냐에 따라서 要式行

爲, 不要式行爲로 나뉜다. 권리 변동을 직접 초래하는지 여부에 따라서 債權行爲, 物權行爲, 準物權行爲로 나뉜다. 또한 재산상태의 변동 여부에 따라 出捐行爲와 非出捐行爲로 나뉘고, 대가의 여부에 따라 有償行爲와 無償行爲로 나뉜다. 원인행위와의 관계에 따라서 有因行爲와 無因行爲로 나뉘고, 재산의 관리를 타인에게 의뢰하였는지의 여부에 따라서 信託行爲와 非信託行爲로 나뉜다. 끝으로 행위의 효력이 生前에 발생하는지의 여부에 따라서 生前行爲와 死後行爲로 나뉜다.

2. 단독행위, 계약, 합동행위

(1) 單獨行爲

하나의 의사표시에 의해 성립하는 법률행위이다.

종류를 보자면, 상대방 있는 단독행위가 있고 상대방 없는 단독행위가 있다.

상대방 있는 단독행위에는 특정인(동의, 채무면제 등: 의사표시가 상대방에 도달해야 효과, 111 ①)을 상대로 하는 것과 불특정인(현상광고: 단독행위설)을 상대로 하는 것이 있다

상대방 없는 단독행위에는 유언, 재단법인 설립행위, 권리의 포기, 상속의 포기(관청의 수령 요구) 등이 있다.

私的 自治와의 관계에서 보자면, 어떤 단독행위가 타인의 권리 · 의무에 영향을 주는 경우(이익만을 주어도)에는 법률의 허용이 필요하다.

(2) 契 約

협의로는 채권계약을 의미하며 이것이 민법의 용어법이다. 광의로는 物權契約, 準物權契約, 친족법상의 계약(합의) 등도 포괄하여 "의사의 합치로 성립하는 법률행위"를 의미한다.

계약이 성립하기 위해서는 내용적으로 일치하는, 최소한 두 사람으로부터의 대립적 · 교환적 의사표시가 필요하다. 이때 시간적으로 먼저인 의사표시를 請約, 나중의 것을 承諾이라고 하며, 이 둘의 일치를 合意라고 한다.

(3) 合同行爲

평행적 · 구심적으로 방향을 같이하는 둘 이상의 의사표시의 일치로 성립하는 법률행위이다. 사단법인의 설립행위가 그 예이다. 그러나 數人의 재단법인 설립행위는 단독행위의 경합으로 본다.

합동행위를 인정할지 여부에 대해서는 인정설(다수설)과 부정설이 있다.

3. 要式行爲, 不要式行爲

이 구분은 법률행위에 일정한 方式을 요구하는지의 여부에 따른 것이다.

민법상의 법률행위는 원칙적으로 불요식행위이다. 요식행위가 되려면 법률의 규정이 있거나 또는 당사자의 합의가 있어야 한다.

요식행위를 인정하는 것은 신중한 행위, 명확한 법률관계를 위해서이다. 가령 유언, 법인 설립행위, 인지, 입양, 혼인 등이 그 예이다. 또한 거래의 안전을 위하여 어음 · 수표 등 유가증권에 관한 행위도 요식행위로 하고 있다.

요식행위여야 할 법률행위가 제대로 된 방식을 갖추지 못하면, 법률행위 자체가 불성립(예: 혼인)하는 경우와 무효(예: 유언)인 경우가 있다.

4. 채권행위, 물권행위, 준물권행위

債權行爲는 義務負擔行爲라고도 하며 채권을 발생시키는 행위이다. 가령 증여나 매매가 이에 해당한다. 채권행위는 어디까지나 채무자에게 어떤 행위를 할 의무를 발생시킬 뿐 채무자가 그것을 실제로 이행하느냐는 별개의 문제이다.

반대로 處分行爲는 권리를 직접 변동시킴으로써 이행의 문제를 남기지 않는 행위이다(물론 처분권 없는 자가 한 처분행위는 무효). 그 예는 물권행위인데 이것은 물권변동을 목적으로 하는 법률행위이다. 물권행위는 그 정의상 직접 권리를 변동시키고 이행의 문제를 남기지 않아야 하겠으나, 우리 민법은 공시방법이라는 추가적 요건까지 만족시켜야 물권이 변동되는 것으로 하고 있다. 물권행위의 예는 소유권 이전의 합의, 저당권 설정의 합의 등이 있다.

準物權行爲는 물권 이외의 권리의 변동을 목적으로 하는 법률행위로서 이행의 문제가 없다. 채권양도, 채무면제 등이 그 예이다.

5. 출연행위, 신탁행위

出捐行爲는 자기의 재산을 감소시키고 타인의 재산을 증가시키는 법률행위이고, 비출연행위는 그렇지 않은 법률행위이다. 가령 소유권 포기, 대리권 수여 등은 출연행위가 아님을 주의해야 한다.

有償行爲와 無償行爲는 상대방의 대가적 出捐 여부에 따라 구분된다. 유상행위로는 매매, 임대차 등이 있고, 무상행위로는 증여, 사용대차 등이 있다.

有因行爲와 無因行爲는 원인이 되는 법률관계의 출연행위에의 영향 유무에 따라 구분된다.

信託行爲와 非信託行爲의 구별은 신탁법과 민법에서 다소 다르다. 신탁법상의 신탁에서는 재산을 타인에게 관리 · 처분하도록 맡긴다는 측면이 중요하다. 한편 민법상의 신탁에서는 목적달성 이상의 권리를 이전하면서도 그 권리를 목적달성의 범위 내에서만 행사하도록 한다는 측면이 중요하다. 민법상의 신탁행위의 예로는 동산의 양도담보, 추심을 위한 채권양도 등이 있다.

IV. 법률행위의 해석

1. 의 의

법률행위의 해석이란 법률행위의 내용을 확정하는 것을 말한다. 구체적으로는 의사표시의 존재 여부, 계약의 성립 여부, 의사표시 및 계약의 내용 확정이 문제된다.

해석의 목표는 의사표시 이론과 밀접한 관련이 있다. 과거의 다수설과 판례는 규범적 해석만을 고려하였다. 그러나 제한된 의사주의에 입각하여 법률행위의 유형과 특성을 고려하는 절충적 입장도 있다(송). 다음은 이 새로운 입장을 수용한 판결 중의 하나이다.

대판 1996.10.25, 96다16049

법률행위의 해석은 당사자가 그 표시행위에 부여한 객관적인 의미를 명백하게 확정하는 것으로서, 서면에 사용된 문구에 구애받는 것은 아니지만 어디까지나 당사자의 내심적 의사의 여하에 관계없이 그 서면의 기재 내용에 의하여 당사자가 그 표시행위에 부여한 객관적 의미를 합리적으로 해석하여야 하는 것이다.

2. 해석의 종류

법률행위의 해석은 크게 두 가지로, 즉 단순한(밝히는) 해석과 보충적 해석으로 나뉜다. 전자는 존재하는 효과의사를 解明하는 것이고, 후자는 가정적 의사의 해명을 통하여 법률행위를 보충하는 것이다.

단순한 해석은 다시 두 가지로 나뉜다. 자연적 해석은 표의자의 실제 의사를 고려하는 것이고, 규범적 해석은 상대방의 측면에서 본 표의자의 의사를 고려하는 것이다.

보충적 해석은 두 단계로 이루어지는데, 우선 틈을 확인하고(보충의 필요성), 이어서 (가설적 당사자 의사에 따라) 틈을 보충하게 된다.

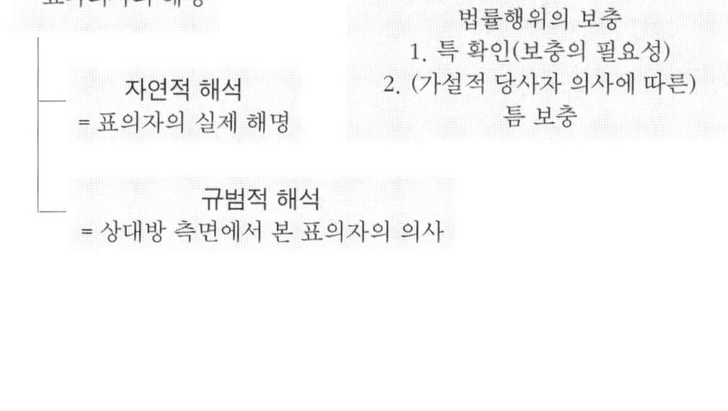

다음의 경우에 계약이 성립하는지를 살펴보면서 단순한 해석(자연적 해석과 규범적 해석)의 의미를 확인해 보기로 하자.

예제 1: A는 자기 그림을 98만 원에 B에게 매각하려고 B에게 89만 원에 팔겠다는 편지를 씀. 그렇지만 B는 A가 98만 원에 팔려고 한다는 것을 알고 있으며 이에 대해 이의가 없음. B는 A에게 편지를 써서 그 그림을 98만 원에 사겠다고 함.

예제 2: 89만 원에 팔겠다는 A의 편지를 읽고 B는 그 제의를 수락한다고 편지를 씀. 이때 B는 A가 실수로 액수를 잘못 기재한 것을 전혀 알지 못하였음.

예제 1의 경우처럼 의사의 내면적 합치가 있는데 표시에 불일치가 있어도 합의는 성립한다. 이 법리는 흔히 "誤表示 無害(誤表示는 害가 되지 않는다, falsa demonstratio non nocet)"라는 法諺으로 표현된다. 따라서 98만 원에 계약이 성립한다. 이처럼 당사자들이 (표시와는 다르더라도) 사실상 일치하여 이해한 경우 그 의사의 효력을 인정하는 것을 自然的 解釋이라고 부른다.

예제 2의 경우는 반대로 표시의 합치는 있으나 의사의 내면적 합치는 없다. 이 경우에는 規範的 解釋, 즉 표시자가 아닌 상대방 입장에서의 해석을 하여야 하고, 그 결과 쌍방의 표시가 객관적으로 일치하면 의사의 불합치에도 불구하고 합의는 성립하는 것으로 보게 된다. 따라서 A는 89만 원으로 표시한 것의 효과를 감수해야 하며 결국 89만 원에 합의가 성립한다.

예제 1에서 합의로 계약이 성립하면 쌍방 당사자는 상대방에게 계약상의 청구권을 행사할 수 있다. 또한 실제 의사의 합치인 경우 쌍방은 착오를 이유로 취소하지 못한다. 98만 원(실제로 당사자들이 원하는바)에 계약은 체결되었으며 쌍방은 이를 취소할 수 없다.

예제 2에서는 표시만 일치하였는데 규범적 해석을 통해 합의가 성립하였으므로, 실제 의사와 다른 표시의 효과를 감수한 쪽은 취소를 할 수 있다. 즉 계약은 89만 원에 성립하였지만 A는 착오를 이유로 이를 취소할 수 있다.

다음 판결들은 우리 법원이 자연적 해석을 받아들인 예이다.

대판 1995.10.13, 94다55385

계약의 당사자가 타인의 이름을 임의로 사용하여 법률행위를 한 경우에는 행위자 또는 명의인 가운데 누구를 당사자로 할 것인지에 관하여 행위자와 상대방의 의사가 일치한 경우에는 그 일치하는 의사대로 행위자의 행위 또는 명의인의 행위로서 확정하여야 하지만, 그러한 일치하는 의사를 확정할 수 없을 경우에는 그 계약의 성질, 내용, 목적, 체결 경위 등 그 계약 체결 전후의 구체적인 제반 사정을 토대로 상대방이 합리적인 인간이라면 행위자와 명의자 중 누구를 계약 당사자로 이해할 것인가에 의하여 당사자를 결정한 다음, 그 당사자 사이의 계약 성립 여부와 효력을 판단하여야 한다.

대판 1998.5.15, 97다53045

[1] 행위자가 타인의 이름으로 계약을 체결한 경우 계약당사자의 결정 방법

[2] 건설업면허를 갖고 있지 못한 甲 회사가 건설업면허를 가지고 있는 乙 회사로부터 그 명의만을 빌려 건축주와 도급계약을 체결하고 직접 시공한 사안에서, 그 도급계약상 수급자로서의 당사자는 甲 회사라고 봄이 상당하다고 한 사례

3. 법률행위 해석은 법률문제인지 여부

상고이유가 될 수 있는 것은 사실 확정의 문제가 아니라 법률문제이다.

민소 432조(사실심의 전권) 원심판결이 적법하게 확정한 사실은 상고법원을 기속한다.

민소 제423조(상고이유) 상고는 판결에 영향을 미친 헌법 · 법률 · 명령 또는 규칙의 위반이 있다는 것을 이유로 드는 때에만 할 수 있다.

법률행위의 해석이 법률문제인지 여부에 대하여는 전부가 법률문제라는 견해와 통상은 사실문제로 보지만 예외를 인정하는 견해가 있다.

보다 엄밀하게 경우를 나누어 고찰하는 입장(송)에 따르자면, 자연적 해석은 사실심의 문제이고 규범적 해석의 경우에는 표시행위 · 관습의 존재 여부를 확정하는 것은 사실문제이고 그 외는 법률문제이며 보충적 해석은 법률문제이다.

V. 법률행위의 요건

1. 성립요건과 효력요건

다수설에 따르면 법률행위 성립요건과 효력요건은 구별된다. 법률행위가 성립했느냐 하는 것과 그것이 유효한지의 여부는 별개의 차원이기 때문이다.

성립요건은 법률행위의 성립을 인정하기 위하여 필요한 최소한의 외형적·형식적인 요건이다. 이것은 다시 일반요건과 특별요건으로 나뉜다. 일반요건은 당사자, 목적, 의사표시의 세 가지이고(송: 당사자와 목적을 의사표시에 포함시킴), 특별요건은 법률(예: 혼인신고) 또는 약정으로 정해진다.

효력요건은 이미 성립한 법률행위가 효력을 발생하기 위해 필요한 요건이며, 일반요건과 특별요건으로 나뉜다.

일반요건으로는 ① 당사자(의사능력과 행위능력 필요, 권리능력은 성립요건의 문제), ② 목적[달성하려는 법적 효과로서 확정성, 실현가능성, 적법성, 사회적 타당성(103, 104)을 갖추어야 함], ③ 의사표시[의사와 표시가 일치해야 하고(107, 108), 착오가 없는 상태여야 하고(109), 사기·강박이 없는 상태(110)여야 함]의 세 가지가 있다.

특별요건은 법률의 규정 또는 당사자 약정에 의해 정해진다. 가령 대리권의 존재, 법정대리인의 동의, 조건의 성취, 기한의 도래, 관할청의 허가 등이 그 예이다.

2. 정상적 법률행위와 비정상적 법률행위

위에서 성립요건과 효력요건을 이론적으로 구별하여 설명하였지만, 실제로 문제가 되는 것은 성립요건이 아니라 주로 효력요건이다.

효력요건들을 모두 갖추면 유효한(정상적) 법률행위이고, 효력요건 중에서 어느 하나라도 갖추지 못하면 효력이 발생하지 못하거나(무효) 혹은 (이미 발생했더라도) 효력이 소멸하게 될 수 있는데(취소), 이러한 것을 효력 없는(비정상적) 법률행위라고 부른다. 학자에 따라서는 이것을 법률행위의 故障이라고도 한다.

3. 법률행위의 故障(효력 상실)

우리가 총칙의 법률행위에서 다루게 될 문제들은 주로 이 법률행위의 고장에 관한 것이다. 바꿔 말하자면, (정상적인 법률행위보다는) 어떤 경우에 비정상적인 법률행위가 되는지를 주로 공부하게 된다.

위에서 언급했던 효력요건의 3가지 요소, 즉, 주체, 내용, 의사표시의 측면에서 고장의 유형을 살펴보면 다음과 같다.

우선 주체에 관해서는 행위능력(5-17조)이 문제된다.

내용에 관해서는 강행법규 위반(105), 사회질서 위반(103), 불공정한 법률행위(104)가 문제된다.

의사표시에 관해서는 비진의 의사표시(107), 허위표시(108), 착오(109), 사기 · 강박에 의한 의사표시(110)가 문제된다.

앞으로 이러한 주제들을 순서대로 공부해 나갈 것이다. 다만 행위능력에 관한 부분은 뒤(제23장)로 미루기로 한다.

제8장 강행법규 위반

Ⅰ. 법률행위 목적의 유효

앞 장에서 본 바와 같이 법률행위의 효력요건으로는 주체, 목적, 의사표시가 있다. 이 중에서 目的은 법률행위에 의해 달성하려는 법률효과이며 '법률행위의 內容'이라고도 한다. 법률행위의 目的物(客體)과는 다른 개념임을 주의해야 한다.

이 목적의 유효 요건으로는 다음의 4가지가 있다. ① 確定性(확정 가능해야 함), ② 실현가능성(원시적 불능이면 무효), ③ 適法性(강행법규 不違反: 105), ④ 사회적 타당성(선량한 풍속 기타 사회질서에 위배되지 않음: 103, 104)이 그것이다.

> **不能**(법적으로 불가능한 것)에는 다음과 같은 종류들이 있다. 우선 **原始的·後發的 不能**의 경우, 법률행위 성립 당시에 이미 불가능한 것을 원시적 불능이라 하고, 그 이후에 불가능하게 된 것을 후발적 불능이라 한다. **全部·一部 不能**의 경우, 전부불능은 어떤 법률행위 전체가 불가능한 경우이고, 일부불능은 그중에서 일부분은 가능한 것이다. **客觀的·主觀的 不能**은 일반적으로 보아 불가능한 경우와 행위자 개인에게만 불가능한 경우를 말한다.

이제 이상의 유효 요건들을 개별적으로 검토해 보자. 확정성과 실현가능성은 크게 문제되지 않으므로, 이번 장에서 먼저 적법성 요건을, 다음 장에서는 사회적 타당성 요건을 검토해 보기로 하자.

II. 目的의 適法性

민법에서는 누구나 자유롭게 자신이 원하는 내용으로 법률행위를 할 수 있다는 법률행위 자유의 원칙(私的 自治)이 지배하지만, 이 원칙의 적용에도 일정한 한계는 있다. 그 한계 중에서 가장 중요한 것은 법률에 의한 제한이며 이에 관해서는 제105조가 규정하고 있다.

> **제105조(임의규정)** 법률행위의 당사자가 법령중의 선량한 풍속 기타 사회질서에 관계없는 규정과 다른 의사를 표시한 때에는 그 의사에 의한다.

사적 자치에 대한 제한으로서는 적법성 요건 외에도 사회적 타당성(103)의 요건이 중요한데, 이 둘 사이의 관계가 문제된다. 통설과 판례는 이 두 가지를 별개의 요건으로 보는 이른바 분리설을 취하며, 양 요건을 동일한 것으로 보는 동일설(소수설)도 있다.

III. 강행규정(강행법규)

1. 의 의

강행규정이란 제105조에 말하는 임의규정의 반대, 즉 "법령 중의 선량한 풍속 기타 사회질서에 관계 있는" 규정을 말한다.

어떤 규정이 강행규정인지 판정하는 기준이 규정에서 항상 명시적으로 언급되어 있지는 않다. 오히려 그렇지 않은 경우가 더 많으므로 이것은 법규정 해석의 문제라 해야 한다.

강행규정의 예를 들자면, 친족 · 상속편의 많은 규정, 권리능력 · 행위능력, 법인제도, 물권편의 많은 규정, 유가증권 제도, 경제적 약자 보호 규정(104, 608, 임대차 · 고용 · 소비대차 일부 규정, 기타 특별법), 윤리관(2, 103) 등이 있다.

가령 다음의 판결에서 제547조 제1항이 강행규정인지가 문제되고 있고, 법원의 결론은 이 규정 역시 채권법의 다른 많은 규정들과 마찬가지로 임의규정이라는 것이다.

대판 1994.11.18, 93다46209

매도인이 택시의 면허권, 택시차량대금 및 사무실비품 등 일체를 매수인들에게 매도한 후 공동매수인 중 1인인 갑이 약정한 지급기일까지 매매잔대금을 지급하지 않았다는 이유로 갑에 대하여만 매매계약을 해제한다고 주장하는 경우, 매도인이 매수인들과 사이에서 민법 제547조 제1항의 적용을 배제하기로 하였다는 특별한 사정이 없는 한 매매계약을 해제함에 있어 매수인들 모두에 대하여 그 해제의 의사표시를 하여야 그 효력이 발생한다.

2. 단속법규와의 관계

종래의 통설은 강행규정을 효력규정(위반시 무효)과 단속규정(벌칙은 있으나 행위 자체는 유효)으로 구분(곽 · 송)한다. 이와 다른 유력설은 강행법규(민법의 규제법규)와 단속법규(행정목적의 규제법규)를 구분한 후, 단속법규를 다시 효력규정과 단속규정으로 구분한다.

어느 입장을 따르든, 효력규정과 단속규정을 실제로 구별하는 것은 쉽지 않은 문제이다. 원칙적으로, 명문규정이 없으면 입법취지에 따라 판단해야 할 것이다. 즉 단순히 일정한 행위를 금지한 경우는 단속규정이고, 법규가 정하는 내용의 실현을 완전히 금지하는 경우는 효력규정이라고 보아야 한다.

단속규정의 예를 들자면, 비실명 금융거래, 중간생략등기의 합의, 신용협동조합이 비조합원에게 대출 등이 있다. 효력규정의 예로는 토지거래 허가구역 내에서 허가 없이 체결한 토지매매계약, 관할청의 허가 없이 행한 학교법인의 기본재산 처분 등이 있다.

IV. 강행법규 위반의 모습

강행법규를 직접적으로 위반하면 물론 무효이지만, 탈법행위(간접적 위반) 역시 무효이다. 물론 모든 회피행위가 무효로 되는 것은 아니므로 다음과 같은 구별이 필요하다.

즉, 강행법규의 취지가 위반 결과를 절대로 허용하지 않는 경우, 회피행위는 곧 탈법행위(예: 경제적 약자 보호를 목적으로 하는 강행법규의 위반)로서 무효이다. 그러나 단지 특정의 수단 · 형식에 의한 결과를 방지하고자 하는 경우에는 회피행위가 유효(예: 거래의 안전 보호를 목적으로 하는 강행법규의 회피)이다.

다음에 소개되는 판결 중에서 어떤 경우에는 탈법행위가 되고 어떤 경우에는 그렇지 않은지 주의 깊게 검토해 보기 바란다.

대판 1992.9.14, 92다17754

근로자가 자의로 사직서를 제출하여 중간퇴직한 이상 적어도 퇴직금 계산의 기초가 되는 근로관계에 관한 한 그때까지의 근로계약관계는 위 퇴직일로써 일단 종료되었다고 봄이 상당하고, 위 퇴직의 의사표시를 진의 아닌 의사표시로서 퇴직금 산정에 있어서 무효라고 볼 수 없으며, 중간퇴직을 할 것이냐의 여부가 기본적으로 근로자의 자유로운 선택에 맡겨져 있는 이상 이러한 근로자의 선택에 따라 근로자를 중간퇴직 처리한 뒤 그 중간퇴직금을 지급한 행위를 근로기준법상의 퇴직금규정에 위배되는 탈법행위로서 무효라고 할 수도 없다.

대판 1997.6.27, 97다9529

구 국유재산법(1976.12.31. 법률 제2950호로 개정되기 전의 것) 제7조는 같은 법 제1조의 입법 취지에 따라 국유재산 처분 사무의 공정성을 도모하기 위하여 관련 사무에 종사하는 직원에 대하여 부정한 행위로 의심받을 수 있는 가장 현저한 행위를 적시하여 이를 엄격히 금지하는 한편, 그 금지에 위반한 행위의 사법상 효력에 관하여 이를 무효로 한다고 명문으로 규정하고 있으므로, 국유재산에 관한 사무에 종사하는 직원이 타인의 명의로 국유재산을 취득하는 행위는 강행법규인 같은 법 규정들의 적용을 잠탈하기 위한 탈법행위로서 무효이고, 나아가 같은 법이 거래안전의 보호 등을 위하여 그 무효로 주장할 수 있는 상대방을 제한하는 규정을 따로 두고 있지 아니한 이상, 그 무효는 원칙적으로 누구에 대하여서나 주장할 수 있으므로, 그 규정들에 위반하여 취득한 국유재산을 제3자가 전득하는 행위 또한 당연무효이다.

舊 국유재산법 제7조(직원의 행위제한) ① 국유재산에 관한 사무에 종사하는 직원은 그 처리하는 국유재산을 양수하거나 자기의 소유물건과 교환하지 못한다. 단, 소속 장관의 허가를 얻었을 때에는 예외로 한다.
② 전항의 규정에 위반한 행위는 무효로 한다.

대판 1999.9.7, 99다14877

국유재산 관리청인 재정경제원으로부터 분임보관청으로 지정받은 지방자치단체가 작성한 국유재산관리계획작성지침 소정의 매각 대상 부동산이 아님에도 매수인이 담당공무원과 공모하여 허위의 증빙서류를 제출하는 등 부정한 방법을 사용하여 그 지침을 위반하여 국유의 잡종재산인 부동산을 매수한 경우, 그 지침은 국유재산업무를 담당하는 공무원들이 매각업무 처리 시 일응의 기준으로 삼는 내부규정일 뿐이어서 그 지침에 위반하였다고 하여 개인 간의 거래의 객체가 되는 잡종재산인 그 부동산을 매수한 행위가 무효로 되는 것은 아니고, 그 부동산의 매수행위에 담당 공무원의 부정이 개입되었다고 하더라도 그 공무원이 직접 또는 매수인 명의로 그 부동산을 취득한 것은 아니므로, 그 매수행위가 국유재산법 제14조를 위반한 행위이거나 그 규정의 적용을 잠탈한 탈법행위로서 무효가 되는 것이 아닐 뿐더러, 그러한 사정만으로는 그 매수행위가 반사회적 법률행위에 해당하여 무효가 되는 것도 아니고, 단지 국유재산법 제41조 제2호 및 해당 매매계약에서 정한 특약에 의하여 해제의 대상이 될 뿐이어서, 국가가 그 부동산에 대한 매매계약을 해제하기 전에 그 부동산을 매수하고 소유권이전등기를 경료한 제3취득자에게 국가는 그 매매계약의 해제로써 대항할 수 없다.

舊 국유재산법 제14조(직원의 행위제한) [= 현행 국유재산법 제20조] ① 국유재산에 관한 사무에 종사하는 직원은 그 처리하는 국유재산을 취득하거나 자기의 소유재산과 교환하지 못한다. 다만, 당해 관리청의 허가를 받은 때에는 그러하지 아니하다.
② 제1항의 규정에 위반한 행위는 무효로 한다.

現 국유재산법 제6조(국유재산의 구분과 종류) ① 국유재산은 그 용도에 따라 행정재산과 일반재산으로 구분한다.
② 행정재산의 종류는 다음 각 호와 같다.
1. 공용재산: 국가가 직접 사무용 · 사업용 또는 공무원의 주거용으로 사용하거나 대통령령으로 정하는 기한까지 사용하기로 결정한 재산
2. 공공용재산: 국가가 직접 공공용으로 사용하거나 대통령령으로 정하는 기한까지 사용하기로 결정한 재산
3. 기업용재산: 정부기업이 직접 사무용 · 사업용 또는 그 기업에 종사하는 직원의

주거용으로 사용하거나 대통령령으로 정하는 기한까지 사용하기로 결정한 재산
4. 보존용재산: 법령이나 그 밖의 필요에 따라 국가가 보존하는 재산
③ "일반재산"이란 행정재산 외의 모든 국유재산을 말한다. [舊 잡종재산(雜種財産)]

V. 강행법규 위반의 효과

1. 단속규정의 위반

위반하는 행위가 무효로 되지는 않으며, 처벌 등의 제재만 가해진다.

2. 효력규정의 위반

효력규정을 위반하면 그 위반행위는 무효로 된다. 따라서 다음과 같은 문제들이 파행한다.

(1) 不當利得 返還

효력규정 위반으로 어떤 법률행위가 무효로 된 경우 그 법률행위에 의하여 당사자들 간에 이미 급부한 것이 있다면 그 급부의 반환이 문제된다.

이 문제에 대한 기본적인 해결은 부당이득 반환청구에 의해 이루어진다.

제741조(부당이득의 내용) 법률상 원인 없이 타인의 재산 또는 노무로 인하여 이익을 얻고 이로 인하여 타인에게 손해를 가한 자는 그 이익을 반환하여야 한다.

(2) 不法原因給與

그런데 우리 민법은 제741조에 대한 예외로서 不法原因給與를 규정하고 있다.

제746조(불법원인급여) 불법의 원인으로 인하여 재산을 급여하거나 노무를 제공한 때에는 그 이익의 반환을 청구하지 못한다. 그러나 그 불법원인이 수익자에게만 있는 때에는 그러하지 아니하다.

그렇다면 제746조에서 말하는 '不法의 原因'의 범위가 문제된다.

다수설은 선량한 풍속 기타 사회질서 위반은 항상 불법원인이 되지만, 강행법규 위반은 그렇지 않다고 본다. 그 밖에 강행법규 위반과 행정법상의 효력규정도 불법원인이라는 견해가 있고, 선량한 풍속위반만을 불법원인에 포함시키는 견해(송)도 있다.

판례는 다수설을 따르되, 이른바 불법성 비교론[1])을 통하여 예외를 인정하고 있다.

예제: 매수인(원고)은 매도인(담배인삼공사)으로부터 담배를 구입하면서 287,955,000원을 담배구입대금으로 지급하였고, 매도인은 144,000,000원 상당의 담배를 매수인에게 지급하였다. 그런데 매수인은 구 담배사업법 12조 소정의 도매업자 또는 소매인이 아니었다. 매수인은 지급한 물품대금 중 담배로 지급받지 못한 차액 143,955,000원을 반환청구할 수 있는가?

구 담배사업법 제12조(제조담배의 판매) ① 공사가 제조한 제조담배는 공사가, 외국으로부터 수입한 제조담배는 그 수입판매업자(제13조 제1항의 규정에 의한 수입판매업의 등록을 한 자를 말한다. 이하 같다)가 도매업자(제13조 제1항의 규정에 의한 도매업의 등록을 한 자를 말한다. 이하 같다) 또는 소매인(제16조 제1항의 규정에 의한 소매인의 지정을 받은 자를 말한다. 이하 같다)에게 이를 판매한다.
② 소매인이 아니고는 제조담배를 소비자에게 판매할 수 없다. 다만, 서비스업 등을 영위하는 자가 소매인으로부터 제18조의 규정에 의한 판매가격으로 매입한 제조담배를 자기의 고객 등에게 그 가격으로 판매하는 경우에는 그러하지 아니하다.

1) 상세히는 아래 제9장 V. 2.에서 다루기로 한다.

대판 2001.5.29, 2001다1782

구 담배사업법(1999.12.31. 법률 제6078호로 개정되기 전의 것) 제12조 제1항은, 한국담배인삼공사가 제조한 담배는 공사가 위 법 소정의 도매업자 또는 소매인에게 이를 판매하여야 한다고 규정하고 있는바, 같은 법 제1조가 규정하고 있듯이, 담배사업법은 "원료용 잎담배의 생산 및 수매와 제조담배의 제조 및 담배의 판매 등에 관한 사항을 정함으로써 담배산업의 건전한 발전을 도모하고 국민경제에 이바지하게 함을 목적"으로 제정된 것으로서, 그 입법 취지에 비추어 볼 때 위 제12조 제1항은 강행규정으로 보아야 할 것이고 이에 위반한 행위는 그 효력이 없다고 보아야 할 것이다. 부당이득의 반환청구가 금지되는 사유로 민법 제746조가 규정하는 불법원인이라 함은 그 원인되는 행위가 선량한 풍속 기타 사회질서에 위반하는 경우를 말하는 것으로서 법률의 금지에 위반하는 경우라 할지라도 그것이 선량한 풍속 기타 사회질서에 위반하지 않는 경우에는 이에 해당하지 않는다고 할 것인바, 담배사업법은 "담배산업의 건전한 발전을 도모하고 국민경제에 이바지하게 함을 목적"으로 제정된 것으로서, 원료용 잎담배의 생산 및 수매와 제조담배의 제조 및 판매 등에 관한 사항을 규정하고 있기는 하나, 원래 담배사업이 반드시 국가의 독점사업이 되어야 한다거나 담배의 판매를 특정한 자에게만 하여야 하는 것은 아니어서 그 자체에 반윤리적 요소가 있는 것은 아니고, 또한 담배 사재기가 물가안정에관한법률에 의하여 금지되고 그 위반행위는 처벌되는 것이라고 하여도 이는 국민경제의 정책적 차원에서 일정한 제한을 가하고 위반행위를 처벌하는 것에 불과하므로, 이에 위반하는 행위가 무효라고 하더라도 이것을 선량한 풍속 기타 사회질서에 반하는 행위라고는 할 수 없다. 따라서 구 담배사업법(1999.12.31. 법률 제6078호로 개정되기 전의 것) 소정의 등록도매업자 또는 지정소매인이 아닌 자가 담배사재기를 위하여 한국담배인삼공사로부터 담배를 구입키로 하고 지급한 담배구입대금은 불법원인급여에 해당하지 않아 그 반환을 청구할 수 있다고 보아야 한다.

예제의 해결: 구 담배사업법 12조 1항은 입법취지로 보아 강행규정이다. 따라서 이 규정에 위반하여 매도인과 매수인 사이에서 체결된 매매계약은 무효이다.
따라서 매도인은 매매대금 중 잔액을 부당이득으로서 매수인에게 반환하여야 하는데, 이것이 불법원인급여에 해당하여 반환하지 않아도 되는지가 문제된다. 통설과 판례의 입장에 따르면 불법원인의 범위에 강행법규의 위반은 포함되지 않으므로, 위의 잔액은 불법원인급여에 해당하지 않는다. 따라서 매수인은 이를 반환청구할 수 있다.[2)]

2) 보다 자세한 해결책은 이병준, "강행규정위반과 불법원인급여: 대법원 2001.5.29. 선고 2001다1782 판결,"『Jurist』 제409호(2006), 260-264면 참고.

VI. 모범 답안과 강평

1. 문 제

A는 1995년경부터 X 양식어장의 소유권 및 어업권을 보유해왔다. A는 2003년 초에 수산업협동조합장이 되면서 X 양식어장을 운영하기가 어렵게 되자 동년 2월 경 B와 사이에 X 양식어장에 관하여 임차기간은 정하지 아니하고 연차임은 1억 2,000만 원(2005년부터는 연차임이 9,000만 원으로 변경됨)으로 정하여 A자신의 어업권을 B에게 임대하고 B가 X 양식어장을 운영하기로 하는 내용의 계약을 체결하였다. B는 X 양식어장을 임차한 무렵부터 A가 2007.4.26. X 양식어장과 그 어업권을 C에게 이전할 때까지 X 양식어장에서 홍합을 양식하였다. B는 A에게 지급해야 할 차임 중 2006년분 차임 9,000만 원을 지급하지 않았고, 이에 2007.1.22. A에게 9,000만 원을 같은 해 2.15.까지 반환하겠다고 약정하였다. 그러나 2007.2.15. 이후에도 B가 약정금을 반환하지 않자 A는 B를 상대로 (i) 主位的으로 위 약정금 9,000만 원을, (ii) 豫備的으로 2006년분 차임 9,000만 원을 청구하였다. A의 청구는 타당한가?

2. 학생의 답안[3)]

Ⅰ. 문제의 제기

A는 B와 어업권 임대차 계약을 하였는데 B가 2006년분 어업권 차임을 연체한바, 이들은 연체분 9000만 원에 대하여 2007.2.15.까지 반환하겠다는 약정(이하 "반환약정"이라 한다)을 했다. 그러나 B는 2.15.이 지나도 약정금 9000만 원을 지급하지 않자 (i) A는 주위적 청구로 반환약정에 기하여 9000만 원의 약정금을 청구하고 있는데, 이때 A와 B가 체결한 어업권 임대차 계약과 반환약정이 구 수산업법(2007.4.11. 법률 제8377호로 전문개정되기 전의 것, 이하 "수산업법"이라 한다) 제33조에 위반한 바, 본 규정이 강행규정인지 여부에 따른 반환약정의 효력이 문제된다. 한편 A는 (ii) 예비적 청구로 2006년분 차임을 청구하고 있는데, 이는 차임에 대한 B의 법률상 원인 없는 이익이 있음을 근거로 차임상당액의 부당이득반환청구를 하고 있는 것으로 해석되는 바, 이때 A의 급부가 불법원인급여에 해당하여 예비적 청구가 타당성을 잃은 것은 아닌지 검토한다. 반면 (ii)의 예비적 청구가 B의 불법행위에 기한 손해배상청구권일 가능성도 있으나 이때 B의 가해행위에 위법성이 있다고 보기는 어려워

3) 이 답안은 2013년 1학기에 저자의 수업에서 튜터로 일해 준 여진아 조교가 작성한 것이다.

이에 대한 검토는 생략한다.

II. 주위적 청구의 타당성

1. 문제점

A는 주위적 청구로 A와 B의 반환약정에 기한 약정금을 청구하고 있다. 반환약정은 어업권 임대차 계약이 유효함을 전제로 한 것인데, 본 어업권의 임대차는 수산업법 제33조에서 금하고 있어 약정의 유효성이 문제된다. 특히 본조가 강행규정 중 효력규정이라면 그에 위반한 계약은 무효가 되지만, 단속규정에 불과하다면 벌칙만 있고 계약자체는 유효한 것으로 볼 수 있는 바, 본조의 성격에 대해 검토한다.

2. 수산업법 제33조가 효력규정인지 여부

(1) 효력규정과 단속규정

강행규정은 법령중의 선량한 풍속 기타 사회질서에 관계있는 규정으로(민법 제105조), 임의규정과 달리 당사자 의사에 의하여 그 적용을 배제할 수 없다. 한편 다수설과 판례는 그에 위반되는 행위의 사법상 효과가 부정되는 효력규정뿐만 아니라, 이에 위반된 법률행위를 해도 행정상 제재를 받을 뿐 그 행위의 사법상 효력에는 영향이 없는 단속규정도 강행규정에 포함된다는 입장이다. 효력규정과 단속규정의 구별은 법문에 명시적으로 효력규정임을 언급하지 않는 한 보통 당해 규정의 입법취지에 따라 해석하게 되는데, 규정의 취지가 일정 행위의 효력 발생을 완전히 금지하는 경우 효력규정으로 해석하는 바, 수산업법 제33조가 임대차를 금지하는 취지가 무엇인지 살펴본다.

(2) 수산업법 제33조의 취지

수산업법이 어업권의 임대차를 금지하고 있는 취지는 ① 자영할 의사가 있는 자에게 해당 수면을 구획 · 전용하여 어업을 경영하게 하고 그 이익을 제3자로부터 보호함으로써 수산업의 발전을 도모할 목적 아래 마련된 어업면허제도의 근간을 유지함과 아울러 ② 어업권자가 스스로 어업권을 행사하지 않으면서 이른바 부재지주적 지대를 징수하는 것을 금지하고 자영하는 어민에게 어장을 이용시키려는 데 있다.

또한 수산업법 제8조 제1항 제3호는 어업권으로 사용 수익하려는 자는 시장 · 군수 또는 자치구의 구청장의 면허를 받아야 한다고 규정하고, 제33조에서 어업권의 임대차를 금지하며, 제94조는 이 법을 위반하여 어업권을 취득한 자에 대한 벌칙을 규정하고, 제95조는 이 법을 위반하여 어업권을 임대차한 자에 대한 벌칙을 규정한다.

판례는 위 관계 규정의 내용과 어업권의 임대차가 금지되는 수산업법의 근본 취지에 따라, 수산업법 제33조는 단순한 단속규정이 아니라 법규위반의 법률행위가 무효로 되는 효력규정이라고 한다.[4)]

3. 사안에의 적용

수산업법 제33조에서 어업권 임대차를 금지한 취지에 따라 살피건대 본조는 효력규정이고, 어업권을 임대차 목적으로 한 이 사건 임대차 계약은 효력규정을 위반한 것으로 무효이다. 또한 임대차 계약이 유효함을 전제로 체결한 이 사건 반환약정 또한 수산업법 취지에 비추어 무효이므로, 무효인 약정에 기한 A의 약정금 청구는 타당하지 않다.

Ⅲ. 예비적 청구의 타당성

1. 문제점

본 사안의 어업권 임대차 계약은 무효이므로 B는 법률상 원인 없이 2006년 어업권을 점유 · 사용하여 차임 상당액의 이익을 얻은 반면, A는 차임 상당액의 손해를 입었다. 이에 A는 예비적 청구로 부당이득반환을 청구하고 있으나 B가 어업권을 사용하면서 얻은 이익이 민법 제746조 불법원인급여에 해당하여 부당이득반환청구를 할 수 없는 것은 아닌지 문제된다.

2. 불법원인급여

(1) '불법'의 범위

법률상 원인 없이 타인의 재산 또는 노무로 인하여 이익을 얻고 이로 인하여 타인에게 손해를 가한 자는 그 이익을 반환하여야 하고(민법 제741조), 다만 불법의 원인으로 인하여 재산을 급여하거나 노무를 제공한 때에는 그 이익의 반환을 청구하지 못한다(민법 제746조 본문). 이때 불법의 범위에 대하여 학설은 (i) 선량한 풍속 기타 사회질서 위반뿐 아니라 강행규정 위반도 불법에 포함된다는 최광의설, (ii) 선량한 풍속 기타 사회질서 위반만을 의미하며 강행법규 위반은 포함하지 않는다는 다수설과, (iii) 선량한 풍속 위반만 불법에 포함된다는 협의설이 대립한다.

(2) 판례의 태도

판례는 불법에 대하여 선량한 풍속 기타 사회질서에 위반하는 경우를 말하는 것이라고 하며, 법률의 금지에 위반하는 경우라 할지라도 그것이 선량한 풍속 기타 사회질서에 위반하지 않는 경우에는 불법에 해당하지 않는다고 하여, (ii) 설과 같은 견지에 있다. 민법 제103조의 사회질서 위반과 제746조의 불법은 동일하게 해석되는 것이 아니며, 제746조의 취지를 살리려면 불법의 범위를 좁게 해석해야 하므로 판례와 다수설의 태도가 타당하다.

4) 대법원 2007.5.31. 선고 2007다8174 판결, 1996.6.28. 선고 95도2604 판결 등 참조.

3. 사안에의 적용

어업권 임대차계약과 반환약정이 효력규정인 수산업법 제33조에 위반하여 무효라 하더라도, 강행규정을 위반한 것일 뿐 선량한 풍속 기타 사회질서에 위반한 것이라고 볼 수는 없다. 판례와 다수설에 따라 어업권 임대차계약이 부당이득의 반환이 배제되는 불법의 원인에 해당하는 것으로 볼 수는 없으므로, A는 어업권 임대차계약에 기해 B가 얻은 이익, 즉 B가 어업권을 사용함으로써 얻은 이익을 부당이득으로 반환을 구할 수 있다. 그러므로 A의 예비적 청구인 부당이득반환청구는 타당하다.

Ⅳ. 결 론

A와 B가 체결한 어업권 임대차계약은 효력규정인 수산업법 제33조에 위반하여 무효이므로, (i) 임대차계약이 유효함을 전제로 약정한 2006년 차임반환약정 또한 무효라서 그 약정에 기하여 약정금을 청구하는 주위적 청구는 타당하지 않고, (ii) B가 법률상 원인 없이 얻은 2006년도 차임 상당의 이익은 선량한 풍속 기타 사회질서 위반에 해당하는 것은 아니라 불법원인급여에 해당한다고 볼 수 없어 A는 부당이득반환청구로 그 이익의 반환을 구할 수 있으므로 예비적 청구는 타당하다.

3. 강 평

이 사례 문제는 대법원 2010.12.9. 선고 2010다57626, 57633 판결을 재구성한 것이다. 위 사례에서는 강행법규를 위한 약정의 효력 문제 및 그로부터 파생하는 불법원인급여 성립 문제가 쟁점이 되고 있는데, 모범 답안은 이 문제들에 대하여 대단히 간략하면서도 중요한 사항은 빠뜨리지 않고 잘 서술하고 있어서, 답안 자성의 경제성이라면 면에서 무척 돋보인다.

참조판결: 대판 2010.12.9, 2010다57626, 57633

[1] 법률상 원인 없이 타인의 재산 또는 노무로 인하여 이익을 얻고 이로 인하여 타인에게 손해를 가한 자는 그 이익을 반환하여야 하고(민법 제741조), 다만 불법의 원인으로 인하여 재산을 급여하거나 노무를 제공한 때에는 그 이익의 반환을 청구하지 못하는 것인바(민법 제746조 본문), 여기서 불법의 원인이라 함은 그 원인되는 행위가 선량한 풍속 기타 사회질서에 위반하는 경우를 말하는 것으로서 법률의 금지에 위반하는 경우라 할지라도 그것이 선량한 풍속 기타 사회질서에 위반하지 않는 경우에는 이에 해당하지 않는다.

[2] 구 수산업법(2007.4.11. 법률 제8377호로 전부 개정되기 전의 것) 제33조가 어업

권의 임대차를 금지하고 있는 취지 등에 비추어 보면, 위 규정에 위반하는 행위가 무효라고 하더라도 그것이 선량한 풍속 기타 사회질서에 반하는 행위라고 볼 수는 없다. 따라서 어업권의 임대차를 내용으로 하는 임대차계약이 구 수산업법 제33조에 위반되어 무효라고 하더라도 그것이 부당이득의 반환이 배제되는 '불법의 원인'에 해당하는 것으로 볼 수는 없으므로, 어업권을 임대한 어업권자로서는 그 임대차계약에 기해 임차인에게 한 급부로 인하여 임차인이 얻은 이익, 즉 임차인이 양식어장(어업권)을 점유 · 사용함으로써 얻은 이익을 부당이득으로 반환을 구할 수 있다.

제9장 반사회질서의 법률행위

Ⅰ. 목적의 사회적 타당성

앞 장에서 보았듯이 법률행위 목적의 유효 요건으로는 확정성, 실현가능성, 적법성, 사회적 타당성이라는 4가지가 있었다. 이 중에서 사회적 타당성에 관하여 우리 민법은 두 개의 규정을 두어 사회질서를 위반한 법률행위(103)와 불공정한 법률행위(104)를 규율하고 있다.

Ⅱ. 반사회질서의 법률행위

1. 선량한 풍속과 사회질서의 관계

제103조를 보면, '선량한 풍속'과 '사회질서'라는 두 개의 중요한 개념을 요건으로 하고 있다.

제103조(반사회질서의 법률행위) 선량한 풍속 기타 사회질서에 위반한 사항을 내용으로 하는 법률행위는 무효로 한다.

이 두 개념 사이의 관계가 문제된다. 상위개념설은 사회질서가 상위개념이라는 견해(곽 · 송)이고, 병존개념설은 이 둘이 각각 윤리개념과 공익개념으로서 대등한 관계라는 견해이다. 또한 양자를 구별할 필요가 없다는 견해(비구별설)도 있다.

2. 사회질서 위반 여부의 판단

이제 사회질서 위반 여부를 판단함에 있어서 구체적으로 문제되는 것들을 검토해 보기로 하자.

우선, 反社會性을 당사자가 인식할 필요가 있는지 여부에 대해서는, ① 인식이 필요하다는 견해도 있고, ② 법률행위를 사회질서에 반하게 만드는 사정에 대한 인식은 필요하다는 견해, ③ 원칙적으로 불필요하지만 동기의 불법은 달리 고려한다는 견해(송) 등이 있다.

또한 사회질서 위반 여부의 판단시기에 대해서는 法律行爲時說이 통설 · 판례이다. 이와는 달리 效力發生時說도 있기는 하다.

다음 판결은 통설을 따르고 있다.

대판 2001.11.9, 2001다44987

매매계약체결 당시에 정당한 대가를 지급하고 목적물을 매수하는 계약을 체결하였다면, 비록 그 후 목적물이 범죄행위로 취득된 것을 알게 되었다고 하더라도, 계약의 이행을 구하는 것 자체가 선량한 풍속 기타 사회질서에 위반하는 것으로 볼 만한 특별한 사정이 없는 한, 그러한 사유만으로 당초의 매매계약에 기하여 목적물에 대한 소유권이전등기를 구하는 것이 민법 제103조의 공서양속에 반하는 행위라고 단정할 수 없다.

3. 動機의 불법

이 문제는 계약의 경우와 단독행위의 경우를 나누어서 살펴보아야 한다.

우선, 계약에 관해서는 다음과 같은 여러 학설들이 있다. 表示說은 표시된 동기가 사회질서에 반하면 무효라는 입장(곽)이다. 認識說은 상대방에게 표시되거나 알려져 상대방이 그 불법동기의 실현에 가담하면 무효라는 입장(송)이다. 認識可能性說은 인식설의 내용에 알 수 있었을 때 무효라는 점을 추가한 입장이다. 그 밖에도 객관설, 상관관계설, 종합적 고려설, 다원설 등이 있다.

판례는 종래에는 표시설의 입장을 취했으나 최근에는 인식설과 유사한 모습을 보여주고 있다.

단독행위의 경우에는 동기가 반사회적이면 항상 무효라고 해야 한다. 단독행위의 경우에는 상대방 보호의 필요가 크지 않기 때문이다. 이때 상대방의 인식, 상대방의 受益 여부는 불문한다.

대판 1972.10.31, 72다1271, 1272

소외 1 명의로 본 건 부동산에 관한 소유권 이전등기를 경료한 것은, 강행법규인 부정축재처리법을 잠탈하기 위하여 한다는 의도 또는 목적이 위 등기이전의 원인의 일부를 이루고 있기는 하나, 본 건의 경우는 이른바 공공의 질서 또는 선량한 풍속에 반하는 사항으로서 단지 법률행위의 연유, 동기 혹은 수단으로 한 것에 불과하므로, 이로써 법률행위를 무효로 할수 없고, 따라서 위 등기가 무효로 될 리 없다.

대판 1984.12.11, 84다카1402

민법 제103조에 의하여 무효로 되는 반사회질서행위는 법률행위의 목적인 권리의무 내용이 선량한 풍속 기타 사회질서에 위반되는 경우뿐만 아니라 그 내용 자체는 반사회질서적인 것이 아니라고 하여도 법률적으로 이를 강제하거나 그 법률행위에 반사회질서적인 조건 또는 금전적 대가가 결부됨으로써 반사회질서적 성질을 띠게 되는 경우 및 표시되거나 상대방에게 알려진 법률행위의 동기가 반사회질서적인 경우를 포함한다.

대판 1996.4.26, 94다34432

… 이 사건에 있어서 표시된 법률행위의 동기는 부실화된 국제그룹의 정상화라고 할 것이므로 이것이 반사회질서적이라고 할 수도 없다. … 이 사건 법률행위의 목적이나 표시된 동기가 불법이었다고 볼 수는 없다.

III. 사회질서 위반의 유형

사회질서 위반의 법률행위는 그 유형이 제한되어 있지 않다. 그렇지만 판례를 다음과 같은 대표적인 유형들에 따라 분류하는 것은 가능하다.

대표적 유형들로서는 正義의 관념에 반하는 행위, 윤리적 질서에 반하는 행위, 개인의 자유를 매우 심하게 제한하는 행위, 생존의 기초가 되는 재산의 처분행위, 도박 등 射倖行爲, 폭리행위 등이 있다.

1. 正義의 관념에 반하는 행위

이 유형에는 매도인의 배임행위에 적극 가담하여 이루어진 토지의 이중매매, 매도된 후 증여, 취득시효 완성 후 처분, 이미 매도된 후 저당권 설정, 명의신탁된 재산의 처분, 보험사고를 가장하여 보험금을 취득할 목적으로 체결한 생명보험계약, 세금회피를 위한 매매계약, 명의신탁, 소송에서 증언하는 조건으로 급부 약정 등이 해당한다.

2. 윤리적 질서에 반하는 행위

이 유형에는 妾契約, 현재의 처가 사망하거나 처와 이혼하면 혼인한다는 계약 등이 해당한다. 그러나 첩의 생활대책을 위하여 금전을 지급하기로 한 약정은 유효하다.

3. 개인의 자유 제한 행위

이 유형에는 어떤 일이 있어도 이혼하지 않는다는 각서, 과도하게 무거운 違約罰의 약정, 우월적 지위를 악용하여 상대방에게 과도한 부담을 과하는 법률행위 등이 해당한다. 그러나 해외파견된 근로자가 귀국후 일정기간 소속회사에 근무하여야 한다는 社規나 약정은 유효하다.

서울고판 1972.10.13, 72나92

혼인에 응하면 증여로 하고 불응하면 소비대차로 본다는 내용의 조건부 소비대차계약을 체결하고 금원을 교부하였다면 이는 상대방을 유혹하여 혼인하기 위한 미끼로 제공한 급여금이므로 혼인의 순결을 해치는 선량한 풍속에 위반된 사항을 내용으로 하는 불법원인 급여이다.

4. 생존 기초 재산의 처분행위

여기에는 장차 취득할 재산을 모두 양도한다는 계약, 사찰이 존립에 필요불가결한 재산인 임야를 증여하는 행위 등이 해당한다.

5. 도박 등 射倖行爲

여기에는 도박계약, 도박을 함을 알면서 도박자금을 빌려주는 행위, 도박채무변제를 위하여 토지를 양도하는 계약, 노름빚을 변제하기로 하는 계약 등이 해당한다. 그러나 법률이 허가하는 복권은 유효하다.

6. 기 타

그 밖에 어느 유형에 분류하기 어려운 경우로서, 변호사 아닌 자가 승소를 조건으로 하여 소송당사자로부터 소송물 일부를 받기로 한 약정, 친권 상실이나 관리권 상실을 청구할 수 있는 자가 그러한 청구권을 포기하는 것을 내용으로 하는 계약, 진정을 취하하는 것을 조건으로 거액의 급부를 받기로 한 약정 등이 있다. 매매목적물이 범죄행위로 취득된 것을 알면서 매수하는 계약은 무효이지만, 매매계약체결 후 그 목적물이 범죄행위로 취득된 것을 알게 된 경우에 그 계약의 이행을 구하는 것은 제103조 위반이 아니다.

IV. 사회질서 위반의 효과

1. 절대적 무효

사회적 질서에 위반한 법률행위는 절대적 무효이다. 善意의 제3자를 포함하여 그 누구도 유효 주장을 할 수 없고 追認도 할 수 없다.

2. 불법원인급여 여부

사회질서 위반으로 어떤 법률행위가 무효로 된 경우 그 법률행위에 의하여 당사자들 간에 이미 급부한 것이 있을 때 그 급부의 반환이 문제된다. 통설 · 판례는 선량한 풍속 기타 사회질서 위반은 항상 불법원인이 된다고 본다. 따라서 이미 급부한 것이 있으면 불법원인이 수익자에게만 있는 경우(746 단)가 아니라면 반환청구를 하지 못한다(746 본).

이 입장에 따르면 반환청구가 지나치게 많이 제한되므로, 여기에 예외를 인정하자는 견해들이 있다. 제103조의 불법이 제746조의 불법이 아닌 경우가 있다는 견해, "인격적 비난" 이외의 사회질서위반은 반환을 인정하자는 견해, 2중매매 등 많은 예외를 인정하자는 견해, 선량한 풍속위반만이 제746조의 불법원인이라는 견해(송) 등이 그러하다.

판례 역시 불법성 비교론을 통하여 예외를 인정하고 있다.

대판 1993.12.10, 93다12947

수익자의 불법성이 급여자의 그것보다 현저히 크고, 그에 비하면 급여자의 불법성은 미약한 경우에도 급여자의 반환청구가 허용되지 않는다고 하는 것은 공평에 반하고 신의성실의 원칙에도 어긋난다고 할 것이므로, 이러한 경우에는 민법 제746조 본문의 적용이 배제되어 급여자의 반환청구는 허용된다고 해석함이 상당하다.
부동산의 명의수탁자가 그 부동산을 매도한 것이 반사회적 법률행위로서 무효인 경우 매도인인 명의수탁자의 불법성이 매수인의 불법성보다 크다고 하여 매수인의 매매대금반환청구를 인용한 사례.

대판 1995.6.30, 94다52416

부동산 소유자가 자신의 부동산에 대하여 취득시효가 완성된 사실을 알고 이를 제3자에게 처분하여 소유권이전등기를 넘겨줌으로써 취득시효 완성을 원인으로 한 소유권이전등기의무를 이행불능에 빠뜨려 시효취득을 주장하는 자에게 손해를 입혔다면 불법행위를 구성하며, 이 경우 부동산을 취득한 제3자가 부동산 소유자의 이와 같은 불법행위에 적극 가담하였다면 이는 사회질서에 반하는 행위로서 무효이다.
취득시효가 완성된 부동산의 소유자가 그 부동산을 아들에게 증여하여 소유권이전등기를 넘겨준 사안에서, 그 증여행위는 시효취득자에 대한 소유권이전등기 의무를 회피하기 위한 목적으로 한 것이고 수증자인 아들이 이에 적극 가담한 것으로써 아들 명의의 등기는 그 원인행위가 사회질서에 반하거나 통정허위표시에 의한 무효의 등기라고 추단할 여지가 있다고 한 사례.

대판(전) 2007.2.15, 2004다50426

금전 소비대차계약과 함께 이자의 약정을 하는 경우, 양쪽 당사자 사이의 경제력의 차이로 인하여 그 이율이 당시의 경제적·사회적 여건에 비추어 사회통념상 허용되는 한도를 초과하여 현저하게 고율로 정하여졌다면, 그와 같이 허용할 수 있는 한도를 초과하는 부분의 이자 약정은 대주가 그의 우월한 지위를 이용하여 부당한 이득을 얻고 차주에게는 과도한 반대급부 또는 기타의 부당한 부담을 지우는 것이므로 선량한 풍속 기타 사회질서에 위반한 사항을 내용으로 하는 법률행위로서 무효이다.

[다수의견] 선량한 풍속 기타 사회질서에 위반하여 무효인 부분의 이자 약정을 원인으로 차주가 대주에게 임의로 이자를 지급하는 것은 통상 불법의 원인으로 인한 재산 급여라고 볼 수 있을 것이나, 불법원인급여에 있어서도 그 불법원인이 수익자에게만 있는 경우이거나 수익자의 불법성이 급여자의 그것보다 현저히 커서 급여자의 반환청구를 허용하지 않는 것이 오히려 공평과 신의칙에 반하게 되는 경우에는 급여자의 반환청구가 허용되므로, 대주가 사회통념상 허용되는 한도를 초과하는 이율의 이자를 약정하여 지급받은 것은 그의 우월한 지위를 이용하여 부당한 이득을 얻고 차주에게는 과도한 반대급부 또는 기타의 부당한 부담을 지우는 것으로서 그 불법의 원인이 수익자인 대주에게만 있거나 또는 적어도 대주의 불법성이 차주의 불법성에 비하여 현저히 크다고 할 것이어서 차주는 그 이자의 반환을 청구할 수 있다.

[반대의견] 사회통념상 허용될 수 있는 한도를 초과하는 부분의 이자 약정이 일정한 요건하에 민법 제103조에 위반된 법률행위로서 무효로 평가될 수 있다 하더라도, 사회통념상 허용될 수 있는 한도란 약정 당시의 경제적·사회적 여건의 변화에 따라 유동적일 수밖에 없고 법률적인 평가나 가치판단이 개입되어야만 비로소 그 구체적인 범위를 확정할 수 있어 그 무효의 기준과 범위에 관하여 대주에게 예측가능성이 있다고 보기는 어려우며, 따라서 대주가 차주로부터 적정이율을 초과하는 이자를 지급받았다고 하더라도 대주가 명확하게 불법성을 인식했다고 평가하기는 어렵다. 적정이율을 초과하는 이자 약정이 민법 제103조에 위반되어 무효라고 보더라도 당사자 사이의 약정에 따라 이자가 지급된 이상 그 불법원인은 대주와 차주 쌍방 모두에게 있다고 볼 수밖에 없고, 일반적으로 차주가 대주보다 경제적으로 열악한 지위에 있다는 점을 감안하더라도 대주가 불법성을 명확하게 인식했다고 평가하기는 어렵다는 점에 비추어 보면, 일률적으로 대주의 불법성이 차주의 그것에 비해 현저히 크다고 단정할 수만은 없으며, 임의로 이자를 지급함으로써 이미 거래가 종료된 상황에서 다시 차주의 반환청구를 허용한다면 법적 안정성을 해칠 우려도 있으므로 결국 민법 제746조 본문에 따라 차주의 반환청구는 허용될 수 없다.

Ⅴ. 사례 연습

1. 부동산의 이중매매

예제: A는 B로부터 부동산을 매수하였으나, 아직 등기는 이전하지 않고 있었다. 이 사실을 알고 있던 C는 B로부터 이 부동산을 매수하여 자신에게 소유권이전등기를 한 후, 이 부동산을 다시 D에게 매도하고 이전등기도 마쳤다. A는 D에게 소유권이전등기의 말소를 청구할 수 있는가?

위 예제의 해결을 위해서는 물권과 채권의 구별이라고 하는, 우리 민법에 있어서 가장 근본적인 구별을 이해하여야 한다.

物權은 물건에 대한 권리로서 모든 사람에 대하여 주장할 수 있다. 가령 점유권, 소유권, 지상권, 지역권, 전세권, 유치권, 질권 등이 물권이다. 債權은 사람에 대한 권리로서, 특정한 사람(채무자)에게만 주장할 수 있다. 예를 들어 매수인의 소유권 이전 청구권, 매도인의 대금지급 청구권 등이 채권이다.

물권과 채권의 근본적인 성격의 차이는 물권과 채권에 관한 대표적 규정 두 가지를 비교해 보아도 잘 알 수 있다.

第211條(소유권의 내용) 소유자는 법률의 범위내에서 그 소유물을 사용, 수익, 처분할 권리가 있다.

第563條(매매의 의의) 賣買는 당사자 일방이 재산권을 상대방에게 이전할 것을 約定하고 상대방이 그 代金을 지급할 것을 약정함으로써 그 효력이 생긴다.

제211조에서 말하는 소유권의 내용을 보면, 권리자(소유자)와 물건 그 자체에서 성립하는 권리이므로 어떤 다른 사람의 협력을 필요로 하지 않는다. 즉 물권은 自立的인 권리이다.

한편 제563조를 보면, 매매계약은 두 가지의 권리(의무)를 창출한다. 즉 매도인은 매수인에게 어떤 물건의 재산권을 이전해야 하고, 반대로 매수인은 매도인에게 매매대금을 지급해야 한다. 그런데 여기서 주목할 점은, 매매계약은 그러한 권리(의무)가 실제로 실현되게 하는 차원의 것이 아니라, 그러한 권리(의무)를 실제로 실현할 것을 '약속하는' 차원의 것이라는 점이다. 즉 채권은 근본적으로 볼 때 이행(의무를 실제로 완수하는 것)이 아니라 약속이다. 따라서 채권은 依存的인 권리라 할 수 있다. 채무자의 이행이 있어야만 실제로 의미를 가지기 때문이다.

그래서 물권행위를 처분행위(이행을 필요로 하지 않고 권리 그 자체를 변동시키는 행위)라고 하고, 채권행위를 의무부담행위(권리가 변동되는 것이 아니라 그것을 약속하는 행위)라고 하는 것이다.

물권과 채권의 이러한 구별은 물권변동(물권의 발생 · 변경 · 소멸)에 대하여 우리 민법이 택하고 있는 근본 원칙인 이른바 成立要件主義(물권변동을 위한 법률행위 이외에 공시방법까지 갖추어야 물권이 변동함)를 보더라도 잘 나타난다. 성립요건주의는 다음의 두 조문에 의하여 천명되고 있다.

> **제186조(부동산물권변동의 효력)** 부동산에 관한 법률행위로 인한 물권의 득실변경은 등기하여야 그 효력이 생긴다.

> **제188조(동산물권양도의 효력, 간이인도)** ① 동산에 관한 물권의 양도는 그 동산을 인도하여야 효력이 생긴다.

즉, 不動産의 경우는 물권변동을 위한 법률행위(이것을 物權行爲라 부르는데, 자세한 내용은 물권법에서 배움) 이외에 登記(국가가 관리하는 공적 장부인 登記簿에 권리변동을 기재함)가 있어야 물권이 변동하고, 動産의 경우에는 물권행위 이외에 引渡(점유의 이전)가 있어야 물권이 변동한다.

요컨대, 물권과 채권을 구별하는 우리 민법의 근본 태도의 의미는, 법률행위의 당사자들이 (가령 어떤 물건의 소유권을 이전하기로) 약속을 하는 차원(채권)과 그 약속을 실제로 이행하는 차원(물권)을 구별한다는 것이다.

이제 이와 같은 내용을 위의 예제에 적용하여 문제를 해결해 보자.

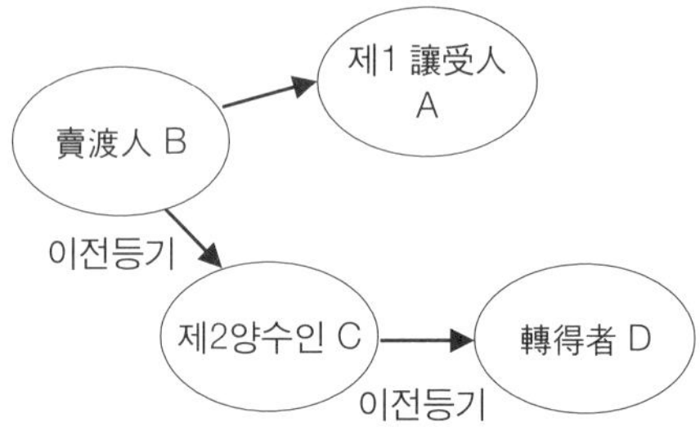

매도인 B는 A, C 두 사람과 매매계약을 했다. 즉 자기 부동산의 소유권을 그들에게 이전하기로 약속을 한 것이다. 매매계약은 약속이므로, 이 약속은 얼마든지 많은 사람과 할 수 있다. 즉 이중매매가 아니라 백중매매라 하더라도 채권의 측면에서 보면 그 백 개의 매매계약은 모두 유효하다. 즉, 채권은 근본적으로 平等하다. 매도인 입장에서 보면 A와 C는 동등한 매수인이며, A와 C 사이에서도 누구의 지위가 더 우월하지도 않고 완전히 대등하다. 채권의 측면에서 보면 그렇다는 말이다.

그러나 하나의 부동산에 대한 소유권을 동시에 백 명의 사람에게 이전할 수는 없다. 아니 단 두 사람에게 이전하는 것도 불가능하고, 오직 한 사람에게만 이전할 수 있다. 이것이 바로 물권의 특성이다. 물권은 근본적으로 排他的이다. A가 소유하거나 B가 소유하는 것이지, 두 사람이 동시에 소유할 수는 없다(여러 사람이 재산권을 共有하는 것은 물론 가능하지만, 여기에서 그러한 공유가 문제되지 않음은 당연하다).

요컨대 매도인 B는 A, C 두 사람에게 어떤 부동산의 소유권을 이전하기로 약속한 것이고 그가 둘 중 누구에게 실제로 소유권을 이전하느냐 하는 것은 전적으로 B의 자유 영역이다.

채권이 이렇게 철저하게 자유를 추구한다고 해서, 소유권을 취득하지 못하게 된 A 또는 C를 무방비 상태로 내버려 두는 것은 아니다. 그런 경우에 채권은 A 또는 C에게 소유권을 줄 수는 없지만, 대신 매도인 B를 상대로 채무불이행을 이유로 하는 손해배상을 청구할 수 있게 한다.

위의 사안으로 돌아가서 A와 C의 지위를 비교해 보면 채권자라는 면에서는 완전히 대등하다. 그러나 소유권이 누구에게 귀속하느냐 하는 것은 이제 물권법의 기준(위에서 언급한 제186조)에 따라서 결정되어야 한다.

그런데 C는 A와 달리 그 부동산의 이전등기(권리를 이전하는 내용의 등기)를 받은 상태이다. 따라서 C는 채권적으로는 A와 동등할지라도, 물권적으로는 A보다 우월하다. 결국 C는 소유권을 취득한 물권자인 것이고, A는 B의 채권자 중의 한 명에 불과하다.

그런데 이상의 논의는 B와 C 사이의 매매계약이 유효하다는 것을 전제로 하고 있다. 만약 이 매매계약이 어떤 이유에서든 무효라면 비록 C에게 등기가 되었다 할지라도 이 등기는 실체적 법률관계에 부합하지 않은 것이 되어 무효가 돠고, 그렇게 되면 C는 소유권을 취득하지 못한다.

예컨대, C가 이미 A와 B 사이에 매매계약이 체결되었음을 알면서도 그 부동산을 자신에게 다시 매각하도록 적극적으로 유인한 경우를 생각해 보자. 이러한 경우를 판례는 "제2양수인이 매도인의 背任行爲에 적극 가담한 경우"라고 부르며, 그러한 특수한 이중매매는 반사회적 법률행위로서 무효가 된다고 한다(보통의 이중매매는 당연히 유효이다).

대판 1981.1.13, 80다1034

매수인이 그 목적부동산을 매도인이 이미 제3자에게 매각한 사실을 알면서도 매수하였다고 하더라도 그것만으로는 그 매매계약을 반사회적 법률행위라고 단정할 수 없다.

대판 1994.3.11, 93다55289

부동산의 이중매매가 반사회적 법률행위로서 무효가 되기 위하여는 賣渡人의 背任行爲와 買受人이 매도인의 배임행위에 적극 가담한 행위로 이루어진 매매로서, 그 적극가담하는 행위는 매수인이 다른 사람에게 매매목적물이 매도된 것을 안다는 것만으로는 부족하고, 적어도 그 매도사실을 알고도 매도를 요청하여 매매계약에 이르는 정도가 되어야 한다.

대판 2008.2.28, 2007다77101

이중양도의 반사회성을 인정하기 위해서는 제2양수인이 양도인의 배임행위를 아는 것만으로는 부족하고, 나아가 배임행위를 유인, 교사하거나 이에 협력하는 등 적극 가담하는 것이 필요하다 할 것인데, 이때에는 제2양수행위의 상당성과 특수성 및 제2양도계약의 성립과정, 경위, 양도인과 제2양수인의 관계 등을 고려하여 판단하여야 한다.

그렇게 되면 위에서 본 바와 같은 법리에 의하여 C는 소유권을 취득하지 못하므로, D 역시 비록 이전등기까지 받았다 하더라도 소유권을 취득하지 못한다. D는 소유권을 취득하지 못한 無權利者인 C로부터 소유권을 취득할 수 없기 때문이다.

여기에서 D가 C에게 소유권이 없다는 사실을 알았는지(惡意) 혹은 몰랐는지(善意) 여부는 결론에 아무런 영향을 끼치지 않음을 주의해야 한다. 103조 위반에 의한 무효는 이른바 絶對的 무효이기 때문이다(이와 대비되는 相對的 무효는 그 무효를 가지고 선의의 제3자에게는 대항하지 못하는 경우를 말함. 가령 107 ②, 108 ②).

대판 1996.10.25, 96다29151

부동산의 이중매매가 반사회적 법률행위에 해당하는 경우에는 이중매매계약은 절대적으로 무효이므로, 당해 부동산을 제2매수인으로부터 다시 취득한 제3자는 설사 제2매수인이 당해 부동산의 소유권을 유효하게 취득한 것으로 믿었더라도 이중매매계약이 유효하다고 주장할 수 없다.

따라서 소유권은 여전히 매도인인 B에게 있다. 등기부상의 소유자인 D에게 소유권이 있지 않음에 주의해야 한다. B는 이 실체관계와 등기부가 일치하지 않는 상태를 바로 잡기 위하여 D를 상대로 하여 이전등기의 말소를 청구할 수 있다(214: 소유자로서 행사하는 소유물 방해제거청구권).

그런데 이러한 이전등기의 말소를 B가 아니라 A가 D를 상대로 하여 청구할 수 있을까? 자세한 내용은 물권법에서 배우겠지만, 위에서 배운 물권과 채권의 구별이라는 관점에서 이 문제를 생각해 보자.

B가 D를 상대로 이전등기의 말소를 청구할 수 있었던 것은 B가 소유자이기 때문에 가능했다. 즉, B는 자신의 소유권을 온전하게 행사하는 데 방해가 되는 잘못된 등기를 바로 잡을 수 있는 권리(214)가 있기 때문이다.

그러나 소유자가 아니라 B의 채권자에 불과한 A에게는 이러한 권리가 없다. 제214조의 소유물 방해제거청구권은 소유자에게만 인정되는 권리이기 때문이다. 결국 A는 채권자이므로 자신의 채무자인 매도인 B를 상대로 해서는 자기 앞으로 소유권을 이전하라고, 즉 소유권을 이전하기 위한 필수적 요건인 등기를 자기 앞으로 이전하라고 청구할 수는 있지만, D를 상대로 이전등기의 말소를 청구할 수는 없다. 요컨대, 소유자는 누구를 상대로든 자신의 소유권을 제대로 행사하기 위한 조치(213, 214)를 할 수 있지만, 채권자는 오로지 자신의 채무자에 대해서만 계약 내용대로 이행할 것을 청구할 수 있을 뿐이다.

끝으로, A에게 다른 가능성 하나가 열려 있음을 언급해야 하겠다. 그것은 債權者代位權(404)에 의하여 B가 행사할 수 있는 이전등기 말소청구권을 代位하여('대신하여'라는 의미로 쓰이는 법률용어) 행사할 수 있다는 것이다. 어쨌든 이 경우에도 법리적으로 생각해 보면, 채권자인 A로서는 채무자인 B가 제대로 행사하지 않고 있는 권리를 자신의 권리(B에 대한 소유권 이전등기청구권)를 保全('확보한다'는 의미의 법률용어)하기 위하여 代位하여 행사하는 것이다. 어쨌든 채권자대위권에 관한 자세한 내용은 채권총론에서 공부하게 될 것이다.

2. 불법원인급여

예제: A는 자신이 경영하는 윤락업소에서 B가 손님을 상대로 윤락행위를 하고 그 대가로 받은 화대를 절반씩 분배하기로 B와 약정한 다음, B가 피고인의 업소에 찾아온 손님들을 상대로 윤락행위를 하고서 받은 화대 합계 3000만 원을 보관하던 중 그중 절반인 1500만 원을 B에게 반환하지 않았다.
(1) B는 A에게 1500만 원을 반환청구할 수 있나?
(2) A의 행위는 횡령죄에 해당하는가?

이 예제는 원래 횡령죄가 성립하는지 여부를 다투는 형사판결로부터 재구성한 것이다. 횡령죄가 성립하기 위한 요건 중에서 여기에서 문제되는 것은 위의 1500만 원의 소유권이 A 또는 B 중에서 누구에게 있는지 여부이다. 만약 그것이 A의 소유라면 형법 355조 1항에서 말하는 "타인의 재산"이라는 요건을 충족하지 않기 때문이다.

> **형법 제355조(횡령, 배임)** ① 타인의 재산을 보관하는 자가 그 재물을 횡령(橫領)하거나 그 반환을 거부한 때에는 5년 이하의 징역 또는 1천500만 원 이하의 벌금에 처한다.

요컨대, 위에서 횡령죄의 성립 여부를 따지려면 그 선결 문제로서 1500만 원의 소유권이 누구에게 있는지를 밝혀야 한다.

그런데 이 금전은 원래 A와 B 사이의 약정에 기하여 B가 받은 화대를 A가 보관하던 것이었다.

이처럼 어떤 물건의 보관을 타인에게 위탁하는 계약을 任置라고 한다. 그런데 여기서는 任置物(임치된 물건)이 금전이었기 때문에, A와 B는 보관하였던 금전 그 자체를 반환하는 것이 아니라 같은 액수의 금전을 반환하기로 약정하였을 것이다. 이와 같은 계약은 消費任置라고 한다.

> **제693조(任置의 의의)** 임치는 당사자일방이 상대방에 대하여 금전이나 유가증권 기타 물건의 보관을 위탁하고 상대방이 이를 승낙함으로써 효력이 생긴다.

> **제702조(消費任置)** 수치인이 계약에 의하여 임치물을 소비할 수 있는 경우에는 소비대차에 관한 규정을 준용한다. 그러나 반환시기의 약정이 없는 때에는 임치인은 언제든지 그 반환을 청구할 수 있다.

그런데 A와 B 사이의 이 소비임치 계약은 성매매 행위(참조 『성매매방지 및 피해자보호 등에 관한 법률』 2조 1호)를 전제로 하고 있어서 반사회질서적인 법률행위에 해당하므로 무효이다. 따라서 B는 무효인 이 소비임치 계약에 기해서는 A를 상대로 위 금전의 반환을 청구할 수 없다.

그렇다면 그 금전을 부당이득으로서 반환청구할 수 있을까? 이에 대하여 다음의 인천지법 판결은 부인하고 있다. 반사회질서적 법률행위는 불법원인급여(746 본)에서 말하는 불법원인에 해당하기 때문에 A는 그 금전을 반환할 필요가 없기 때문이다. 나아가 법원은 그것이 A의 소유라고까지 한다.[5]

---

5) 참조 대판(전) 1979.11.13, 79다483. 이 판결의 논리가 과연 타당한지의 문제는 더 따져보아야 하지만, 여기에서는 논외로 한다.

원심: 인천지법 1998.6.11, 98노741

위의 약정은 윤락행위등방지법에 의하여 금지된 윤락행위를 영위하는 것을 전제로 한 것이어서 민법 제103조에 규정된 '선량한 풍속 기타 사회질서에 위반한 사항을 내용으로 하는 법률행위'에 해당하여 무효임. 따라서 약정에 기하여 금원의 반환을 청구할 수 없음.
민법 제746조 본문에 규정된 불법원인급여에 해당하여 부당이득으로서도 그 반환을 청구할 수 없어 그 금원은 피고인의 소유에 속함.
피고인이 이를 피해자에게 반환하지 않고 소비하였다고 하더라도 그것이 '타인의 재물'이 아닌 이상 횡령죄가 성립하지 않음.

앞에서 공부한 바와 같이, 통설과 판례처럼 불법원인에 반사회질서적 법률행위가 포함되는 것으로 넓게 파악하게 되면, 위와 같은 경우에 반환청구를 인정할 수가 없다. 그래서 불법원인의 범위를 축소하려는 여러 학설들이 있고, 대법원은 나름대로 '불법성 비교론'을 통하여 이 문제를 해결하려고 시도해왔다.

다음의 판결에서 대법원은 A와 B의 불법성을 비교하고 B에 비하여 A의 불법성이 훨씬 크기 때문에 그러한 경우에는 제746조 본문이 아니라 단서를 적용하여 B의 반환청구를 인정할 수 있다고 한다.

대판 1999.9.17, 98도2036

수익자의 불법성이 급여자의 그것보다 현저히 큰 데 반하여 급여자의 불법성은 미약한 경우에도 급여자의 반환청구가 허용되지 않는다면 공평에 반하고 신의성실의 원칙에도 어긋나므로, 이러한 경우에는 민법 제746조 본문의 적용이 배제되어 급여자의 반환청구는 허용된다.
피해자가 피고인에게 보관한 화대의 소유권은 여전히 피해자에게 속하는 것이어서, 피해자는 그 전부의 반환을 청구할 수 있고, 피고인이 이를 임의로 소비한 행위는 횡령죄를 구성.

이 밖에도 대법원은 다음 판결을 통하여 성매매 여성들에 대한 보호를 보다 확대하는 원칙을 확립했고, 불법성 비교론은 다른 여러 판결들에서도 유지되고 있다.

대판 2004.9.3, 2004다27488, 27495

영리를 목적으로 윤락행위를 하도록 권유 · 유인 · 알선 또는 강요하거나 이에 협력하는 것은 선량한 풍속 기타 사회질서에 위반되므로 그러한 행위를 하는 자가 영업상 관계있는 윤락행위를 하는 자에 대하여 가지는 채권은 계약의 형식에 관계없이 무효라고 보아야 한다.
부당이득의 반환청구가 금지되는 사유로 민법 제746조가 규정하는 불법원인이라 함은 그 원인되는 행위가 선량한 풍속 기타 사회질서에 위반하는 경우를 말하는 것인바, 윤락행위 및 그것을 유인 · 강요하는 행위는 선량한 풍속 기타 사회질서에 위반되므로, 윤락행위를 할 자를 고용 · 모집하거나 그 직업을 소개 · 알선한 자가 윤락행위를 할 자를 고용 · 모집함에 있어 성매매의 유인 · 강요의 수단으로 이용되는 선불금 등 명목으로 제공한 금품이나 그 밖의 재산상 이익 등은 불법원인급여에 해당하여 그 반환을 청구할 수 없다.

대판 1993.12.10, 93다12947

수익자의 불법성이 급여자의 그것보다 현저히 크고, 그에 비하면 급여자의 불법성은 미약한 경우에도 급여자의 반환청구가 허용되지 않는다고 하는 것은 공평에 반하고 신의성실의 원칙에도 어긋난다고 할 것이므로, 이러한 경우에는 민법 제746조 본문의 적용이 배제되어 급여자의 반환청구는 허용된다고 해석함이 상당하다.
부동산의 명의수탁자가 그 부동산을 매도한 것이 반사회적 법률행위로서 무효인 경우 매도인인 명의수탁자의 불법성이 매수인의 불법성보다 크다고 하여 매수인의 매매대금반환청구를 인용한 사례.

대판 1995.6.30, 94다52416

부동산 소유자가 자신의 부동산에 대하여 취득시효가 완성된 사실을 알고 이를 제3자에게 처분하여 소유권이전등기를 넘겨줌으로써 취득시효 완성을 원인으로 한 소유권이전등기의무를 이행불능에 빠뜨려 시효취득을 주장하는 자에게 손해를 입혔다면 불법행위를 구성하며, 이 경우 부동산을 취득한 제3자가 부동산 소유자의 이와 같은 불법행위에 적극 가담하였다면 이는 사회질서에 반하는 행위로서 무효이다.
취득시효가 완성된 부동산의 소유자가 그 부동산을 아들에게 증여하여 소유권이전등기를 넘겨준 사안에서, 그 증여행위는 시효취득자에 대한 소유권이전등기 의무를 회피하기 위한 목적으로 한 것이고 수증자인 아들이 이에 적극 가담한 것으로써 아들 명의의 등기는 그 원인행위가 사회질서에 반하거나 통정허위표시에 의한 무효의 등기라고 추단할 여지가 있다고 한 사례.

대판(전) 2007.2.15, 2004다50426

금전 소비대차계약과 함께 이자의 약정을 하는 경우, 양쪽 당사자 사이의 경제력의 차이로 인하여 그 이율이 당시의 경제적 · 사회적 여건에 비추어 사회통념상 허용되는 한도를 초과하여 현저하게 고율로 정하여졌다면, 그와 같이 허용할 수 있는 한도를 초과하는 부분의 이자 약정은 대주가 그의 우월한 지위를 이용하여 부당한 이득을 얻고 차주에게는 과도한 반대급부 또는 기타의 부당한 부담을 지우는 것이므로 선량한 풍속 기타 사회질서에 위반한 사항을 내용으로 하는 법률행위로서 무효이다.

[다수의견] 선량한 풍속 기타 사회질서에 위반하여 무효인 부분의 이자 약정을 원인으로 차주가 대주에게 임의로 이자를 지급하는 것은 통상 불법의 원인으로 인한 재산 급여라고 볼 수 있을 것이나, 불법원인급여에 있어서도 그 불법원인이 수익자에게만 있는 경우이거나 수익자의 불법성이 급여자의 그것보다 현저히 커서 급여자의 반환청구를 허용하지 않는 것이 오히려 공평과 신의칙에 반하게 되는 경우에는 급여자의 반환청구가 허용되므로, 대주가 사회통념상 허용되는 한도를 초과하는 이율의 이자를 약정하여 지급받은 것은 그의 우월한 지위를 이용하여 부당한 이득을 얻고 차주에게는 과도한 반대급부 또는 기타의 부당한 부담을 지우는 것으로서 그 불법의 원인이 수익자인 대주에게만 있거나 또는 적어도 대주의 불법성이 차주의 불법성에 비하여 현저히 크다고 할 것이어서 차주는 그 이자의 반환을 청구할 수 있다.

[반대의견] 사회통념상 허용될 수 있는 한도를 초과하는 부분의 이자 약정이 일정한 요건하에 민법 제103조에 위반된 법률행위로서 무효로 평가될 수 있다 하더라도, 사회통념상 허용될 수 있는 한도란 약정 당시의 경제적 · 사회적 여건의 변화에 따라 유동적일 수밖에 없고 법률적인 평가나 가치판단이 개입되어야만 비로소 그 구체적인 범위를 확정할 수 있어 그 무효의 기준과 범위에 관하여 대주에게 예측가능성이 있다고 보기는 어려우며, 따라서 대주가 차주로부터 적정이율을 초과하는 이자를 지급받았다고 하더라도 대주가 명확하게 불법성을 인식했다고 평가하기는 어렵다. 적정이율을 초과하는 이자 약정이 민법 제103조에 위반되어 무효라고 보더라도 당사자 사이의 약정에 따라 이자가 지급된 이상 그 불법원인은 대주와 차주 쌍방 모두에게 있다고 볼 수밖에 없고, 일반적으로 차주가 대주보다 경제적으로 열악한 지위에 있다는 점을 감안하더라도 대주가 불법성을 명확하게 인식했다고 평가하기는 어렵다는 점에 비추어 보면, 일률적으로 대주의 불법성이 차주의 그것에 비해 현저히 크다고 단정할 수만은 없으며, 임의로 이자를 지급함으로써 이미 거래가 종료된 상황에서 다시 차주의 반환청구를 허용한다면 법적 안정성을 해칠 우려도 있으므로 결국 민법 제746조 본문에 따라 차주의 반환청구는 허용될 수 없다.

3. 무효의 의미

예제: A는 자신의 경제사정이 악화되자 자기 처인 B를 피보험자로 하여 생명보험에 가입한 다음 B를 살해하고서 보험사고로 위장하여 보험금을 편취하기로 마음먹고, C 보험회사와 보험계약자 및 피보험자를 B, 보험수익자를 상속인으로 하여 이 생명보험계약을 B 몰래 체결하고서 같은 날 제1회 보험료를 납부하였다. 얼마 후 A는 교통사고를 위장하여 B를 살해하였다. B의 상속인으로는 남편인 A 이외에 친정어머니인 D가 있다. D는 C 보험회사를 상대로 이 보험금의 지급을 청구할 수 있는가?

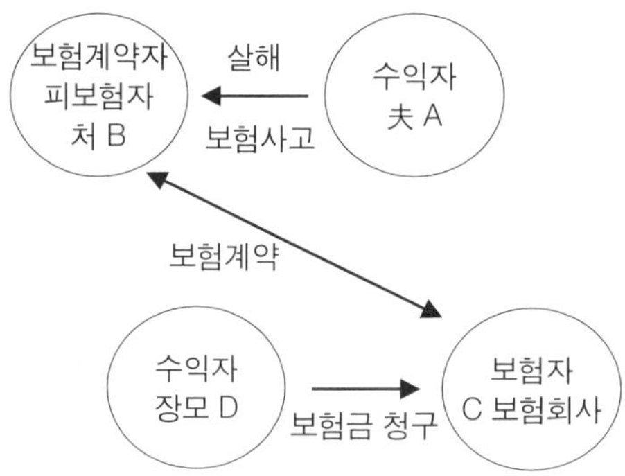

D가 C 보험회사를 상대로 보험금을 청구할 수 있으려면 일단 A와 C 사이에 체결된 보험계약이 유효해야 한다. 보험계약은 다음과 같이 정의된다.

상법 제638조(의의) 보험계약은 당사자 일방이 약정한 보험료를 지급하고 상대방이 재산 또는 생명이나 신체에 관하여 불확정한 사고가 생길 경우에 일정한 보험금액 기타의 급여를 지급할 것을 약정함으로써 효력이 생긴다.

설사 보험계약이 유효하다 하더라도 A는 C를 상대로 보험금을 청구하지 못한다. 그 이유는 상법 659조가 규정하고 있는 바와 같이, 보험사고가 A의 고의로 인하여 발생하였기 때문이다.

상법 제659조(보험자의 면책사유) ① 보험사고가 보험계약자 또는 피보험자나 보험수익자의 故意 또는 중대한 過失로 인하여 생긴 때에는 보험자는 보험금액을 지급할 책임이 없다.

그러나 D는 보험수익자(애초에 상속인을 보험수익자로 하기로 계약하였으므로) 이지만 보험사고가 그의 고의 또는 중대한 과실로 발생한 것이 아니므로 보험금을 청구할 수 있다. 물론 이것은 보험계약이 유효하다는 전제하에서 그러하다.

결국 문제가 되는 것은, A가 처음부터 피보험자인 자기 처 B를 살해하여 보험금을 타낼 목적으로 체결한 이 보험계약이 선량한 풍속 기타 사회질서에 위반하는지 여부이다.

대법원은 다음의 판결에서 이처럼 처음부터 보험사고를 가장하여 보험금을 타낼 목적으로 체결한 생명보험계약은 반사회질서적 법률행위로서 무효라고 보았다.

대판 2000.2.11, 99다49064

생명보험계약은 사람의 생명에 관한 우연한 사고에 대하여 금전을 지급하기로 약정하는 것이어서 금전을 취득할 목적으로 고의로 피보험자를 살해하는 등의 도덕적 위험의 우려가 있으므로, 그 계약 체결에 관하여 신의성실의 원칙에 기한 선의(이른바 선의계약성)가 강하게 요청되는바, 당초부터 오로지 보험사고를 가장하여 보험금을 취득할 목적으로 생명보험계약을 체결한 경우에는 사람의 생명을 수단으로 이득을 취하고자 하는 불법적인 행위를 유발할 위험성이 크고, 이러한 목적으로 체결된 생명보험계약에 의하여 보험금을 지급하게 하는 것은 보험계약을 악용하여 부정한 이득을 얻고자 하는 사행심을 조장함으로써 사회적 상당성을 일탈하게 되므로, 이와 같은 생명보험계약은 사회질서에 위배되는 법률행위로서 무효이다.
피보험자를 살해하여 보험금을 편취할 목적으로 체결한 생명보험계약은 사회질서에 위배되는 행위로서 무효이고, 따라서 피보험자를 살해하여 보험금을 편취할 목적으로 피보험자의 공동상속인 중 1인이 상속인을 보험수익자로 하여 생명보험계약을 체결한 후 피보험자를 살해한 경우, 다른 공동상속인은 자신이 고의로 보험사고를 일으키지 않았다고 하더라도 보험자에 대하여 보험금을 청구할 수 없다.

그러나 보험계약 체결의 동기가 처음부터 보험사고를 가장하여 보험금을 타내는 것인지가 명확하지 않은 경우에는 다소 석연치 않은 점이 있다 하더라도 그 보험계약을 무효로 볼 수는 없다고 판시한다.

대판 2001.11.27, 99다33311

보험계약의 숫자가 많고 보험료와 보험금이 多額이며 이 사건 교통사고의 발생경위에 석연치 않은 점이 있다는 사유만으로 이 사건 보험계약 체결의 동기가 자살에 의하여 보험금의 부정취득을 노린 반사회질서적인 것이었다고 단정하기 어렵다. 따라서 이 사건 보험계약의 체결은 반사회질서적인 행위라고 보기는 어렵고, 또한 위와 같은 사유만으로 이 사건 보험계약 체결이 신의칙에 위배된다고 보기도 어렵다.

4. 반사회질서행위 유형론

예제: 경남 통영시 광도면 안정리 벽방산 기슭에 자리잡은 안정사는 신라 태종 무열왕 원년(654)에 원효대사가 창건하였다. 경내에는 대웅전(지방유형문화재 80호), 만세루(제145호) 나한전, 명부전, 응향각, 탐진당 등 15동의 사우가 정연히 배치되어 있다.

안정사의 주지(A)와 사단법인 대한불교법화종(B 법인)은 1994년에 안정사를 중창하려 하였으나 자금 마련의 어려움으로 인하여 그 진척이 지지부진하였다. 대홍사의 주지(C)는 이 사정을 알고 자신이 안정사를 인수하기로 마음먹고, A가 주지직에서 사임하고 자신이 후임 주지로 취임하는 대가로 3억원을 지급하기로 A와 약정한 후(이에 대하여는 B 법인의 총무원장과 협의를 거쳐 그 사전 내락을 받아둔 상태였다), 투자자를 물색한 끝에 법화종 소속 청량사의 주지(D)와의 사이에 D가 인수자금을 투자하면 그를 안정사의 부주지로 임명하여 그 운영책임을 맡기고 안정사에 대한 지분도 50 : 50으로 인정하기로 하였다.

C는 1995년 D로부터 2억 2000만 원을 지급받아 그중 1억 5000만 원을 A에게 지급하였고, 같은 날 A가 주지직에서 사임하고 C가 B법인의 총무원장으로부터 안정사의 후임 주지로 임명받았으며, C는 1996년 A에게 나머지 1억 5000만 원(마찬가지로 D로부터 지급받은 돈이다)을 지급하였다.

그런데 B 법인은 D가 투자하기로 한 자금이 3억 원인 것으로 C로부터 전해 들었으나 실제로는 3억 7,000만 원이며 C가 그중 3억 원만을 A에게 지급하고 나머지 7,000만 원을 개인적으로 소비, 횡령한 사실과 C가 안정사를 중창할 의사는 없이 D와 사이에 안정사를 50 : 50 지분으로 소유하기로 약정한 것을 알게 되자 C를 안정사에서 배제시키려 하였다. 이에 대항하여 C는 B 법인의 종정, 총무원장, 부산교구원장 등에게 안정사를 대한불교조계종으로 넘기겠다는 발언을 하였고, 이로 인하여 B 법인의 총무원장은 종헌종법 제88조에 따른 상벌위원회나 혹은 원의에의 부의나 심사를 거치지 아니한 채 C를 징계해임하였다.

이에 C는 이 해임처분의 취소를 구하는 소를 B 법인을 상대로 제기하였다. C의 주장은 타당한가?

[C의 주장] 안정사를 대한불교 조계종으로 넘기겠다는 취지의 발언을 한 바가 전혀 없었다. 설사 그와 유사한 취지의 발언을 한 바가 있다고 하더라도 B 법인이 C를 징

계함에 있어 그 종헌종법이 규정하고 있는 징계절차를 거치지 아니하였으므로 이 사건 징계처분은 무효이다.

[B 법인의 주장] 정당한 징계처분이었다. 징계처분이 무효라 하더라도 C로서는 그 확인을 구할 이익이 없다. 안정사의 주지는 재적 승려 회의의 결의에 따라 선출되도록 되어 있는데, 피고 법인의 총무원장이 재적 승려 회의를 거치지 아니한 채 일방적으로 주지로 임명하였으므로 원고에 대한 주지 임명 자체가 애초부터 무효이다.

C는 종전 주지이던 A에게 3억원을 지불하고 그를 주지직에서 사임시킨 후 후임 주지로 임명받았는데, 이는 전통사찰인 안정사의 주지직을 금전으로 사고 파는 행위로서 선량한 풍속 기타 사회질서에 반하므로 무효이다.

C가 주지로 임명된 것은 안정사의 중창불사를 위한 것이므로 C의 주지 임명은 중창불사 불이행을 그 해제조건으로 한 것인데, C가 주지로 임명받고도 실제로 주지직에 취임하지도 않았고, 또한 중창불사를 행하기는커녕 오히려 공금을 횡령하는 등 범죄행위를 저질렀으므로, C에 대한 주지 임명의 효력은 해제조건의 성취로 인하여 소멸되었다.

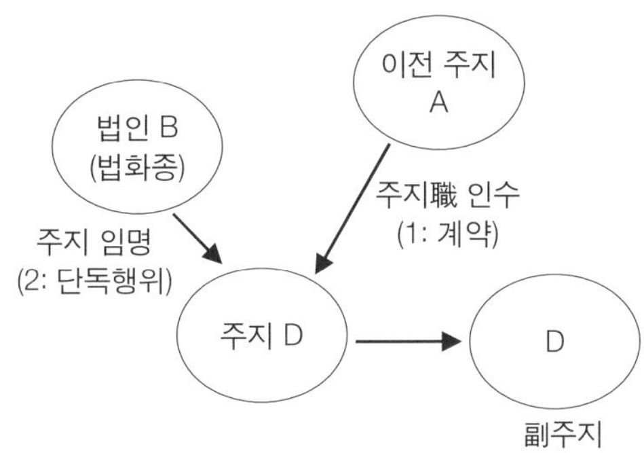

이 사안의 핵심 문제는 A와 C 사이의 주지직 인수에 관한 계약, 그리고 B 법인과 C 사이의 주지 임명행위가 유효한지 여부이다.

우선 A와 C 사이의 계약의 유효성에 대해서는 원심과 대법원의 입장이 동일하다. 그것은 주지직을 금전을 대가로 하여 매각하는 계약이므로 제103조 위반으로 무효이다.

그러나 주지 임명행위가 유효한지에 대해서는 원심과 대법원의 입장이 서로 다르다.

원심은 임명행위가 A와 C 사이의 계약을 묵인 또는 방조한 상태에서 이루어졌으므로 이 역시 사회질서에 위반하여 무효라고 본다.

반면 대법원은 반사회질서적 법률행위에 대한 유형론을 제시한다. 즉, 반사회질서적 법률행위는 내용이 사회질서 위반인 경우(예: 범죄행위)와 내용 자체는 사회질서 위반이 아닌 경우로 나뉘고, 후자는 다시 4가지 하부 유형으로 나뉜다고 한다. 즉, ① 법률적으로 어떤 법률행위를 강제하거나(예: 종교, 국적의 변경), ② 반사회질서적 조건이 결부되거나(예: 독신 조건), ③ 금전적인 대가가 결부되거나(예: 직무 청탁, 증언 대가 받음), ④ 표시되거나 상대방에게 알려진 법률행위의 동기가 반사회질서적인 경우(예: 도박자금 목적의 금전소비대차)가 있다.

그런데 대법원의 위의 주지 임명행위가 내용 자체가 사회질서에 위반하는 것도 아니고, 그렇다고 그렇지 않은 나머지 4가지 유형에 속하는 것도 아니므로 결국 반사회질서적인 법률행위가 아니라고 한다.

대법원의 이러한 반사회질서 행위에 대한 類型論은 제103조 위반의 매우 많은 사례들을 일목요연하게 분류할 수 있는 장점은 있지만, 제103조 위반의 유형을 위의 5가지 경우로만 제한해 버리는 문제가 있다. 이것은 일반조항으로서의 103조의 중요한 역할을 퇴색시키는 지나친 司法 消極主義로 밖에 이해되지 않으며, 학설사적으로 보더라도 일본의 과거의 통설을 무비판적으로 수용한 결과에 지나지 않는다.[6] 보다 바람직한 것은 일반조항으로서의 본래의 성격에 충실하게, 제103조의 적용을 일부 유형에 제한하지 않고 열어 놓는 태도라고 생각된다.

원심: 부산고판 1999.6.16, 98나1928

사찰의 주지직을 거액의 금품을 대가로 양도, 양수하려는 계약으로서 그 자체로 선량한 풍속 기타 사회질서에 반하는 행위로서 무효이다.
피고 법인이 원고와 A 사이의 위와 같은 약정이 있음을 알고 이를 묵인하거나 혹은 방조한 상태에서 원고를 주지로 임명한 행위 역시 선량한 풍속 기타 사회질서에 반하는 행위로서 무효이다.
따라서 원고에 대한 주지임명이 처음부터 무효인 이상, 원고로서는 이 사건 징계처분의 무효확인을 구할 법률상의 이익이 없다.

6) 이에 관한 상세한 논의는 서을오, "민법 제103조상의 반사회질서 행위의 유형화에 대한 비판적 검토," 『민사판례연구』 제33-1권, 127-156면 참조.

대판 2001.2.9, 99다38613

C와 위 사찰의 전임 주지이던 A과 사이에 한 앞서 본 약정은 전통사찰보존법 소정의 전통사찰인 위 사찰의 주지직을 거액의 금품을 대가로 양도, 양수하는 계약으로서 그 내용이 선량한 풍속 기타 사회질서에 반하는 행위로서 무효이다.
민법 제103조에 의하여 무효로 되는 법률행위는 법률행위의 내용이 선량한 풍속 기타 사회질서에 위반되는 경우뿐만 아니라, 그 내용 자체는 반사회질서적인 것이 아니라고 하여도 법률적으로 이를 강제하거나 법률행위에 반사회질서적인 조건 또는 금전적인 대가가 결부됨으로써 반사회질서적 성질을 띠게 되는 경우 및 표시되거나 상대방에게 알려진 법률행위의 동기가 반사회질서적인 경우를 포함한다.
B 법인이 C와 A 사이에 위와 같은 약정이 있음을 알고 이를 묵인하거나 혹은 방조한 상태에서 원고를 주지로 임명하였다고 하더라도 그 임명행위 자체가 선량한 풍속 기타 사회질서에 반한다고 할 수는 없고, 법률적으로 이를 강제하거나, 법률행위에 반사회질서적인 조건이나 금전적 대가가 결부됨으로써 반사회질서적 성질을 띠게 되는 경우 또는 표시되거나 상대방에게 알려진 법률행위의 동기가 반사회질서적인 경우에도 해당한다고 보기도 어렵다.

제10장 불공정한 법률행위

Ⅰ. 개　념

1. 일반적 폭리 규제 규정

不公正한 法律行爲(暴利行爲)는 앞 장에서 공부했던 반사회질서적 법률행위와 마찬가지로 私的 自治에 대한 중요한 한계선을 설정한다.

제104조(불공정한 법률행위) 당사자의 궁박(窮迫), 경솔(輕率) 또는 無經驗으로 인하여 현저하게 公正을 잃은 법률행위는 無效로 한다.

제104조와 제103조와의 관계가 문제된다. 다수설 · 판례는 제104조를 제103조의 한 유형으로 파악한다. 소수설은 양자를 대등한 별개의 제도로 본다.

2. 적용 범위

우선, 쌍무 · 유상계약 및 유상합동행위에 제104조가 적용될 수 있다.

편무 · 무상계약의 경우 적용 부정설과 적용 긍정설이 있다. 부정설은 증여와 같은 경우 급부와 반대급부의 불균형 문제가 없기 때문이라고 한다(판례 · 곽 · 송). 긍정설은 부담부증여(561)에서 부담이 과도한 때, 강박에 의해 기부 명목으로 재산을 뺏을 때에는 제104조가 적용되어야 한다고 본다.

단독행위의 경우에도 적용 부정설과 적용 긍정설이 있다. 부정설은 그 요건, 효과에 관해 법률의 구속을 받으므로 불공정의 우려가 없다고 한다. 긍정설은 채권의 포기, 형성권의 행사에도 불공정이 있을 수 있으므로 적용을 인정하자고 한다.

II. 객관적 요건

불공정한 법률행위가 되기 위해서는 우선 급부와 반대급부 사이에 현저한 차이(불균형)가 있어야 한다. 이때의 차이는 법률행위에 관련된 모든 사정을 고려하여 판단하여야 한다.

판례는 채권액의 3 내지 4배가 되는 대물변제계약, 시가의 3분의 1에 미달하는 가격으로 이루어진 건물의 매매, 시가의 8분의 1로 매수한 3개월 후 매수가격의 4.5배로 전매, 1백만 원 상당의 물품 외상대금채권의 포기, 손해배상금으로 통상의 8분의 1로 합의하여 합의서를 작성한 경우 등에 대하여 폭리행위의 성립을 인정했다.

대판 1968.7.30, 68다88

매도인이 부동산매도당시 가친의 병이 위독하여 그 치료비등 비용관계로 할 수 없이 처분하게 된 궁박한 사정을 매수인이 알고 있었고 매도인이 팔기를 꺼려하는 부분까지 매수인의 요구에 의하여 함께 팔지 않을 수 없었으며 매매목적물의 경계확정측량도 매수인이 일방적으로 하고 그 부동산가격노 도시 16,964평을 거우 10,000원이라는 지극히 서렴한 것이있다고 한다면 위 메메행위는 본조에 해당하는 불공정한 법률행위이다.

대판 1995.12.8, 95다3282

원고 병원의 일반의료수가를 기준으로 계산한 이 사건 치료비 총액이 금 22,732,220원이고, 의료수가인 의료보험수가를 기준으로 계산한 그것이 금 11,093,893원이었고, 대한손해보험협회 진료비감정 결과는 17,187,328원인 경우, 그 치료행위와 그에 대한 일반의료수가 사이에 현저한 불균형이 있다고 할 수 없다.

대판 1996.6.14, 94다46374

수사기관에 불법구금된 상태에서 5억여 원에 경락받은 토지지분 편취에 따른 손해배상으로 지분반환 외에 2억 4천만 원을 추가지급키로 한 합의를 불공정한 법률행위라고 본 사례.

대판 1975.5.13, 75다92

채무자인 회사가 남편의 징역을 면하기 위하여 부정수표를 회수하려면 물품 외상대금 중 금 100만 원을 초과하는 채권에 대한 포기서를 써야된다는 강압적인 요구를 하므로 사회적 경험이 부족한 가정부인이 경제적 정신적 궁박상태 하에서 구속된 자기 남편을 석방 구제하는 데에는 위 수표의 회수가 필요할 것이라는 일념에서 회사에 대한 물품잔대금 채권이 얼마인지조차 확실히 모르면서 보관중이던 남편의 인감을 이용하여 남편을 대리하여 위임장과 포기서를 작성하여 준 채권 포기행위는 거래관계에 있어서 현저하게 균형을 잃은 행위로서 사회적 정의에 반하는 불공정한 불법행위로 보는 것이 상당하다.

불균형의 판단 시기에 관하여 통설은 법률행위 당시를 기준으로 한다. 한편 법률행위시가 기준이나 이행시도 고려 가능하다는 견해와 양쪽 모두 불균형하여야 한다는 견해도 있다. 판례는 통설과 같은 입장이다.

대판 1965.6.15, 65다610

대물변제예약[참고 466, 564]이 불공정한 법률행위가 되는 요건의 하나인 대차의 목적물가격과 대물변제의 목적물가격에 있어서의 불균형이 있느냐 여부를 결정할 시점은 대물변제의 효력이 발생할 변제기 당시를 표준으로 하여야 할 것임이 원칙이므로 채권액수도 역시 변제기까지의 원리액을 기준으로 하여야 할 것이다.

대판 1984.4.10, 81다239

환매권양도계약에 의하여 환매권 양수인이 양도인 명의로 환매하여 대금을 납부하기로 한 경우에 있어서 동 양도계약이 현저히 불공정한 법률행위에 해당하는지의 여부는 1차적으로 소외인이 피고에게 지급한 환매권매수대금과 국가에 대신 납부하기로 하여 납부한 환매부동산의 대금을 합한 금액이 당시의 부동산시가와 비교하여 현저히 저렴한 가격이었는가에 따라 판단하여야 할 것이다.

Ⅲ. 주관적 요건

1. 개　관

주관적 요건인 피해자의 궁박, 경솔, 무경험 중 어느 하나만 갖추어도 충분하다.

궁박(窮迫)은 급박(急迫)한 곤궁(困窮)을 말하며, 경제적 · 정신적 · 심리적 원인을 포괄한다. 輕率은 의사를 결정할 때 보통인이 베푸는 사고를 하지 않는 심적 상태(다수설)를 말한다. 소수설은 선천적 경솔 또는 피치 못할 고려의 부족이라고 한다. 無經驗은 거래일반에 대해 평균의 거래당사자가 가지는 식견(識見)이나 經驗이 없는 상태(다수설 · 판례)이다. 소수설은 문제되는 거래에 있어서의 평균의 거래당사자를 기준으로 한다.

아울러 편승의도(便乘意圖)가 있어야 한다. 통설 · 판례에 따르면 이것은 피해자의 사정을 이용하려는 의도, 즉 惡意(판례: '폭리행위의 악의')이다. 한편 "궁박 등을 이용한다는 인식은 필요하다"는 견해 및 "편승의도나 인식은 요건이 아니"라는 견해도 있다.

2. 대리의 경우

대리의 경우에 의사표시의 흠이나 선의 · 악의를 판단할 때 기준이 되는 것은 원칙적으로 대리인이지 본인이 아니다.

> **제116조(대리행위의 하자)** ① 의사표시의 효력이 의사의 흠결, 사기, 강박 또는 어느 사정을 알았거나 과실로 알지 못한 것으로 인하여 영향을 받을 경우에 그 사실의 유무는 대리인을 표준하여 결정한다.

그런데 제104조의 경우에, 경솔 · 무경험의 상태는 대리인을 기준으로 판단하고, 궁박은 본인을 기준으로 판단해야 한다는 것이 판례의 입장이다.

대판 2002.10.22, 2002다38927

민법 제104조에 규정된 불공정한 법률행위는 객관적으로 급부와 반대급부 사이에 현저한 불균형이 존재하고, 주관적으로 그와 같이 균형을 잃은 거래가 피해 당사자의 궁박, 경솔 또는 무경험을 이용하여 이루어진 경우에 성립하는 것으로서, 약자적 지위에 있는 자의 궁박, 경솔 또는 무경험을 이용한 폭리행위를 규제하려는 데에 그 목적이 있고, 불공정한 법률행위가 성립하기 위한 요건인 궁박, 경솔, 무경험은 모두 구비되어야 하는 요건이 아니라 그중 일부만 갖추어져도 충분한데, 여기에서 '궁박'이라 함은 '급박한 곤궁'을 의미하는 것으로서 경제적 원인에 기인할 수도 있고 정신적 또는 심리적 원인에 기인할 수도 있으며, '무경험'이라 함은 일반적인 생활체험의 부족을 의미하는 것으로서 어느 특정영역에 있어서의 경험부족이 아니라 거래일반에 대한 경험부족을 뜻하고, 당사자가 궁박 또는 무경험의 상태에 있었는지 여부는 그의 나이와 직업, 교육 및 사회경험의 정도, 재산 상태 및 그가 처한 상황의 절박성의 정도 등 제반 사정을 종합하여 구체적으로 판단하여야 하며, 한편 피해 당사자가 궁박, 경솔 또는 무경험의 상태에 있었다고 하더라도 그 상대방 당사자에게 그와 같은 피해 당사자측의 사정을 알면서 이를 이용하려는 의사, 즉 폭리행위의 악의가 없었다거나 또는 객관적으로 급부와 반대급부 사이에 현저한 불균형이 존재하지 아니한다면 불공정 법률행위는 성립하지 않는다.
대리인에 의하여 법률행위가 이루어진 경우 그 법률행위가 민법 제104조의 불공정한 법률행위에 해당하는지 여부를 판단함에 있어서 경솔과 무경험은 대리인을 기준으로 하여 판단하고, 궁박은 본인의 입장에서 판단하여야 한다.

3. 입증책임

입증책임은 입증책임 배분의 일반원칙(청구하는 쪽에서 청구의 요건이 되는 사실도 입증해야 함)에 따라서 폭리행위로 인한 무효를 주장하는 당사자(주관적 · 객관적 요건, 상대방의 악의 모두 입증)가 부담한다.

IV. 효 과

위에서 살펴본 폭리행위의 주관적 · 객관적 요건을 모두 갖추면 그 법률행위는 무효이다. 이 무효는 절대적 무효로서 추인이 허용되지 않는다. 일부만이 폭리행위인 경우에는 일부무효의 법리(137)가 적용된다.

어떤 법률행위가 폭리행위로서 무효가 되면 급부의 반환 문제가 발생한다. 통설은 제746조 단서를 적용하여 피해자만 반환청구할 수 있다고 한다. 소수설은 폭리행위자의 행위와 피해자의 행위를 분리 고찰하여 피해자는 급부를 보유할 수 있다고 한다. 보다 적극적으로, 선량한 풍속 위반의 경우가 아니므로 불법원인 급여에 해당하지 않아서 非債辨濟(742)가 적용되어 반환청구를 인정하는 입장(송)도 있다.

V. 사례 연습

1. 제104조와 제103조의 비교

예제: A는 행정기관에 B의 비리에 관한 진정서를 제출하여 B을 궁지에 빠뜨린 다음, 이를 取下하는 조건으로 거액의 급부를 제공받기로 B와 약정하였다. 이 약정은 유효한가?

다음의 판결을 보면 위의 약정이 제104조 또는 제103조 위반인지를 다루고 있다.

법원은 제104조 위반은 아니라고 한다. 급부와 반대급부 사이의 현저한 불균형이라는 요건은 무상행위의 경우에 달성될 수 없기 때문이라 한다. 그러나 여기에 반대하는 학설이 있음은 이미 위에서 언급한 바 있다.

다음으로 제103조 위반에 대해서 보자면, 법원은 앞 장(제9장)에서 언급한 바 있는 유형론을 다시 제시하고 있지만 구체적으로 이 사안이 그중에 어느 유형에 해당하는지는 명백히 밝히지 않은 채로 제103조 위반이라는 결론만을 내리고 있다. 이것은 법원 스스로가 이 유형론에 의해서 결론이 내려지지 않음을 인정한 것이라고도 볼 수 있다. 어떤 법률행위가 사회질서에 위반하였는지 여부는 법원이 인정하는 제한된 몇 가지 유형에 포함되느냐로 따져서는 안 되고, 그 법률행위의 내용 · 성격에 대한 전체적이고 종합적인 판단의 결과로 결정되어야 한다.

대판 2000.2.11, 99다56833

민법 제104조가 규정하는 현저히 공정을 잃은 법률행위라 함은 자기의 급부에 비하여 현저하게 균형을 잃은 반대급부를 하게 하여 부당한 재산적 이익을 얻는 행위를 의미하는 것이므로, 증여계약과 같이 아무런 대가관계 없이 당사자 일방이 상대방에게 일방적인 급부를 하는 법률행위는 그 공정성 여부를 논의할 수 있는 성질의 법률행위가 아니다.

민법 제103조에 의하여 무효로 되는 반사회질서 행위는 법률행위의 목적인 권리의무의 내용이 선량한 풍속 기타 사회질서에 위반되는 경우뿐만 아니라, 그 내용 자체는 반사회질서적인 것이 아니라고 하여도 법률적으로 이를 강제하거나 법률행위에 반사회질서적인 조건 또는 금전적인 대가가 결부됨으로써 반사회질서적 성질을 띠게 되는 경우 및 표시되거나 상대방에게 알려진 법률행위의 동기가 반사회질서적인 경우를 포함한다.

행정기관에 진정서를 제출하여 상대방을 궁지에 빠뜨린 다음 이를 취하하는 조건으로 거액의 급부를 제공받기로 약정한 경우, 민법 제103조 소정의 반사회질서의 법률행위에 해당한다.

2. 궁 박

예제: A는 계(契)와 관련되어 B로부터 사문서변조죄로 고소되어 수사를 받다가 15일간 삼청교육대의 교육을 받고 퇴소하였다. 4일 후 B의 인척이 다시 계 관계로 고소하여 A는 경찰서로부터 조사를 위한 소환을 받았다. 이미 삼청교육대에 다녀왔는데 새로운 고소에 따라 또 다시 삼청교육대에 갈지 모른다는 급박한 정신적 압박을 받고 있었던 A는 고소를 취하시켜서 삼청교육대에 가는 것을 회피할 생각으로 경솔하게 청산합의에 응하였다. 즉 A는 B에게 금 1,300만 원 이상의 채권이 있었음에도 300만 원만을 받고 나머지 금 1,000만 원 이상의 채권을 포기하는 약정을 맺었다. A는 이 약정의 무효를 주장할 수 있을까?

궁박에 의한 폭리행위가 성립하는 전형적인 사례이다. 아래의 판결을 보면 폭리행위가 성립하기 위한 주관적, 객관적 요건을 검토한 후 폭리행위의 성립을 인정하고 있다. 그런데 주관적 요건의 검토에 있어서 便乘意圖(폭리행위의 악의)는 따로 언급하지 않고 있다.

대판 1992.4.14, 91다23660

민법 제104조 소정의 '궁박'이라 함은 '급박한 곤궁'을 의미하는 것이고 이는 경제적 원인에 기인할 수도 있고, 정신적 또는 심리적 원인에 기인할 수도 있으며, 당사자가 궁박의 상태에 있었는지 여부는 그의 신분과 재산상태 및 그가 처한 상황의 절박성의 정도 등 제반 상황을 종합하여 구체적으로 판단하여야 한다.
을로서는 이미 삼청교육대에 다녀왔는데 갑측으로부터 제기된 새로운 고소에 따라 또 다시 삼청교육대에 갈지 모른다는 급박한 정신적 압박을 받고 있었을 것임을 쉽사리 알 수 있고 따라서 을로서는 이러한 궁박상태 아래에서 고소를 취하시켜서 삼청교육대에 가는 것을 회피할 생각으로 경솔하게 청산합의에 응하였을 것으로 보지 못할 바 아니며, 또 을이 갑에게 금 1,300만 원 이상의 채권이 있었음에도 이것과 현금 45만 원 및 부채 216만 원을 인수시키고 그 나머지 금 1,000만 원 이상의 채권을 포기하는 약정을 맺은 것은 을에게 일방적으로 불리한 것이어서 현저히 불공정한 법률행위에 해당된다.

3. 강요된 기부채납

다음에 보는 판결에서는 제103조, 제104조, 제110조(사기 · 강박에 의한 의사표시)가 모두 문제되고 있다. 법률행위의 故障(효력 상실)에 관한 종합선물세트 같은 사례이므로, 각각의 논점에 대하여 빠짐없이 검토한 후 종합적인 최종 결론을 내려야 한다. 대법원은 위 세 논점에 대한 원고의 주장을 모두 부인하고 있다.

대판 1993.3.23, 92다52238

원고 대한교육보험주식회사는 1980.5.17. 비상계엄이 전국적으로 확대실시될 무렵, 소외 문화방송주식회사(이하 소외회사라 한다)의 총발행주식의 10퍼센트에 해당하는 주식 및 그 주권을 소유함.
당시 국가보위비상위원회는 소위 언론통폐합계획을 수립하고, 보안사로 하여금 담당하게 하였다. 1980.6.말경 당시 원고회사의 대표이사는 이 사건 주식을 국가에 무상으로 기부하겠다는 의사표시를 하고, 이 사건 주식 및 기부증서를 가지고 위 보안사에 가서 성보저상 권성날에게 전달함.
소외 대한민국은 1981.9.30.경 그 산하 문화공보부 장관 명의의 공문을 원고회사에 보내어 1980.12.8.자로 문화공보부에 기부된 이사건 주식을 국유재산법에 의하여 채납 조치하였음을 통지하고, 1981.12.28. 국유재산의 현물출자에 관한 법률에 따라 위 주식을 소외 한국방송공사에 양도하였으며, 위 한국방송공사는 1988.12.31. 이를 다시 피고 방송문화진흥회에게 양도함.

舊 국유재산법 제9조(寄附採納) ① 총괄청 및 관리청은 제3조 제1항 각호의 재산을 국가에 기부하고자 하는 자가 있는 때에는 대통령령이 정하는 바에 의하여 이를 채납할 수 있다[현 13조].

[원고의 입장] ① 당시의 억압된 사회분위기 하에서 보안사의 강요에 못이겨 주식을 대한민국에 기부한 행위는 명백하게 민법 제103조의 사회질서에 반하는 행위로서 무효.
② 민법 제104조의 현저히 공정을 잃은 법률행위로서 무효.
③ 강박에 의한 의사표시(제110조)로서 이미 취소하였음.

[대법원의 입장] ① 103조 관련: 법률행위의 성립과정에 불법이 개재된 경우에는 의사의 흠결 내지 하자있는 의사표시의 문제로서 그 효력여부를 논의할 성질의 것이지 이 경우 그 법률행위를 민법 제103조의 규정에 의한 반사회질서행위라 하여 무효로 판단할 것은 아니다.
② 104조 관련: 자기의 급부에 비하여 현저하게 균형을 잃은 반대급부를 하게 하여 부당한 재산적 이익을 얻는 행위를 의미한다. 원고의 기부행위와 같이 아무런 대가관계 없이 당사자 일방이 상대방에게 일방적인 급부를 하는 법률행위는 그 공정성 여부를 운위할 수 있는 성질의 법률행위가 아니다. 설사 그러하지 아니하다 하더라도 원고의 기부행위가 궁박, 경솔, 또는 무경험으로 인하여 이루어진 것이라는 점에 관하여 증거만으로는 이를 인정하기 부족하다.
③ 110조(강박에 의한 의사표시) 관련: 증거가 이를 인정하기 부족하다. 설사 주식기부행위가 강박에 의한 의사표시라고 할지라도 강박에 의한 의사표시의 취소권은 추인할 수 있는 날로부터 3년 내에, 법률행위를 한 날로부터 10년 내에 행사하여야 하는 것이고(제146조), 이 경우 추인할 수 있는 날이란 취소의 원인이 종료된 날, 즉 강박의 상태에서 벗어난 날이다. 그런데 원고는 1980.6.말경 이사건 주식 기부를 요구받고 이를 기부하였을 무렵 강박의 상태에서 벗어났다. 원고의 위 기부행위 취소의 의사표시가 담긴 이 사건 소장 부본이 1990.11.21 피고 대한민국에 송달된 사실은 기록상 분명하므로 원고의 위 기부행위 취소권은 그 제척기간의 도과로 이미 소멸하였다.

제11장 비진의 의사표시

Ⅰ. 의사표시의 고장

1. 이익형량

다음의 경우들이 정상적인(유효한) 의사표시인지를 검토해 보자.

예제 1: A는 여친에게 좋은 인상을 주려고 (재료가 없다는 것을 미리 알고서) 가장 비싼 "제비 둥지 요리"를 주문하였다.

예제 2: A는 채권자들로부터 재산을 빼돌릴 목적으로 B와 짜고서 자기 부동산을 B에게 매각하였다.

예제 3: 미술품 경매장에 간 A는 친구를 보고 인사하기 위해 손을 들었다가 "행복한 눈물"이 낙찰되었다.

예제 4: A는 신도시 지역의 부동산 가격이 폭등할 것이라는 정보를 믿고서 B 건설회사로부터 아파트를 구입하였다.

예제 5: A는 조폭 B의 협박을 받아 어쩔 수 없이 자신의 부동산을 B(또는 C)에게 매각하였다.

위와 같은 경우에 문제 있는 의사표시에 의한 법률행위의 효력을 인정할지의 여부는 결국 表意者와 相對方 중에서 어느 쪽을 더 보호할 것인가 하는 利益

衡量의 문제로 귀결한다.

이미 의사표시의 본질에 관한 학설들을 검토한 바 있는데, 어느 학설을 취하느냐에 따라 이 문제의 결론 역시 달라진다. 의사설은 표의자의 의사를 중시하므로 상응하는 의사가 없는 표시는 무효로 보는, 표의자를 중시하는 입장이다. 반면 표시설에 따르면 표시가 결정적 의미가 있으므로 상응하는 의사 없는 표시도 유효하다. 따라서 이 입장에 따르면 의사표시의 상대방(수령자)이 중시된다.

우리 민법은 사안 유형에 따라 절충적 입장을 취한다. 즉, 원칙적으로는 의사표시의 고장을 고려하지 않고 의사표시를 유효한 것으로 인정하면서도, 상대방 보호의 필요가 없는 경우에는 의사표시를 무효로 한다(107, 108). 또한 일단은 상대방 보호를 위하여 유효로 하였다가 표의자의 보호를 위하여 의사표시를 취소할 수 있도록 하는 절충적 해결(109, 110)을 취하기도 한다.

2. 흠 있는 의사표시

위에서 본 바와 같이 의사표시에 고장이 있는 경우를 일반적으로는 흠 있는 의사표시 또는 비정상적 의사표시라고 부른다.

우리 민법은 이러한 흠 있는 의사표시의 종류를 다음과 같이 인정하고 있다.

우선, 의사 형성 단계에 흠이 있는 경우로는 動機의 錯誤(109)와 사기 · 강박에 의한 의사표시(110)가 있다. 둘째로 효과의사가 없는 표시행위, 즉 의사와 표시의 의식적 불일치의 경우로는 진의 아닌 의사표시(107)와 허위표시(표의자 및 상대방의 공모가 있는 경우: 108)가 있다. 끝으로 표시 단계의 흠, 즉 의사와 표시가 무의식적으로 불일치한 경우로는 착오로 인한 의사표시(109)가 있다.

용어 사용에 있어서 주의해야 할 부분이 있다. "흠 있는 (또는 비정상적) 의사표시"는 이상의 모든 경우를 포괄하는 개념이다. 의사와 표시가 不一致하는 경우는 의사의 缺如(또는 欠缺)라고 부른다. 즉 여기에는 비진의 의사표시(107), 허위표시(108), 착오(109)가 속한다. 한편 瑕疵 있는 의사표시는 사기 · 강박에 의한 의사표시(110)를 의미한다. 하자 있는 의사표시와 흠 있는 의사표시가 동일한 개념이 아님을 주의하기 바란다.

II. 진의 아닌 의사표시

진의 아닌 의사표시는 非眞意表示라고도 한다. 또는 표시와 다른 진의를 마음 속(心裡)에 보류(留保)한다는 의미에서 심리유보(心裡留保)라고도 한다. 또한 의사와 표시의 불일치를 표의자가 의식하면서도 상대방과의 通情이 없으므로 단독 허위표시라고도 한다.

제107조(眞意 아닌 의사표시) ① 의사표시는 表意者가 眞意아님을 알고 한 것이라도 그 효력이 있다. 그러나 상대방이 표의자의 진의아님을 알았거나 이를 알 수 있었을 경우에는 무효로 한다.
② 전항의 의사표시의 무효는 선의의 제삼자에게 대항하지 못한다.

眞意가 무엇인지에 대해서는 내심적 효과의사라는 견해(곽 · 판례)와 효과의사라는 견해(송)가 있다. 전자의 입장은 진의를 표시상의 효과의사(표시행위로부터 추단되는 의사: 곽 · 판례가 보는 효과의사)와 구별하는 것이다. 그렇다고 해서 진의가 표의자가 이상적 · 궁극적으로 바라고 있는 의도(판례: "진정으로 마음속에 바라는 사항")인 것은 아니다.

다시 한 번 정리하자면, 진의가 무엇인지 하는 것은 효과의사가 무엇인지 하는 문제와 관련이 있다. 表示說에 가까운 입장에서 효과의사는 표시상의 효과의사라는 입장(곽 · 판례)이 있고, 新意思主義의 입장에서 내심적 효과의사를 효과의사로 보는 견해(송)가 있으며, 이 차이 때문에 진의를 다르게 파악하게 된 것이다.

다음에 볼 판례들은 표시상의 효과의사설을 따르고 있다.

대판 1996.4.9, 96다1320

의사표시 해석에 있어서 당사자의 진정한 의사를 알 수 없다면, 의사표시의 요소가 되는 것은 표시행위로부터 추단되는 효과의사 즉 표시상의 효과의사이고 표의자가 가지고 있던 내심적 효과의사가 아니므로, 당사자의 내심의 의사보다는 외부로 표시된 행위에 의하여 추단된 의사를 가지고 해석함이 상당하다.

대판 1996.12.20, 95누16059

비진의 의사표시에 있어서의 진의란 특정한 내용의 의사표시를 하고자 하는 표의자의 생각을 말하는 것이지 표의자가 진정으로 마음속에서 바라는 사항을 뜻하는 것은 아니므로, 표의자가 의사표시의 내용을 진정으로 마음속에서 바라지는 아니하였다고 하더라도 당시의 상황에서는 그것을 최선이라고 판단하여 그 의사표시를 하였을 경우에는 이를 내심의 효과의사가 결여된 비진의 의사표시라고 할 수 없다.

전쟁기념사업회의 직원들이 회사의 조직정비 방침에 따라 강임(降任)[참고 국가공무원법 5: 공무원을 하위 직급에 임명하는 것] 동의서를 제출한 사안에서, 전쟁기념사업회는 국방부장관의 상위직을 축소하라는 조직 및 인원정비 지시를 따르지 않을 수 없고, 그 인사규정상 직제와 정원의 개폐 또는 예산의 감소 등에 의하여 폐직 또는 감원이 되었을 때에는 임용권자인 회장이 직권에 의하여 직원을 면직시킬 수 있는 터라, 그 직원들이 강임이라는 사실 자체를 진정 마음속으로 원하는 바는 아니지만 누군가는 감원대상자로 선정되지 않을 수 없는 상황에서 객관적으로 타당한 심사기준에 의하여 자신이 감원대상자로 선정될 경우에는 직권면직을 당하기보다는 강임되는 것이 더 좋다고 판단하여 강임 동의의 의사표시를 하였다고 할 것이므로, 이를 두고 강임 동의의 내심의 효과의사가 결여된 비진의 의사표시라고 할 수 없다고 한 사례.

대판 2000.4.25, 99다34475

근로자가 징계면직처분을 받은 후 당시 상황에서는 징계면직처분의 무효를 다투어 복직하기는 어렵다고 판단하여 퇴직금 수령 및 장래를 위하여 사직원을 제출하고 재심을 청구하여 종전의 징계면직처분이 취소되고 의원면직처리된 경우, 그 사직의 의사표시는 비진의 의사표시에 해당하지 않는다고 한 사례.

사용자가 사직의 의사 없는 근로자로 하여금 어쩔 수 없이 사직서를 작성 · 제출하게 한 후 이를 수리하는 이른바 依願免職의 형식을 취하여 근로계약관계를 종료시키는 경우 진의 아닌 의사표시에 있어서의 진의란 특정한 내용의 의사표시를 하고자 하는 표의자의 생각을 말하는 것이지 표의자가 진정으로 마음속에서 바라는 사항을 뜻하는 것은 아니므로, 표의자가 의사표시의 내용을 진정으로 마음속에서 바라지는 아니하였다고 하더라도 당시의 상황에서는 그것을 최선이라고 판단하여 그 의사표시를 하였을 경우에는 이를 내심의 효과의사가 결여된 진의 아닌 의사표시라고 할 수 없다.

Ⅲ. 요　　건

비진의 의사표시가 성립하기 위해서는 다음의 요건들을 갖추어야 한다. ① 의사표시가 존재해야 하고, ② 진의(의사)와 표시의 불일치가 있어야 하고, ③ 표의자가 진의와 표시의 불일치를 알고 있어야 한다. 그러나 표의자가 진의와 다른 표시를 하는 이유나 동기는 상관없다.

입증책임은 무효를 주장하는 표의자가 부담하나, 의사표시의 존재는 상대방이 주장 · 입증해야 한다.

Ⅳ. 효　　과

비진의 의사표시는 원칙적으로 유효하다. 예외적으로, 상대방이 표의자의 진의아님을 알았거나 이를 알 수 있었을 경우에는 무효(107 ① 단)이다.

"알 수 있었을 경우"란, 거래계에서 일반적으로 요구되는 정도의 주의를 베풀었다면 알 수 있었을 경우, 즉 과실로 인하여 알지 못한 경우를 말한다.

다만 무효는 선의의 제3자에게 대항하지 못한다(107 ②).

다음의 판결들을 보면서 법원이 비진의 의사표시를 인정한 경우와 그렇지 않은 경우를 구별하고, 그 근거들을 찾아보자

대판 1999.2.12, 98다45744

증권회사 직원이 증권투자로 인한 고객의 손해에 대하여 책임을 지겠다는 내용의 각서를 작성해 준 사안에서, 그 각서를 단지 그 동안의 손실에 대하여 사과하고 그 회복을 위해 최선을 다하겠다는 의미로 해석하는 것은 경험칙과 논리칙에 반하지만, 그 각서가 남편을 안심시키려는 고객의 요청에 따라 작성된 경위 등에 비추어 비진의 의사표시로 인정했다.

상대방인 원고도 진의 아닌 의사표시라는 점을 알고 있어 무효이다.

대판 1980.7.8, 80다639

학교법인이 사립학교법상의 제한규정 때문에 그 학교의 교직원들인 소외인들의 명의를 빌려서 피고로부터 금원을 차용한 경우에 피고 역시 그러한 사정을 알고 있었다고 하더라도 위 소외인들의 의사는 위 금전의 대차에 관하여 그들이 주채무자로서 채무를 부담하겠다는 뜻이라고 해석함이 상당하므로 이를 진의 아닌 의사표시라고 볼 수 없다.

대판 1991.7.12, 90다11554

1980.8 초순경의 언론인 강제해직조치에 따른 의원면직처분은 근로자의 의사에 반하여 사직서를 제출케 하고 그 사직서에 기해 이루어졌다.
진의 아닌 의사표시인지의 여부는 효과의사에 대응하는 내심의 의사가 있는지 여부에 따라 결정되는 것인 바, 비록 원고들이 사직서를 작성 제출할 당시 그 사직서에 기하여 의원면직(依願免職) 처리될지 모른다는 점을 인식하였다고 하더라도 이것만으로써 그들의 내심에 사직의 의사가 있는 것이라고 할 수 없다. 따라서 원고들의 사직의사표시는 비진의 의사표시에 해당한다.

대판 1992.8.14, 92누909

일괄사표를 제출하였다가 선별수리하는 형식으로 의원면직되었다고 하더라도 공무원들이 임용권자 앞으로 일괄사표를 제출한 경우 그 사직원의 제출은 제출 당시 임용권자에 의하여 수리 또는 반려 중 어느.하나의 방법으로 처리되리라는 예측이 가능한 상태에서 이루어진 것으로서 그 사직원에 따른 의원면직은 그 의사에 반하지 아니하고, 비록 사직원제출자의 내심의 의사가 사직할 뜻이 아니었다 하더라도 그 의사가 외부에 객관적으로 표시된 이상 그 의사는 표시된 대로 효력을 발하는 것이며, 민법 제107조는 그 성질상 사인의 공법행위에 적용되지 아니하므로 사직원제출을 받아들여 의원면직처분한 것을 당연무효라고 할 수 없다.

제12장 허위표시

Ⅰ. 의 의

虛僞表示는 상대방과 通情하여 하는 허위의 의사표시이다. 通情 虛僞表示, 假裝行爲라고도 한다.

제108조(통정한 허위의 의사표시) ① 상대방과 通情한 허위의 의사표시는 무효로 한다.
② 전항의 의사표시의 무효는 선의의 제삼자에게 대항하지 못한다.

허위표시와 구별되는 행위들에는 다음과 같은 것들이 있다. 隱匿行爲는 가장행위 속에 숨겨져 있는 법률행위이다. 가장행위는 무효이지만 은닉행위는 유효이다. 誤表示(falsa demonstratio)는 표시에도 불구하고 眞意대로 합의가 성립하는 경우이다. 信託行爲는 권리를 이전하려는 진의가 있으므로 허위표시가 아니다. 허수아비 행위에서도 법률효과의 발생이 의욕되고 있으므로, 그것은 허위표시가 아니다. 詐害行爲는 채무자가 채권자를 해치기 위하여 하는 행위(406)로서 허위표시와는 별개의 제도이지만, 때로는 사해행위가 동시에 허위표시에 해당하는 경우도 있다.[7] 名義信託은 허위표시여서가 아니라 부동산실명법에 의해 원칙적으로 무효가 된다.

다음 판결은 유효인 은닉행위의 예를 보여준다.

7) 가령 대판 1998.2.27, 97다50985.

대판 1993.8.27, 93다12930

매도인이 경영하던 기업이 부도가 나서 그가 주식을 매도할 경우 매매대금이 모두 채권자은행에 귀속될 상황에 처하자 이러한 사정을 잘 아는 매수인이 매매계약서상의 매매대금은 형식상 금 8,000원으로 하고 나머지 실질적인 매매대금은 매도인의 처와 상의하여 그에게 적절히 지급하겠다고 하여 매도인이 그와 같은 주식매매계약을 체결한 경우, 매매계약상의 대금 8,000원이 적극적 은닉행위를 수반하는 허위표시라 하더라도 실지 지급하여야 할 매매대금의 약정이 있는 이상 위 매매대금에 관한 외형행위가 아닌 내면적 은닉행위는 유효하고 따라서 실지매매대금에 의한 위 매매계약은 유효하다.

II. 요 건

허위표시가 인정되기 위해서는 다음과 같은 요건들을 만족해야 한다. ① 의사표시가 존재해야 하고, ② 眞意(意思)와 表示가 불일치해야 하고, ③ 표의자가 진의와 표시의 불일치를 알고 있어야 하고, ④ 상대방과의 通情이 있어야 한다. 그러나 표의자의 동기는 요건이 아니다.

입증책임은 의사표시가 허위표시여서 무효라고 주장하는 자가 부담한다.

이하에서는 제3자를 형식상의 주채무자(主債務者)로 내세우고 대출을 받은 경우, 그 대출약정은 허위표시로 무효인지, 또는 비진의 의사표시로서 상대방이 알았거나 알 수 있었을 경우 무효인지에 대하여 대법원이 서로 다르게 판단한 예이다.

대판 2002.10.11, 2001다7445[8)]

동일인에 대한 대출액 한도를 제한한 구 상호신용금고법 제12조의 적용을 회피하기 위하여 실질적인 주채무자가 실제 대출받고자 하는 채무액에 대하여 제3자를 형식상의 주채무자로 내세우고, 상호신용금고도 이를 양해하여 제3자에 대하여는 채무자로서 책임을 지우지 않을 의도 아래 제3자 명의로 대출관계서류를 작성받은 경우, 제3

8) 동일 취지의 다수 판결들: 대판 1996.8.23, 96다18076; 대판 1999.3.12, 98다48989; 대판 2001.2.23, 2000다65864; 대판 2001.5.29, 2001다11765; 대판 2002.10.11, 2001다7445; 대판 2007.11.29, 2007다53013 등.

자는 형식상의 명의만을 빌려 준 자에 불과하고 그 대출계약의 실질적인 당사자는 상호신용금고와 실질적 주채무자이므로, 제3자 명의로 되어 있는 대출약정은 상호신용금고의 양해 아래 그에 따른 채무부담의 의사 없이 형식적으로 이루어진 것에 불과하여 통정허위표시에 해당하는 무효의 법률행위이다.

대판 1996.9.10, 96다18182[9)]

법률상 또는 사실상의 장애로 자기 명의로 대출받을 수 없는 자를 위하여 대출금채무자로서의 명의를 빌려준 자에게 그와 같은 채무부담의 의사가 없는 것이라고는 할 수 없으므로 그 의사표시를 비진의표시에 해당한다고 볼 수 없고, 설령 명의대여자의 의사표시가 비진의표시에 해당한다고 하더라도 그 의사표시의 상대방인 상호신용금고로서는 명의대여자가 전혀 채무를 부담할 의사 없이 진의에 반한 의사표시를 하였다는 것까지 알았다거나 알 수 있었다고 볼 수도 없다고 보아, 그 명의대여자는 표시행위에 나타난 대로 대출금채무를 부담한다고 한 사례.

III. 효 과

1. 개 관

허위표시는 당사자 사이에서는 항상 무효이며, 제3자가 유효를 주장하는 경우에도 마찬가지이다. 허위표시로 인한 부당이득 반환청구 시에 746조는 배제되므로, 지급한 것이 있으면 반환청구할 수 있다. 허위표시가 성립하는 경우에도 채권자는 채권자취소권을 행사할 수 있다(통설 · 판례).

제3자와의 관계에서 보자면, 원칙적으로 제3자에 대하여도 무효이나 선의의 제3자에게는 대항할 수 없다. 제3자란 일반적으로는 당사자와 그 포괄승계인 이외의 자를 말하지만, 여기에서는 '허위표시를 기초로 새로운 이해관계를 맺은 자'를 말한다.

善意는 (새로운 이해관계를 맺은 때에) 의사표시가 허위표시임을 알지 못하는 것이다. 무과실은 요건이 아니라는 것이 다수설 · 판례의 입장이다. 선의에 대한

9) 동일 취지의 다수 판결들: 대판 1997.7.25, 97다8403; 대판 1998.9.4, 98다17909; 대판 2003.6.24, 2003다7357; 대판 2008.6.12, 2008다7772, 7789 등.

입증책임은 제3자의 악의를 주장하는 자가 부담한다.

"대항 못함"이란 선의의 제3자에 대해서는 허위표시가 표시된 대로 유효하다는 뜻이다. 선의의 제3자가 무효를 주장할 수 있는지 여부에 대하여 다수설은 긍정한다.

대판 2006.3.10, 2002다1321

민법 제108조 제1항에서 상대방과 통정한 허위의 의사표시를 무효로 규정하고, 제2항에서 그 의사표시의 무효는 선의의 제3자에게 대항하지 못한다고 규정하고 있는데, 여기에서 제3자는 특별한 사정이 없는 한 선의로 추정할 것이므로, 제3자가 악의라는 사실에 관한 주장 · 입증책임은 그 허위표시의 무효를 주장하는 자에게 있다.
민법 제108조 제2항에 규정된 통정허위표시에 있어서의 제3자는 그 선의 여부가 문제이지 이에 관한 과실 유무를 따질 것이 아니다.

대판 2001.5.8, 2000다9611

허위의 근저당권에 대하여 배당이 이루어진 경우, 통정한 허위의 의사표시는 당사자 사이에서는 물론 제3자에 대하여도 무효이고 다만, 선의의 제3자에 대하여만 이를 대항하지 못한다고 할 것이므로, 배당채권자는 채권자취소의 소로써 통정허위표시를 취소하지 않았다 하더라도 그 무효를 주장하여 그에 기한 채권의 존부, 범위, 순위에 관한 배당이의의 소를 제기할 수 있다.

대판 1998.2.27, 97다50985

채무자의 법률행위가 통정허위표시인 경우에도 채권자취소권의 대상이 되고, 한편 채권자취소권의 대상으로 된 채무자의 법률행위라도 통정허위표시의 요건을 갖춘 경우에는 무효라고 할 것이다.

대판 1996.4.26, 94다12074

상대방과 통정한 허위의 의사표시는 무효이고 누구든지 그 무효를 주장할 수 있는 것이 원칙이나, 허위표시의 당사자 및 포괄승계인 이외의 자로서 허위표시에 의하여 외형상 형성된 법률관계를 토대로 실질적으로 새로운 법률상 이해관계를 맺은 선의의 제3자에 대하여는 허위표시의 당사자뿐만 아니라 그 누구도 허위표시의 무효를 대항하지 못하고, 따라서 선의의 제3자에 대한 관계에 있어서는 허위표시도 그 표시된 대로 효력이 있다.
통정 허위표시를 원인으로 한 부동산에 관한 가등기 및 그 가등기에 기한 본등기로 인하여 갑의 소유권이전등기가 말소된 후 다시 그 본등기에 터잡아 을이 부동산을 양수하여 소유권이전등기를 마친 경우, 을이 통정 허위표시자로부터 실질적으로 부동산을 양수하고 또 이를 양수함에 있어 통정 허위표시자 명의의 각 가등기 및 이에 기한 본등기의 원인이 된 각 의사표시가 허위표시임을 알지 못하였다면, 갑은 선의의 제3자인 을에 대하여는 그 각 가등기 및 본등기의 원인이 된 각 허위표시가 무효임을 주장할 수 없고, 따라서 을에 대한 관계에서는 그 각 허위표시가 유효한 것이 되므로 그 각 허위표시를 원인으로 한 각 가등기 및 본등기와 이를 바탕으로 그 후에 이루어진 을 명의의 소유권이전등기도 유효하다는 이유로, 을이 선의라 하더라도 을에 대하여 갑이 그 부동산의 소유권자임을 주장할 수 있다고 한 원심판결을 파기한 사례.

2. 제3자의 범위

제108조 제2항에서 말하는 제3자에 해당하는 경우로는, 가장매매의 매수인으로부터의 양수인 또는 저당권을 설정 받은 자 또는 매매계약에 의한 소유권이전청구권 보전을 위한 가등기를 취득한 자, 가장전세권에 대하여 저당권을 취득한 자, 가장저당권 실행에 있어 경락자, 가장근저당권의 양수인, 가장매매에 기한 대금채권의 양수인 또는 압류채권자, 가장양도된 목적물의 압류채권자 등이 있다.

제3자에 해당하지 않는 경우로는, 대리인이나 대표기관이 허위표시를 한 경우의 본인이나 법인, 채권의 가장양도에서 추심목적의 채권양수인, 가장양수인의 일반채권자 등이 있다.

또한 제3자에 속하는지 여부에 대하여 학설의 다툼이 있는 경우들이 있다. 가장매매의 매수인으로부터 목적부동산을 다시 매수한 자가 제3자이려면 등기나 인도가 필요한지에 대해서는 부정하는 견해(송)가 있다. 가장매매에 기한 손해배상청구권의 양수인이 제3자인지에 대해서는 부정설(다수설)과 긍정설(송)이 있다. 채권의 가장양도에 있어서의 채무자가 제3자인지에 대해서는 부정설이 다수설이다.

대판 1983.1.18, 82다594

민법 제108조 제2항에서 말하는 제3자는 허위표시의 당사자와 그의 포괄승계인 이외의 자 모두를 가리키는 것이 아니고 그 가운데서 허위표시행위를 기초로 하여 새로운 이해관계를 맺은 자를 한정해서 가리키는 것으로 새겨야 할 것이므로 이 사건 퇴직금 채무자인 피고는 원채권자인 소외(갑)이 소외(을)에게 퇴직금채권을 양도했다고 하더라도 그 퇴직금을 양수인에게 지급하지 않고 있는 동안에 위 양도계약이 허위표시란 것이 밝혀진 이상 위 허위표시의 선의의 제3자임을 내세워 진정한 퇴직금전부채권자인 원고에게 그 지급을 거절할 수 없다.

대판 2000.7.6, 99다51258

상대방과 통정한 허위의 의사표시는 무효이고 누구든지 그 무효를 주장할 수 있는 것이 원칙이나, 허위표시의 당사자와 포괄승계인 이외의 자로서 허위표시에 의하여 외형상 형성된 법률관계를 토대로 실질적으로 새로운 법률상 이해관계를 맺은 선의의 제3자에 대하여는 허위표시의 당사자뿐만 아니라 그 누구도 허위표시의 무효를 대항하지 못하는 것인바, 허위표시를 선의의 제3자에게 대항하지 못하게 한 취지는 이를 기초로 하여 별개의 법률원인에 의하여 고유한 법률상의 이익을 갖는 법률관계에 들어간 자를 보호하기 위한 것이므로, 제3자의 범위는 권리관계에 기초하여 형식적으로만 파악할 것이 아니라 허위표시행위를 기초로 하여 새로운 법률상 이해관계를 맺었는지 여부에 따라 실질적으로 파악하여야 한다.
보증인이 주채무자의 기망행위에 의하여 주채무가 있는 것으로 믿고 주채무자와 보증계약을 체결한 다음 그에 따라 보증채무자로서 그 채무까지 이행한 경우, 그 보증인은 주채무자에 대한 구상권 취득에 관하여 법률상의 이해관계를 가지게 되었고 그 구상권 취득에는 보증의 부종성으로 인하여 주채무가 유효하게 존재할 것을 필요로 한다는 이유로 결국 그 보증인은 주채무자의 채권자에 대한 채무 부담행위라는 허위표시에 기초하여 구상권 취득에 관한 법률상 이해관계를 가지게 되었다고 보아 민법 제108조 제2항 소정의 '제3자'에 해당한다고 한 사례.

IV. 사례 문제와 모범 답안

[문제] 甲은 자신의 X 부동산을 5억 원에 乙에게 매각하기로 乙과 금년 1.1일에 합의하면서, 1.30일에 乙은 대금 5억 원을 甲에게 지급하고 동시에 甲은 이전등기에 필요한 서류 일체를 乙에게 지급하기로 하였다. 1.5일에 X 부동산이 위치한 지역이 신도시로 개발될 것이라는 정부의 계획이 발표되면서 그 지역의 부동산 가격이 폭등하였고, 甲은 자신의 결정이 성급했음을 후회하였다. 이 사실을 잘 알고 있는 甲의 친구 丙은, X 부동산을 乙에게 팔 것이 아니라 자기에게 증여하면 자신이 잘 관리하겠다

고 甲을 설득하였다. 甲은 처음에는 반신반의하였으나 여러 차례에 걸친 丙의 설득에 넘어가서 결국 X 토지를 丙에게 증여하기로 하였다. 그런데 甲과 丙은 겉으로는 증여가 아니라 매매가 이루어진 것처럼 꾸미기로 하고, 대금 1억 원에 X 부동산을 甲이 丙에게 매각하는 매매계약서를 1.20일에 작성하고, 같은 날 丙이 甲에게 1억 원을 송금하고 甲은 丙에게 등기에 필요한 서류 일체를 교부하였고 丙은 이 서류를 가지고 자기 명의로의 이전등기를 신청하여 1.21일에 丙 명의로의 소유권 이전등기가 경료(經了: 절차를 밟아 등기가 완료됨)되었다. 한편 乙은 1.30일에 甲에게 5억 원을 송금할 준비를 마친 상태에서 등기에 필요한 서류를 넘겨줄 것을 재촉하였으나, 甲은 이미 X 부동산을 丙에게 매각했다고 하면서 자신에게 5억 원을 송금할 필요가 없다고 하였다.
甲, 乙, 丙 사이의 법률관계에 관하여 논하시오.

[**채점 기준** (50점 만점)]
I. 서론 (5점)
II. 갑과 병 사이의 법률관계 (30점)
 1. 가장행위와 은닉행위 (10점)
 2. 제103조 위반의 문제 (10점)
 3. 원상회복문제 (5점)
 4. 소결 (5점)
III. 갑과 을 사이의 법률관계 (5점)
IV. 을과 병 사이의 법률관계 (5점)
V. 결론 (5점)

[모범 답안]

I. 서 론

갑, 을, 병 사이의 법률관계에서 먼저 살펴볼 것은 갑과 병 사이의 관계이다. 왜냐하면 갑과 병 사이의 거래(증여 혹은 매매)가 유효한 것이 되면 등기를 이전받은 병이 소유권을 취득하겠지만, 그 거래가 무효일 경우 소유권은 여전히 갑에게 머무르게 되기 때문이다. 따라서 을이 갑에게 매매 계약의 이행을 청구(구체적으로는, 소유권 이전등기의 청구)할 경우, 갑이 이행불능 책임을 질 것인지 아니면 이행지체의 책임을 질 것인지가 갑과 병 사이의 법률관계 여하에 따라 달라진다.

따라서 이하에서는 먼저 갑과 병 사이의 법률관계를 살펴보고, 이어서 갑과 을 사이, 을과 병 사이의 법률관계를 살펴보도록 하겠다.

II. 갑과 병 사이의 법률관계

1. 가장행위와 은닉행위

(1) 가장매매인지 여부 및 그 효력

1) 허위표시의 성립 요건: 갑과 병 사이의 거래에 있어서 주목할 점은, X 토지를 갑이 병에게 증여하기로 합의했으면서도 겉으로는 매매인 것처럼 가장했다는 점이다. 따라서 갑과 병 사이의 매매는 일견 가장행위인 것처럼 보인다. 이제, 그 거래가 가장행위인지의 여부를 구체적으로 검토해 보기로 한다.

어떤 의사표시가 허위표시이기 위해서는(제108조 제1항 전단), (i) 일단 의사표시가 존재해야 하고, (ii) 그 의사표시에 있어서 진의(의사)와 표시가 불일치해야 하고, (iii) 표의자가 진의와 표시의 불일치를 알고 있어야 하고, (iv) 상대방과의 통정이 있어야 한다.

본 사안의 경우, 갑과 병은 매매의 의사표시를 하였지만 내심으로는 증여의 의사를 가지고 있었고 이러한 불일치를 알고 있었을 뿐만 아니라 서로 통정을 한 상태였다. 따라서 갑과 병 사이에서 이루어진 매매의 합의는 허위표시의 모든 요건을 충족하는 것으로 생각된다.

2) 허위표시의 효력: 따라서 갑과 병 사이에 성립한 매매 계약은 허위표시로서 무효이다(제108조 제1항 후단). 따라서 이 계약은 당사자인 갑과 병 사이에서 무효일 뿐만 아니라, 원칙적으로 제3자에 대해서도 무효이다. 다만 허위표시를 기초로 하여 새로운 이해관계를 맺은 선의의 제3자에 대해서는 그 무효를 가지고 대항할 수 없다(제108조 제2항).

(2) 은닉행위: 갑과 병 사이의 매매계약이 허위표시로서 무효가 된다 하더라도 이 외형행위가 감추고 있는 갑과 병 사이의 실제 법률행위(은닉행위)까지 함께 무효가 되는 것은 아니고, 그 은닉행위는 유효가 될 수도 있다.

본 사안의 경우 갑과 병 사이에서는 비록 은닉되어 있다 하더라도 증여의 합의가 있었음을 인정할 수 있으므로, 갑과 병 사이에서는 유효한 증여 계약이 성립하였다(제554조).

2. 제103조 위반의 문제

위에서 갑과 병 사이의 거래에 있어서 외형행위인 매매는 허위표시로서 무효라고 하더라도, 은닉행위인 증여는 유효함을 확인하였다. 그런데 병이 이 증여에 있어서(이미 을과 매매계약을 체결한 상태였던) 갑의 배임행위에 적극 가담한 점이 문제된다. 즉 갑과 병 사이의 증여 계약이 반사회질서적인 행위로서 무효가 아닌가의 여부를 검토해 보아야 한다.

(1) 2중매매 무효법리와 그 확장: 판례는 배임적인 이중매매에 있어서 제2매수인이 이러한 배임행위에 적극 가담한 경우에는 그 제2매매를 무효라고 하였다. 또한 판

례는 이러한 2중매매의 법리를 다른 이중양도에 있어서도 확장하여 적용하고 있다. 즉, 부동산이 이미 매각된 사실을 알면서도 배임행위에 적극가담하여 증여를 받거나, 이미 취득시효가 완성된 부동산을 제3자에게 매각하고 그 제3자가 그 매각에 적극 개입한 경우, 또한 이미 매각된 부동산에 대하여 매도인의 채권자가 매도인의 배임행위에 적극 가담하여 저당권설정계약을 체결한 경우 등에 있어서도 그러한 증여계약, 매매계약, 저당권설정계약을 모두 무효로 하고 있다.

본 사안의 경우, 병은 갑의 배임행위에 적극적으로 개입하여 자기에게 증여가 이루어지도록 하였으므로, 이러한 2중매매 무효법리의 확장적용이 가능한 경우라고 생각된다.

(2) 소결: 따라서 갑과 병 사이의 증여계약은 반사회질서적 법률행위로서 무효이다(제103조).

3. 원상회복 문제

(1) 서설: 이것은 병이 갑에게 지급한 1억 원을 반환청구할 수 있는지 또한 갑으로부터 병 앞으로 경료된 소유권이전등기를 복귀시킬 수 있는지와 관련된 문제이다.

우선 이 1억 원 및 소유권 이전등기가 외형행위의 이행으로서 이루어진 것인지 아니면 은닉행위의 이행으로서 이루어진 것인지를 확인해 보자. 그 어느 쪽으로 볼 것인지에 따라서 이것들이 불법원인급여가 될 수도 있고 그렇지 않을 수도 있기 때문이다.

(2) 가장행위에 기한 이행: 그런데 위에서 살펴본 바와 같이 외형행위는 무효이고 은닉행위는 유효이기 때문에 이 1억 원과 소유권 이전등기가 유효한 은닉행위로 인한 급부라고 성급한 결론을 내려서는 안 된다. 오히려 이 이행행위들은 가장매매에 있어서 매도인과 매수인의 의무를 이행한 것임을 확인할 수 있다.

1억 원은 갑에게 을이 매매대금으로 지급한 것이므로 설사 그 매매계약이 가장행위로서 무효라고 하더라도 부당이득으로서 반환청구될 수 있으며 불법원인급여(제746조)에 해당하지 않는다.

이 점은 X 부동산에 대한 병 앞으로의 소유권 이전등기에 있어서도 유사하다. 만약 이 이전등기가 유효한 것이라면, 병은 다시 갑에게 소유권 이전등기를 하거나 이전등기를 말소함으로써 소유권 등기가 다시 갑에게 복귀하도록 하여야 할 것이다.

다만 여기에서는 원인관계인 증여가 무효가 되면서 병 앞으로의 이전등기 역시 무효가 되기 때문에 등기의 복귀와 관계없이 소유권은 여전히 갑에 있다. 그러나 병은 무효인 자기 앞으로의 이전등기를 말소함으로써 허위표시의 외관을 제거할 의무가 있다(제214조). 즉 갑은 병을 상대로 이전등기의 말소를 청구할 수 있으며(제214조) 병 앞으로의 이전등기는 불법원인급여(제746조)에 해당하지 않는다.

(3) 소결: 병이 이미 갑에게 지급한 1억 원은 불법원인급여(제746조)에 해당하지 않으므로, 병은 갑을 상대로 부당이득을 이유로 하여 이 1억 원의 반환을 청구할 수

있다(제741조).

갑이 병에게 경료한 소유권 이전등기는 불법원인급여(제746조)에 해당하지 않으며, 갑은 병을 상대로 이전등기의 말소를 청구할 수 있다(제214조).

4. 소 결

갑과 병 사이의 가장매매는 허위표시로서 무효이지만(제108조) 은닉행위인 증여는 일단 유효하다. 그러나 이 증여는 병이 갑의 배임행위에 적극 가담하여 이루어진 반사회질서적인 행위이므로 무효이다(제103조). 병이 갑에게 매매대금으로서 지급한 1억 원은 불법원인급여(제746조)에 해당하지 않으며, 병은 이를 반환청구할 수 있다(제741조). 갑이 병에게 경료한 소유권 이전등기는 불법원인급여(제746조)에 해당하지 않으며, 갑은 병을 상대로 이전등기의 말소를 청구할 수 있다(제214조).

III. 갑과 을 사이의 법률관계

갑과 병 사이의 계약이 유효 또는 무효라 하여도 그것이 갑과 을 사이에 이미 체결된 매매계약의 효력에 직접적인 영향을 주지는 않는다. 다만 갑과 병 사이의 계약이 유효라면 그것을 등기 원인으로 하여 병에게 등기가 경료되었으므로 X 부동산의 소유권은 병에게 유효하게 이전하게 될 것이고, 그렇게 되면 갑은 더 이상 X 부동산의 소유권을 을에게 이전할 수 없으므로 갑은 이행불능 상태에 빠지게 될 것이다.

그러나 위에서 살펴보았듯이 갑과 병 사이의 거래가 무효가 됨에 따라서 비록 등기가 병에게 넘어갔다 하더라도 그러한 실체관계에 부합하지 않는 등기는 무효이며 소유권은 병에게 이전한 것이 아니라 여전히 갑에게 있다.

따라서 갑의 을에 대한 X 부동산의 소유권 이전 의무는 여전히 이행 가능한 것이 되므로, 갑은 을에 대하여 이행지체 책임(제387조 제1항)을 지게 되거나 또는 이행거절 책임을 지게 될 것이다(이에 관한 상세한 논의는 채권총론의 영역이므로 생략함).

IV. 을과 병 사이의 법률관계

을과 병은 각각 갑과 계약을 맺은 관계이므로 두 사람 사이에는 직접적인 아무런 법률관계가 존재하지 않는다. 다만, 갑이 병에게 소유권 이전등기의 말소를 청구하지 않는 경우, 을은 갑을 대위하여 병을 상대로 등기말소 청구권을 행사할 수 있다(제404조: 채권자대위권에 대한 상세한 논의 및 등기청구권에 관한 논의는 총칙의 범위를 벗어나므로 생략함).

V. 결 론

갑과 병 사이의 가장매매는 허위표시로서 무효이지만(제108조) 은닉행위인 증여는 일단 유효하다. 그러나 이 증여는 병이 갑의 배임행위에 적극 가담하여 이루어진 반사회질서적인 행위이므로 무효이다(제103조). 병이 갑에게 매매대금으로서 지급한 1억 원은 불법원인급여(제746조)에 해당하지 않으며, 병은 이를 반환청구할 수 있다(제741조). 갑이 병에게 경료한 소유권 이전등기는 불법원인급여(제746조)에 해당하지 않으며, 갑은 병을 상대로 이전등기의 말소를 청구할 수 있다(제214조).

갑은 을에 대하여 이행지체 책임(제387조 제1항)을 지게 되거나 또는 이행거절 책임을 진다.

을은 갑을 대위하여 병을 상대로 등기말소 청구권을 행사할 수 있다(제404조).

제13장 착오에 의한 의사표시

Ⅰ. 의 의

1. 개 념

이 장에서 다룰 의사표시 고장의 유형은 錯誤인데, 이에 관해서는 제109조가 규정하고 있다.

> **제109조(착오로 인한 의사표시)** ① 의사표시는 법률행위의 내용의 중요부분에 錯誤가 있는 때에는 취소할 수 있다. 그러나 그 착오가 表意者의 중대한 과실로 인한 때에는 취소하지 못한다.
> ② 전항의 의사표시의 취소는 선의의 제삼자에게 대항하지 못한다.

착오의 개념 규정은 총칙은 물론이고 민법 전체에서도 가장 어려운 문제 중의 하나이다. 전통적으로 착오라는 법 제도에는 매우 광범위한 사례들이 포함되어 왔으므로, 그 여러 경우를 통일적으로 설명할 수 있는 단일한 개념을 찾는 것이 쉽지 않기 때문이다.

다수설은 진의(내심의 효과의사)와 표시상의 효과의사가 일치하지 않는데 그 불일치를 표의자 자신이 모르는 경우를 착오라고 한다.

그 밖에도 여러 견해들이 있다. 표의자가 스스로 모른 채 사실과 일치되지 않는 인식 또는 판단을 하고 그에 의거하여 한 의사표시라는 견해도 있다. 또한 진의(진정으로 의도하였던 의사, 즉 착오가 없었다면 가졌을 의사)와 표시의 불일치라는 견해(곽)도 있다. 내심적 효과의사와 표시행위의 불일치를 착오라고 하면서, 동기의 착오에는 제109조를 유추적용하자는 입장도 있다. 착오를 가장 좁게 정의하려는 입장으로서는, 廣義(표의자의 관념과 실제의 무의식적인 불일치: 동기의 착오 포함)가 아닌 狹義(내심적 효과의사와 표시의 무의식적인 불일치)의 착오만을 착오로 인정하는 입장(송)이 있다.

2. 동기의 착오

착오의 定義에 관한 위의 여러 학설들의 핵심 쟁점은 動機의 착오(의사형성 과정에 있어서의 착오)를 착오 개념에 포함시킬 것인지, 포함시킬 경우 그것을 어느 범위까지 착오로 인정할 것인지 하는 문제와 관련이 있다.

표시설(곽)은 동기가 표시되고 상대방이 알고 있어, 동기가 의사표시의 내용으로 되어야 착오로 인정한다. 표시불문설은 동기의 착오를 일반적으로 인정한다. 유추적용설은 "거래에 있어서 중요한 사람 또는 물건의 성질에 관한 착오"는 제109조를 유추적용할 수 있다고 본다. 불고려설(송)은 동기가 표시되었어도 착오로 인정하지 않지만, 동기를 상대방이 유발한 경우에는 신의칙상 취소를 인정한다.

판례는 원칙적으로 표시설을 따르면서, 예외적으로 "상대방에 의해 동기의 착오가 유발되었으면" 착오를 인정한다.

대판 1998.2.10, 97다44737

동기의 착오가 법률행위의 내용의 중요 부분의 착오에 해당함을 이유로 표의자가 법률행위를 취소하려면 그 동기를 당해 의사표시의 내용으로 삼을 것을 상대방에게 표시하고 의사표시의 해석상 법률행위의 내용으로 되어 있다고 인정되면 충분하고 당사자들 사이에 별도로 그 동기를 의사표시의 내용으로 삼기로 하는 합의까지 이루어질 필요는 없지만, 그 법률행위의 내용의 착오는 보통 일반인이 표의자의 입장에 섰더라면 그와 같은 의사표시를 하지 아니하였으리라고 여겨질 정도로 그 착오가 중요한 부분에 관한 것이어야 한다.

II. 착오의 유형

동기의 착오가 의사 형성에 있어서의 착오라면 나머지 착오는 "(내심적) 효과의사와 표시의 무의식적인 불일치"이며 이것이 본래 의미의 또는 狹義의 착오이다. 이 착오는 다음과 같이 분류해 볼 수 있다.

의미(내용)의 착오는 표시의 법적 의미에 대한 착오로서, 선택된 표현의 의미, 법률행위 상대방 또는 객체의 동일성, 법률효과 등에 대한 착오가 이에 해당한다.

표시행위의 착오는 표시행위에 있어서의 착오로서, 잘못 말함, 誤記, 잘못 선택 등이 이에 해당한다.

전달의 착오는 仲介者(使者나 표시기관 등)가 무의식적으로 잘못 전달하는 경우로서 표시행위의 착오의 한 유형으로 볼 수 있다. 가령 우체국이 표의자의 의사와 다른 의사를 전달한 경우를 예로 볼 수 있다.

상대방(수령자)의 착오는 상대방에 의하여 의사표시의 의미가 오해되는 경우로서 제109조의 착오에 해당하지 않는다.

III. 요 건

1. 내용의 착오

착오가 성립하려면 우선 그것이 '법률행위의 내용'의 착오여야 한다. 동기의 착오는 원칙적으로 여기에 포함되지 않으며, 일정한 경우에만 내용의 착오가 됨은 위에서 본 바 있다.

2. 중요부분의 착오

또한 착오는 '중요 부분'의 착오여야 한다. 중요부분의 착오가 무엇인지에 관하여, 다수설은 주관적 요건(표의자가 착오가 없었다면 의사표시 하지 않을 것)과 객관적 요건(일반인의 입장)을 요구한다. 또한 여러 다른 학설들이 있다. 다수설이 요구하는 주관적 · 객관적 요건 외에 상대방의 인식가능성까지 요구하는 견해도 있다. 객관적 요건만 요구하는 견해도 있고, 둘 중 하나만 있어도 중요부분의 착오로 인정하는 견해도 있다.

판례는 다수설을 따르고 있지만, 객관적 요건만을 언급하는 판결도 있다.

대판 1997.9.30, 97다26210

동기의 착오가 법률행위의 내용의 중요 부분의 착오에 해당함을 이유로 표의자가 법률행위를 취소하려면 그 동기를 당해 의사표시의 내용으로 삼을 것을 상대방에게 표시하고 의사표시의 해석상 법률행위의 내용으로 되어 있다고 인정되면 충분하고 당사자들 사이에 별도로 그 동기를 의사표시의 내용으로 삼기로 하는 합의까지 이루어질 필요는 없지만, 그 법률행위의 내용의 착오는 보통 일반인이 표의자의 입장에 섰더라면 그와 같은 의사표시를 하지 아니하였으리라고 여겨질 정도로 그 착오가 중요한 부분에 관한 것이어야 한다. …
착오가 표의자의 중대한 과실로 인한 때에는 취소하지 못한다고 할 것인데, 여기서 '중대한 과실'이라 함은 표의자의 직업, 행위의 종류, 목적 등에 비추어 보통 요구되는 주의를 현저히 결여하는 것을 의미한다.
건물에 대한 매매계약 체결 직후 건물이 건축선을 침범하여 건축된 사실을 알았으나 매도인이 법률전문가의 자문에 의하면 준공검사가 난 건물이므로 행정소송을 통해 구청장의 철거 지시를 취소할 수 있다고 하여 매수인이 그 말을 믿고 매매계약을 해제하지 않고 대금지급의무를 이행한 경우라면 매수인이 건물이 철거되지 않으리라고 믿은 것은 매매계약과 관련하여 동기의 착오라고 할 것이지만, 매수인과 매도인 사이에 매매계약의 내용으로 표시되었다고 볼 것이고, 나아가 매수인뿐만 아니라 일반인이면 누구라도 건물 중 건축선을 침범한 부분이 철거되는 것을 알았더라면 그 대지 및 건물을 매수하지 아니하였으리라는 사정이 엿보이므로, 결국 매수인이 매매계약을 체결함에 있어 그 내용의 중요 부분에 착오가 있는 때에 해당하고, 한편 매도인의 적극적인 행위에 의하여 매수인이 착오에 빠지게 된 점, 매수인이 그 건물의 일부가 철거되지 아니할 것이라고 믿게 된 경위 등 제반 사정에 비추어 보면 착오가 매수인의 중대한 과실에 기인한 것이라고 할 수 없다.

대판 1999.4.23, 98다45546

의사표시는 법률행위의 내용의 중요 부분에 착오가 있는 때에는 취소할 수 있고, 의사표시의 동기에 착오가 있는 경우에는 당사자 사이에 그 동기를 의사표시의 내용으로 삼았을 때에 한하여 의사표시의 내용의 착오가 되어 취소할 수 있는 것이며, 법률행위의 중요 부분의 착오라 함은 표의자가 그러한 착오가 없었더라면 그 의사표시를 하지 않으리라고 생각될 정도로 중요한 것이어야 하고 보통 일반인도 표의자의 처지에 섰더라면 그러한 의사표시를 하지 않았으리라고 생각될 정도로 중요한 것이어야 한다.

대판 2006.12.7, 2006다41457

착오가 법률행위 내용의 중요 부분에 있다고 하기 위하여는 표의자에 의하여 추구된 목적을 고려하여 합리적으로 판단하여 볼 때 표시와 의사의 불일치가 객관적으로 현저하여야 하고, 만일 그 착오로 인하여 표의자가 무슨 경제적인 불이익을 입은 것이 아니라면 이를 법률행위 내용의 중요 부분의 착오라고 할 수 없다.

3. 중 과 실

끝으로 표의자에게 '중대한 과실(중과실)'이 없어야 한다. 중과실은 표의자의 직업, 행위의 종류, 목적 등에 비추어 보통 베풀어야 할 주의를 현저히 결여한 것(추상적 중과실)이다.

IV. 착오와 관련된 판례의 유형

1. 개 관

착오에 관한 판례들을 유형별로 검토해 보면 다음과 같다.

① 기명날인(서명)의 착오는 착오로서 인정된다. ② 동일성의 착오(법률행위가 관계하는 상대방, 제3자, 객체의 착오)는 원칙적으로 인정된다. ③ 성질의 착오는 법률행위가 관계하는 사람 또는 객체의 성질에 관한 착오로서 동기의 착오에 해당한다. 판례는 동기가 표시된 때에는 고려하고 있다. ④ 법률효과의 착오는 원칙적으로 착오로서 인정된다. ⑤ 계산의 착오는 먼저 그것이 어떤 유형의 착오인지에 대한 해석이 필요하다. ⑥ 표시의식이 결여된 경우 착오로서 인정된다.

대판 2005.5.27, 2004다43824

사기에 의한 의사표시란 타인의 기망행위로 말미암아 착오에 빠지게 된 결과 어떠한 의사표시를 하게 되는 경우이므로 거기에는 의사와 표시의 불일치가 있을 수 없고, 단지 의사의 형성과정 즉 의사표시의 동기에 착오가 있는 것에 불과하며, 이 점에서 고유한 의미의 착오에 의한 의사표시와 구분되는데, 신원보증서류에 서명날인한다는 착각에 빠진 상태로 연대보증의 서면에 서명날인한 경우, 결국 위와 같은 행위는 강학상 기명날인의 착오(또는 서명의 착오), 즉 어떤 사람이 자신의 의사와 다른 법률 효과를 발생시키는 내용의 서면에, 그것을 읽지 않거나 올바르게 이해하지 못한 채 기명날인을 하는 이른바 표시상의 착오에 해당하므로, 비록 위와 같은 착오가 제3자의 기망행위에 의하여 일어난 것이라 하더라도 그에 관하여는 사기에 의한 의사표시에 관한 법리, 특히 상대방이 그러한 제3자의 기망행위 사실을 알았거나 알 수 있었을 경우가 아닌 한 의사표시자가 취소권을 행사할 수 없다는 민법 제110조 제2항의 규정을 적용할 것이 아니라, 착오에 의한 의사표시에 관한 법리만을 적용하여 취소권 행사의 가부를 가려야 한다.

대판 1968.3.26, 67다2160

본건 토지 답 1,389평을 전부 경작할 수 있는 농지인 줄 알고 매수하여 그 소유권이전등기를 마쳤으나 타인이 경작하는 부분은 인도되지 않고 있을 뿐 아니라 측량결과 약 600평이 하천을 이루고 있어 사전에 이를 알았다면 매매의 목적을 달할 수 없음이 명백하여 매매계약을 체결하지 않았을 것이므로 위 토지의 현황 경계에 관한 착오는 본건 매매계약의 중요부분에 대한 착오라 할 것이다.

대판 1997.11.28, 97다32772, 32789

매매 중개와 계약 체결의 경위 및 부동산 매매 중개업의 제반 성질에 비추어 볼 때, 매수인이 다른 점포를 매매계약의 목적물이라고 오인한 과실이 중대한 과실이라고 단정하기는 어렵고, 매수인과 매도인 쌍방을 위하여 중개행위를 한 중개업자 스스로 매매계약의 목적물을 다른 점포로 오인한 채 매수인에게 알려 준 과실을 바로 매수인 자신의 중대한 과실이라고 평가할 수도 없다.

대판 2003.4.11, 2002다70884

법률행위 내용의 중요 부분에 착오가 있다고 하기 위하여는 표의자에 의하여 추구된 목적을 고려하여 합리적으로 판단하여 볼 때 표시와 의사의 불일치가 객관적으로 현저하여야 하는바, 재건축아파트 설계용역에서 건축사 자격이 가지는 중요성에 비추어 볼 때, 재건축조합이 건축사 자격이 없이 건축연구소를 개설한 건축학 교수에게 건축사 자격이 없다는 것을 알았더라면 재건축조합만이 아니라 객관적으로 볼 때 일반인으로서도 이와 같은 설계용역계약을 체결하지 않았을 것으로 보이므로, 재건축조합측의 착오는 중요 부분의 착오에 해당한다.

법률행위 내용의 중요 부분에 착오가 있는 때에는 그 의사표시를 취소할 수 있으나 그 착오가 표의자의 중대한 과실로 인한 때에는 취소하지 못하는 것인바, 여기서 '중대한 과실'이라 함은 표의자의 직업, 행위의 종류, 목적 등에 비추어 보통 요구되는 주의를 현저히 결여한 것을 의미한다. 설계용역계약 체결을 전후하여 건축사 자격이 없다는 것을 묵비한 채 자신이 미국에서 공부한 건축학교수이고 '배병길건축연구소'라는 상호로 사업자등록까지 마치고 건축설계업을 하며 상당한 실적까지 올린 사람이라고 소개한 경우, 일반인의 입장에서는 그에게 당연히 건축사 자격이 있는 것으로 믿을 수밖에 없었을 것이므로, 재건축조합 측이 그를 무자격자로 의심하여 건축사자격증의 제시를 요구한다거나 건축사단체에 자격 유무를 조회하여 이를 확인하여야 할 주의의무가 있다고 볼 수는 없다고 보아 재건축조합의 착오가 중대한 과실로 인한 것이 아니라고 한 사례.

대판 2000.5.12, 2000다12259

매매대상 토지 중 20~30평 가량만 도로에 편입될 것이라는 중개인의 말을 믿고 주택 신축을 위하여 토지를 매수하였고 그와 같은 사정이 계약 체결 과정에서 현출되어 매도인도 이를 알고 있었는데 실제로는 전체 면적의 약 30%에 해당하는 197평이 도로에 편입된 경우, 동기의 착오를 이유로 매매계약의 취소를 인정한 사례.

대판 1977.5.10, 76다2953

본건 토지들은 원고 시(市)에서 시행하는 북악스카이웨이 도로부지에 편입되는 토지들로서 본건 매매계약의 가격을 정함에 있어서 원고소속 공무원들이 재산가격조서를 작성할 때에 원고산하 시유재산심의회의 결의에 의하여 査定확정된 본건 토지의 평당단가 2,100원으로 기재하여야 할 것을 그 10배인 21,000원으로 誤記한 것은 경솔로 인한 것이고 매매계약 체결당사자인 관리과직원도 그 계약체결을 함에 있어서 사정가격 2,100원을 21,000원으로 10배의 가격을 오기한 것을 발견치 못하고 그냥 10배인 오기 내용대로 사정가격으로 하여 계약을 체결하였음은 일련의 경솔에 기인한 것이라고 봄이 상당하다.

대판 1981.11.10, 80다2475

법률에 관한 착오(양도소득세가 부과될 것인데도 부과되지 아니하는 것으로 오인)라도 그것이 법률행위의 내용의 중요부분에 관한 것인 때에는 표의자는 그 의사표시를 취소할 수 있고, 또 매도인에 대한 양도소득세의 부과를 회피할 목적으로 매수인이 주택건설을 목적으로 하는 주식회사를 설립하여 여기에 출자하는 형식을 취하면 양도소득세가 부과되지 않을 것이라고 말하면서 그러한 형식에 의한 매매를 제의하여 매도인이 이를 믿고 매매계약을 체결한 것이라 하더라도 그것이 곧 사회질서에 반하는 것이라고 단정할 수 없으므로 이러한 경우에 역시 의사표시의 착오의 이론을 적용할 수 있다.

2. 기타 판례가 인정한 경우

그 밖에 법원이 착오의 성립을 인정한 경우로서는 다음과 같은 것들이 있다. 착오가 상대방에 의하여 유발되었거나 상대방 측으로부터 제공된 경우에는 동기의 착오라도 중요부분의 착오로 인정하였다. 교통사고의 피해자가 손해배상청구권을 포기하거나 부제소의 합의를 한 경우에도 착오의 성립을 인정하였는데, 최근에는 합의의 해석 문제로 해결하고 있다. 가해자의 과실이 경합하였는데 피해자에게만 과실이 있는 것으로 오인하고 합의한 경우에도 긍정하였고, 토지의 경계에 관한 착오도 인정한 바 있다.

대판 1971.4.30, 71다399

피해자와 가해자간에 앞으로 손해배상청구등 행위를 하지 않겠다는 내용의 합의서를 작성한 것이 피해자가 가해자측의 주장에 넘어가 장래에 들 치료기간 치료비 등을 잘못 알고 한 것은 착오에 의한 의사표시로서 취소할 수 있다.

대판 2000.3.23, 99다63176

불법행위로 인한 손해배상에 관하여 가해자와 피해자 사이에 피해자가 일정한 금액을 지급받고 그 나머지 청구를 포기하기로 합의가 이루어진 때에는 그 후 그 이상의 손해가 발생하였다 하여 다시 그 배상을 청구할 수 없는 것이지만, 그 합의가 손해발생의 원인인 사고 후 얼마 지나지 아니하여 손해의 범위를 정확히 확인하기 어려운 상황에서 이루어진 것이고, 후발손해가 합의 당시의 사정으로 보아 예상이 불가능한 것으로서, 당사자가 후발손해를 예상하였더라면 사회통념상 그 합의금액으로는 화해하지 않았을 것이라고 보는 것이 상당할 만큼 그 손해가 중대한 것일 때에는 당사자의 의사가 이러한 손해에 대해서까지 그 배상청구권을 포기한 것이라고 볼 수 없으므로 다시 그 배상을 청구할 수 있다고 보아야 한다.

3. 판례가 부인한 경우

그 밖에 법원이 착오의 성립을 부인한 경우들도 많다. 부동산의 매매에 있어서 시가의 착오, 임야 위의 건물 등을 寄附採納(기부채납)함에 있어서 임야의 소유권에 대한 착오, 토지의 매매 시 토지의 면적의 착오, 판결 결과에 대한 착오, 중요부분이 되지 못하는 동기의 착오 등이 그 예이다.

대판 1992.10.23, 92다29337

부동산매매에 있어서 시가에 관한 착오는 그 부동산을 매매하려는 의사를 결정함에 있어 그 동기의 착오에 불과할 뿐 법률행위의 중요부분에 관한 착오라고 할 수 없다.

대판 1998.2.10, 97다44737

매매대금은 매매계약의 중요 부분인 목적물의 성질에 대응하는 것이기는 하나 분량적으로 가분적인 데다가 시장경제하에서 가격은 늘 변동하는 것이어서, 설사 매매대금액 결정에 있어서 착오로 인하여 다소간의 차이가 나더라도 보통은 중요 부분의 착오로 되지 않는다. 그러나 이 사건은 정당한 평가액을 기준으로 무려 85%나 과다하게 평가된 경우로서 그 가격 차이의 정도가 현저할 뿐만 아니라, 원고는 지방자치단체로서 법령의 규정에 따라 정당하게 평가된 금액을 기준으로 협의매수를 하고 또한 협의가 성립되지 않는 경우 수용 등의 절차를 거쳐 사업에 필요한 토지를 취득하도록 되어 있다. 이러한 사정들에 비추어 볼 때, 원고 시로서는 위와 같은 동기의 착오가 없었더라면 그처럼 과다하게 잘못 평가된 금액을 기준으로 협의매수계약을 체결하지 않았으리라는 점은 명백하다. 따라서 원고의 매수대금액 결정의 동기는 이 사건 협의매수계약 내용의 중요한 부분을 이루고 있다고 봄이 상당하다.

대판 1972.3.28, 71다2193

의사표시에 착오가 있다고 하려면 법률행위를 할 당시에 실제로 없는 사실을 있는 사실 또는 실제로 있는 사실을 없는 것으로 잘못 생각하듯이 표의자의 인식과 대조사실과가 어긋나는 경우라야 할 터이므로 판결선고전에 이미 그 선고결과를 예상하고 법률행위를 하였으나 실제로 선고된 판결이 그 예상과 다르다 하더라도 이 표의자의 심리상태에 인식과 대조사실에 불일치가 있다고는 할 수 없어 착오로 다룰 수는 없다.

대판 1996.3.26, 93다55487

매수인이 부동산을 매수하면서 잔금지급 전에 그 부동산을 은행 등에 담보로 넣어 대출을 받아 잔금을 마련하기로 계획을 세우고 매도인들에게 그와 같은 자금마련 계획을 알려 잔금지급 전에 매수인이 대출을 받을 수 있도록 협조하여 주기로 약속하였다는 사실만으로, 바로 매수인이 계획하였던 대출이 제대로 이루어질 수 없는 경우에는 그 부동산을 매수하지 아니하였을 것이라는 사정을 매도인들에게 표시하였다거나 매도인들이 이러한 사정을 알고 있었다고 단정할 수는 없다 할 것이어서, 매수인이 대출을 받아 잔금을 지급하려 하였던 잔금지급 방법이나 계획이 매매계약의 내용의 중요한 부분으로 되었다고 할 수는 없다.

Ⅴ. 효 과

착오가 인정되는 그 의사표시는 바로 무효가 되는 것이 아니라, 取消할 수 있을 뿐이며 취소하면 그때 비로소 법률행위 시로 소급하여 (처음부터) 무효가 된다. 표의자가 취소를 하지 않으면 그 의사표시는 그대로 유효한 것이 된다.

다음으로 취소의 배제에 관해서 살펴보자. 우선 취소권의 포기나 실효가 가능하다. 즉 제109조는 임의규정이다. 상대방이 착오자의 진의에 동의하는 경우에도, 신의칙에 의하여 취소권은 배제된다고 보아야 한다. 또한 계약상의 담보책임(참조 570 이하)에 의해 취소가 배제되는가? 이에 관해서는 아래 항(Ⅶ. 다른 제도와의 관계)에서 살펴보자.

일부무효 법리(참조 137)를 유추적용하여 일부 취소도 가능하다는 것이 학설과 판례의 입장이다.

취소에는 중요한 제한이 있다. 즉 선의의 제3자에게는 취소를 가지고 대항하지 못한다.

대판 1995.3.24, 94다44620

매매계약의 체결 경위 및 당시 시행되던 소득세법, 같은법시행령, 조세감면규제법, 주택건설촉진법 등 관계 규정에 의하면, 토지의 매수인이 개인인지 법인인지, 법인이라도 주택건설사업자인지 및 주택건설사업자라도 양도소득세 면제신청을 할 것인지 여부 등은 매도인이 부담하게 될 양도소득세액 산출에 중대한 영향을 미치게 되어 이 점에 관한 착오는 법률행위의 내용의 중요부분에 관한 것이라고 할 수 있으나,

소득세법 및 같은법시행령의 개정으로 … 법인과의 거래에 있어서도 개인과의 거래와 마찬가지로 양도가액을 양도 당시의 기준시가에 의하도록 변경된 점에 비추어 볼 때, 매매계약의 체결에 위와 같은 착오가 있었다 하더라도 … 매도인은 당초 예상한 바와 같이 기준시가에 의한 양도소득세액만 부담하면 족한 것으로 확정되어 위 착오로 인한 불이익이 소멸되었으므로, 그 후 이 사건 소송계속중에 준비서면의 송달로써 한 취소의 의사표시는 신의성실의 원칙상 허용될 수 없다고 한 사례.

VI. 제109조의 적용범위

제109조는 모든 종류의 의사표시 내지 법률행위에 적용된다. 따라서 재단법인의 설립행위(상대방 없는 단독행위)에도 적용된다. 그러나 친족법상의 행위에는 적용을 반대하는 것이 통설의 입장이다.

물론 재산행위라도 적용이 허용되지 않는 경우가 있다. 화해계약(733), 신주인수(상 320)가 그것이다. 그 밖에도 소송행위, 공법행위에는 적용되지 않는다.

VII. 다른 제도와의 관계

1. 착오와 사기

위에서 본 판결(대판 2005.5.27, 2004다43824)에서 법원은 기망에 의한 동기의 착오를 사기가 아닌 착오 문제로 해결하였다. 즉 착오와 사기가 양립하는 경우는 없다는 것이다. 그러나 예외적으로 의사와 표시가 불일치하는 사기 · 강박도 인정하는 입장(송)이 더 타당하다.

2. 착오와 계약상의 담보책임

이에 관해서는 담보책임 우선설(곽 · 송)과 경합설이 대립한다. 전자에 따르면 양자가 경합하는 경우 담보책임이 우선하여 적용되는 것이고, 후자는 어느 쪽이든 상관없다는 입장이다.

Ⅷ. 쌍방의 동기의 착오

끝으로, 착오와 관련된 특수한 문제의 하나인 쌍방의 동기의 착오에 대해 살펴보자. 이것은 쌍방이 일치하여 동기의 착오에 빠진 경우를 말한다.

이 문제의 해결을 위한 학설로는 법률행위의 보충적 해석을 통하여 해결하려는 입장이 있고, 주관적 행위기초론에 따라 해결하자는 입장이 있다.

어쨌든 이러한 쌍방의 동기의 착오를 인정하게 되면, 취소권 이외에도 계약의 수정권한, 탈퇴권(해제권, 해지권) 등을 인정하게 된다.

대판 2006.11.23, 2005다13288

계약당사자 쌍방이 계약의 전제나 기초가 되는 사항에 관하여 같은 내용으로 착오가 있고 이로 인하여 그에 관한 구체적 약정을 하지 아니하였다면, 당사자가 그러한 착오가 없을 때에 약정하였을 것으로 보이는 내용으로 당사자의 의사를 보충하여 계약을 해석할 수 있는바, 여기서 보충되는 당사자의 의사는 당사자의 실제 의사 또는 주관적 의사가 아니라 계약의 목적, 거래관행, 적용법규, 신의칙 등에 비추어 객관적으로 추인되는 정당한 이익조정 의사를 말한다.

IX. 사례 연습

1. 아마추어 골동품 수집가의 착오

예제: 아마추어 골동품 수집가인 A는 시골을 여행하다가 도자기 하나를 구경하게 되었다. 그는 이 도자기가 진품고려청자이며 1억 원 이상의 가치가 있다고 생각하였으므로, 4000만 원에 이를 구입하였다. 이 과정에서, 도자기가 진품인지, 진품이 아니면 어떻게 한다는 이야기는 서로 전혀 하지 않았다. A가 서울로 돌아와서 전문가에게 감정을 의뢰한 결과, 조선시대에 만들어진 것으로서 시가 5백만 원 정도라는 것이 밝혀졌다. 이제 A는 어떤 법적 조치를 취할 수 있는가?

위의 예제에서 의사표시의 과정을 살펴보면 다음과 같다. 우선 動機에 해당하는 부분은 "저 도자기는 내가 보기엔 진품(1억 원 상당)이다. 헐값에 구입해야지"라는 A의 생각이다. 다음으로 (내심적) 효과의사는 4000만 원에 구입하겠다는 의사이다. 다음으로 표시행위는 4000만 원에 구입하겠다고 상대방에게 말을 하는 것이다. 끝으로 표시상의 효과의사(규범적 해석의 결과)는 4000만 원에 구입하겠다는 의사로서, 위의 (내심적) 효과의사와 일치하고 있다. 따라서 위의 예제는 다수설이 말하는 착오, 즉 내심의 효과의사와 표시상의 효과의사 사이의 무의식적 불일치, 혹은 소수설(송)이 말하는 협의의 착오에 해당하지 않는다.

여기에서 문제되는 착오는 이른바 동기의 착오로서 효과의사의 형성과정에서 문제가 있는 경우(위 사안에서는 동기와 내심적 효과의사 사이의 불일치)이다.

동기의 착오가 고려되기 위해서는, 동기가 표시되고 상대방이 알고 있어서 동기가 의사표시의 내용으로 되어야 한다(다수설인 표시설). 판례는 원칙적으로 표시설을 따르지만 예외적으로 "상대방에 의해 동기의 착오가 유발된" 경우에도 착오를 인정한다.

물론 동기의 착오가 착오로서 인정되기 위해서는 나머지 요건들을 충족해야 한다. 즉, 중요부분의 착오여야 하고, 표의자에게 중과실이 없어야 한다.

아래의 판결을 보면 대법원은 동기가 표시되어 법률행위의 내용으로 되어야 한다는 요건과 중요부분의 착오라는 요건은 검토하지 않고 중대한 과실 여부만을 논의하고 있으나, 앞의 두 요건은 당연히 인정되는 것으로 전제하는 것으로 보인다.

대판 1997.8.22, 96다26657

민법 제109조 제1항 단서에서 규정하고 있는 '중대한 과실'이라 함은 표의자의 직업, 행위의 종류, 목적 등에 비추어 보통 요구되는 주의를 현저히 결여한 것을 말한다.
고려청자로 알고 매수한 도자기가 진품이 아닌 것으로 밝혀진 경우, 매수인이 도자기를 매수하면서 자신의 골동품 식별 능력과 매매를 소개한 자를 과신한 나머지 고려청자 진품이라고 믿고 소장자를 만나 그 출처를 물어 보지 아니하고 전문적 감정인의 감정을 거치지 아니한 채 그 도자기를 고가로 매수하고 만일 고려청자가 아닐 경우를 대비하여 필요한 조치를 강구하지 아니한 잘못이 있다고 하더라도, 그와 같은 사정만으로는 매수인이 매매계약 체결시 요구되는 통상의 주의의무를 현저하게 결여하였다고 보기는 어렵다는 이유로 착오를 이유로 매매계약을 취소할 수 있다고 본 사례.

2. "닭 반 마리"의 의미

예제: 독일의 쾰른(Köln) 지방에서는 "닭 반 마리(halver Hahn)"라는 표현이 "치즈와 함께 나오는 호밀빵"을 말한다. 보통 이 빵에는 버터가 발라져서, 한두 개의 두껍게 썬 구다(Gouda) 치즈 조각, 절인 오이, 겨자, 둥글게 썬 양파, 약간의 파프리카 가루가 곁들여진다. 이 음식은 쾰른의 식당이나 주점에서는 흔한 메뉴이다.
A는 쾰른의 한 식당에서 메뉴판을 보고서 '닭 반 마리'를 주문했으나, 닭이 나온 것이 아니라 양파와 치즈가 곁들여진 빵이 나오자 음식값의 지불을 거절한다. 식당 주인 B는 A에게 음식값의 지급을 청구할 수 있나?

위 예제에서의 의사표시의 과정을 살펴보면 다음과 같다. 우선 동기에 해당하는 부분은, "배가 고픈데, 닭 반 마리면 푸짐한 식사가 되겠구나. 값도 굉장히 싸네."라는 A의 생각이다. 다음으로 내심적 효과의사는 "닭 반 마리를 구입"하겠다는 의사이다. 다음으로 표시행위는 "닭 반 마리를 구입"하겠다고 이루어졌다. 끝으로 표시상의 효과의사(규범적 해석의 결과)를 보면 닭 반 마리가 아니라 치즈를 곁들인 호밀빵을 구입하겠다는 것이다.

즉, 위 예제에서는 내심적 효과의사와 표시상의 효과의사가 불일치하고 있으며 표의자는 이 사실을 모르고 있다. 이것은 전형적인 내용(의미)의 착오에 해당한다.

따라서 중요부분의 착오인지, 표의자에게 중과실이 있었는지를 검토하여 착오의 인정 여부를 결정하면 된다.

3. 잘못된 재산가격조서

예제: A 시(市)는 도로부지에 편입되는 토지들을 매입하는 과정에서, B가 소유하는 토지를 매수하게 되었다. 그런데 그 토지의 재산가격조서의 작성과정에서, 査定한 평당 단가 2,100원으로 기재하여야 할 것이 그 10배인 21,000원으로 誤記되었다. 매매계약 체결당사자인 관리과직원 C도 誤記를 알지 못하고 그냥 오기 내용대로 평당 단가 21,000원에 계약을 체결하였다.
(1) A와 B 사이의 이 계약은 유효한가?
(2) 만약 재산가격조서에는 제대로 2,100원으로 기재되어 있는데 C가 이것을 잘못 보고 평당단가 21,000원에 계약을 체결하였다면, 결론이 달라지는가?

(3) 만약 재산가격조서에는 제대로 2,100원으로 기재되어 있고 C도 이를 제대로 보았으나 계약서에는 실수로 평당 단가 21,000원으로 기재하였다면, 결론이 달라지는가?

(1)과 (2)의 질문에 대해서는 동일한 답변이 가능하다. 즉, (1)과 같이 誤記에 기인한 것이든 (2)와 같이 誤讀에 기인한 것이든 간에 중요한 것은 표의자의 내면적 효과의사와 표시상 효과의사(규범적 효과의사) 사이에 차이가 없다는 점이다. 즉 (1)과 (2)의 경우는 동기의 착오에 해당한다.

(3)은 이른바 오표시 무해(falsa demonstratio non nocet: "오표시는 해가 되지 않는다") 법리가 적용되는 예이다. 계약은 당사자가 표시한 바가 아니라 이해한 바대로 성립하기 때문이다. 즉 (3)에서 매매계약은 평당 단가 2,100원으로 유효하게 성립한다.

4. 잘못된 감정평가

예제: A는 건설사업에 편입될 토지의 용지보상 업무를 위탁받아 시행함에 있어, 이 사건 토지들이 그 건설 부지로 편입되게 되자, 『공공용지의 취득 및 손실 보상에 관한 특례법』에 정한 절차에 따라 이를 취득하기 위하여 B에게 협의를 요청하였다.
A는 위 협의에 앞서 대금액을 결정하기 위하여 토지가격에 대한 감정평가를 두 기관에 의뢰하여, 두 감정가격의 산술평균치인 m²당 75,000원을 B에게 대금 결정 기준액으로 제시하였다.
그 결과 A와 B 사이에 매매대금을 금 75,000원을 기초로 하여 산정한 금액으로 정하여 협의매수가 성립되어, A는 B에게 그 해당 금액을 지급하였다.
그 후 두 감정기관이 이 사건 토지들에 대한 최초 평가 시 용도지역 인정에 착오가 있어 자연녹지 개발제한구역을 생산녹지로 잘못 알고 평가하였음을 발견하고 새로운 평가액(산술평균은 40,500원)을 통보하였다.
A는 B에게 과다지급분을 반환청구할 수 있나?

위 예제에서는 두 감정기관이 평가액을 잘못 산정한 것을 토대로 하여 A와 B 사이에 매매계약이 체결되었다. 이것은 의사형성과정에서의 착오이므로 동기의 착오에 해당한다. 따라서 동기가 표시되어 계약의 내용으로 되었어야 하고, 중요부분의 착오여야 하며, 표의자에게 중대한 과실이 없어야 착오가 인정될 수 있다.

아래의 판결에서는 이 세 가지 요건을 모두 인정하고 있다. 법원이 하나 더 언급하고 있는 것은 이른바 一部取消이다. 즉 위의 매매계약 전체를 착오를 이유로 하여 취소하는 대신, 제대로 된 감정가를 초과하는 부분만 취소하고 나머지 부분은 유효한 것으로 하고 있다. 이것은 제137조의 일부무효 법리를 취소의 경우에도 적용한 것이다.10)

대판 1998.2.10, 97다44737

원고의 매수대금액 결정의 동기는 이 사건 협의매수계약 내용의 중요한 부분을 이루고 있다고 봄이 상당하다.

두 감정기관의 감정서 내용을 그대로 믿고 이를 기준으로 협의매수계약을 체결하였다는 사정만을 내세워, 원고에게 위 착오를 일으킨 데 대하여 중대한 과실이 있다고 보기는 어렵다.

이 사건 협의매수계약은 원고의 위 착오를 이유로 한 의사표시의 일부 취소로 말미암아 각 그 해당 범위 내에서만 소급적으로 무효가 되었다.

하나의 법률행위의 일부분에만 취소사유가 있다고 하더라도 그 법률행위가 가분적이거나 그 목적물의 일부가 특정될 수 있다면, 나머지 부분이라도 이를 유지하려는 당사자의 가정적 의사가 인정되는 경우 그 일부만의 취소도 가능하다고 할 것이고, 그 일부의 취소는 법률행위의 일부에 관하여 효력이 생긴다.

X. 사례 문제와 모범 답안

[문제] 甲은 금년 3.9일 乙과 사이에 乙 소유의 토지와 그 지상에 있는 여관 건물(이하, 위 부동산을 X 여관이라 한다)을 이 건물 내의 작년 12월경 관할 자치단체로부터 심도 250미터, 구경 200밀리미터로 허가받아 굴착 시공 중인 온천사용권을 포함해서 대금 10억 원에 매수키로 하되 같은 날 계약금 1억 원, 3.25일에 중도금 2억 원, 4.5일 잔대금 7억 원을 지급하기로 하는 내용의 매매계약을 체결하고, 같은 날 乙에게 위 계약금을 지급하였다. 그런데 乙이 관할 자치단체로부터 허가받아 위 X 여관 건물 내에 굴착 시공 중인 위 온천공은 당국의 행정규제 필요상 위 X 여관 안에 국한되는 것이 아니라 인접한 Y 여관에서도 공동 사용한다는 조건 아래 굴착이 허가되어

10) 이에 관한 상세한 논의는 무효 · 취소에 관한 제18장에서 하기로 한다.

있었으므로 온천공 시공이 완료되더라도 그곳에서 나오는 온천수를 위 X 여관에서만 독점 사용할 수 있는 것이 아니고 위 Y 여관과 공동사용하게 되어 있는 것이었다. 그런데 甲과 乙이 위의 계약을 체결할 당시 위 온천공의 사용권에 관하여 X 여관의 단독사용인지 특별사용인지에 관하여 乙은 특별한 설명을 하지 않았고, 다만 이 온천지역은 대지 300평 이상이어야 건축허가를 받을 수 있는데 X 여관은 그 대지가 250평밖에 되지 아니하여 그 옆집인 Y 여관과 공동으로 건축허가를 받아 여관을 축조하였고 건축허가 1건당 온천공 1개만이 허가되는 것이라는 사정을 건축물관리대장 등본을 보이면서 설명하기는 하였다. 甲은 계약을 체결한 후 온천공의 단독사용권에 관하여 확인해 본 후에야 공동사용임을 3.15일에 알게 되었다. 甲은 착오를 이유로 위의 매매계약을 취소한다는 내용증명우편을 즉시 乙에게 발송하였고 이 내용증명우편은 3.16일에 乙에게 도달하였다. 한편 乙은 甲이 3.25일과 4.5일에 중도금과 잔대금을 지급하지 않자, 이 9억 원의 대금채권을 4.10일에 丙에게 양도하였고 이 채권양도 사실을 甲에게 내용증명우편으로 통지하였는데, 이 통지는 4.11일에 甲에게 도달하였다. 한편 丙은 이 대금채권을 다시 丁에게 4.12일에 양도하였고 이 채권양도 사실을 甲에게 내용증명우편으로 통지하였는데, 이 통지는 4.13일에 甲에게 도달하였다.

甲, 乙, 丙, 丁 사이의 법률관계에 관하여 논하시오.

[**채점 기준** (50점 만점)]

I. 서론 (5점)
II. 갑과 을 사이의 법률관계 (25점)
 1. 유효한 매매계약의 성립 (5점)
 2. 착오로 인한 취소 (15점)
 3. 소결 (5점)
III. 갑과 병 및 정 사이의 법률관계 (15점)
 1. 서론 (2.5점)
 2. 제109조 제2항 적용 여부(10점)
 3. 소결 (2.5점)
IV. 을과 병 및 정 사이의 법률관계 (0점)
V. 결론 (5점)

[모범 답안]

I. 서 론

갑과 을 사이에 유효하게 성립한 매매계약에 대하여 이미 갑은 착오를 이유로 한 취소의 의사표시를 하였다. 이 취소가 적법한 것인지가 일단 선결문제이다. 이 문제가 해결되어야만 을로부터 갑에 대한 매매대금채권을 양수한 병과 정의 지위가 결정될 수 있기 때문이다.

만약 취소가 적법하여 갑과 을 사이의 매매가 무효로 되면, 병과 정은 무효인 채권을 양수한 것이 되므로 그 지위에 큰 영향을 받게 될 것이다. 따라서 그들이 취소에 대하여 대항할 수 있는 제3자인지의 여부도 함께 따져 보아야 한다.

만약 취소가 적법하지 않다면, 갑과 을 사이의 매매가 여전히 유효하게 될 것이고, 병과 정은 양수인으로서의 지위에 전혀 영향을 받지 않게 될 것이다.

II. 갑과 을 사이의 법률관계

1. 유효한 매매계약의 성립

갑의 취소권 행사의 적법 여부를 따지기에 앞서서 우선 갑과 을 사이에 매매계약이 유효하게 성립했는지를 먼저 살펴보아야 한다. 본 사안의 경우에는 이에 관하여 특별히 문제될 것은 없어 보인다. 매매계약의 본질적인 요소인 매매목적물(토지, 건물, 온천사용권)과 매매대금에 관하여 매도인과 매수인의 합의가 성립하였기 때문이다.

갑은 온천사용권을 X 여관이 독점하는 것으로 생각하였지만, 그것은 매매계약의 성립 자체를 좌절시킬 정도로 본질적인 부분에 대한 불합의를 의미하는 것은 아니다. 적어도 온천사용권(독점이든 아니든 상관 없이)을 포함하여 여관 전체가 매매목적물이라는 것에 대해서는 갑과 을이 합의하고 있기 때문이다. 요컨대, 온천사용권의 독점 여부는 매매 대상에 관한 문제가 아니라 매매 대상의 성질에 관한 문제이며, 그것은 매매 계약 성립 차원의 문제가 아니라 착오를 이유로 계약이 취소될 수 있는지 하는 차원에서 문제될 수 있을 뿐이다(이 문제에 관해서는 아래에서 상론한다).

2. 착오로 인한 취소

갑은 이미 매매계약 취소의 의사표시를 하였는데, 과연 이 취소가 적법한 것인지를 따져 보아야 한다. 갑은 착오를 이유로 한 취소를 주장하고 있는데, 그러한 취소가 인정되기 위해서는 (i) 법률행위의 내용에 착오가 있어야 하고, (ii) 그 중요부분에 착오가 있어야 하며, (iii) 표의자에게 중대한 과실이 없어야 한다. 이제 항을 바꾸어 이러한 요건들을 개별적으로 검토해 보기로 한다.

(1) 법률행위의 내용의 착오: 원칙적으로 우리 민법은 법률행위의 내용에 착오가 있는 경우에만 착오를 고려하기 때문에, 동기의 착오는 고려되지 못한다. 왜냐하면 동기의 착오의 경우에는 표시상의 효과의사와 내심적 효과의사(진의)의 불일치가 없으며, 다만 의사형성에 있어서의 착오가 문제될 뿐이기 때문이다.

그러나 판례가 취하고 있는 이른바 표시설의 입장에 따른다면, 비록 동기의 착오라 할지라도 동기가 표시되어 상대방이 알고 있는 경우에는 그 동기가 의사표시의 내용이 되므로 동기의 착오가 내용의 착오로 된다. 다른 한편으로 판례는 표의자의 착오를 상대방이 부정하게 유발한 경우에는 동기의 착오의 경우에도 그것이 내용의 착오로 됨을 인정하고 있다.

본 사안의 경우, 갑은 온천사용권을 독점하는 것으로 생각함으로써 강학상 말하는 이른바 물건의 성질의 착오에 빠졌다. 이러한 성질의 착오는 거래의 성립을 좌우할 정도로 중요한 성질에 관한 것이 아니라면 동기의 착오에 해당한다. 즉 갑의 착오는 의사형성 과정에 있어서의 착오에 불과하다.

그렇다면 판례가 말하는 바와 같이, 그 동기가 표시되었거나 또는 동기의 착오가 상대방에 의해 유발된 경우에만 동기의 착오가 법률행위의 내용의 착오가 될 수 있을 것이다.

본 사안의 경우, 매매계약의 교섭 과정에 있어서 갑은 온천사용권의 독점 여부에 관하여 전혀 문제 삼은 적이 없었다. 갑은 계약이 체결된 이후에야 단독사용권 여부를 확인한 점에서도 알 수 있듯이, 갑은 자신의 동기(온천의 단독사용권)를 이 매매계약에서 표시한 적이 없었다.

이제 을이 갑의 동기의 착오를 유발한 적이 있었는지를 검토해 보자. 을은 온천사용권의 단독 혹은 공동 여부에 관하여 특별한 설명을 하지 않았다. 그는 다만, "이 온천지역은 대지 300평 이상이어야 건축허가를 받을 수 있는데 X 여관은 그 대지가 250평밖에 되지 아니하여 그 옆집인 Y 여관과 공동으로 건축허가를 받아 여관을 축조하였고 건축허가 1건당 온천공 1개만이 허가되는 것이라는 사정을 건축물관리대장 등본을 보이면서 설명"하였을 뿐이었다. 상식적인 판단력을 가진 일반 사람이라면 이와 같은 설명을 주의 깊게 들었을 경우 X 여관이 온천공을 단독사용할 수 없다는 점을 충분히 추론할 수 있을 것이다.

그러나 설사 그와 같은 추론이 일반인에게 기대되기 어렵다 할지라도, 위와 같은 을의 설명이 갑의 착오를 유발하였다고는 도저히 보기 어렵다. 을의 설명의 어떤 부분에서도 X 여관이 온천공을 단독 사용한다는 내용은 찾아볼 수 없기 때문이다(오히려 그 반대라고 해야 할 것이다). 따라서 을이 갑의 동기의 착오를 유발했다고 보기는 어렵다.

요컨대, 갑의 동기가 표시된 적도 없고, 또한 갑의 동기의 착오가 을의 의하여 유발되지도 않았으므로, 갑의 동기의 착오는 법률행위의 내용의 착오가 될 수 없다.

(2) 중요부분의 착오: 설사 갑의 동기의 착오가 법률행위의 내용의 착오로서 인정되는 경우라 하더라도, 그 착오는 다시 법률행위의 중요부분에 해당하여야 한다. 위해서 보았듯이 갑의 착오가 내용의 착오로 인정되기 어려우므로, 이 요건과 아래의 중대한 과실 요건은 원래는 검토할 필요가 없을 것이다. 그러나 서술의 완벽성을 위하여, 이 문제들도 검토해 보기로 한다.

다수설과 판례의 입장에 따른다면, 중요부분의 착오라고 하려면 (i) 표의자가 그러한 착오가 없었다면 그 의사표시를 하지 않을 정도로 중요한 것이어야 하고(주관적 요건), (ii) 일반인도 그러한 의사표시를 하지 않을 정도로 중요한 것이어야 한다(객관적 요건).

본 사안의 경우, 온천의 단독사용권이 갑에게 있어서 매우 중대한 문제였다고 한다면 위의 주관적 요건은 긍정될 수도 있을 것이다. 그러나 이 문제에 관하여 보통의 일반인도 갑과 같은 결정을 할 만큼 온천의 단독사용권이 이 매매계약에 있어서 중요한 문제인지는 긍정하기 어렵다. 온천공을 단독으로 사용하지 못하면 여관의 운영 자체가 어렵다든지 하는 특별한 사정이 있는 경우에만 이 온천사용권 때문에 매매를 하지 않았을 것이라고 생각할 수 있겠지만, 그러한 것은 보통의 경우에 기대하기 어려운 사정이다.

따라서 갑의 착오는 중요부분의 착오라고 인정될 수 없다.

(3) 표의자의 중대한 과실이 없음: 착오가 고려되려면 표의자에게 중대한 과실이 없어야 한다(제109조 제1항 단서). 중대한 과실이란, 표의자의 직업, 행위의 종류, 목적 등에 비추어 보통 베풀어야 할 주의를 현저하게 결여하는 것을 말한다. 즉 중대한 과실 유무의 기준이 되는 것은 표의자의 주의능력이 아니라 일반인의 주의능력이다. 요컨대 추상적 중과실이 문제된다.

본 사안의 경우, 갑이 온천의 단독사용권 여부를 매매계약 체결 당시에 확인하지 않은 점이 일반인을 기준으로 할 경우 기대하기 어려운 중대한 과실에 해당하지를 살펴보자.

그런데 위에서 보았듯이, 이 단독사용권 여부는 이 매매계약에 있어서 본질적 요소라고 보기는 어렵다. 따라서 그 점에 대하여 갑이 주목하지 않은 사실 역시 중대한 과실로는 보기 어렵다는 것이 논리 면에서 일관성이 있는 결론이 될 것이다.

3. 소 결

갑의 착오는 이른바 동기의 착오에 해당하는 것으로서 그것이 계약 내용으로 표시되었거나 그 착오가 을에 의하여 유발되지 않았다면, 내용의 착오가 되지 못하므로 고려되지 못한다. 또한 중요부분의 착오인가의 여부에 대해서도 갑의 착오는 그렇지 않은 것으로 생각된다. 끝으로 갑에게 중대한 과실이 있었는지의 여부에 대해서는, 중과실을 인정하기는 어렵다고 보인다.

그러나 중과실이 없다고 해서 갑의 착오가 고려될 수 있는 것은 아니다. 앞의 두 요건(내용의 착오로서 고려될 수 있는 동기의 착오, 중요부분의 착오)에 해당하지 않기 때문이다.

결론적으로 갑은 착오를 이유로 이 매매계약을 취소할 수 없다.

III. 갑과 병 및 정 사이의 법률관계

1. 서 론

앞에서 보았듯이 갑이 이 매매계약을 착오로 이유로 취소할 수 없다고 한다면, 이 매매계약은 확정적으로 유효한 것이 된다. 따라서 갑에 대한 을의 매매대금채권을 양수한 병과 정의 지위에는 아무런 영향이 없게 되는 셈이다.

그런데 만약 위에서 갑이 계약을 유효하게 취소할 수 있다는 결론을 내렸다면, 병과 정으로서는 이미 취소로서 무효가 된 매매대금채권을 양수한 셈이 되므로 그런 경우 그들의 지위가 문제될 수 있다. 그런데 착오를 이유로 한 법률행위의 취소는 선의의 제3자에게는 대항할 수 없으므로(제109조 제2항), 병과 정이 여기에서 말하는 선의의 제3자인지의 여부가 문제될 것이다.

위에서 갑은 매매계약을 취소할 수 없다는 결론을 이미 내렸으므로, 착오를 이유로 한 취소의 경우 병과 정이 선의의 제3자인지의 여부는 원래는 따질 필요가 없겠지만, (논의의 완전성을 위하여, 착오로 취소가 가능한 경우도 상정하여) 그러한 경우에 대해서도 검토해 보기로 한다.

2. 제109조 제2항 적용 여부

(1) 서론: 제109조 제2항에서 말하는 제3자는 당사자 및 그의 포괄승계인 이외의 자로서 착오에 의한 의사표시로 생긴 법률관계에 기하여 새로운 법률상의 이해관계를 맺은 자이다. 선의는 착오로 인한 의사표시를 알지 못하는 것이고, 대항하지 못한다는 것은 표의자가 착오를 이유로 한 취소를 이러한 선의의 제3자에게는 주장하지 못한다는 것이다.

(2) 제3자 여부: 우선, 본 사안의 병과 정이 제3자에 해당하는지를 살펴보자. 이들은 매도인 을의 대금채권의 양수인 및 轉轉양수인으로서 갑과 을의 계약에 기초하여 새로운 법률관계를 맺은 자로 볼 수 있다. 계약의 해제에서 보호되는 제3자(제548조 제1항 단서)는 등기나 인도를 갖추어 완전한 권리를 취득한 자여야 하지만, 제109조 제2항에서 말하는 제3자는 새로운 법률상의 이해관계를 맺은 자이면 충분하기 때문이다.

참고로 언급하자면, 단순히 추심을 위하여 채권을 양수받은 자는 여기에서 말하는 제3자로 보기 어렵다. 그러한 양수인은 양도인을 대신하여 추심을 하는 자이므로 양도인과 동일시할 수 있거나 혹은 새로운 법률관계를 맺었다고 보기는 어렵기 때문이다.

또 하나 주의하여야 할 점은, 을이 병에게 채권을 양도한 시점이(4.10일) 이미 갑이 취소의 의사표시를 한 시점(3.16일)보다 이후라는 사실이다. 즉 엄밀히 말하자면, (가령 갑의 취소권 행사가 적법하다고 가정한다면) 이미 계약이 취소된 후에 병이 새로운 법률관계를 맺은 셈이므로, 그러한 경우 과연 병은 갑과 을 사이의 계약에 기초하여 새로운 법률관계를 맺은 것으로 볼 수 있을지가 문제된다.

이 문제와 관련하여 판례는 사기에 의한 법률행위의 취소에 있어서 "취소를 주장하는 자와 양립되지 아니하는 법률관계를 가졌던 것이 취소 이전에 있었던가 이후에 있었던가는 가릴 필요 없이 사기에 의한 의사표시 및 그 취소사실을 몰랐던 모든 제3자에 대하여는 그 의사표시의 취소를 대항하지 못한다"라고 하고 있는데, 이러한 법리는 착오에 의한 취소의 경우에도 마찬가지로 적용할 수 있을 것으로 생각된다. 즉, 새로운 법률관계를 맺은 시점이 비록 취소 이후라 하더라도 착오에 의한 의사표시였다는 점 및 그 취소사실을 몰랐다면 제3자의 범위에 속한다고 보아야 한다.

요컨대, 채권양수인인 병과 정은 제109조 제2항에서 말하는 제3자에 해당하며, 채권양수 시점이 갑의 취소 의사표시 이후인 사실은 여기에 아무런 영향을 미치지 않는다.

(3) 선의 여부: 다음으로, 병과 정의 선의 여부를 살펴보자. 여기서 선의라는 것은 갑과 을 사이의 매매계약이 착오에 의한 의사표시라는 점 그리고 갑이 이미 취소의 의사표시를 하였다는 점을 알지 못한다는 의미이다.

그런데, 병과 정이 선의인지의 여부는 사실관계에서 명확하게 밝혀져 있지 않다. 따라서 그들이 선의 또는 악의인 경우를 나누어서 검토하여야 한다.

우선 병과 정이 모두 선의인 경우에, 갑은 취소의 의사표시를 가지고 병과 정에게 대항하지 못한다. 따라서 병과 정이 매수한 매매대금채권은 유효하며, 그들은 채무자인 갑에게 그 지급을 청구할 수 있다.

다음으로 병과 정이 모두 악의인 경우에, 갑은 취소의 의사표시를 가지고 그들에게 대항할 수 있다. 따라서 병과 정은 무효인 채권을 양수한 셈이 되므로, 그들은 갑을 상대로 대금의 지급을 청구할 수 없다.

다음으로 병이 선의이고 정이 악의인 경우, 병이 선의이므로 일단 갑은 병을 상대로는 취소를 가지고 대항할 수 없다. 따라서 병은 유효한 채권을 취득하게 된다. 그렇게 되면 정이 전전양도시에 악의라 하더라도 정은 이미 하자가 치유된 유효한 채권을 양도받게 된다. 즉 갑은 정에 대해서는 취소를 가지고 대항할 수 없다.

끝으로 병이 악의이고 정이 선의인 경우, 갑은 병을 상대로는 취소로서 대항할 수 있지만 정을 상대로는 대항할 수 없다. 결국 정은 유효하게 채권을 양수받은 것이 되며, 갑을 상대로 그 이행을 청구할 수 있다.

3. 소 결

위에서 검토한 것처럼, 갑의 취소권 행사는 무효이다. 그러나 설사 갑이 착오를 이유로 적법하게 매매계약을 취소할 수 있다고 하더라도, 그 취소를 가지고 (병 또는 정 중에 한 명이라도 선의인 경우에는) 정을 상대로 그 취소를 가지고 대항할 수 없다.

IV. 을과 병 및 정 사이의 법률관계

특별히 문제되는 것이 없다. 갑이 유효하게 계약을 취소할 수 있다면 을의 채무불이행이 문제될 수도 있겠지만, 갑의 취소권은 인정되기 어려우며, 설사 인정되는 경우에도 그 취소를 가지고 (병 또는 정 중에 한 명이라도 선의인 경우에는) 정에게 대항할 수 없으므로, 결국 을의 채무불이행 책임은 문제되지 않는다.

V. 결 론

갑의 착오는 동기에 착오에 해당하며, 본 사안의 경우 그것이 내용의 착오로 되었다거나 중요부분의 착오에 해당하는 것으로 볼 수 없다. 갑의 중과실은 인정되기 어렵지만, 나머지 요건을 갖추지 못하였으므로 갑이 착오를 이유로 을과의 매매계약을 취소할 수는 없다.

사실 관계를 완전히 다르게 평가하여 갑의 동기의 착오를 취소할 수 있는 착오로 인정하는 경우에도, (병 또는 정 중에 한 명이라도 선의인 경우에는) 갑은 그 취소를 가지고 정에게 대항할 수 없다. 결국 병과 정은 유효하게 채권을 양수받은 것이 된다.

참조 판결: 대판 1987.4.14, 86다카1065

일반적으로 온천여관의 매매의 경우에는 온천수의 수질이 온천으로서 기능을 발휘할 수 있고 온천수의 수량이 온천여관을 이용하는 고객에게 충분히 공급되어 온천여관으로서 계속적으로 영업을 할 수 있는지 여부가 중요한 문제이지 온천수를 공급하는 온천공이 공동사용됨으로써 수질이 저하되고 수량이 부족하여 영업에 지장이 있다는 등의 특단의 사정이 없는 이상 그 사용권을 독점적으로 가지느냐 아니면 공동사용권을 가지느냐는 매매계약의 중요한 부분이라고 할 수 없으므로 매수인이 그러한 사항을 매매계약의 중요부분으로 삼기 위하여는 매매계약을 함에 있어 그러한 내용의 의사표시를 하던가 아니면 온천공이 공동사용됨으로써 매매가격이 현저히 달라져 도저히 계약의 목적을 달성할 수 없는 사정이 있는 경우에 한하여야 한다.

제14장 사기·강박에 의한 의사표시

Ⅰ. 개 념

의사표시의 고장에 관한 마지막 주제는 사기 · 강박에 의한 의사표시이다. 우리 민법은 이를 제110조에서 규정하고 있다.

> **제110조(사기, 강박에 의한 의사표시)** ① 사기나 강박에 의한 의사표시는 취소할 수 있다.
> ② 상대방있는 의사표시에 관하여 제삼자가 사기나 강박을 행한 경우에는 상대방이 그 사실을 알았거나 알 수 있었을 경우에 한하여 그 의사표시를 취소할 수 있다.
> ③ 전2항의 의사표시의 취소는 선의의 제삼자에게 대항하지 못한다.

사기 · 강박은 원칙적으로는 의사형성과정의 하자로서 의사와 표시는 일치하는 상황이다. 그러나 예외적으로 의사와 표시가 불일치하는 경우에도 사기나 강박의 성립을 인정할 수 있다(송). 그러나 법원은 이를 인정하지 않고 있다(대판 2005.5.27, 2004다43824).

사기 · 강박은 위법행위이기도 하다. 형사상으로 사기(형 347), 공갈(형 350), 협박 · 존속협박(형 283)의 죄에 해당한다. 또한 민사상으로 불법행위에 기한 손해배상(750), 법률행위의 취소(110)의 원인이 된다.

Ⅱ. 요 건

1. 일반적 요건

사기 또는 강박에 의한 의사표시가 성립하려면, 다음과 같은 요건을 만족하여야 한다.

① 欺罔行爲(사기) 또는 强迫行爲가 존재해야 한다. ② 의사표시가 존재해야 한다. ③ 기망행위 또는 강박행위와 의사표시 사이에 인과관계가 존재해야 한다. ④ 위법성이 있어야 한다. ⑤ 고의가 있어야 한다.

2. 기망행위의 경우

欺罔行爲는 착오(동기의 착오)에 빠지게 하는 모든(적극적, 소극적) 행위(용태)이다. 침묵도 설명의무가 있는 경우에는 기망행위가 될 수 있다.

위법성의 판단에 있어서는, 모든 기망행위가 다 위법성이 있는 것이 아니라 어느 정도는 기망행위가 허용됨을 주의하여야 한다. 이때에는 개별적 사정 및 신의칙, 거래관념을 고려하여 판단한다. 가령 매매 · 임대차의 경우는 위임 · 조합보다 정직함이 덜 요구된다.

고의는 2단계의 것이 요구된다. 즉, "기망하여 착오에 빠뜨림" 및 "착오에 기하여 구체적 의사표시를 하게 함"에 대한 고의가 모두 요구된다.

이상의 요건들에 대한 입증책임은 취소를 주장하는 자가 부담한다.

대판 2005.5.27, 2004다43824

취소의 의사표시란 반드시 명시적이어야 하는 것은 아니고, 취소자가 그 착오를 이유로 자신의 법률행위의 효력을 처음부터 배제하려고 한다는 의사가 드러나면 족한 것이며, 취소원인의 진술 없이도 취소의 의사표시는 유효한 것이므로, 신원보증서류에 서명날인하는 것으로 잘못 알고 이행보증보험약정서를 읽어보지 않은 채 서명날인한 것일 뿐 연대보증약정을 한 사실이 없다는 주장은 위 연대보증약정을 착오를 이유로 취소한다는 취지로 볼 수 있다고 한 사례.

강학상 기명날인의 착오(또는 서명의 착오)는 … 이른바 표시상의 착오에 해당하므로, 비록 위와 같은 착오가 제3자의 기망행위에 의하여 일어난 것이라 하더라도 그에 관하여는 사기에 의한 의사표시에 관한 법리, 특히 상대방이 그러한 제3자의 기망행위 사실을 알았거나 알 수 있었을 경우가 아닌 한 의사표시자가 취소권을 행사할 수 없다는 민법 제110조 제2항의 규정을 적용할 것이 아니라, 착오에 의한 의사표시에 관한 법리만을 적용하여 취소권 행사의 가부를 가려야 한다.

대판 2001.5.29, 99다55601, 55618

상가를 분양하면서 그 곳에 첨단 오락타운을 조성 · 운영하고 전문경영인에 의한 위탁경영을 통하여 분양계약자들에게 일정액 이상의 수익을 보장한다는 광고를 하고, 분양계약 체결시 이러한 광고내용을 계약상대방에게 설명하였더라도, 체결된 분양계약서에는 이러한 내용이 기재되지 않은 점과, 그 후의 위 상가 임대운영경위 등에 비추어 볼 때, 위와 같은 광고 및 분양계약 체결시의 설명은 청약의 유인에 불과할 뿐 상가 분양계약의 내용으로 되었다고 볼 수 없고, 따라서 분양 회사는 위 상가를 첨단 오락타운으로 조성 · 운영하거나 일정한 수익을 보장할 의무를 부담하지 않는다고 한 사례.
상품의 선전 광고에 있어서 거래의 중요한 사항에 관하여 구체적 사실을 신의성실의 의무에 비추어 비난받을 정도의 방법으로 허위로 고지한 경우에는 기망행위에 해당한다고 할 것이나, 그 선전 광고에 다소의 과장 허위가 수반되는 것은 그것이 일반 상거래의 관행과 신의칙에 비추어 시인될 수 있는 한 기망성이 결여된다고 할 것이고, 또한 용도가 특정된 특수시설을 분양받을 경우 그 운영을 어떻게 하고, 그 수익은 얼마나 될 것인지와 같은 사항은 투자자들의 책임과 판단하에 결정될 성질의 것이므로, 상가를 분양하면서 그 곳에 첨단 오락타운을 조성하고 전문경영인에 의한 위탁경영을 통하여 일정 수익을 보장한다는 취지의 광고를 하였다고 하여 이로써 상대방을 기망하여 분양계약을 체결하게 하였다거나 상대방이 계약의 중요부분에 관하여 착오를 일으켜 분양계약을 체결하게 된 것이라 볼 수 없다고 한 사례.

대판 1993.8.13, 92다52665

상품의 선전, 광고에 있어 다소의 과장이나 허위가 수반되는 것은 그것이 일반 상거래의 관행과 신의칙에 비추어 시인될 수 있는 한 기망성이 결여된다고 하겠으나, 거래에 있어서 중요한 사항에 관하여 구체적 사실을 신의성실의 의무에 비추어 비난받을 정도의 방법으로 허위로 고지한 경우에는 기망행위에 해당한다.
변칙세일은 물품구매동기에 있어서 중요한 요소인 가격조건에 관하여 기망이 이루어진 것으로서 그 사술의 정도가 사회적으로 용인될 수 있는 상술의 정도를 넘은 것이어서 위법성이 있다.

입점업체들은 주로 브랜드의 지명도가 상대적으로 낮은 영세업체와 하이패션계통의 여성의류 제조업체들로서, 고객들이 저가품보다는 고가품을, 정상판매보다는 할인판매를 선호하는 경향이 뚜렷하다는 점에 착안하여, 이미 시중에 출하된 상품의 경우에는 종전판매가격을 실제보다 높게 표시하여 할인판매를 가장한 정상판매를 기도하거나 할인율을 기망하고, 새로이 출하하는 신상품의 경우에도 당초 제품을 출하할 때부터 제조업체에서 실제로 판매를 희망하는 가격을 일단 할인판매가격으로 표시하고 여기에 제조업체가 임의로 책정한 할인율을 감안하여 역산, 도출된 가격을 위 할인판매가격과 나란히 표시함으로써 마치 위와 같이 역산, 도출된 가격이 종전판매가격 내지 정상판매가격인 것 같이 꾸며 백화점의 각 매장에 진열하고 매장의 광고대에 위 두 가격을 비교한 할인판매율을 표시함으로써, 당해 상품들이 종전에는 높은 가격으로 판매되던 것인데 할인특매기간에 한하여 특별히 대폭 할인된 가격으로 판매되는 것처럼 광고를 하고, 할인판매기간이 끝난 후에도 판매가격을 환원하지 아니하고 할인특매기간 중의 가격으로 판매를 계속하는 이른바 '변칙세일' 방법을 일종의 판매기법으로 써 왔다.

대판 2002.9.4, 2000다54406, 54413

민법 제104조에 규정된 불공정한 법률행위는 객관적으로 급부와 반대급부 사이에 현저한 불균형이 존재하고, 주관적으로 그와 같이 균형을 잃은 거래가 피해 당사자의 궁박, 경솔 또는 무경험을 이용하여 이루어진 경우에 성립하는 것으로서, 약자적 지위에 있는 자의 궁박, 경솔 또는 무경험을 이용한 폭리행위를 규제하려는 데 그 목적이 있는바, 피해 당사자가 궁박, 경솔 또는 무경험의 상태에 있었다고 하더라도 그 상대방 당사자에게 위와 같은 피해 당사자측의 사정을 알면서 이를 이용하려는 의사, 즉 폭리행위의 악의가 없었다면 불공정 법률행위는 성립하지 않는다.

[교환계약의 당사자가 목적물의 시가를 묵비한 경우 기망에 해당하는지 여부] 일반적으로 교환계약을 체결하려는 당사자는 서로 자기가 소유하는 교환 목적물은 고가로 평가하고 상대방이 소유하는 목적물은 염가로 평가하여 보다 유리한 조건으로 교환계약을 체결하기를 희망하는 이해 상반의 지위에 있고 각자가 자신의 지식과 경험을 이용하여 최대한으로 자신의 이익을 도모할 것이 예상되기 때문에, 당사자 일방이 알고 있는 정보를 상대방에게 사실대로 고지하여야 할 신의칙상의 주의의무가 인정된다고 볼 만한 특별한 사정이 없는 한, 어느 일방이 교환 목적물의 시가나 그 가액 결정의 기초가 되는 사항에 관하여 상대방에게 설명 내지 고지를 할 주의의무를 부담한다고 할 수 없고, 일방 당사자가 자기가 소유하는 목적물의 시가를 묵비하여 상대방에게 고지하지 아니하거나 혹은 허위로 시가보다 높은 가액을 시가라고 고지하였다 하더라도 이는 상대방의 의사결정에 불법적인 간섭을 한 것이라고 볼 수 없다.

3. 강박행위의 경우

강박행위는 해악을 가하겠다고 위협하여 공포심을 일으키게 하는 행위이다. 그러나 강박의 정도가 심하여 표의자의 의사결정의 자유가 완전히 박탈되어 단지 법률행위의 외형만이 만들어진 것에 불과한 경우에는 의사표시 자체가 존재하지 않아서 무효이다.

고의는 사기행위에서와 마찬가지로 2단계의 것이 요구된다. 즉 강박의 고의 및 동기화 의식이 요구된다.

위법성은 '강박행위에 의한 의사결정'의 위법성을 말한다. 통설은 수단이 위법한 경우 또는 목적(효과)이 위법한 경우가 있다고 한다. 한편 수단과 목적의 결합이 부적당한 경우도 포함시키는 견해(송)도 있다.

대판 2003.5.13, 2002다73708, 73715

강박에 의한 의사표시라고 하려면 상대방이 불법으로 어떤 해악을 고지함으로 말미암아 공포를 느끼고 의사표시를 한 것이어야 한다.

강박에 의한 법률행위가 하자 있는 의사표시로서 취소되는 것에 그치지 않고 나아가 무효로 되기 위하여는, 강박의 정도가 단순한 불법적 해악의 고지로 상대방으로 하여금 공포를 느끼도록 하는 정도가 아니고, 의사표시자로 하여금 의사결정을 스스로 할 수 있는 여지를 완전히 박탈한 상태에서 의사표시가 이루어져 단지 법률행위의 외형만이 만들어진 것에 불과한 정도이어야 한다.

제반 사정을 고려하여 의무부담의 의사표시가 강박으로 인하여 의사결정을 스스로 할 수 있는 여지를 완전히 바탈당한 상태에서 이루어진 것으로 보기 어렵다고 판단한 사례.

대판 2002.12.10, 2002다56031

국가기관이 헌법상 보장된 국민의 기본권을 침해하는 위헌적인 공권력을 행사한 결과 국민이 그 공권력의 행시에 외포되어 자유롭지 못한 의사표시를 하였다고 하더라도 그 의사표시의 효력은 의사표시의 하자에 관한 민법의 일반원리에 의하여 판단되어야 할 것이고, 그 강박행위의 주체가 국가 공권력이고 그 공권력 행사의 내용이 기본권을 침해하는 것이라고 하여 그 강박에 의한 의사표시가 항상 반사회성을 띠게 되어 당연히 무효로 된다고는 볼 수 없다.

강박에 의한 법률행위가 하자 있는 의사표시로서 취소되는 것에 그치지 않고 나아가 무효로 되기 위하여는, 강박의 정도가 단순한 불법적 해악의 고지로 상대방으로 하여금 공포를 느끼도록 하는 정도가 아니고, 의사표시자로 하여금 의사결정을 스스로 할 수 있는 여지를 완전히 박탈한 상태에서 의사표시가 이루어져 단지 법률행위의 외형만이 만들어진 것에 불과한 정도이어야 한다.

대판 2002.12.27, 2000다47361

비진의의사표시에 있어서의 진의란 특정한 내용의 의사표시를 하고자 하는 표의자의 생각을 말하는 것이지 표의자가 진정으로 마음속에서 바라는 사항을 뜻하는 것은 아니라고 할 것이므로, 비록 재산을 강제로 뺏긴다는 것이 표의자의 본심으로 잠재되어 있었다 하여도 표의자가 강박에 의하여서나마 증여를 하기로 하고 그에 따른 증여의 의사표시를 한 이상 증여의 내심의 효과의사가 결여된 것이라고 할 수는 없다.
민법 제103조에 의하여 무효로 되는 반사회질서 행위는 법률행위의 목적인 권리·의무의 내용이 선량한 풍속 기타 사회질서에 위반되는 경우뿐 아니라 그 내용 자체는 반사회질서적인 것이 아니라고 하여도 법률적으로 이를 강제하거나 법률행위에 반사회질서적인 조건 또는 금전적 대가가 결부됨으로써 반사회질서적 성질을 띠게 되는 경우 및 표시되거나 상대방에게 알려진 법률행위의 동기가 반사회질서적인 경우를 포함하나, 이상의 각 요건에 해당하지 아니하고 단지 법률행위의 성립과정에 강박이라는 불법적 방법이 사용된 데에 불과한 때에는 강박에 의한 의사표시의 하자나 의사의 흠결을 이유로 효력을 논의할 수는 있을지언정 반사회질서의 법률행위로서 무효라고 할 수는 없다.

대판 2000.3.23, 99다64049

강박에 의한 의사표시라고 하려면 상대방이 불법으로 어떤 해악을 고지함으로 말미암아 공포를 느끼고 의사표시를 한 것이어야 하는바, 여기서 어떤 해악을 고지하는 강박행위가 위법하다고 하기 위하여는, 강박행위 당시의 거래관념과 제반 사정에 비추어 해악의 고지로써 추구하는 이익이 정당하지 아니하거나 강박의 수단으로 상대방에게 고지하는 해악의 내용이 법질서에 위배된 경우 또는 어떤 해악의 고지가 거래관념상 그 해악의 고지로써 추구하는 이익의 달성을 위한 수단으로 부적당한 경우 등에 해당하여야 한다.
갑이 자신이 최대주주이던 A 금융회사로 하여금 실질상 자신 소유인 B 회사에 부실대출을 하도록 개입하였다고 판단한 A 금융회사의 새로운 경영진이 갑에게 위 대출금채무를 연대보증하지 않으면 갑 소유의 C 회사에 대한 어음대출금을 회수하여 부도를 내겠다고 위협하여 갑이 법적 책임 없는 위 대출금채무를 연대보증한 경우, 강박에 의한 의사표시에 해당하지 않는다고 한 사례.

대판 1997.3.25, 96다47951

지역사회에서 상당한 사회적 지위와 명망을 가지고 있는 자가 유부녀와 통정한 후 상간자의 배우자로부터 고소를 당하게 되면 자신의 사회적 명예가 실추되고 구속될 여지도 있어 다소 궁박한 상태에 있었다고 볼 수는 있으나 상간자의 배우자가 상대방의 그와 같은 처지를 적극적으로 이용하여 폭리를 취하려 하였다고 볼 수 없는 경우, 고소를 하지 않기로 합의하면서 금 170,000,000원의 약속어음공정증서를 작성한 행위가 불공정한 법률행위에 해당한다고 볼 수 없다고 한 원심판결을 수긍한 사례.
일반적으로 부정행위에 대한 고소 · 고발은 그것이 부정한 이익을 목적으로 하는 것이 아닌 때에는 정당한 권리행사가 되어 위법하다고 할 수 없는 것인바, 이 사건에서 피고가 광주광역시의 약사회장으로 있던 원고를 간통으로 고소하지 않기로 하는 등의 대가로 무려 금 170,000,000원의 합의금을 받게 되었다고 하여, 피고가 부정한 이익을 목적으로 위법한 강박행위를 하였다고 볼 수 없다.

대판 1992.12.24, 92다25120

법률행위 취소의 원인이 될 강박이 있다고 하기 위하여서는 표의자로 하여금 외포심(畏怖心)을 생기게 하고 이로 인하여 법률행위 의사를 결정하게 할 고의로서 불법으로 장래의 해악을 통고할 경우라야 할 것이다.
일반적으로 부정행위에 대한 고소, 고발은 그것이 부정한 이익을 목적으로 하는 것이 아닌 때에는 정당한 권리행사가 되어 위법하다고 할 수 없을 것이다. 물론 부정한 이익의 취득을 목적으로 하는 경우에는 위법한 강박행위가 되는 경우가 있을 것이며, 목적이 정당하다고 하더라도 그 행위나 수단 등이 부당한 때에는 위법성이 있는 경우가 있을 수 있다.

Ⅲ. 효 과

1. 취소가능성

제110조 제2항은 "상대방 있는 의사표시에 관하여 제삼자가 사기나 강박을 행한 경우에는 상대방이 그 사실을 알았거나 알 수 있었을 경우에 한하여" 취소권을 인정한다.

상대방의 선의, 악의 및 과실 유무는 행위(의사표시) 당시를 기준으로 판단한다.

제3자의 범위에 관한 원칙은 상대방의 대리인 등 상대방과 동일시할 수 있는 자는 제3자가 아니라는 것(판례)이다. 제3자에 해당하지 않는 예로는 간접대리의 본인, 허수아비행위의 배후조종자, 대리상, 은행의 출장소장(은행이 소비대주인 소비대차에서) 등이 있다. 반면 제3자에 해당하는 예로는 담보제공자에 대하여 사기·강박을 행한 채무자, 제3자를 위한 계약의 수익자 등이 있다.

대판 1998.1.23, 96다41496

의사표시의 상대방이 아닌 자로서 기망행위를 하였으나 민법 제110조 제2항에서 정한 제3자에 해당되지 아니한다고 볼 수 있는 자란 그 의사표시에 관한 상대방의 대리인 등 상대방과 동일시할 수 있는 자만을 의미하고, 단순히 상대방의 피용자이거나 상대방이 사용자책임을 져야 할 관계에 있는 피용자에 지나지 않는 자는 상대방과 동일시할 수는 없어 이 규정에서 말하는 제3자에 해당한다.

대판 1999.2.23, 98다60828, 60835

상대방 있는 의사표시에 관하여 제3자가 사기나 강박을 한 경우에는 상대방이 그 사실을 알았거나 알 수 있었을 경우에 한하여 그 의사표시를 취소할 수 있으나, 상대방의 대리인 등 상대방과 동일시할 수 있는 자의 사기나 강박은 제3자의 사기·강박에 해당하지 아니한다.
은행의 출장소장이 어음할인을 부탁받자 그 어음이 부도날 경우를 대비하여 담보조로 받아두는 것이라고 속이고 금전소비대차 및 연대보증 약정을 체결한 후 그 대출금을 자신이 인출하여 사용한 사안에서, 위 출장소장의 행위는 은행 또는 은행과 동일시할 수 있는 자의 사기일 뿐 제3자의 사기로 볼 수 없으므로, 은행이 그 사기사실을 알았거나 알 수 있었을 경우에 한하여 위 약정을 취소할 수 있는 것은 아니라고 본 사례.

대판 1997.12.26, 96다44860

사기를 이유로 한 법률행위의 취소로써 대항할 수 없는 민법 제110조 제3항 소정의 제3자라 함은 사기에 의한 의사표시의 당사자 및 포괄승계인 이외의 자로서 사기에 의한 의사표시를 기초로 하여 새로운 법률원인으로써 이해관계를 맺은 자를 의미한다.
부동산의 양도계약이 사기에 의한 의사표시에 해당하는 경우에 있어서는 공시 방법인 소유권이전등기를 마친 기망행위자와 사이에 새로운 법률원인을 맺어 이해관계를 갖게 된 자만이 민법 제110조 제3항 소정의 제3자에 해당한다고 할 수 없다.

갑이 을과의 교환계약에 의하여 취득한 토지를 병이 갑으로부터 전득하고 자신의 앞으로 바로 소유권이전등기를 마쳤다면, 병은 을이 해제되었다고 주장하는 위 '교환계약으로부터 생긴 법률적 효과를 기초로 하여 새로운 이해관계를 가졌을 뿐 아니라 등기를 마침으로써 완전한 권리를 취득한 자'이므로 민법 제548조 제1항 단서 소정의 제3자에 해당한다.

대판 1975.12.23, 75다533

사기에 의한 법률행위의 의사표시를 취소하면 취소의 소급효로 인하여 그 행위의 시초부터 무효인 것으로 되는 것이요 취소한 때에 비로소 무효로 되는 것이 아니므로 취소를 주장하는 자와 양립되지 아니하는 법률관계를 가졌던 것이 취소 이전에 있었든가 이후에 있었던가는 가릴 필요 없이 사기에 의한 의사표시 및 그 취소사실을 몰랐던 모든 제3자에 대하여는 그 의사표시의 취소를 대항하지 못한다고 보아야 할 것이고 이는 거래안전의 보호를 목적으로 하는 민법 110조 3항의 취지에도 합당한 해석이 된다.

2. 취소의 효과

취소하면 법률행위는 처음부터 무효였던 것으로 된다(141).

이 취소는 선의의 제3자에게 대항하지 못한다(110 ③). 다만 제3자가 취소의 효과를 인정할 수는 있다.

제15장 의사표시의 효력발생

Ⅰ. 원칙과 예외

의사의 표시로부터 상대방이 수령하여 그것을 이해할 때까지의 과정은 4단계, 즉 意思의 表白, 發信, 受領, 요지(了知)로 파악할 수 있다.

우리 민법은 到達主義를 원칙으로 하고 있으며, 예외적으로 發信主義를 인정하고 있다.

> **제111조(의사표시의 효력발생시기)** ① 상대방이 있는 의사표시는 상대방에게 도달한 때에 그 효력이 생긴다.
> ② 의사표시자가 그 통지를 발송한 후 사망하거나 제한능력자가 되어도 의사표시의 효력에 영향을 미치지 아니한다.

도달주의의 예외로서 우리 민법이 인정하고 있는 경우는 다음과 같다. 즉 제15조(제한능력자의 상대방이 催告를 하였을 때 기간 내에 확답을 발송하지 않으면 그 행위를 추인한 것으로 됨), 제71조(총회의 소집은 1주간 전에 그 회의의 목적사항을 기재한 통지를 발함), 제131조(무권대리인의 상대방의 최고), 제455조(승낙여부의 최고), 제531조(隔地者 간의 계약은 승낙의 통지를 발송한 때에 성립)가 그러하다.

II. 도달주의의 의의

도달의 의미에 대하여는 학설의 대립이 있다. 다수설은 이른바 了知狀態說(의사표시가 상대방의 영역에 진입하는 것만으로 부족하고, 상대방이 의사표시의 내용을 알 수 있는 상태 필요)을 취한다. 소수설은 이른바 進入說(객관적으로 상대방의 영역 내에 진입했는지 여부로 판단하고, 상대방이 의사표시의 내용을 알았는지 여부는 기한 내에 도착하였는가의 문제로 봄)을 취한다.

판례는 다수설을 따르고 있다.

대판 1983.8.23, 82다카439

채권양도의 통지와 같은 준법률행위[참고: 그중에서 관념/사실의 통지에 해당]의 도달은 의사표시와 마찬가지로 사회관념상 채무자가 통지의 내용을 알 수 있는 객관적 상태에 놓여졌을 때를 지칭하고, 그 통지를 채무자가 현실적으로 수령하였거나 그 통지의 내용을 알았을 것까지는 필요하지 않다.

채권양도의 통지서가 들어 있는 우편물을 채무자의 가정부가 수령한 직후 한 집에 거주하고 있는 통지인인 채권자가 그 우편물을 바로 회수해 버렸다면 그 우편물의 내용이 무엇인지를 그 가정부가 알고 있었다는 등의 특별한 사정이 없었던 이상 그 채권양도의 통지는 사회관념상 채무자가 그 통지내용을 알 수 있는 객관적 상태에 놓여 있는 것이라고 볼 수 없으므로 그 통지는 피고에게 도달되었다고 볼 수 없을 것이다.

대판 1997.11.25, 97다31281

채권양도의 통지는 채무자에게 도달됨으로써 효력을 발생하는 것이고, 여기서 도달이라 함은 사회관념상 채무자가 통지의 내용을 알 수 있는 객관적 상태에 놓여졌다고 인정되는 상태를 지칭한다고 해석되므로, 채무자가 이를 현실적으로 수령하였다거나 그 통지의 내용을 알았을 것까지는 필요로 하지 않는다.

우편법 소정의 규정에 따라 우편물이 배달되었다고 하여 언제나 상대방 있는 의사표시의 통지가 상대방에게 도달하였다고 볼 수는 없으며, 등기우편물에 기재된 사무소에서 본인의 사무원임을 확인한 후 우편물을 교부하였다는 우편집배원의 진술이나 우편법 등의 규정을 들어 그 등기우편물의 수령인을 본인의 사무원 또는 고용인으로 추정할 수는 없다.

채권양도통지서가 채무자의 주소나 사무소가 아닌 동업자의 사무소에서 그 신원이 분명치 않은 자에게 송달된 경우에는 사회관념상 채무자가 통지의 내용을 알 수 있는 객관적 상태에 놓여졌다고 인정할 수 없다.

Ⅲ. 도달주의의 효과

도달에 대한 입증책임은 表意者가 부담한다. 따라서 不着이나 延着의 경우 표의자의 불이익으로 돌아간다.

철회는 아직 효력을 발생하고 있지 않은 의사표시를 종국적으로 효력이 발생하지 않게 하거나(참조 527), 또는 일단 발생한 의사표시의 효력을 장래를 향하여 소멸시키는 표의자의 일방적 행위(7, 16, 134, 1108, 1110)인데, 의사표시의 도달 전(또는 늦어도 동시)에만 가능하다.

대판 1992.3.27, 91누3819

우편법 등 관계 규정의 취지에 비추어 볼 때 우편물이 등기취급의 방법으로 발송된 경우 반송되는 등의 특별한 사정이 없는 한 그 무렵 수취인에게 배달되었다고 보아야 한다.

대판 2000.10.27, 2000다20052

재건축조합을 탈퇴한다는 의사표시가 기재된 내용증명 우편물이 발송되고 달리 반송되지 아니하였다면 특별한 사정이 없는 한 이는 그 무렵에 송달되었다고 봄이 상당하다.

대판 2002.7.26, 2000다25002

내용증명우편이나 등기우편과는 달리, 보통우편의 방법으로 발송되었다는 사실만으로는 그 우편물이 상당기간 내에 도달하였다고 추정할 수 없고 송달의 효력을 주장하는 측에서 증거에 의하여 도달사실을 입증하여야 한다.

대판 1994.8.9, 94다14629

근로자가 사직원을 제출하여 근로계약의 해지를 청약하는 경우 그에 대한 사용자의 승낙의사가 형성되어 그 승낙의 의사표시가 근로자에게 도달하기 이전에는 청약의 의사표시를 철회할 수 있으나, 근로자와 사용자가 근로계약을 해지시키기로 합의하였다면 합의시에 근로자의 근로계약해지의 청약의 의사표시에 대하여 사용자의 승낙의사가 확정적으로 형성 · 표시되어 해지의사의 합치가 있었다고 할 것이므로 이러한 경우 어느 일방 당사자가 임의로 이를 철회할 수는 없고, 이는 근로자와 사용자가 합의시 특별히 근로계약관계를 일정기간 경과 후 종료키로 약정하였다고 하여도 마찬가지이다.

IV. 의사표시의 수령능력

의사표시의 수령능력에 관해서는 제112조가 규정하고 있다.

제112조(제한능력자에 대한 의사표시의 효력) 의사표시의 상대방이 의사표시를 받은 때에 제한능력자인 경우에는 의사표시자는 그 의사표시로써 대항할 수 없다. 다만, 그 상대방의 법정대리인이 의사표시가 도달한 사실을 안 후에는 그러하지 아니하다.

受領能力이란 타인의 의사표시의 내용을 이해하는 능력을 말한다. 원래 수령능력은 행위능력보다는 능력의 정도가 낮아도 인정될 수 있다. 그러나 우리 민법은 모든 제한능력자는 의사표시의 수령제한능력자라고 본다. 물론 행위능력이 인정되는 제한능력자는 수령능력도 인정된다.

V. 의사표시의 公示送達

의사표시의 도달이 불가능한 상황에 대비하여 公示送達 제도가 마련되어 있다.

제113조(의사표시의 공시송달) 표의자가 과실없이 상대방을 알지 못하거나 상대방의 소재를 알지 못하는 경우에는 의사표시는 민사소송법 공시송달의 규정에 의하여 송달할 수 있다.

민사소송법 제195조(공시송달의 방법) 공시송달은 법원사무관등이 송달할 서류를 보관하고 그 사유를 법원게시판에 게시하거나, 그 밖에 대법원규칙이 정하는 방법에 따라서 하여야 한다.

표의자의 과실 유무의 입증에 대해서는 표의자가 입증책임을 부담한다는 견해(송)와 상대방이 부담한다는 견해(곽)가 대립한다.

대결 2003.12.12, 2003마1694

제1심에서 원고가 공시송달신청을 하면서 제출한 소명자료와 그 동안의 송달 결과, 특히 법정경위 작성의 송달불능보고서의 내용을 종합하면 민사소송법 제194조가 규정하는 공시송달의 요건인 '당사자의 주소 등 또는 근무장소를 알 수 없는 경우'에 해당한다고 볼 여지가 충분함에도 위 공시송달 신청에 대하여는 아무런 결정을 하지 아니한 채 주소보정 흠결을 이유로 소장각하명령을 한 경우, 항고심으로서는 소장부본 송달상의 흠결 보정에 관하여 선결문제가 되는 공시송달신청의 허부에 대하여도 함께 판단하여 제1심 재판장의 소장 각하명령의 당부를 판단하였어야 함에도 불구하고 이에 이르지 아니한 채 원고가 최종의 주소보정명령에 따른 주소보정조치를 취하지 아니한 이상 제1심 재판장의 소장각하명령에 위법이 있다고 할 수 없다는 이유 설시만으로 항고를 배척한 것은 위법하다고 한 사례.

제16장 대 리

I. 서 론

1. 개 념

대리는 타인(代理人)이 본인의 이름으로 법률행위를 하거나(能動代理) 또는 의사표시를 수령함으로써(受動代理) 그 법률효과가 직접 본인에게 발생하는 제도이다.

제114조(대리행위의 효력) ① 대리인이 그 권한내에서 본인을 위한 것임을 표시한 의사표시는 직접 본인에게 대하여 효력이 생긴다.
② 전항의 규정은 대리인에게 대한 제삼자의 의사표시에 준용한다.

2. 대리의 본질

이에 관한 고전적 견해로는 본인행위설, 대리인행위설, 공동행위설 등이 있다.

우리 민법학계의 학설을 보면, 대리인행위설(곽 · 송), 통합요건설, 행위 · 규율 분리설 등이 있다. 결국 이러한 학설들의 차이는 본인과 대리인 중에서 누구를 행위당사자로 보느냐와 관련이 있다. 그런데 우리 민법은 대리인행위설을 기초로 하는 것으로 보인다(참조 116 ①).

3. 대리의 인정 범위

대리는 의사표시를 하는 것(능동대리)은 물론이고 의사표시를 수령하는 것(수동대리)도 가능하다.

그러나 사실행위나 불법행위의 대리는 불가능하다. 대리는 그 핵심개념에 의사표시를 포함하고 있기 때문이다.

마찬가지의 이유로 現實의 引渡는 물론이고 간이인도 · 점유개정 · 목적물 반환청구권의 양도의 경우에도 대리는 인정되지 않는다(학설대립 있음. 곽 · 송은 부인설의 입장). 대리를 부인하는 입장에서는 대리인이 아닌 점유보조자나 점유매개자를 통하여 본인이 점유를 취득하는 것으로 구성한다.

준법률행위의 경우에도 (의사표시가 아니므로) 원칙적으로는 대리가 가능하지 않다. 그러나 의사의 통지 및 관념의 통지에는 대리규정이 유추적용될 수 있다.

끝으로, 모든 의사표시에 대하여 대리가 허용되는 것이 아니라 아예 대리가 허용되지 않는 행위(대리에 親하지 않은 행위)들이 있다. 신분상의 법률행위(혼인, 이혼, 인지, 유언 등)가 그러하다. 다만, 13세 미만자의 입양의 경우 법정대리인이 13세 미만자를 대신하여 입양의 승낙을 해야 한다(869 ②).

신분행위에 대한 대리행위는 무효이며 추인으로도 유효로 되지 않는다. 다만 부양청구권 등 재산행위에는 대리가 인정된다.

4. 대리와 구별되는 제도

다음의 제도들은 대리와 혼동되지 않도록 주의하여야 한다.

間接代理는 간접대리인이 자신의 이름으로 법률행위를 하고 그 법률효과 역시 간접대리인에게 귀속한다. 委託賣買業(상 101: "자기명의로써 타인의 계산으로 물건 또는 유가증권의 매매를 영업으로 하는 자")이 그 예이다.

(法人의) 代表는 (본인과 別個인) 대리인과는 달리 법인과 동일시된다. 그러나 대리와 비슷한 점이 많아서 대리에 관한 규정이 準用(59 ②)된다.

使者는 의사표시를 직접 하는 것이 아니고 의사표시의 전달 · 표시만을 하는 사람이다. 따라서 의사표시의 하자 유무 또는 어떤 사정을 아는지에 대해서는 본인이 표준이 된다(대리의 경우에는 대리인이 표준이 됨: 116 ①).

間接占有(194)란 직접점유자의 점유를 통하여 간접점유자가 점유하는 것을 말하는데, 점유는 법률행위가 아닌 사실상의 지배이므로 대리와는 관계가 없다.

履行補助者(391)는 채무자가 채무의 이행을 위하여 사용하는 사람이다. 따라서 채무자의 이행을 보조하거나 아니면 채무자를 대신하여 이행하는 사람이다. 결국 대리와 경제적으로는 유사한 부분도 있지만 법적으로는 거리가 먼 개념이다.

재산관리인에는 부재자의 재산관리인, 상속재산관리인, 유언집행자, 신탁재산관리인 등이 있다. 이들 역시 경제적으로는 대리와 겹치는 부분도 있지만 개념적으로는 거리가 먼 제도들이다.

5. 대리의 종류

우선, 任意代理와 法定代理의 구별이 중요하다. 이것은 대리권의 발생원인이 本人의 意思인지 아니면 法律 規定인지에 따른 것이다.

能動代理(적극대리: 114 ①)와 受動代理(소극대리: 114 ②)의 구별은 의사표시를 하느냐 아니면 받느냐에 따른 것이다.

有權代理와 無權代理의 구별도 중요하다. 이것은 대리인으로서 행동하는 자가 代理權을 가지는지 여부에 따른 것이다. 무권대리는 다시 表見代理(수권을 표시했으나 실은 수권이 없는 경우: 125, 대리권의 범위를 넘은 경우: 126, 대리권이 소멸한 경우: 129)와 狹義의 無權代理(대리권이 아예 없었던 경우: 130)로 나뉜다.

6. 대리성립의 요건

대리가 성립하기 위해서는 다음과 같은 요건들을 갖추어야 한다: ① 허용가능성("대리에 親한 행위"), ② 대리인의 유효한 의사표시, ③ 대리권의 범위 내에서(법률 또는 授權行爲로 부여), ④ 顯名("본인의 이름으로" 한 의사표시).

이하에서는 ③ 代理權 및 ④ 顯名에 관하여 항을 바꾸어 보다 자세히 살펴보겠다.

II. 대 리 권

1. 개 념

대리권이란 타인(대리인)이 본인의 이름으로 의사표시를 하거나 또는 의사표시를 받음으로써 직접 본인에게 법률효과를 발생시키는 법률상의 지위 또는 자격(다수설: 자격설)이다.

대리권은 발생 원인에 따라 법정대리권과 임의대리권으로 나뉜다.

법정대리권은 발생원인이 법률의 규정, 지정권자의 지정행위, 법원의 선임행위 등인 경우이다. 가령 부부(日常家事代理權: 827), 친권자(911, 920), 지정미성년후견인(931), 선임미성년후견인(932), 유언집행자(1093, 1094), 부재자재산관리인(23, 24), 성년후견인(936), 상속재산관리인(1023 ②), 유언집행자(1096) 등이 이에 해당한다.

임의대리권의 발생원인은 授權行爲이다. 이에 관하여 항을 바꾸어 살펴보자.

2. 수권행위

(1) 개 념

授權行爲는 본인이 대리인에게 대리권을 수여하는 행위이다. 그 성질에 관해서는 상대방 있는 단독행위라는 견해(다수설)와 계약이라는 견해(소수설)가 대립한다.

(2) 독자성과 무인성

수권행위의 獨自性은 일반적으로 인정된다. 즉, 수권행위는 본인과 대리인 사이의 '내부적 법률관계'(예: 위임, 고용)에 수반하는 것이 보통이나 개념적으로 구별된다(판례 · 통설).

原因된 법률관계와 수권행위의 관계에 관해서는 학설이 대립한다. 無因說

은 대리의 '원인된 법률관계'가 失效되어도 수권행위는 유효하다는 입장(소수설 · 판례)이다. 반면 有因說은 원인행위가 실효하면 수권행위도 함께 실효한다는 입장(다수설)이다. 그 밖에 내부적 · 외부적 수권 구별설도 있다.

다음의 판결들에서 법원은 무인설의 입장을 취하는 것으로 보인다.

대판 1962.5.24, 4294민상251, 252

위임과 대리권수여는 별개의 독립된 행위로서 위임은 위임자와 수임자간의 내부적인 채권채무관계를 말하고 대리권은 대리인의 행위의 효과가 본인에게 미치는 대외적 자격을 말하는 것이므로 위임계약에 대리권수여가 수반되는 일은 있으나 위임계약만으로는 그 효력은 위임자와 수임자 이외에는 미치는 것이 아니므로 구 민법 제655조의 취지는 위임종료의 사유는 이를 상대방에 통지하거나 상대방이 이를 안 때가 아니면 위임자와 수임자간에는 위임계약에 의한 권리의무관계가 존속한다는 취지에 불과하고 대리권관계와는 아무런 관계가 없는 것이다.

대판 1987.4.28, 86다카1802

구 변호사법(법률 제2654호) 제48조는 강제법규로서 같은 법조에서 규정하고 있는 이익취득을 목적으로 하는 법률행위는 그 자체가 반사회적 성질을 띠게 되어 사법적 효력도 부정된다.

변호사 아닌 자 갑이 소송당사자인 을로부터 소송사건을 떠맡아 을을 대리하여 갑의 비용과 책임하에 소송대리인을 선임하는 등의 일체의 소송수행을 하여 을을 승소시켜 주고 그 대가로서 소송물의 일부를 양도받기로 하는 내용의 양도약정이 변호사법에 저촉되어 무효라 하더라도 그 무효는 그 대가 약정부분에 한정된다 할 것이고, 그 대가 약정부분이 아닌 소송대리인 선임권한 위임부분까지 무효로 볼 수는 없으므로 갑이 변호사보수금을 현실적으로 지급하지 아니 하였다면 을로서는 갑이 위 약정에 따라 을의 이름으로 선임한 변호사에 대하여 그 보수금의 지급채무를 여전히 부담하고 있다 할 것이다.

(3) 수권행위의 실효

예를 들어 본인과 대리인이 위임계약을 하면서 본인이 대리인에게 수권행위를 하였고, 대리인이 그 대리권에 기하여 대리행위를 한 경우를 생각해 보자. 수권행위가 실효할 경우 대리행위의 효력이 어떻게 될까?

대리인의 사유로 인하여 수권행위가 실효하는 예로서 가령 대리인이 제한능력자인 경우를 생각해 보면, 수권행위가 실효하는 것은 수권행위를 계약으로 보는 견해(계약설)에서만 문제될 수 있다. 단독행위설에 따를 경우, 단독행위인 수권행위의 상대방인 대리인이 제한능력자이거나 대리인의 의사표시에 흠이 있거나 하더라도 본인이 하는 단독행위인 수권행위의 효력에 아무런 영향을 끼칠 수 없기 때문이다.

그런데 계약설을 취하는 견해는 대리인이 제한능력자인 경우만을 다루면서, 수권계약이 제한능력자에게 불이익을 주지 않으므로 피성년후견인을 제외하고는 수권행위를 취소할 수 없다고 한다. 결국 계약설이 예정하는 이런 상황이 발생하기도 어렵거니와, 그런 상황이 발생했다 하더라도 계약설은 수권행위가 그대로 유효하다고 함으로써 이 논의 자체를 무의미하게 만들고 있다.

한편, 대리인 또는 본인의 사유로 내부관계 발생행위가 실효하는 예로서 가령 대리인 또는 본인이 제한능력자인 것을 이유로 하여 내부관계 발생행위, 즉 위 예의 위임계약을 취소한 경우를 생각해 보자. 그 경우 수권행위 및 대리행위의 효력은 어떻게 될까? 물론 이 문제는 주로 대리인이 제한능력자인 경우와 관련하여 논의된다.

유인설(다수설)에 따르면, 원인행위가 실효하면 수권행위도 실효하게 된다. 따라서 대리행위는 대리권 없이 한 것이 되어 無權代理가 된다. 그러나 이때 유인설은 거래의 안전 또는 제117조나 제129조를 원용하여 대리권은 장래를 향해서만 소멸하는 것으로 한다. 즉, 기왕의 대리행위는 유효하다고 하거나 표현대리로 해결한다.

무인설에 따르면 내부관계 발생행위가 실효해도 수권행위는 그대로 유효하고 따라서 대리행위 역시 유효하다. 즉, 기왕의 대리행위는 그대로 유효하고, 대리권은 장래를 향해 소멸할 뿐이다(128조 1문).

결국, 유인설을 따르거나 무인설을 따르거나에 상관없이, 기왕의 대리행위는 효력을 유지하고 다만 장래를 향해 대리권은 소멸한다.

마지막으로, 본인의 사유로 수권행위 실효하는 예로서 가령 본인이 제한능력자여서 수권행위를 취소한 경우를 생각해 보자.

이에 대해서는 여러 학설들이 있다. 수권행위가 취소되면 대리권은 소급적으로 소멸하고 대리행위는 무권대리가 된다는 견해(곽)가 있다. 반면 대리행위가 이미 이루어진 경우에는 거래의 안전을 위하여 소급효를 제한하자는 입장

(송)도 있다. 또한 거래안전을 이유로 대리행위 후의 소급적 취소는 원칙적으로 부인하면서 예외적으로 취소를 인정하는 견해도 있다. 또한 대리행위는 무권대리가 된다고 하면서 상대방 보호는 개별 규정 또는 무권대리에 대한 보호규정(131-135)에 의한다고 하는 견해도 있다.

(4) 수권행위의 방식

수권행위는 不要式行爲로서 방식에 제한이 없다. 구두, 서면, 명시적, 묵시적 수권행위 모두 가능하다. 보통은 위임장을 수여하는 식으로 수권행위가 이루어진다. 위임장의 특수한 형태로 백지위임장(대리인의 성명 등이 공란)도 있다.

대리행위가 요식행위인 경우 수권행위도 요식이어야 하는지에 대해서는, 그럴 필요가 없다는 不要式行爲說(송)과 制限的 要式行爲說이 대립한다.

3. 대리권의 범위

대리권의 범위는 법정대리권의 경우 법률의 규정에 따라, 임의대리권의 경우 수권행위의 해석에 따라 결정된다.

권한이 미정이거나 불명확한 경우에는 제118조가 적용된다.

제118조(대리권의 범위) 권한을 정하지 아니한 대리인은 다음 각호의 행위만을 할 수 있다.
1. 보존행위
2. 대리의 목적인 물건이나 권리의 성질을 변하지 아니하는 범위에서 그 이용 또는 개량하는 행위

제118조의 내용을 한 마디로 요약하자면, 관리행위(보존행위, 이용 · 개량행위)는 가능하고, 처분행위는 가능하지 않다는 것이다. 보존행위는 재산의 현상을 유지하기 위한 행위(예: 소멸시효 중단)를 말한다. 이용 · 개량행위는 재산으로부터 수익을 도모하거나(예: 이자부 금전대여), 사용가치 · 교환가치를 증가시키는 행위(예: 무이자의 금전대여를 이자부로)를 말하며, 대리의 목적(물건 · 권리)의 성질이 불변하는 범위 내에서만 가능하다.

4. 대리권의 제한

(1) 自己契約(自己代理, 相對方代理)

대리인이 본인을 대리하면서 동시에 상대방으로서 계약을 체결하는 경우이고, 雙方代理는 대리인이 쌍방을 대리하여 혼자서 계약을 체결하는 경우이다. 본인의 이익 보호를 위해 자기계약과 쌍방대리는 원칙적으로 금지된다.

> **제124조(자기계약, 쌍방대리)** 대리인은 본인의 허락이 없으면 본인을 위하여 자기와 법률행위를 하거나 동일한 법률행위에 관하여 당사자쌍방을 대리하지 못한다. 그러나 채무의 이행은 할 수 있다.

자기계약이나 쌍방대리가 예외적으로 허용되는 경우가 있다. 본인의 허락이 있거나 채무의 이행이거나 또는 특칙이 있는 때에 그러하다.

제124조에 대한 특칙으로서는 친권자의 이해상반행위(921), 후견인의 피후견인 권리양수(951), 법인대표의 이익상반행위(64), 상법상의 자기거래(상 199, 269, 398) 등이 있다.

> **상법 제199조(사원의 자기거래)** 사원은 다른 사원 과반수의 결의가 있는 때에 한하여 자기 또는 제삼자의 계산으로 회사와 거래를 할 수 있다. 이 경우에는 민법 제124조의 규정을 적용하지 아니한다.

자기계약 · 쌍방대리 금지를 위반한 경우 그 대리행위는 효과는 어떠한가? 무권대리(130)가 되므로 원칙적으로는 본인에게 대하여 효력이 없다. 다만 본인이 추인하면 유효한 것으로 된다. 상대방에 대한 무권대리인의 책임을 규정하는 제135조가 적용되는지에 대해서는 인정설과 부정설(송)이 있다.

자기계약 · 쌍방대리의 금지는 법정대리, 임의대리 모두에 적용된다.

(2) 공동대리

數人의 대리인이 공동으로만 대리할 수 있는 것(하나라도 불참하면 안 됨)을 말한다. 따라서 공동대리는 일종의 대리권 제한이 된다.

그런데 우리 민법은 공동대리가 아니라 단독대리를 원칙으로 하고 있다.

제119조(各自代理) 대리인이 수인인 때에는 각자가 본인을 대리한다. 그러나 법률 또는 수권행위에 다른 정한 바가 있는 때에는 그러하지 아니하다.

공동대리의 제약이 있는 경우에도 수동대리에서는 단독대리로 할 수 있다(다수설).

"공동"의 의미에 관해서는 공동의 의사결정이라는 견해(다수설)와 공동의 표시행위라는 견해(소수설, 송)가 대립한다.

공동대리의 제한을 위반하면 권한을 넘은 무권대리가 된다(통설).

5. 대리권의 남용

대리권의 濫用이란 대리인이 본인의 이익이나 의사에 반하여 자기 또는 제3자의 이익을 위한 背任的 대리행위를 하는 경우이다.

이 문제의 해결을 위하여 다수설과 판례는 제107조 제1항 단서를 유추적용하여 상대방이 대리인의 배임적 의도를 알았거나 알 수 있었을 때에는 대리행위를 무효로 한다. 한편 신의칙설(권리남용설)은 상대방의 권리행사가 신의칙에 반하는 경우(악의 · 중과실 요구)에는 대리행위의 효력을 부인한다. 대리권부인설(무권대리설)은 상대방이 선의 · 무과실이 아니면 무권대리가 된다고 한다.

아래의 첫째 판결은 통설의 입장을, 둘째 판결은 신의칙설의 입장을 보여준다.

대판 1999.1.15, 98다39602

진의 아닌 의사표시가 대리인에 의하여 이루어지고 그 대리인의 진의가 본인의 이익이나 의사에 반하여 자기 또는 제3자의 이익을 위한 배임적인 것임을 그 상대방이 알았거나 알 수 있었을 경우에도 민법 제107조 제1항 단서의 유추해석상 그 대리인의 행위에 대하여 본인은 아무런 책임을 지지 않는다고 보아야 하고, 그 상대방이 대리인의 표시의사가 진의 아님을 알았거나 알 수 있었는가의 여부는 표의자인 대리인과 상대방 사이에 있었던 의사표시 형성 과정과 그 내용 및 그로 인하여 나타나는 효과 등을 객관적인 사정에 따라 합리적으로 판단하여야 한다.

예금자가 같은 교회 신도인 신용협동조합 이사장에게 신용협동조합에 예탁하여 달라면서 여러 번에 걸쳐 돈을 맡겼는데, 그 이사장이 예탁금으로서의 입금절차를 밟지 아니하고 자신이 경영하던 회사들의 운영자금으로 유용하고, 그에 대한 이자는 자신의 돈으로 신용협동조합의 금리보다 높은 이율로 계산하여 지급하면서, 위 예금자에게는 마치 예탁금 입금이 된 양 신용협동조합이 업무전산화를 한 이후에는 사용하지 않는 수기식 정기예탁금 증서를 작성하여 교부한 경우, 위 예금자로서는 통상의 주의를 기울였다면 위 신용협동조합 이사장의 예금계약 체결의 의사표시가 진의가 아니라는 것을 알 수 있었으므로, 위 예금자와 신용협동조합 사이의 예금계약이 성립되지 않았다고 본 사례.
신용협동조합 이사장이 타인으로부터 예금 명목으로 교부받은 돈을 정상적으로 입금시키지 아니하고 자신의 필요에 따라 임의로 유용한 경우, 이사장의 이러한 행위는 외형적 · 객관적으로 보아 신용협동조합 이사장으로서의 직무행위와 관련을 가지는 행위라 할 것이므로 신용협동조합은 이사장의 불법행위로 인한 손해를 배상할 책임이 있다고 한 사례.

대판 1987.10.13, 86다카1522

회사도 법인인 이상 그 권리능력이 정관으로 정한 목적에 의하여 제한됨은 당연하나 정관에 명시된 목적 자체에는 포함되지 않는 행위라 할지라도 목적수행에 필요한 행위는 회사의 목적범위내의 행위라 할 것이고 그 목적수행에 필요한 행위인가의 여부는 문제된 행위가 정관기재의 목적에 현실적으로 필요한 것이었던가 여부를 기준으로 판단할 것이 아니라 그 행위의 객관적 성질에 비추어 추상적으로 판단할 것이다.
주식회사의 대표이사가 그 대표권의 범위내에서 한 행위는 설사 대표이사가 회사의 영리목적과 관계없이 자기 또는 제3자의 이익을 도모할 목적으로 그 권한을 남용한 것이라 할지라도 일응 회사의 행위로서 유효하고 다만 그 행위의 상대방이 그와 같은 정을 알았던 경우에는 그로 인하여 취득한 권리를 회사에 대하여 주장하는 것이 신의칙에 반하므로 회사는 상대방의 악의를 입증하여 그 행위의 효과를 부인할 수 있을 뿐이다.

6. 대리권의 소멸

(1) 임의대리와 법정대리에 공통으로 적용되는 사유

제127조가 규정한다.

제127조(대리권의 소멸사유) 대리권은 다음 각 호의 어느 하나에 해당하는 사유가

있으면 소멸된다.
1. 본인의 사망
2. 대리인의 사망, 성년후견의 개시 또는 파산

(2) 개별적 적용 사유

임의대리만의 사유에 대해서는 제128조가 규정한다.

제128조(임의대리의 종료) 법률행위에 의하여 수여된 대리권은 전조의 경우외에 그 원인된 법률관계의 종료에 의하여 소멸한다. 법률관계의 종료전에 본인이 수권행위를 철회한 경우에도 같다.

한편, 委任에 관해서는 따로 규정들이 있다.

제690조(사망, 파산 등과 위임의 종료) 위임은 당사자 한쪽의 사망이나 파산으로 종료된다. 수임인이 성년후견개시의 심판을 받은 경우에도 이와 같다.

제691조(위임종료시의 긴급처리) 위임종료의 경우에 급박한 사정이 있는 때에는 수임인, 그 상속인이나 법정대리인은 위임인, 그 상속인이나 법정대리인이 위임사무를 처리할 수 있을 때까지 그 사무의 처리를 계속하여야 한다. 이 경우에는 위임의 존속과 동일한 효력이 있다.

제692조(위임종료의 대항요건) 위임종료의 사유는 이를 상대방에게 통지하거나 상대방이 이를 안 때가 아니면 이로써 상대방에게 대항하지 못한다.

(3) 소멸 사유에 관한 논란

본인의 사망은 소멸 사유이지만 여기에는 다음의 예외가 있다. 즉, 기초적 내부관계가 존속하거나(참조 691) 商行爲의 委任인 경우(상 50)에 대리권은 소멸하지 않는다. 본인이 사망하는 경우에도 대리권이 소멸하지 않도록 하는 특약의 효력에 대해서는 유효설(다수설)과 무효설(송), 절충설이 있다.

대리인의 사망도 소멸 사유이지만, 다음과 같은 경우에 논란이 있다. 우선, 대리인의 사망에도 불구하고 기초적 내부관계가 존속하는 경우 대리권이 존속하는지에 대해서는 긍정설(다수설)과 부정설이 대립한다. 위임의 경우에는 긍정하면서 고용·조합의 경우에는 부인하는 견해(송)도 있다. 또한 상속인이 대리권을 승계하도록 하는 대리권 승계특약이 유효한지에 대해서는 유효설(다수설)과 무효설(송)이 대립한다.

대리인의 성년후견 개시 또는 파산도 소멸 사유이다. 주의할 점은 피성년후견인, 파산자도 대리인이 될 수 있다는 점이다. 그러나 누구라도 대리인이 된 후 성년후견 개시의 심판·파산선고를 받으면 대리권이 소멸한다.

(4) 임의대리권의 소멸 사유

원인관계(기초적 내부관계)가 소멸하면 임의대리권은 소멸한다. 그러나 제128조 제1문은 임의규정이다. 수권행위의 철회로도 임의대리권은 소멸하지만, 제128조 제2문 역시 임의규정이다.

본인이 파산한 경우 임의대리권이 소멸하는지에 대해서는, 당연소멸설(690 유추적용, 구 파산법 56, 38조 6호 참조)과 파산으로 원인관계가 종료(위임: 690, 128)하면 대리권도 소멸하므로 파산에 의하여 임의대리권이 소멸하는 것으로 할 필요가 없다는 견해(곽)가 있다. 다만, 후자의 견해에 따르더라도, 고용, 조합, 도급의 경우(663, 717, 674)에는 본인의 파산 시 당연히 원인관계가 소멸하지 않는 것에 주의해야 한다.

III. 대리행위

1. 顯名主義

(1) 의 의

顯名主義란 대리행위가 성립하려면 '본인을 위한 것'임을 표시하여 의사표시하여야 한다는 원칙(114 ①)을 말한다. '본인을 위한 것'이란 본인의 이익을 위해서가 아니라, 본인에게 법률효과를 귀속시키려는 의도("본인의 이름으로")를 말한다.

顯名의 성질에 대해서는 의사표시라는 견해(곽)와 관념의 통지라는 견해

(송)가 있다.

顯名의 방식에는 제한이 없다. 보통은 "A의 대리인 B"와 같이 표시하게 된다. 대리인의 이름을 반드시 사용해야 하는 것은 아니고 본인을 알 수 있기만 하면 된다. 본인을 특정할 필요가 있는지에 대해서는 불필요설과 필요설(송)이 있다. 대리인이 마치 본인인 것처럼 본인의 이름을 사용한 경우에도 그 유효성을 긍정하는 것이 통설이다.

수동대리의 경우에는 상대방이 본인에 대한 의사표시임을 표시하는 것이 顯名의 의미이다.

대판 1982.5.25, 81다1349, 81다카1209

매매위임장을 제시하고 매매계약을 체결하는 자는 특단의 사정이 없는 한 소유자를 대리하여 매매행위하는 것이라고 보아야 하고 매매계약서에 대리관계의 표시없이 그 자신의 이름을 기재하였다고 해서 그것만으로 그 자신이 매도인으로서 他人物을 매매한 것이라고 볼 수는 없다.

대판 1963.5.9, 63다67

대리인은 대리인임을 표시하여 의사표시를 하여야 하는 것이 아니고 본인 명의로도 할 수 있다.

대판 1974.6.11, 74다165

"갑"이 임대차계약을 체결함에 있어서 임차인 명의를 원고 명의로 하기는 하였으나 "갑"의 이름이 원고인 것 같이 행세하여 계약을 체결함으로써 피고는 "갑"과 원고가 同一人인 것으로 알고 계약을 맺게 되었다면 설사 "갑"이 원고를 위하여 하는 의사로서 위 계약을 체결하였다 하더라도 위 계약의 효력은 원고에게 미치지 않는다.

(2) 顯名하지 않은 행위에 대한 원칙

제115조가 규율한다.

제115조(본인을 위한 것임을 표시하지 아니한 행위) 대리인이 본인을 위한 것임을 표시하지 아니한 때에는 그 의사표시는 자기를 위한 것으로 본다. 그러나 상대방이 대리인으로서 한 것임을 알았거나 알 수 있었을 때에는 전조 제1항의 규정을 준용한다.

그런데 수동대리의 경우에는 제115조가 적용되지 않고, 의사표시의 해석으로 유효 여부를 결정하게 된다.

현명주의의 예외로는, 상행위(상 48: 기업활동의 비개인성)가 있다. 민법상 대리인 개인을 중요하게 보지 않는 거래(특정의 영업주를 상대로 하는 거래, 행위의 상대방이 누구든지 그 개별성이 중요하지 않은 거래)에 대해서는 예외 인정설과 예외 부정설(곽 · 송)이 있다.

상법 제48조(대리의 방식) 상행위의 대리인이 본인을 위한 것임을 표시하지 아니하여도 그 행위는 본인에 대하여 효력이 있다. 그러나 상대방이 본인을 위한 것임을 알지 못한 때에는 대리인에 대하여도 이 이행의 청구를 할 수 있다.

2. 타인의 명의를 사용한 법률행위

타인의 명의를 사용한 법률행위란 대리인으로서 행위한다는 표시를 하지 않고서 자기 자신을 위하여 행위한다고 하면서 타인의 명의를 사용하여 법률행위를 하는 경우를 말한다. 따라서 이것은 대리행위와도 구별되고 그렇다고 해서 자신의 이름으로 하는 법률행위도 아니다.

대리의사가 있는 경우에는 대리인이 본인의 명의를 사용하였더라도 유효한 대리행위로 인정하는 것이 통설의 입장이다.

한편 대리의사가 없는 경우는 名義冒用(임의로 명의 사용), 名義借用(타인의 허락하에 명의 사용), 名義信託 등이 있다. 그런데 이런 행위를 행위자 자신의 행위라고 보아야 할 경우가 있고 명의인의 행위라고 보아야 할 경우도 있다. 전자의 경우에는 대리가 문제되지 않지만, 후자의 경우에는 대리에 해당하거나 대리와 유사하므로, 대리에 관한 규정이 적용되거나 유추적용될 수 있다.

이 문제에 관한 종래의 학설을 보면, 다수설은 대리인에게 대리의사가 있는 한 유효한 대리행위로 인정하고, 소수설은 수권행위에 기한 대리인의 법률행위는 유효라는 입장이다. 따라서 타인의 명의를 사용한 법률행위 일반에 대해서가 아니라 대리의사가 있는 경우 또는 수권행위가 있는 경우에 대해서만 다루고 있다.

반면 타인 명의 사용에 관한 일반 이론을 정립하려는 입장(송)에 따르면, 핵심은 그 법률행위의 당사자가 행위자와 명의인 중 누구인지를 법률행위 해석의 일반 원칙에 따라 결정하는 것이다. 즉, 먼저 자연적 해석을 시도하고 그것이 가능하지 않으면 규범적 해석을 동원한다. 규범적 해석에 있어서는 행위자의 내적 의사가 중요하지 않다. 해석의 결과 법률행위의 당사자가 행위자인 것으로 결정되면, 대리행위가 아니어서 명의인에게는 아무런 효과가 발생하지 않으며 명의인은 추인도 할 수 없다. 반면 명의인이 당사자인 것으로 인정되면 대리행위가 된다. 따라서 대리권이 있으면 유권대리이고, 대리권이 없으면 무권대리가 된다.

법원은 대판 1995.9.29, 94다4912부터 대체로 이 입장을 받아들여 문제를 해결하고 있다.

대판 1995.9.29, 94다4912

타인의 이름을 임의로 사용하여 계약을 체결한 경우에는 누가 그 계약의 당사자인가를 먼저 확정하여야 할 것으로서, 행위자 또는 명의인 가운데 누구를 당사자로 할 것인지에 관하여 행위자와 상대방의 의사가 일치한 경우에는 그 일치하는 의사대로 행위자의 행위 또는 명의자의 행위로서 확정하여야 할 것이지만, 그러한 일치하는 의사를 확정할 수 없을 경우에는 계약의 성질, 내용, 체결 경위 및 계약체결을 전후한 구체적인 제반 사정을 토대로 상대방이 합리적인 인간이라면 행위자와 명의자 중 누구를 계약 당사자로 이해할 것인가에 의하여 당사자를 결정하고, 이에 터잡아 계약의 성립 여부와 효력을 판단함이 상당함.

갑이 계속적 거래로 인한 병에 대한 채무를 담보하기 위하여 을의 명의를 도용하여 보험계약을 체결한 후 그 거래대금을 체불함으로써 보험자가 병에게 보험금을 지급한 경우, 그 보험계약을 무효로 보아 보험자의 부당이득 반환청구를 인용한 사례.

위 판결의 원심: 서울민사지판 1993.11.25. 선고 93나33042

갑이 을의 명의를 모용하여 이 사건 보험계약을 체결한 이상 이는 을에 대한 관계에 있어서는 무효라 할 것이나 그러한 사실만으로는 보험계약이 갑에 대한 관계에 있어서도 무효라고는 할 수 없음.

이 사건 보험계약의 당사자는 원고와 갑이며 이 사건 보험계약이 담보하는 보험사고도 갑이 피고와의 사이에 체결한 대리점계약상의 영업보증금의 지급불이행임.

피고는 원고와 갑 사이에 유효하게 체결된 보험계약에 따라 위 보험금을 지급받았음.

[위 판결에서의 대법원 입장] 갑이 마치 자신이 을인 것처럼 행세하여 원고와 계약을 체결하였으므로 원고는 갑이 을인줄로만 알고 이 사건 보험계약을 체결하기에 이른 것이라 할 것이어서 원고와 갑 사이에 갑을 이 사건 보험계약의 당사자로 하기로 하는 의사의 일치가 없었음.
객관적으로 볼 때 원고는 갑이 제출한 청약서상에 보험계약자로 되어 있는 을을 보험계약의 상대 당사자인 주채무자로 인식하여 그와 이 사건 계약을 체결하는 것으로 알았으리라고 인정됨.

대판 1998.3.13, 97다22089

계약을 체결하는 행위자가 타인의 이름으로 법률행위를 한 경우에 행위자 또는 명의인 가운데 누구를 계약의 당사자로 볼 것인가에 관하여는, 우선 행위자와 상대방의 의사가 일치한 경우에는 그 일치한 의사대로 행위자 또는 명의인을 계약의 당사자로 확정해야 하고, 행위자와 상대방의 의사가 일치하지 않는 경우에는 그 계약의 성질·내용·목적·체결 경위 등 그 계약 체결 전후의 구체적인 제반 사정을 토대로 상대방이 합리적인 사람이라면 행위자와 명의자 중 누구를 계약 당사자로 이해할 것인가에 의하여 당사자를 결정하여야 한다.
持入車主가 지입회사의 승낙하에 지입회사 명의로 지입차량의 할부구입계약 및 그 할부대금의 지급보증을 위한 할부판매보증보험계약을 체결하면서 그 할부대금을 완전히 자신이 부담하기로 하였다면 그 내심의 의사는 자신이 계약 당사자가 될 의사였을지 모르지만, 상대방인 자동차회사 및 보험회사에 대하여는 지입회사의 승낙하에 그 명의를 사용하였을 뿐만 아니라 그 상대방 회사로서도 지입관계를 알면서 보증보험계약을 체결하였다고 볼 만한 아무런 사정이 없는 이상, 그 보증보험계약의 당사자는 지입회사라고 본 사례.
[구상채무의 면제 약정에 관한 부분] 다른 특별한 사정이 없는 한, 피고는 이 사건 보증보험계약으로 인한 구상채무의 주채무자로서 연대보증인인 원고의 변제에 따른 구상에 응하여야 할 의무가 있음.
원고, 피고 및 갑 사이에서는 보증보험계약으로 인한 구상금 채무의 최종 부담자가 갑으로서 그가 최종적으로 부담하여야 할 구상금 채무를 연대보증한 것이고, 따라서 피고에 대하여는 위 연대보증책임의 이행으로 인한 구상권을 행사하지 않기로 약정한 것으로 보아야 함.
[불법행위에 기한 손해배상에 관한 부분] 자동차 운송사업자가 구 자동차운수사업법 제26조를 위반하여 타인으로 하여금 그 명의로 자동차 운송사업을 경영하게 하는 행위는 위법함.
원고가 이 사건 구상금 채무를 변제한 것은 위와 같은 자동차 지입이라는 위법행위로 말미암은 것이 아니라, 원고가 그 스스로의 의사에 기하여 체결한 보증보험계약으로 인한 구상금 채무의 연대보증계약으로 말미암은 것이 분명하므로, 원고가 구상

금 채무를 변제하기 위하여 한 출재는 갑과 피고 사이의 위와 같은 위법행위와 인과 관계 있는 손해라고 할 수 없음.

3. 대리행위의 흠

(1) 대리인을 기준으로 함

대리에 있어서 의사표시의 당사자는 대리인이므로 의사표시의 요건은 대리인을 기준으로 하여 판단한다. 대리행위의 흠 때문에 생기는 효과(무효 · 취소)는 물론 본인에게 귀속한다.

第116조(대리행위의 하자) ① 의사표시의 효력이 의사의 흠결, 사기, 강박 또는 어느 사정을 알았거나 과실로 알지 못한 것으로 인하여 영향을 받을 경우에 그 사실의 유무는 대리인을 표준하여 결정한다.

대판 2002.10.22, 2002다38927

대리인에 의하여 법률행위가 이루어진 경우 그 법률행위가 민법 제104조의 불공정한 법률행위에 해당하는지 여부를 판단함에 있어서 경솔과 무경험은 대리인을 기준으로 하여 판단하고, 궁박은 본인의 입장에서 판단하여야 한다.

대판 1998.2.27, 97다45532

대리인이 본인을 대리하여 매매계약을 체결함에 있어서 매매대상 토지에 관한 저간의 사정을 잘 알고 그 배임행위에 가담하였다면, 대리행위의 하자 유무는 대리인을 표준으로 판단하여야 하므로, 설사 본인이 미리 그러한 사정을 몰랐거나 반사회성을 야기한 것이 아니라고 할지라도 그로 인하여 매매계약이 가지는 사회질서에 반한다는 장애사유가 부정되는 것은 아니다.

대리인이 상대방과 통정하여 배임적 행위를 한 경우, 본인의 선의 · 악의와 무관하게 그 법률행위는 허위표시로서 무효이고, 본인은 제3자가 아니므로 보호가 불가능하다.

이러한 배임적 행위의 경우에 대하여 학설은 유효설(본인에 대하여 유효), 무효설(본인에 대하여 무효 주장 가능), 상대적 무효설(본인에 대해 무효, 제3자는 108 ② 적용하여 선의의 제3자 보호), 신의칙설(본인은 무효 주장 가능, 상대방은 불가) 등이 있다.

(2) 본인이 악의인 경우

대리의 경우 법률효과는 직접 본인에게 생기므로 대리인이 선의일지라도 본인이 악의인 경우에는 본인을 보호할 필요가 없다는 것을 제116조 제2항이 규정하고 있다.

제116조(대리행위의 하자) ② 특정한 법률행위를 위임한 경우에 대리인이 본인의 지시에 좇아 그 행위를 한 때에는 본인은 자기가 안 사정 또는 과실로 인하여 알지 못한 사정에 관하여 대리인의 부지를 주장하지 못한다.

제116조 제2항을 법정대리에 적용할지에 대해서는, 긍정설과 부정설(송)이 대립한다. 부정설은 제한능력자 보호를 위한 것이다.

또한 제116조 제2항을 의사의 흠결 · 착오 · 사기 · 강박에 유추적용하자는 견해가 있으나, 이에 대해서는 반대설(송)이 있으며 그것이 타당하다.

4. 대리인의 능력

무능력을 이유로 대리행위를 취소하지 못함은 다음을 통하여 알 수 있다.

제117조(대리인의 행위능력) 대리인은 행위능력자임을 요하지 아니한다.

법정대리인의 경우에는 제한능력자가 친권자(910, 948), 후견인(937), 친족회원(964), 유언집행자(1098)가 되지 못하도록 규정되어 있다.

특별규정이 없는 경우 제117조를 적용할 것인지(예: 피한정후견인, 피성년후견인의 친권 행사)에 대해서는 긍정설(송), 부정설(곽)이 있다.

피성년후견인이 대리인이 될 수 있는지에 대해서는 긍정설이 다수설이다.

IV. 대리의 효과

1. 본인에의 법률효과 발생

대리인이 대리권에 기하여 한 법률행위의 효과는 본인에게 직접 발생한다(114). 법률효과가 일단 대리인에게 발생하였다가 본인에게 이전되는 것이 아니다.

대리인이 불법행위를 한 경우에는 그 효과가 본인이 아니라 대리인에게 발생한다.

2. 본인의 능력

대리의 경우에는 본인이 의사표시를 하는 것이 아니므로 본인이 의사능력이나 행위능력을 가질 필요는 없고 권리능력만 있으면 된다.

다만 임의대리의 경우 본인이 수권행위를 하기 위해서는 행위능력이 있어야 한다.

V. 復 代 理

1. 의　의

復代理는 復代理人에 의한 대리이다. 復代理人은 대리인이 본인을 위하여 선임한 대리인이다. 복대리인을 선임할 수 있는 권한을 復任權이라 하고, 복대리인 선임행위를 復任行爲라고 한다.

제123조(복대리인의 권한) ① 복대리인은 그 권한내에서 본인을 대리한다.
② 복대리인은 본인이나 제삼자에 대하여 대리인과 동일한 권리의무가 있다.

2. 법적 성질

복대리인은 使者나 補助者가 아닌 대리인이다. 대리인이 자기의 이름으로 선임한다. 본인 이름으로 선임한 경우는 본인의 대리인이다. 복대리인은 본인의 대리인이지 대리인의 대리인이 아니다.

복임행위의 법적 성질에 대해서는 대리권의 병존적 설정행위라는 것이 다수설이다.

3. 복 임 권

復任權은 법률규정에 의해 인정되는 대리인의 권능(다수설)이다. 임의대리인지 아니면 법정대리인지에 따라서 복임권의 유무 · 범위에는 큰 차이가 있다.

제120조(임의대리인의 복임권) 대리권이 법률행위에 의하여 부여된 경우에는 대리인은 본인의 승낙이 있거나 부득이한 사유있는 때가 아니면 복대리인을 선임하지 못한다.

임의대리인이 제120조를 위반하여 한 복임행위는 무효이다. 즉 그러한 복대리인의 대리행위는 무권대리이다. 그 경우 표현대리가 성립하는지에 대해서는 긍정설과 부정설이 있으며 판례는 긍정설을 취하고 있다.

또한 제120조에서 말하는 "부득이한 사유"란 본인의 승낙이 불가능하거나 辭任이 불가능한 사정을 말한다(통설).

제121조(임의대리인의 복대리인선임의 책임) ① 전조의 규정에 의하여 대리인이 복대리인을 선임한 때에는 본인에게 대하여 그 선임감독에 관한 책임이 있다.
② 대리인이 본인의 지명에 의하여 복대리인을 선임한 경우에는 그 부적임 또는 불성실함을 알고 본인에게 대한 통지나 그 해임을 태만한 때가 아니면 책임이 없다.

제122조(법정대리인의 복임권과 그 책임) 법정대리인은 그 책임으로 복대리인을 선임할 수 있다 그러나 부득이한 사유로 인한 때는 전조 제1항에 정한 책임만이 있다.

VI. 사례 연습

1. 수권행위의 無因性 여부

예제: B는 사기도박꾼인 A에게 말려들어 3억 원의 도박채무를 지기에 이르렀다. A로부터 도박채무의 변제를 요구받은 B는 그에게 자기 소유 부동산의 처분을 위임하고 그 처분 대가로써 위 도박채무의 변제에 충당하기로 약정하였다. A는 B를 대리하여 C에게 이 부동산을 매도한 다음 수령한 매도대금으로 위 도박채무의 변제에 충당하고, C는 다시 이 부동산을 D 회사에 전매하였고 소유권이전등기는 C를 거치지 않고 바로 D 회사 앞으로 중간생략등기가 경료되었다. B는 D 회사를 상대로 이 소유권이전등기의 말소를 청구할 수 있는가?

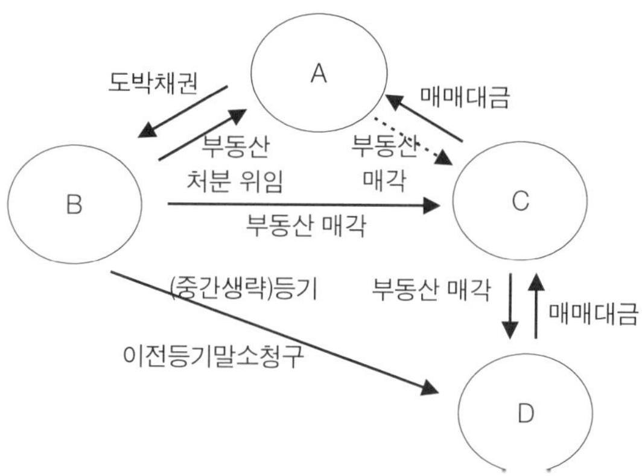

예제와 관련된 원심 판결과 대법원 판결을 비교하면, 수권행위의 무인성 여부에 대하여 각기 다른 입장을 취하고 있음을 볼 수 있다.

원심은 내부관계 발생행위(원인행위: 도박채무 변세약정)가 반사회질서적인 행위여서 무효이므로 수권행위 역시 무효라는 입장이다. 수권행위가 무효이므로 그에 기초한 대리행위 역시 무권대리로서 무효라고 한다.

대법원은 내부관계 발생행위가 무효일지라도 수권행위까지 무효는 아니라고 한다. 따라서 그에 기초한 대리행위는 유효하다고 한다.

원심: 제주지법 1994.7.15, 93나1152

B가 A에게 이 부동산의 처분권한을 위임하고 그 처분대가로써 위 도박채무의 변제에 충당하기로 한 행위는 선량한 풍속 기타 사회질서에 위반한 사항을 내용으로 하는 행위로서 무효.
이에 터잡아 이루어진, A가 B를 대리하여 한 C와의 매매계약은 무권대리행위로서 무효.
무권리자인 C로부터 부동산을 양수한 D 회사 역시 그 소유권을 취득할 수 없다.

대판 1995.7.14, 94다40147

도박채무 부담행위 및 그 변제약정은 민법 제103조의 선량한 풍속 기타 사회질서에 위반되어 무효.
무효는 변제약정의 이행행위에 해당하는 위 부동산을 제3자에게 처분한 대금으로 도박채무의 변제에 충당한 부분에 한정되고, 위 변제약정의 이행행위에 직접 해당하지 아니하는 부동산 처분에 관한 대리권을 도박 채권자에게 수여한 행위 부분까지 무효라고 볼 수 없음.
위와 같은 사정을 알지 못하는 거래 상대방인 제3자가 도박 채무자부터 그 대리인인 도박 채권자를 통하여 위 부동산을 매수한 행위까지 무효가 된다고 할 수는 없음.

2. 부부간의 일상가사대리권

예제: 부부가 공동으로 남편 명의의 점포를 운영하면서 부인이 점포에 보관 중인 남편의 인감을 이용하여 차용증을 작성하여 주고 점포 운영을 위한 자금을 빌렸다.
돈을 빌려준 사람은 남편을 상대로 이 돈(대여금)의 반환을 청구할 수 있을까?

혼인의 재산상 효력 중 중요한 것으로 日常家事代理權과 日常家事債務의 連帶責任이 있다.

第827条(부부간의 가사대리권) ① 부부는 일상의 가사에 관하여 서로 대리권이 있다.
② 전항의 대리권에 가한 제한은 선의의 제삼자에게 대항하지 못한다.

第832条(가사로 인한 채무의 연대책임) 부부의 일방이 일상의 가사에 관하여 제삼자와 법률행위를 한 때에는 다른 일방은 이로 인한 채무에 대하여 연대책임이 있다. 그러나

이미 제삼자에 대하여 다른 일방의 책임없음을 명시한 때에는 그러하지 아니하다.

위의 예제에서 핵심 문제는 부인이 남편의 이름으로 체결한 금전소비대차계약이 유효한 대리행위에 의한 것인지 여부이다. 그러기 위해서는 부인에게 이러한 계약을 체결할 대리권이 있어야 할 텐데, 우선 검토해 볼 수 있는 것은 법정대리권인 일상가사대리권이다.

만약 위 금전소비대차계약을 체결하는 것이 '일상의 가사'에 속한다면, 부인은 일상가사대리권에 기하여 적법하게 대리행위를 한 것이 될 것이다.

일상의 가사는 부부의 공동생활에서 필요로 하는 통상의 사무를 말하며, 그 구체적인 범위는 부부공동체의 사회적 지위 · 직업 · 재산 · 수입능력 등 현실적 생활상태뿐만 아니라 그 부부의 생활 장소인 지역사회의 관습 등에 의하여 정하여진다.

위의 예제에서는 그 대여금이 점포 운영을 위한 자금이었으므로, 일상가사에 속한다는 보기는 어렵다. 따라서 그러한 대여금을 위한 소비대차계약을 체결할 권한이 일상가사대리권의 범위에는 속하지 않는다고 보아야 한다.

두 번째로 검토해야 할 것은 이른바 임의대리의 측면이다. 부인이 이러한 계약을 체결하도록 남편이 수권을 하였는지의 여부를 판단해야 한다. 아래의 판결에서도 언급된 것처럼, 구체적으로 그러한 계약을 체결하라는 개별적인 수권행위는 없었다 하더라도, 부부가 공동으로 가게를 운영하고 있었으므로 점포 운영에 필요한 자금을 남편의 명의로 차용할 권한을 포괄적으로 수권한 것으로 볼 수 있다.

따라서 부인의 대리행위는 유효한 대리권에 기한 것으로서 그 효력이 본인인 남편에게 귀속한다. 따라서 대여자는 남편을 상대로 대여금의 반환을 청구할 수 있다.

대판 2003.1.24, 2002다64377

부부가 공동으로 남편 명의의 점포를 운영하면서 처가 점포에 보관 중인 남편의 인감을 이용하여 차용증을 작성하여 주고 금원을 차용한 사안에서 남편이 처에게 점포 운영에 필요한 자금을 자신의 명의로 차용할 권한을 포괄적으로 위임하였다고 볼 여지가 있다고 한 사례.

제17장 무권대리

Ⅰ. 서 론

(廣義의) 無權代理는 대리권 없이 행한 대리행위(나머지 요건은 갖추어야 함)이다. 이 중에서 무권대리를 대리인이 한 데에 대하여 본인에게도 책임이 있는 경우, 즉 대리권을 주었다고 본인이 상대방에게 표시하였으나 실은 授權이 없는 경우(125), 일단 주어졌던 대리권이 소멸한 경우(129), 주어진 대리권의 범위를 넘어서 대리행위가 행해진 경우(126)에는 본인이 대리행위에 대하여 책임을 지며 이를 표현대리(表見代理)[11]라고 한다. 표현대리가 성립하지 않는 나머지 경우는 狹義의 무권대리(130)라고 하며, 본인에게 추인할 수 있는 선택권을 부여한 한 후 본인이 추인을 하지 않으면 대리인이 책임을 지도록 한다.

표현대리의 법적 성질에 관한 학설을 보면, 무권대리임에도 불구하고 법이 본인에게 책임을 부여하는 것이라는 외관책임설(무권대리설)이 다수설 · 판례이다. 그 밖에 표현대리는 독자적 대리유형(유권 · 무권대리의 중간)이라는 견해와 표현대리는 유권대리의 亞種이라는 견해가 있다.

---

11) 이를 표견대리로 읽는 것이 더 타당하다는 견해들이 있다. 저자도 그 견해가 더 타당하다고 생각하지만, 표현대리라는 표현이 워낙 일반화되어 있기 때문에 혼동을 피하기 위하여 이 용어를 그대로 사용하기로 한다.

II. 제125조(대리권수여의 표시에 의한 표현대리)

1. 요 건

본인이 대리권 수여의 표시를 하였고 표시된 대리권 범위 내에서 대리행위가 행해졌는데 실제로는 대리권이 없었던 경우가 제125조의 표현대리이다. 또한 대리행위는 통지받은 상대방과 이루어져야 하고, 상대방은 선의·무과실이어야 한다.

제125조(대리권수여의 표시에 의한 표현대리) 제삼자에 대하여 타인에게 대리권을 수여함을 표시한 자는 그 대리권의 범위내에서 행한 그 타인과 그 제삼자간의 법률행위에 대하여 책임이 있다. 그러나 제삼자가 대리권 없음을 알았거나 알 수 있었을 때에는 그러하지 아니하다.

(1) 대리권 수여를 표시(통지)하는 방법에는 제한이 없다. 백지위임장의 경우는 표시(다수설) 또는 수권행위(소수설)로 이해된다. 職名·名義의 사용은 표시(곽·판례) 또는 수권행위(송)로 이해된다.

대리권 수여 표시의 법적 성질에 대해서는 관념의 통지라는 것이 다수설이다. 그 밖에 의사의 통지라는 견해와 수권행위라는 견해가 있다.

대판 2001.8.21, 2001다31264

민법 제125조가 규정하는 대리권 수여의 표시에 의한 표현대리는 본인과 대리행위를 한 자 사이의 기본적인 법률관계의 성질이나 그 효력의 유무와는 관계가 없이 어떤 자가 본인을 대리하여 제3자와 법률행위를 함에 있어 본인이 그 자에게 대리권을 수여하였다는 표시를 제3자에게 한 경우에 성립하는 것이고, 이때 서류를 교부하는 방법으로 민법 제125조 소정의 대리권 수여의 표시가 있었다고 하기 위하여는 본인을 대리한다고 하는 자가 제출하거나 소지하고 있는 서류의 내용과 그러한 서류가 작성되어 교부된 경위나 형태 및 대리행위라고 주장하는 행위의 종류와 성질 등을 종합하여 판단하여야 할 것이다.

대판 2001.2.9, 99다48801

금융기관의 직원이 고객관리차원에서 장기간 동안 고객의 예금을 파출수납(派出收納)의 방법으로 입금 및 인출하여 오던 중 고객으로부터 예금인출 요구를 받지 않았음에도 불구하고 인출을 요구받아 파출업무를 수행하는 것처럼 가장하여 금융기관의 영업부 직원에게 구두로 출금을 요구하여 돈을 받은 후 고객 몰래 인장을 찍어 둔 인출청구서에 고객의 서명을 위조하여 위 영업부 직원에게 교부하는 방법으로 여러 차례에 걸쳐 금원을 인출한 경우, 파출수납의 방법에 의한 예금 입·출금은 금융기관 직원 자신의 직무를 수행하는 것에 불과하고, 고객이 직원에게 예금 입·출금과 관련한 대리권을 수여하였다거나 그 수여의 의사를 표시한 것으로 볼 수는 없다고 하여 표현대리의 법리를 인정하지 않은 원심의 판단을 수긍한 사례.

(2) 대리인으로서 행위하는 자에게 대리권이 없어야 한다.

(3) 대리인으로서 행위하는 자(무권대리인)가 표시된 대리권의 범위 내에서 대리행위를 했어야 한다. 이 범위를 넘어서 대리행위를 한 경우에는 제126조의 표현대리가 된다.

(4) 대리권 수여의 통지를 받은 상대방과의 사이에 대리행위가 이루어졌어야 한다.

(5) 상대방은 선의·무과실이어야 한다(125 단). 입증책임은 본인이 부담한다. 즉, 본인이 상대방의 악의나 과실을 입증하지 못하면 표현대리의 책임을 지게 된다.

(6) 제125조를 법정대리에도 적용할지에 대해서는 부정설이 다수설이다.

대판 1984.11.13, 84다카1024

저당권설정계약 당시 소외 (갑)이 원고의 인감증명서와 인감도장만을 소지하였을 뿐 대리인으로서는 의당 제시될 것이 통상적으로 기대되는 원고 명의의 등기권리증을 소지하지 않았고 또 피고는 원고가 같은 시내의 국민학교 교장으로 재직하고 있는 것을 알고 있었으므로 피고로서는 위 소외인의 대리권에 대하여 의심을 가지고 직접 원고 본인에게 상대방의 대리권의 존부를 확인하는 등으로 좀더 적절한 조사를 하였어야 할 것이니 피고가 이 경우에 막연히 위 소외인 등의 말만 믿고 저당권설정계약을 체결하였다면 피고는 대리인을 상대로 저당권을 설정함에 있어 마땅히 하여야 할 주의를 다하지 못한 과실이 있다고 할 것이다.

2. 효 과

표현대리가 성립하면 무권대리의 효과가 본인에게 귀속한다(125 본). 또한 과실상계(396)는 적용되지 않음을 주의하여야 한다. 표현대리는 법이 일정한 경우에 본인에게 유권대리와 같은 책임을 부과하는 제도이기 때문에, 상대방의 과실 여부에 따라 본인의 책임이 감경되어서는 안 되기 때문이다.

상대방이 표현대리를 주장하지 않는 한 본인 쪽에서 표현대리의 성립을 주장할 수 없다. 이것은 어디까지나 상대방 보호를 위한 제도이기 때문이다.

상대방이 표현대리를 주장할 때에는 무권대리인 및 표현대리에 해당하는 무권대리행위를 특정하여야 한다.

무권대리에 관한 규정(130-135)이 적용되는지 여부에 대해서는 제135조를 제외하고 나머지를 적용하자는 견해(곽 · 송)가 타당하다. 그 밖에 모두 적용하자는 견해, 아무것도 적용 안 된다는 견해(114 적용)도 있다.

표현대리가 성립하여 본인이 손해를 입은 경우에 본인은 무권대리인을 상대로 채무불이행이나 불법행위를 이유로 손해배상을 청구할 수 있다.

대판(전) 1983.12.13, 83다카1489

유권대리에 있어서는 본인이 대리인에게 수여한 대리권의 효력에 의하여 법률효과가 발생하는 반면 표현대리에 있어서는 대리권이 없음에도 불구하고 법률이 특히 거래상대방 보호와 거래안전유지를 위하여 본래 무효인 무권대리행위가 된다고 하여 무권대리의 성질이 유권대리로 전환되는 것은 아니므로, 양자의 구성요건 해당사실 즉 주요사실은 나르다고 볼 수밖에 없으니 유권대리에 관한 주장 속에 무권대리에 속하는 표현대리의 주장이 포함되어 있다고 볼 수 없다.

Ⅲ. 제126조(권한을 넘은 表見代理)

1. 요 건

이 표현대리는 대리권을 가진 대리인이 그 대리권의 범위를 벗어나서 대리행위를 한 경우에 성립한다. 즉, ① 기본대리권이 존재해야 하고, ② 권한을 넘은 대리행위가 있어야 하며, ③ 정당한 이유가 존재(상대방의 선의·무과실: 다수설·판례)해야 한다.

제126조(권한을 넘은 表見代理) 대리인이 그 권한외의 법률행위를 한 경우에 제삼자가 그 권한이 있다고 믿을 만한 정당한 이유가 있는 때에는 본인은 그 행위에 대하여 책임이 있다.

(1) 기본대리권의 존재

전혀 대리권이 없는 경우 제126조의 표현대리는 성립하지 않는다. 권한을 넘은 대리행위가 기본대리권과 관계가 없어도 무방하다. 즉, 기본대리권이 권한을 벗어난 행위와 비슷하거나 같은 종류일 필요가 없다. 그러나 기본대리권의 성격·범위는 다른 요건인 정당한 이유의 판정에 있어서 큰 비중을 차지한다.

대판 1992.5.26, 91다32190

증권회사의 직원이 아니면서도 사실상 투자상담사의 역할을 하는 자에게 유가증권 매매의 위탁 권유 등과 관련하여 증권회사를 대리하여 예탁금을 수령하거나 위탁매매계약을 체결할 권한이 있고 또 그것이 증권업계의 일반적인 관행이라고 볼 수 없다고 한 사례.

민법 제126조의 표현대리가 성립하기 위하여는 무권대리인에게 법률행위에 관한 기본대리권이 있어야 하는바, 증권회사로부터 위임받은 고객의 유치, 투자상담 및 권유, 위탁매매약정실적의 제고 등의 업무는 사실행위에 불과하므로 이를 기본대리권으로 하여서는 권한초과의 표현대리가 성립할 수 없다.

(2) 대리권을 벗어난 대리행위

또한 제125조 또는 제129조의 표현대리가 성립하는 범위를 넘어서 대리행위를 한 경우, 즉 통지된 대리권의 범위를 벗어나서 혹은 이미 소멸한 대리권의 범위를 벗어나서 대리행위가 행해진 경우에도 다수설 · 판례는 제126조 표현대리의 성립을 인정한다. 엄격하게 논리적으로 보면 제126조가 유추적용된다고 할 수 있다.

대판 2002.6.28, 2001다49814

사술(詐術)을 써서 대리행위의 표시를 하지 아니하고 단지 본인의 성명을 모용하여 자기가 마치 본인인 것처럼 상대방을 기망하여 본인 명의로 직접 법률행위를 하는 경우에는 특별한 사정이 있는 경우에 한하여 민법 제126조 소정의 표현대리의 법리를 유추적용할 수 있다고 할 것인데, 여기서 특별한 사정이란 본인을 모용한 사람에게 본인을 대리할 기본대리권이 있었고, 상대방으로서는 위 모용자가 본인 자신으로서 본인의 권한을 행사하는 것으로 믿은 데 정당한 사유가 있었던 사정을 의미한다.

(3) 정당한 이유의 존재

"정당한 이유"의 의미에 대하여 다수설 · 판례는 이를 선의 · 무과실로 이해한다. 한편 대리권 수여를 정당화할 객관적 사정이라는 견해(송)도 있다.

판단 시기는 대리행위 당시(다수설 · 판례)이다.

입증책임의 부담에 대해서는 학설의 다툼이 있다. 본인이 입증해야 한다는 견해(곽), 상대방이 입증해야 한다는 견해(판례 · 송), 그리고 선의는 상대방이, 과실은 본인이 입증해야 한다는 견해가 있다.

대판 2009.5.28, 2008다56392

민법 제125조의 표견대리에 해당하여 본인에게 대리행위의 직접의 효과가 귀속하기 위하여는 대리행위의 상대방이 대리인으로 행위한 사람에게 실제로는 대리권이 없다는 점에 대하여 선의일 뿐만 아니라 무과실이어야 함은 같은 조 단서에서 명백하고, 이는 민법 제126조 또는 제129조에서 정하는 표견대리에 있어서도 다를 바 없다.

대판 2009.2.26, 2007다30331

민법 제126조에서 말하는 권한을 넘은 표현대리의 효과를 주장하려면 자칭 대리인이 본인을 위한다는 의사를 명시 또는 묵시적으로 표시하거나 대리의사를 가지고 권한 외의 행위를 하는 경우에 상대방이 자칭 대리인에게 대리권이 있다고 믿고 그와 같이 믿는 데 정당한 이유가 있을 것을 요건으로 하는 것인바, 여기서 정당한 이유의 존부는 자칭 대리인의 대리행위가 행하여질 때에 존재하는 모든 사정을 객관적으로 관찰하여 판단한다.

(4) 법정대리의 경우

제126조의 표현대리가 법정대리의 경우에도 적용되는지 여부는 법정대리인이 親族會의 동의 없이 대리행위(참고 950)를 하거나 부부의 일상가사대리권에서 문제된다.

학설은 다투어지는데, 긍정설(다수설 · 판례, 곽), 부정설, 제한긍정설(원칙적 인정, 예외적으로 제한능력자 보호 인정: 송)이 있다.

부부의 일상가사대리권에 대해서는 역시 학설의 다툼이 있다. 긍정설은 일상가사대리권을 법정대리권으로 보고 이것을 기본대리권으로 하여 제126조 표현대리의 성립을 인정하며, 이것이 다수설 · 판례의 입장이다. 이 입장에 따를 때에는 일상가사 범위에 속한다고 믿을 정당한 이유의 판단이 관건이다. 그 밖에 일상가사대리권을 일종의 대표 또는 묵시적 수권행위로 이해하는 견해들이 있는데, 이 견해들에 따르면 제126조의 적용이 대체로 부인된다.

2. 효 과

효과에 있어서는 제125조 표현대리와 같다.

한편, 양적으로 분할될 수 있는 행위의 경우에 일부는 대리권의 범위 내에서 대리행위가 이루어졌고 일부는 범위를 벗어나서 행하여진 때에는 일부무효의 법리(137)를 적용하여 수여받은 대리권의 범위에서는 대리행위가 유효하다고 본다.

대판 1987.9.8, 86다카754

을이 위 수권의 범위를 넘어 위 담보부동산에 관하여 병을 채무자로, 갑을 물상보증인으로 하고 그 피담보최고액을 금 1억 3000만 원으로 하여 근저당권설정계약을 체결한 경우에 있어서는 위 근저당권설정행위가 무권대리행위에 해당한다 할지라도 갑이 차용을 부탁한 금 2,000만 원의 한도내에서는 을이 수여받은 대리권의 범위내에 속하는 것이므로 위 근저당권설정계약은 위 금 2,000만 원을 담보하는 범위내에서는 을의 대리행위에 의하여 본인인 갑에게 그 효력을 미치는 유효한 것이라고 보아야 할 것이다.

Ⅳ. 제129조(대리권 소멸 후의 표현대리)

1. 요 건

이 표현대리는 대리권을 가지고 있던 자가 그 대리권이 소멸한 후에 대리행위를 한 경우에 성립한다. 즉, ① 존재하던 대리권이 소멸해야 하고, ② 소멸한 대리권 범위 내의 대리행위여야 하고, ③ 상대방이 선의 · 무과실이어야 한다.

제129조(대리권소멸후의 표현대리) 대리권의 소멸은 선의의 제삼자에게 대항하지 못한다. 그러나 제삼자가 과실로 인하여 그 사실을 알지 못한 때에는 그러하지 아니하다.

(1) 대리권의 소멸

존재하던 대리권이 소멸하여야 한다. 즉, 처음부터 대리권이 없었으면 이 표현대리는 성립할 수 없다. 또한 상대방이 과거에 대리인과 거래한 적이 있어야 한다(송 · 판례; 반대설 있음).

대판 1998.5.29, 97다55317

표현대리의 법리는 거래의 안전을 위하여 어떠한 외관적 사실을 야기한 데 원인을 준 자는 그 외관적 사실을 믿음에 정당한 사유가 있다고 인정되는 자에 대하여는 책임이 있다는 일반적인 권리외관 이론에 그 기초를 두고 있는 것인 점에 비추어 볼 때, 대리인이 대리권 소멸 후 직접 상대방과 사이에 대리행위를 하는 경우는 물론 대리인이 대리권 소멸 후 복대리인을 선임하여 복대리인으로 하여금 상대방과 사이에 대리행위를 하도록 한 경우에도, 상대방이 대리권 소멸 사실을 알지 못하여 복대리인에게 적법한 대리권이 있는 것으로 믿었고 그와 같이 믿은 데 과실이 없다면 민법

제129조에 의한 표현대리가 성립할 수 있다.

(2) 소멸한 대리권 범위 내

소멸한 대리권의 범위를 넘어선 경우에는 제129조가 아니라 제126조가 문제된다.

대판 1973.7.30, 72다1631

민법 제129조는 제3자가 대리인의 대리권이 소멸하기 전에 대리인과 거래한 일이 있는 등으로 대리권을 가진 자에게 여전히 대리권이 있다고 여겨 그와 거래를 한 사정이 있는 경우에 적용된다고 해석함이 그 법조의 정신으로 미루워[올바른 맞춤법: 미루어] 상당하다 할 것이며, 이 법리는 동조와 민법 제126조가 얽힌 경우에 있어서도 또한 같다 할 것이다.

대판 1979.3.27, 79다234

민법 제126조에서 말하는 권한을 넘은 표현대리는 현재에 대리권을 가진 자가, 그 권한을 넘은 경우에 성립하는 것이지, 현재에 아무런 대리권도 가지지 아니한 자가, 본인을 위하여 한 어떤 대리행위가 과거에 이미 가졌던 대리권을 넘은 경우에까지, 성립하는 것은 아니라고 할 것이고, 한편 과거에 가졌던 대리권이 소멸되어 민법 제129조에 의하여, 표현대리로 인정되는 경우에, 그 표현대리의 권한을 넘는 대리행위가 있을 때에는 민법 제126조에 의한 표현대리가 성립할 수 있다.

(3) 상대방의 선의 · 무과실

상대방은 대리인이 대리권을 가지는 것으로 믿었거나 그와 같이 믿은 데에 과실이 없어야 한다. 입증책임에 대해서는 학설이 나뉘는데, 본인이 부담한다는 견해(곽)가 있고, 선의는 상대방이, 과실은 본인이 입증해야 한다는 절충적 견해(송)도 있다.

(4) 법정대리의 경우

제129조를 법정대리에 대해서도 적용할 수 있는지에 대해서는 긍정설(판례 · 곽 · 송)과 제한적 긍정설(제한능력자 보호 위해서는 적용 부정)이 있다.

2. 효　과

효과에 있어서는 제125조 표현대리와 같다.

V. 狹義의 무권대리

1. 의　의

무권대리 중에서 표현대리가 성립하지 않는 경우가 狹義(좁은 의미)의 무권대리이다. 협의의 무권대리의 효과는 대리행위가 계약인지 단독행위인지에 따라 달라진다.

2. 계약의 무권대리

(1) 본인에 대한 효과

무권대리로 한 계약의 경우에 그 효력은 이른바 유동적 무효 상태가 된다. 즉 본인이 追認을 하거나 또는 추인을 거절하느냐에 따라서 유효·무효가 결정된다.

제130조(無權代理) 대리권 없는 자가 타인의 대리인으로 한 계약은 본인이 이를 追認하지 아니하면 본인에 대하여 효력이 없다.

(2) 본인의 追認權

추인의 법적 성질은 상대방 있는 단독행위이다. 이것은 사후의 대리권 수여가 아니며, 일종의 형성권이다.

추인의 방법은 제한이 없다. 명시적으로는 물론이고 묵시적으로도 가능하다.

추인의 상대방은 무권대리인(132: 상대방이 알아야 효력 발생) 또는 상대방(즉

시 효력 발생)이다.

추인에는 遡及效가 인정되지만(133 본), 다른 의사표시가 있거나 제3자의 권리를 해하는 경우에는 예외로 한다(133 단).

제3자 보호의 예: 배타적 효력이 133조 단서의 제3자 보호보다 우선한다. 예를 들어, 동일한 채권을 무권대리인과 본인이 차례로 각각 다른 자에게 양도한 경우를 생각해 보자. 두 양수인이 모두 대항요건을 갖춘 경우, 본인이 추인을 하더라도 본인으로부터 채권을 양수한 자가 우선한다. 한 양수인만 대항요건을 갖춘 경우, 대항요건을 갖춘 양수인이 권리를 취득한다. 둘 다 대항요건을 못 갖춘 경우에는, 배타적 효력을 먼저 갖추는 자가 우선한다.

본인은 추인을 하지 않고 내버려 둘 수도 있지만 적극적으로 거절할 수도 있다. 그 방법과 상대방은 추인의 경우와 같다(132).

(3) 무권대리인과 본인 지위의 混同

여기에서 地位의 混同이란 무권대리인으로서 법률행위를 하였다가 나중에 그 무권대리인이 본인의 지위를 승계(예: 상속)하게 되는 경우, 무권대리행위가 당연히 유효하게 되는지, 즉, 추인을 거절할 수 없는지의 문제를 말한다.

가령 무권대리인이 본인을 상속한 경우에 대해서는, 당연유효설(곽), 공동상속 예외인정설(상속인 전원의 추인 요구: 송), 신의칙설 등의 견해가 있다.

또한 본인이 무권대리인을 상속한 경우에 대해서는, 당연유효설(곽), 거절가능설(다수설, 송)이 있다.

대판 1994.9.27, 94다20617

대리권한 없이 타인의 부동산을 매도한 자가 그 부동산을 상속한 후 소유자의 지위에서 자신의 대리행위가 무권대리로 무효임을 주장하여 등기의 말소를 청구하거나 부동산의 점유로 인한 부당이득금의 반환을 구하는 것은 금반언의 원칙이나 신의성실의 원칙에 반하여 허용될 수 없다.

대판 1992.4.28, 91다30941

갑이 부 소유의 부동산에 관하여 부의 생전에 자신의 단독명의로 소유권이전등기를 마칠 의도로 그 등기방법을 을과 상의하다가 을이 일단 자기 앞으로 소유권이전등기를 마쳤다가 이를 넘겨 가라는 권유를 하여 부의 인감도장을 가지고 나와 을 명의로 소유권이전등기를 마쳤는데, 을이 이를 기화로 다시 병 명의로 소유권이전등기를 하여 준 경우 갑이 부 몰래 을에게 소유권이전등기를 하여 준 행위가 명의신탁계약의 무권대리행위로 법률상 평가될 수 있더라도 을이 그 대리권 없음을 알았다고 보여 위 명의신탁계약은 갑의 부에 대한 관계에서 뿐만 아니라 갑에 대한 관계에서도 아무런 효력을 발생할 수 없는 것임이 명백하므로 갑이 그 후 부의 권리의무를 상속받았다고 하여 을 명의의 위 소유권이전등기가 갑의 상속분 범위 내에서 실체적 권리관계에 부합하는 유효한 등기로 전환되는 것은 아니라 할 것이고, 원인무효인 을 명의의 소유권이전등기가 경료된 데 대하여 갑에게도 책임이 있음은 부정할 수 없다고 하겠지만, 갑이 원인무효인 그 등기를 기초로 하여 경료된 병 명의의 소유권이전등기의 말소를 청구하는 것이 곧바로 금반언의 법칙이나 신의성실의 원칙에 어긋나는 것이라고 단정할 수는 없다고 한 사례.

(4) 상대방에 대한 효과

상대방 보호를 위하여 催告權과 撤回權이 인정된다.

제131조(상대방의 催告權) 대리권없는 자가 타인의 대리인으로 계약을 한 경우에 상대방은 상당한 기간을 정하여 본인에게 그 추인여부의 확답을 최고할 수 있다. 본인이 그 기간내에 확답을 발하지 아니한 때에는 추인을 거절한 것으로 본다.

제134조(상대방의 撤回權) 대리권없는 자가 한 계약은 본인의 추인이 있을 때까지 상대방은 본인이나 그 대리인에 대하여 이를 철회할 수 있다. 그러나 계약당시에 상대방이 대리권 없음을 안 때에는 그러하지 아니하다.

(5) 무권대리인의 상대방에 대한 책임

무권대리에 대하여 본인의 추인이 없을 경우에는 무권대리인이 상대방에 대하여 책임을 진다. 이것은 무과실 책임이며 법정책임이다.

제135조(상대방에 대한 무권대리인의 책임) ① 다른 자의 대리인으로서 계약을 맺은 자가 그 대리권을 증명하지 못하고 또 본인의 추인을 받지 못한 경우에는 그는 상대방의 선택에 따라 계약을 이행할 책임 또는 손해를 배상할 책임이 있다.
② 대리인으로서 계약을 맺은 자에게 대리권이 없다는 사실을 상대방이 알았거나 알

수 있었을 때 또는 대리인으로서 계약을 맺은 사람이 제한능력자일 때에는 제1항을 적용하지 아니한다.

(6) 책임 발생의 요건

다음과 같다: ① 무권대리인의 대리행위, ② 무권대리인이 대리권을 증명 못함(135 ①: 입증책임은 무권대리인), ③ 상대방의 선의 · 무과실(135 ②: 입증책임은 무권대리인), ④ 본인의 추인 없음(135 ①), ⑤ 표현대리 불성립, ⑥ 상대방의 철회권 불행사, ⑦ 무권대리인은 행위능력자(135 ②), ⑧ 무권대리인의 과실은 불필요.

(7) 책임의 내용

무권대리인은 (상대방의 선택에 따라) 계약의 이행 또는 손해배상을 하여야 한다(135 ①).

이행 책임은 본인의 이행과 같은 내용이며 이행이익의 배상이다. 두 책임 중의 선택에 대해서는 선택채권의 규정(380 이하)이 적용된다.

소멸시효는 유권대리라면 상대방이 본인에게 가졌을 청구권의 성질에 따라 결정된다.

대판 1965.8.24, 64다1156

타인의 대리인으로 계약을 한 자가 그 대리권을 증명하지 못하고 또 본인의 추인을 얻지 못한 때에는 상대방의 선택에 좇아 계약의 이행 또는 손해배상의 책임이 있는 것인바 이 상대방이 가지는 계약이행 또는 손해배상청구권의 소멸시효는 그 선택권을 행사할 수 있는 때로부터 진행한다 할 것이고 또 선택권을 행사할 수 있는 때라고 함은 대리권의 증명 또는 본인의 추인을 얻지 못한 때라고 할 것이다.

3. 단독행위의 무권대리

단독행위의 무권대리는 절대무효가 원칙이고 여기에는 예외가 인정된다(136).

상대방 없는 단독행위는 항상 절대무효이다.

상대방 있는 단독행위도 원칙적으로 무효이며, 예외적으로 "행위당시에 상대방이 대리인이라 칭하는 자의 대리권 없는 행위에 동의하거나 그 대리권을 다투지 아니한 때에 한하여"(136조 1문) 계약에서와 같은 효과가 인정된다.

VI. 사례 연습

1. 부부의 일상가사대리권

예제: A가 B를 상대로 금 500만 원을 빌려 쓰고 갚지 않는다며 대여금청구소송을 제기하였다. 알고 보니 B의 인감도장을 관리하던 처 C가 B의 사업자금으로 사용한다며 B 명의의 차용증을 작성해 주고 A로부터 돈을 대여한 후 그 돈을 도박으로 탕진하였다. B는 처 C가 A로부터 돈을 빌렸는지, 어떤 용도로 사용하였는지, 법원으로부터 대여금청구소장을 송달받기 전까지는 전혀 몰랐다. A의 청구는 정당한가?

일상가사대리권(832)에서 말하는 '일상의 가사'는 부부의 공동생활에서 필요로 하는 통상의 사무를 말하며, 그 구체적인 범위는 부부공동체의 사회적 지위 · 직업 · 재산 · 수입능력 등 현실적 생활상태뿐만 아니라 그 부부의 생활 장소인 지역사회의 관습 등에 의하여 정하여진다.

위의 예제의 해결을 위해서는 먼저 유권대리의 가능성을 검토하고, 다음으로 표현대리의 가능성을, 끝으로 앞의 두 가지가 성립하지 않으면 무권대리에 대해 검토한다.

우선 유권대리 여부를 검토하려면, 법정대리권에 기한 법정대리의 성립 여부와 임의대리권에 기한 임의대리의 성립 여부를 검토해야 한다.

우선 법정대리의 가능성을 보면, 처 C는 도박 자금으로 쓰기 위하여 금전을 대여하였으므로 이것은 일상가사의 범위에 속한다고 볼 수 없다. 따라서 C의 대리행위는 법정대리권인 일상가사대리권의 범위에 속하지 않는다.

다음으로 임의대리의 가능성을 보면, B는 C에게 개별적으로든 또는 포괄적으로든 금전을 대여할 수권을 한 적이 없다. 따라서 임의대리의 가능성은 부인된다.

다음으로 표현대리의 성립 여부를 보면, 제126조의 표현대리의 성립 가능성이 있다. 제126조의 표현대리가 성립하기 위해서는 기본대리권이 존재해야 하는데, 일상가사대리권이 그러한 기본대리권이 될 수 있다는 것이 다수설 · 판례의 입장이다. 그러나 그와 같이 일상가사대리권을 기본대리권으로 인정한다 하더라도, 상대방의 입장에서 문제의 대리행위가 일상가사 범위 내에 속한다고 믿을 정당한 이유가 있는지가 관건이 된다.

아래의 판결을 보면 법원은 그러한 정당한 이유의 성립을 부인하고 있다. 따라서 표현대리는 인정되지 않고 결국 C의 대리행위는 협의의 무권대리가 된다.

대판 1998.7.10, 98다18988

타인의 채무에 대한 보증행위는 그 성질상 아무런 반대급부 없이 오직 일방적으로 불이익만을 입는 것인 점에 비추어 볼 때, 남편이 처에게 타인의 채무를 보증함에 필요한 대리권을 수여한다는 것은 사회통념상 이례에 속하므로, 처가 특별한 수권 없이 남편을 대리하여 위와 같은 행위를 하였을 경우에 그것이 민법 제126조 소정의 표현대리가 되려면 처에게 일상가사대리권이 있었다는 것만이 아니라 상대방이 처에게 남편이 그 행위에 관한 대리의 권한을 주었다고 믿었음을 정당화할 만한 객관적인 사정이 있어야 한다.

처가 임의로 남편의 인감도장과 용도란에 아무런 기재 없이 대리방식으로 발급받은 인감증명서를 소지하고 남편을 대리하여 친정 오빠의 할부판매보증보험계약상의 채무를 연대보증한 경우, 남편의 표현대리 책임을 부정한 사례.

2. 名義를 冒用하고 본인인 것처럼 가장한 경우

예제: A는 남편 B 몰래 남편 소유의 부동산을 담보로 제공하고 C로부터 돈을 대출받기로 마음먹고, D와 공모하여 남편의 주민등록증의 사진을 떼어내고 그 자리에 D의 사진을 붙인 다음 그 주민등록증 사본을 C에게 제출하는 방법으로 D가 남편인 것처럼 가장하여 차용금증서 및 어음거래약정서 등에 남편의 인장을 날인함으로써 이를 위조하여 C로부터 대출을 받았다.

C는 남편 B에게 이 돈의 반환을 청구할 수 있나?

위 예제는 위 1의 예제와 비슷하지만, D가 마치 남편인 것처럼 가장하여 남편의 명의를 사용하여 대출을 받았다는 점이 특이하다. 일반적으로 보면, 타인의 명의를 사용한 법률행위에 해당하는 사안이다.

그런 경우에는 위 제16장에서 이미 살펴본 바와 같이, 위 대출계약의 당사자가 행위자인 D인지 아니면 명의자인 B인지를 밝히는 것이 선결 문제이다.

따라서 누가 당사자인지에 대하여 먼저 자연적 해석을 시도하고 그것이 가능하지 않으면 규범적 해석을 동원한다.

위 예제의 경우 이미 자연적 해석의 단계에서 행위자인 D는 물론이고 상대방인 C 역시 행위자인 D가 아니라 명의자인 B를 당사자로 생각했음은 명확하다. 따라서 D가 체결한 대출계약의 당사자는 D가 아니라 B이다. 규범적 해석의 결과도 물론 동일하다.

이제 이러한 D의 행위가 유효한 대리행위인지를 검토해 보자. 그러기 위해서는 우선 대리권의 存否를 보아야 하는데, 수권행위에 기한 임의대리권이나 법정대리권이 있으면 유권대리이고, 그러한 대리권이 없으면 무권대리가 된다. 물론 무권대리에 있어서는 먼저 표현대리의 성립을 검토하고, 이어서 협의의 무권대리에 대해서 검토해야 한다.

위 예제의 경우 D에게는 아무런 임의대리권이나 법정대리권이 없으므로 유권대리는 인정되지 않는다.

이어서 표현대리의 가능성을 검토하자면, 우리 민법이 인정하고 있는 3가지의 표현대리는 모두 顯名主義, 즉 본인을 위한 것임을 표시하여 대리행위를 해야 한다는 원칙을 당연히 전제로 하고 있다. 그런데 위의 예제와 같이 대리인이 아니라 마치 본인인 것처럼 행위를 한 경우에도 顯名한 것으로 볼 수 있는지가 문제된다.

일반적으로 말하자면, 현명의 방식에는 제한이 없으므로 대리인이 마치 본인인 것처럼 본인의 이름을 사용한 경우에도 대리행위의 유효성을 긍정하는 것이 통설이다. 그렇다면 이 법리를 그대로 적용하여, 명의를 冒用하여 마치 본인인 것처럼 행위한 경우에 표현대리의 성립을 인정할 수도 있을 것이다.

물론 표현대리가 성립하기 위한 나머지 요건들도 갖추어야 한다. 그 나머지 요건들을 함께 고려한다면 위의 예제에서 가령 제126조의 표현대리가 성립(유추적용)하기 위해서는, D에게 기본대리권이 있어야 하고, 상대방에게는 D가 대리인으로서 본인의 권한을 행사한다고 믿은 데에 대한 정당한 이유가 있어야 한다.

바로 이 요건을 대법원(원심도 마찬가지임)은 아래의 판결에서 제126조 소정의 표현대리 법리를 유추적용할 수 있는 "특별한 사정"이라고 표현하고 있는데, 다음 판결에서는 그러한 특별한 사정이 있음을 인정하지 않음으로써 표현대리의 성립을 부인한다.

대판 2002.6.28, 2001다49814

원심판결 이유에 의하면 원심은, 그 판시의 증거들을 종합하여 피고의 처였던 소외 1이 당시 남편이었던 피고 몰래 피고 소유의 이 사건 부동산을 담보로 제공하고 원고로부터 금원을 대출받기로 마음먹고, 소외 2와 공모하여 피고의 주민등록증의 피고 사진을 떼어내고 그 자리에 소외 2의 사진을 붙인 다음 그 주민등록증 사본을 원고의 담당직원에 제출하는 방법으로 소외 2가 피고인 것처럼 가장하여 이 사건 각 차용금증서 및 어음거래약정서 등에 피고의 인장을 날인함으로써 이를 각 위조한 사실을 인정한 다음, "소외 1은 이 사건 각 대출 이전에 피고로부터 일정한 기본대리권을 수여받았거나 피고의 처로서 일상가사대리권이 있었는데, 다만, 자신이 직접 피고의 대리인으로서 원고로부터 위 각 대출을 받은 것이 아니라, 소외 2로 하여금 피고 본인인 것처럼 행세하도록 하여 원고를 속이고 위 각 대출을 받았는바, 원고로서는 소외 2가 피고 본인인 것으로 믿었고 그 믿은 데에 정당한 이유가 있으므로, 피고는 이 사건 각 대출에 대하여 민법 제126조 소정의 표현대리책임이 있다."는 원고의 주장에 대하여 사술을 써서 대리행위의 표시를 하지 아니하고 단지 본인의 성명을 모용하여 자기가 마치 본인인 것처럼 상대방을 기망하여 본인 명의로 직접 법률행위를 하는 경우에는 특별한 사정이 있는 경우에 한하여 민법 제126조 소정의 표현대리의 법리를 유추적용할 수 있다고 할 것인데, 여기서 특별한 사정이란 본인을 모용한 사람에게 본인을 대리할 기본대리권이 있었고, 상대방으로서는 위 모용자가 본인 자신으로서 본인의 권한을 행사하는 것으로 믿은 데 정당한 사유가 있었던 사정을 의미한다고 할 것이라고 전제하고 나서, 피고를 모용한 소외 2가 피고를 대리할 어떠한 기본대리권이 있다는 점에 관하여 아무런 주장 · 입증이 없다고 판단하여 원고의 위 주장을 배척하고 있는바, 앞서 본 법리와 기록에 비추어 살펴보면, 원심의 위와 같은 사실인정과 판단은 옳다고 수긍이 되고, 원심판결에 상고이유로 주장하는 바와 같이 민법 제126조 소정의 표현대리의 유추적용에 관한 법리를 오해한 위법이 있다고 할 수 없다.

그리고 이 사건에 있어서 소외 1과 소외 2의 행위를 총체적으로 하나로 보아 표현대리의 법리를 유추적용하여야 한다는 주장은 독자적인 견해에 불과하여 받아들일 수 없으므로 원심판결에 이에 관한 판단유탈이니 표현대리에 관한 법리오해 등의 위법이 있다고 할 수도 없다.

3. 묵시적 추인

예제: 증권회사 고객 A는 2000.3.31에 거래내역서를 통해 자신의 계좌내용을 확인하고 그동안 증권회사 직원 B의 임의매매 사실을 알게 되자 B에게 한 달 안에 주식을 원상회복해 놓으면 그동안의 거래에 대하여 문제 삼지 않겠다고 하였으나, B는 그 이후에도 주식을 원상회복해 놓지도 아니하고 A의 계좌를 이용하여 임의로 선물옵션거래 및 주식거래를 계속하여 결국 A의 주식을 모두 날려버렸다. A는 B의 2000.3.31 이전의 임의매매를 추인한 것으로 볼 수 있나?

묵시적 추인을 인정하는 것은 여러 사정을 종합적으로 검토하여 매우 신중하게 판단해야 한다는 것이 판례의 입장이다. 그렇다면 A가 B의 임의매매를 추인한 것으로 보기는 어렵다는 것이 다음 판결의 결론이다.

대판 2003.12.26, 2003다49542

증권회사의 고객이 그 직원의 임의매매를 묵시적으로 추인하였다고 하기 위하여는 자신이 처한 법적 지위를 충분히 이해하고 진의에 기하여 당해 매매의 손실이 자기에게 귀속된다는 것을 승인하는 것으로 볼 만한 사정이 있어야 할 것이고, 나아가 임의매매를 사후에 추인한 것으로 보게 되면 그 법률효과는 모두 고객에게 귀속되고 그 임의매매행위가 불법행위를 구성하지 않게 되어 임의매매로 인한 손해배상청구도 할 수 없게 되므로, 임의매매의 추인, 특히 묵시적 추인을 인정하려면, 고객이 임의매매 사실을 알고도 이의를 제기하지 않고 방치하였는지 여부, 임의매수에 대해 항의하면서 곧바로 매도를 요구하였는지 아니면 직원의 설득을 받아들이는 등으로 주가가 상승하기를 기다렸는지, 임의매도로 계좌에 입금된 그 증권의 매도대금을 인출하였는지 또는 신용으로 임의매수한 경우 그에 따른 그 미수금을 이의 없이 변제하거나, 미수금 변제독촉에 이의를 제기하지 않았는지 여부 등의 여러 사정을 종합적으로 검토하여 신중하게 판단하여야 한다.

대판 1991.5.24, 90도2190

종중 소유 부동산을 무권대리(대표)행위에 의하여 처분한 경우 종중이 사후에 무권대리인에 대하여 처분행위를 추인하였다면 처분행위는 처음부터 소급하여 유효해진다. 권한 없이 종중 소유 부동산을 타인에게 매각처분한 사실을 알고서도 종중측에서 10년이 넘도록 형사고소나 소유권회복을 위한 민사소송을 제기하지 않았다거나, 문장(門長)을 비롯한 여러 종중원들이 그동안 종중 부동산 처분행위를 생활이 곤란해서 그런 것이라고 수차 이해하여 왔다는 등의 말을 했다는 사유만으로는 종중이 위 부동산 처분행위를 묵시적으로 추인하였다고 인정하기 어렵다.

VII. 사례 문제와 모범 답안

[문제] 甲의 남편인 乙은 2003.1.1. 丙과 사이에 음료수 공급에 관한 대리점계약을 체결하였다.
한편 2003.2.5. 서울보증보험 주식회사와 乙은 丙에 대한 물품대금채무의 지급을 (2003.2.5.부터 2004.2.4.까지 1,000만 원 한도에서) 보증하는 보증보험계약을 체결하였는데, 그 당시 甲은 이 보증보험계약의 청약서에 乙의 연대보증인[12]으로서 직접 서명·날인하고 자신의 주민등록증 사본과 본인 발급의 인감증명서도 제출한 바 있었다.
2003.4.11. 乙의 대리점 운영과 관련하여 기존에 발생하였거나 장래에 발생할 丙에 대한 채무 일체를 한도 없이 甲이 담보하는 연대보증계약을 (甲은 없는 채로) 乙이 丙과 체결하는 과정에서, 乙은 甲의 인감도장이 날인된 甲 명의의 연대보증각서와 대리 발급된 甲의 인감증명서를 제출하였다. 당시 乙은 甲의 인감도장을 가져와 직접 그 각서에 날인하였다. 또한 당시 乙은 丙에게 위 2003.2.5.자의 보증보험계약에 따라 발급된 보증보험증권을 제출하였는데, 그 보증보험증권에는 甲의 연대보증 사실을 확인할 수 있는 기재는 없었다.
그 후 乙이 丙에 대한 물품대금채무를 이행하지 않자, 丙은 甲을 상대로 "연대보증인으로서 乙의 채무를 이행하라"고 청구하였다.
甲, 乙, 丙 사이의 법률관계에 관하여 논하시오.

[채점 기준 (50점 만점)**]**
I. 서론 (5점)
II. 갑과 병 사이의 법률관계 (35점)
 1. 서론
 2. 을의 대리행위의 효력 (30점)

---

12) 연대보증(連帶保證): 보증인이 주채무자와 연대하여 채무를 부담하는 보증을 말한다. 다만, 연대보증도 보증채무의 일종이기 때문에 부종성이 있다는 점에서 연대채무와 다르다. 즉 주채무가 성립하지 않으면 연대보증도 성립하지 않으며 주채무가 소멸하면 연대보증도 소멸한다. 그러나 보통의 보증채무와는 달리 연대보증인에게는 최고(催告)·검색(檢索)의 항변권이 없다. 즉, 채권자는 주채무자의 자력(資力)의 유무에 불문하고 즉시 연대보증인에게 청구하고 강제집행을 할 수 있다.

(1) 유권대리 (10점)
1) 임의대리 (2.5점)
① 특정수권
② 포괄수권
2) 법정대리: 일상가사대리권 (5점)
3) 본 사안의 경우 (2.5점)
(2) 무권대리 (20점)
1) 서론 (5점)
2) 제126조의 표현대리 (10점)
① 요건 (7.5점)
a. 기본대리권의 존재: 일상가사대리권이 기본대리권이 될 수 있는지 여부
b. 권한을 넘은 대리행위
c. 정당한 이유의 존재
② 효과 (2.5점)
③ 본 사안의 경우
3) 협의의 무권대리 (5점)
3. 소결 (5점)
III. 을과 병 사이의 법률관계 (5점)
IV. 갑과 을 사이의 법률관계 (2.5점)
V. 결론 (2.5점)

[모범 답안]

I. 서 론

1. 이 사안의 핵심은 갑과 병 사이의 법률관계로서, 병이 갑에 대하여 을의 연대보증인으로서 책임을 지는지가 문제되고 있고, 그 전제가 되는 갑과 병 사이의 연대보증계약이 유효한지 여부가 문제되고 있다. 그런데 문제가 되는 갑과 병 사이의 연대보증계약이 체결된 과정을 보면, 갑이 직접 계약을 한 것이 아니라 갑의 남편인 을이 갑을 대리하여 계약을 체결하였다. 따라서 을의 대리행위가 유효한 지 여부, 즉 유권대리인지를 검토하는 것이 일차적인 과제이다. 구체적으로는, 갑이 이 연대보증계약에 대하여 개별적으로 또는 포괄적으로 을에게 수권을 하였는지를 먼저 검토하고(이른바 임의대리의 성립 여부), 만약 그것이 인정되지 않는다면 부부의 일상가사대리권에 기한 법정대리권의 범위에 이 연대보증계약이 포함될 수 있는지를 살펴보아야 한다(이른바 법정대리의 문제).

만약 임의대리와 법정대리가 모두 부인되어 유권대리가 인정되지 않는 경우라면,

이어서 표현대리의 문제를 검토해야 한다. 우선 제125조나 제129조의 표현대리가 성립할 여지는 일견 없는 것으로 보이지만, 과연 그러한지를 검토한다. 이어서 임의대리권 혹은 일상가사대리권을 기본대리권으로 하여 제126조의 표현대리가 성립하는지를 따져보게 될 것이다.

만약 표현대리의 성립도 부인된다면, 을의 대리행위는 협의의 무권대리가 된다. 그렇다면 을과 병 사이의 연대보증계약은 이른바 유동적 무효 상태가 될 것인데, 갑이 이 계약을 추인했는지의 여부에 따라서 그 효력이 결정된다.

만약 갑의 추인도 없어서 을의 행위가 무권대리행위로 확정된다면, 갑과 병 사이의 연대보증계약은 무효로 확정될 것이고, 반대로 추인을 하였다면 그 계약은 유효하게 될 것이다.

2. 다음으로는 을과 병 사이의 법률관계가 문제된다. 만약 을의 대리행위가 무권대리로서 무효인 것으로 확정된다면, 병의 보호는 제135조에 의하여 이루어지게 될 것이다. 즉 병은 자신의 선택에 의하여 을을 상대로 계약의 이행 또는 손해의 배상을 청구할 수 있을 것이다.

3. 끝으로 갑과 을 사이의 법률관계가 문제된다. 본인의 추인이 없어서 무효가 확정된다면, 갑과 을 사이에는 아무런 법률관계도 생기지 않는 것이 보통이겠지만, 예외적으로 불법행위나 부당이득의 성립이 문제될 수도 있을 것이다.

이하에서는 위에서 제기한 문제들을 항을 나누어 구체적으로 검토해 보기로 하겠다.

II. 갑과 병 사이의 법률관계

1. 을의 대리행위의 효력

(1) 유권대리: 임의대리의 경우와 법정대리의 경우를 나누어서 살펴본다.

1) 임의대리: 특정수권의 경우와 포괄수권의 경우를 나누어서 살펴본다.

① 특정수권: 갑은 을에게 병과의 연대보증계약을 체결할 대리권을 수여한 적이 없다.

② 포괄수권: 갑은 을에게 대리점 운영과 관련하여 연대보증계약을 체결할 대리권을 포함하는 포괄적 수권을 한 적도 없다.

2) 법정대리: 일상가사대리권에서 말하는 일상의 가사 범위에 위의 연대보증계약을 체결하는 것이 포함된다고 보기는 어렵다.

3) 본 사안의 경우: 임의대리이든 법정대리이든 모두 인정되지 않으므로 을의 유권대리는 인정되지 않는다.

(2) 무권대리: 우선 표현대리의 성립을 검토하고, 그것이 부인되는 경우 협의의 무권대리에 관하여 검토한다.

1) 서론: 제125조, 제129조의 표현대리 성립 여부

① 제125조 표현대리: 이 표현대리가 성립하기 위해서는 무엇보다도 대리권수여의 표시(통지)가 있어야 한다. 그런데 본 사안에서는 乙이 甲의 인감도장이 날인된 甲 명의의 연대보증각서와 대리 발급된 甲의 인감증명서를 제출하였으나 이것을 대리권수여의 표시라고 볼 수는 없다. 갑이 을에게 지시한 바도 없고, 갑이 을의 이러한 행위에 대하여 허락하거나 묵인한 바도 전혀 없기 때문이다. 즉 을은 갑의 어떠한 개입도 없는 상태에서 무단으로 갑의 인감도장과 인감증명서를 사용하였을 뿐이므로, 이것을 갑이 병에 대하여 대리권수여의 표시를 한 것으로 볼 수 없다. 따라서 제125조의 표현대리는 성립할 여지가 없다.

② 제129조 표현대리: 이 표현대리가 성립하기 위한 가장 중요한 요건은 존재했던 대리권이 소멸했어야 한다는 것이다. 그러나 본 사안에서는 임의대리의 측면에서 보자면 병과의 연대보증계약을 체결할 대리권은 부여된 적이 없었다. 따라서 애초에 존재하지 않았던 것이 소멸할 수는 없으므로, 이 표현대리는 성립할 수가 없다. 또한 법정대리의 측면에서 보자면, 부부 일상가사대리권(물론 그 범위에 연대보증계약을 체결할 대리권까지 포함되지는 않음)은 계속해서 존속하므로 역시 대리권의 소멸이 문제되지 않으며, 이 표현대리는 성립할 수 없다.

2) 제126조의 표현대리: 125조 및 129조의 표현대리가 성립할 여지가 없으므로 결국 126조 표현대리의 성립이 문제된다. 일단 갑과 을이 부부관계인 것을 고려한다면, 일상가사대리권을 기본대리권으로 하여 126조의 표현대리가 성립할 수가 있다. 이하에서는 구체적으로 요건들을 검토해 보기로 한다.

① 요 건

a. 기본대리권의 존재: 일상가사대리권이 기본대리권이 될 수 있는지에 대해서 통설과 판례는 긍정한다. 따라서 본 사안의 경우에도 일상가사대리권이 을이 연대보증계약을 체결한 데 대한 기본대리권으로 인정될 수 있다.

b. 권한을 넘은 대리행위: 연대보증계약의 체결은 일상가사의 범위를 벗어나는 것이다. 따라서 이 요건을 만족한다.

c. 정당한 이유의 존재: 일상가사대리권을 기본대리권으로 하여 표현대리의 成否가 문제되는 경우, 실질적으로 가장 중요한 요건이다. 을이 갑을 대리하여 갑을 연대보증인으로 하는 연대보증계약을 체결할 수 있는 대리권이 있었음을 상대방인 병이 믿을 만한 정당한 이유가 있었는지가 문제된다.

본 사안의 경우 병에게 그러한 정당한 이유가 있다는 근거는 찾아보기 어렵다. 특히 을은 병에게 갑이 연대보증한 보증보험계약의 보증보험증권을 제출하였는데, 그 증권에는 갑의 연대보증 사실을 확인할 수 있는 기재가 없었으므로, 이것은 갑이 을을 위하여 연대보증을 한다는 것에 대한 아무런 근거도 되지 못한다.

② 효과: 표현대리의 요건을 갖추게 되면 본인은 무권대리인의 대리행위에 대하여 책임이 있다(125 본).

③ 본 사안의 경우: 표현대리의 성립이 인정된다면 갑은 연대보증인으로서의 책임

을 병에 대하여 지게 되겠지만, 표현대리의 성립이 부정되므로 갑은 병에 대하여 아무런 책임도 부담하지 않는다. 물론 갑이 위의 연대보증계약을 추인하는 경우에는, 갑이 그 계약상의 연대보증인으로서의 책임을 부담한다.

3) 협의의 무권대리: 표현대리가 인정되지 않으므로 결국 을은 무권대리인으로서 연대보증계약을 체결한 것이 된다. 이러한 협의의 무권대리의 경우, 본인에게는 아무런 무권대리의 효력도 발생하지 않는다. 물론 본인은 무권대리를 추인할 수는 있다(130).

본인이 추인하지 않으면 무권대리인은 상대방의 선택에 좇아 계약의 이행 또는 손해배상의 책임을 진다(135 ①).

2. 소결: 을의 대리행위에 대하여 표현대리의 성립은 인정되지 않으므로 협의의 무권대리에 해당한다. 따라서 갑이 추인하지 않는 한, 갑은 병에 대하여 아무런 책임도 지지 않는다.

III. 을과 병 사이의 법률관계

을은 무권대리인으로서 병에게 계약의 이행 또는 손해배상의 책임을 져야 한다(135 ①).

IV. 갑과 을 사이의 법률관계

갑이 추인하지 않으면 갑과 을 사이에는 아무런 법률관계도 생기지 않는다. 갑이 추인하면 사무관리(734 이하)가 성립한다. 또한 무권대리행위로 인하여 갑이 손해를 보는 경우 불법행위책임(750)이 문제될 수도 있다. 또한 을이 부당한 이득을 얻은 경우에는 부당이득반환(741)이 문제될 수도 있다.

V. 결 론

을의 대리행위에 대해서 유권대리나 표현대리는 인정되지 않는다. 협의의 무권대리의 경우이므로 갑이 추인을 하지 않으면 갑은 아무런 책임도 지지 않는다. 그 경우 을은 병에게 병의 선택에 따라서 계약의 이행 또는 손해배상의 책임을 지게 된다.

만약 갑이 추인을 하면 갑은 병에 대하여 연대보증계약에 따른 연대보증인으로서의 책임을 져야 한다. 그로 인하여 갑에게 손해가 발생하거나 을에게 부당이득이 생긴 경우, 갑은 을을 상대로 불법행위에 기한 손해배상을 청구하거나 또는 부당이득의 반환을 청구할 수 있다.

Ⅷ. 모범 답안과 강평

1. 문 제

甲은 2005.12.경 부동산중개업자인 乙에게 甲 소유의 X 부동산의 매도를 위임하였다. 乙은 2005.12.24.경 丙과 X 부동산을 乙이 丙에 대하여 부담하고 있던 별도의 부동산 매매대금채무 중 일부의 지급에 갈음하여 양도하기로 하는 내용의 대물변제[13] 계약을 매매계약 형식으로 甲을 대리하여 체결하였다. 乙은 2006.1. 초순경 甲으로부터 X 부동산의 소유권이전등기에 필요한 서류와 인감도장을 교부받은 다음, 2006.1.16. X 부동산에 관하여 丙 명의의 2005.12.24. 매매를 원인으로 한 소유권이전등기를 마쳤다.
한편 甲은 X 부동산이 대물변제로 제공되었음을 알게 된 후 2006.4.5. 乙로부터 乙 소유의 Y 토지에 관하여 채권최고액 3억 원의 근저당권[14] 설정등기를 경료받고, 그와 별도로 7,000만 원을 지급받기로 하여 금전소비대차 공정증서를 작성, 교부받았다.
그 후 甲은 丙을 상대로 X 토지에 대한 이전등기의 말소를 청구하였다.
甲, 乙, 丙 사이의 법률관계에 관하여 논하시오.

2. 학생의 답안[15]

Ⅰ. 문제의 소재

甲, 乙, 丙 사이의 법률관계에 대하여 검토하기 위한 전제조건으로서 X 토지의 소유권이 누구에게 귀속되어 있는지 밝혀야 한다. 이를 위하여 가장 먼저 X 토지를 양도하기로 하는 대물변제계약을 매매계약의 형식으로 체결한 乙과 丙 사이의 계약이 과연 유효한지 살펴보아야겠다. 그 결과, 만일 대물변제계약이 은닉행위로서 인정된

13) 대물변제(代物辨濟): 계약에 따라 채무자가 본래 부담하고 있던 급여 대신에 다른 급여를 하여 채권을 소멸시키는 것을 말한다(제466조). 예를 들어 A가 B에게 200만 원의 채무를 부담하고 있는 경우에 A, B 사이의 계약으로 금전에 갈음하여 가옥을 인도하고 채권을 소멸시키는 경우이다.

14) 근저당(根抵當): 계속적인 거래에서 발생하고 소멸하는 불특정다수의 장래채권을 결산기에 계산하여 잔존하는 채무를 일정한도액의 범위 내에서 담보하는 저당권을 말한다(제357조).

15) 이 답안은 2013년 1학기에 저자의 수업에서 튜터로 일해 준 한혜준 조교가 작성한 것이다.

다면 동 계약이 기타의 성립요건을 갖추었는지 검토해야 한다.

대물변제 계약의 요건으로서 현실적으로 다른 급부가 이루어져야 하는 바, X 토지의 이전등기가 원인무효의 이전등기로 밝혀질 경우 동 요건을 충족하지 못하게 되고 乙과 丙 사이의 대물변제계약은 성립하지 아니한다. 따라서 이전등기의 원인행위의 유효성에 대하여 살펴보아야 하는 바, 동 부동산에 대하여 대물변제계약을 하고 丙에게 이전등기를 한 것이 乙의 대리권 범위 내의 대리행위에 해당하는지, 아니라면 표현대리가 성립하는 것은 아닌지, 마지막으로 甲의 추인이 인정되는 것은 아닌지 검토해야 하겠다.

이로써 X 토지에 대한 소유권 귀속이 밝혀지면, 이에 기하여 甲, 乙, 丙 사이의 구체적인 법률관계를 검토하도록 하겠다.

II. X 토지의 소유권 귀속

가. 매매계약 형식의 대물변제 계약의 유효성

1. 가장행위와 은닉행위

(1) 서

乙은 丙과 X 토지를 양도하기로 하는 내용의 대물변제계약을 매매계약 형식으로 체결하였으므로, 乙과 丙의 매매계약은 허위표시를 요소로 하고 있는 가장행위이며, 숨겨져 있는 행위인 대물변제계약은 은닉행위이다. 이때 가장행위인 매매계약은 무효(제108조 제1항)임이 명백하나 은닉행위인 대물변제계약의 유효성에 관하여는 검토를 요한다.

(2) 은닉행위의 유효성

통설은 은닉행위는 허위표시의 일종이지만 감추어진 행위로서의 요건을 갖추고 있으면 유효라고 보지만, 은닉행위는 허위표시가 아니라는 반대설도 있다. 그러나 숨겨진 행위인 대물변제계약이 유효라는 것에는 학설이 일치한다. 판례는 매매계약상의 대금이 허위표시라 하더라도 실제로 지급해야 할 매매대금 약정이 존재하는 경우 그 내면적 은닉행위는 유효하다고 판시하여 은닉행위의 유효성을 인정한다.

(3) 사 안

乙과 丙 사이에서 이루어진 은닉행위로서 대물변제계약은 그 요건이 갖추어진 경우 유효성을 인정할 수 있다. 이하에서는 대물변제 계약의 요건을 갖추었는지 검토하겠다.

2. 대물변제계약의 유효성

(1) 서

채무자가 본래의 급부와 다른 내용의 급부를 제공하고, 채권자가 이에 승낙하면서 수령하는 경우 변제와 동일한 채권 소멸의 효과를 가지는 것을 대물변제라 한다(민법 제466조).

(2) 대물변제의 요건

대물변제의 요건으로서 ① 채권이 존재해야 하며 ② 본래의 급부와 다른 급부를 현실적으로 해야 하며 ③ 본래의 채무이행에 갈음하여 다른 급부가 행하여지고 ④ 채권자의 승낙이 있을 것을 요한다. 대물변제계약에서 ②의 요건의 충족하였는지가 문제된다.

(3) 사안의 경우

乙이 丙에 대하여 부담하고 있던 별도의 토지 매매대금채권이 존재하였고(① 요건) 이 채무의 일부의 지급에 갈음하여 X토지의 양도가 이루어졌으며(③ 요건) 乙과 丙의 합의가 있었으므로 채권자 丙의 승낙이 존재함(④ 요건)을 알 수 있다.

그런데 다른 급부인 X토지의 양도가 현실적으로 이루어졌는지(② 요건) 문제된다. 판례에 따르면 대물변제에 의한 소유권이전등기가 '부동산실권리자명의등기에 관한 법률'에 의하여 무효인 경우 대물변제가 이루어진 것으로 볼 수 없다고 하기 때문이다. 이하 X토지의 소유권이전등기의 유효성에 대하여 검토하겠다.

나. X 토지에 관한 소유권이전등기의 유효성

1. 서

丙 명의의 X토지소유권이전등기가 원인무효의 등기가 아니고, 乙과 丙 간의 대물변제계약의 효력이 甲에게 미치기 위해서는 ⅰ) 乙의 행위가 대리권 범위 내이거나, ⅱ) 대리권 범위 밖이라도 표현대리가 성립하거나, ⅲ) 본인인 甲이 무권대리 행위를 추인하여야 한다(제130조). 사안의 경우 甲은 乙에게 토지의 매도를 위임하였음에도 乙은 자신의 채무 일부의 지급에 갈음한 대물변제계약을 체결하여 토지의 소유권이전등기를 하였는 바, 이는 명백히 대리권 범위 밖의 행위이다. 따라서 우선 표현대리가 성립하는지 살펴보고, 성립하지 않는다면 甲이 동 계약을 추인한 것은 아닌지 검토하겠다.

2. 표현대리의 성립 여부

(1) 제125조 표현대리의 성부

1) 의의 및 요건

본인이 타인에게 대리권을 수여하였다고 표시함으로써 대리권 수여의 외관이 존재하는 경우에 관한 규정으로서 ① 대리권 수여의 표시 ② 표시된 대리권의 범위 내에서의 대리행위 ③ 표시의 통지를 받은 상대방과의 대리행위 ④ 상대방이 선의 무과실이라는 요건이 충족되어야 한다.

2) 사안의 경우

제129조의 표현대리는 대리권의 소멸을 요건으로 하는 바, 사안의 경우 대리권 소멸의 문제가 없으므로 이 또한 적용되지 아니한다. 따라서 이하 제126조의 표현대리에 관하여 검토하겠다.

(2) 제129조 표현대리의 성부

1) 의의 및 요건

대리권이 소멸 된 후의 대리행위에 대한 규정으로서 ① 이전에 존재하였던 대리권의 소멸 ② 상대방의 선의 무과실의 요건이 충족되어야 한다.

2) 사안의 경우

제129조의 표현대리는 대리권의 소멸을 요건으로 하는 바, 사안의 경우 대리권 소멸의 문제가 없으므로 이 또한 적용되지 아니한다. 따라서 이하 126조의 표현대리에 관하여 검토하겠다.

(3) 제126조 표현대리의 성부

1) 의 의

권한을 넘는 표현대리가 성립하기 위해서는 ① 기본대리권이 존재하고 ② 권한을 넘은 대리행위를 하여야 하며 ③ 계약상대방이 그 권한이 있다고 믿을 만한 정당한 이유가 있어야 한다.

2) 기본대리권의 존재

본 조가 적용되기 위해서는 실제로 행하여진 대리행위에 대한 대리권은 없지만, 어떠한 행위에 대하여는 현재 대리권이 존재하여야 한다. 기본대리권은 대리행위와 동종, 유사한 것일 필요가 없고, 대리행위와 아무런 관련이 없는 경우에도 적용이 가능하다는 것이 판례의 입장이다.

사안의 경우 乙은 X 토지에 대한 매매계약의 대리권을 가지고 있으며 대물변제계약과 반드시 동종의 대리권임을 요하지도 아니하므로, 기본대리권이 존재한다.

3) 권한을 넘은 대리행위의 존재

대리행위가 아니라 무권리자 스스로 처분행위의 당사자가 되는 경우 본 조의 표현대리는 성립하지 않는데, 乙은 대리권의 권한을 넘어 자신의 채무의 일부지급에 갈음한 대물변제계약을 대리행위로서 체결하였다. 따라서 이 요건 역시 충족하였다.

4) 정당한 이유의 유무

정당한 이유란 대리행위의 상대방이 대리행위 당시 대리인에게 대리권이 있다고 믿었고 그렇게 믿은 데에 과실이 없는 것을 의미한다. 그런데 사안에서 乙 자신의 채무에 갈음하여 타인인 甲 소유의 토지를 대물변제로 제공한다는 것은 일상적인 거래관념상 예외에 해당한다. 또한 丙은 과거에 乙과 부동산 매매계약을 체결하였던 경험이 있으므로 乙이 중개업자임을 알고 있었을 것으로 보인다.

이렇듯 乙이 타인 부동산의 매매에 대한 대리권을 위임받아 이전등기에 필요한 서류와 인감도장을 취득하기 쉬운 부동산 중개업자라는 점, 타인소유 부동산을 대상으로 한 대물변제계약이 거래관념상 예외에 해당한다는 점을 고려하였을 때 乙의 대리권에 대하여 본인 甲에게 직접 확인하지 않은 丙에게 과실이 있다고 볼 수 있다. 그렇다면 제126조의 표현대리가 성립하지 않게 되고, 대물변제계약은 무권대리로서 본인의 추인이 없는 한 무효이며 X 토지의 소유권은 甲에게 인정된다. 이하에서 甲의 추인이 있었는지 검토한 후 甲, 乙, 丙 간의 법률관계를 살펴보겠다.

3. 甲의 무권대리 추인 여부

(1) 서

甲이 무권대리행위에 대하여 乙이나 丙에게 명시적으로 추인하는 의사표시를 한 바는 없다. 그렇다면 甲이 X 토지가 대물변제로 제공되었음을 알게 된 후 乙 소유의 Y 토지에 관하여 채권최고액 3억 원의 근저당권설정등기를 경료받고, 그와 별도로 7,000만 원을 지급받기로 하여 금전소비대차 공정증서를 교부받은 것을 묵시적 추인이 있다고 볼 수 있는지 검토해야 하겠다.

(2) 무권대리에 대한 본인의 추인

1) 의 의

무권대리의 추인은 무권대리인에 대하여 행하여진 불확정한 행위에 관하여 무권대리행위가 있음을 알고 그 행위의 효과를 자기에게 직접 발생케 하는 것을 목적으로 하는 의사표시이다.

2) 추인의 방법 및 그 상대방, 추인의 효력

판례에 따르면 무권대리행위의 추인에 대한 특별한 방식이 요구되는 것은 아니므로 명시적인 방법 외에도 묵시적인 방법으로 추인을 할 수 있다. 그 추인은 무권대리인, 무권대리행위의 직접 상대방 및 그 무권대리행위로 인한 권리 또는 법률관계의 승계인에 대하여도 할 수 있다. 무권대리 행위에 대하여 추인이 있으면 소급하여 유권대리행위였던 것과 같은 효력이 생긴다(민법 제133조). 그러나 사후에 대리권을 수여하는 것은 아니므로 무권대리가 유권대리가 되는 것은 아니다.

3) 사 안

우선 甲이 X 토지가 대물변제로 제공됨을 알게 된 후 乙 소유의 Y 토지에 관하여 채권최고액 3억 원의 근저당권설정등기를 경료받고, 그와 별도로 7,000만 원을 지급받기로 하여 금전소비대차의 공정증서를 작성, 교부한 행위의 법적 의미에 대하여 살펴보아야 하겠다.

甲이 乙의 무권대리행위를 알고 그에 대한 위임계약상 채무불이행책임, 부당이득 등에 기한 금전상의 채권을 소비대차의 목적물로 하기로 약정하여 준소비대차를 체결한 것이라 볼 수 있다 이 경우 甲과 乙 사이의 준소비대차는 乙의 무권대리행위의 효력을 추인함을 전제한 것이다.

또한 준소비대차로 보지 않는다 하더라도 甲이 乙 소유의 Y 토지에 근저당권설정등기를 경료받고 별도로 7,000만 원을 지급받기로 한 것은, 乙에 대한 채무불이행에 기한 손해배상청구권, 부당이득반환청구권 등의 금전채권의 담보를 제공받은 것으로 볼 수 있으므로 甲의 추인을 인정할 수 있다.

어느 경우라도 X 토지의 丙 명의로의 소유권이전등기는 유효하고, 대물변제계약은 甲에게도 효력이 있으며, 丙은 X 토지의 소유권을 취득하게 된다. 이하 甲, 乙, 丙 간의 법률관계를 살펴보도록 하겠다.

Ⅲ. 甲과 丙 사이의 법률관계

甲의 추인에 의하여 乙이 대리행위로서 행한 丙과의 대물변제계약은 유효하게 성립하고, X토지의 소유권은 丙에게 귀속된다. 따라서 甲은 丙에게 X토지에 대한 이전등기의 말소를 청구할 수 없다. 기타 甲과 丙 사이에 채권채무관계나 불법행위, 부당이득, 사무관리 등의 법률관계가 존재하지 아니한다.

Ⅳ. 乙과 丙 사이의 법률관계

甲의 추인에 의하여 乙이 대리행위로서 행한 丙과의 대물변제계약이 확정적으로 유효하게 되었으므로 乙은 자신의 채무를 이행하게 되었고, 기타 다른 채무불이행의 사정이 보이지 아니한다. 따라서 乙과 丙 간의 대물변제계약은 그 이행이 완료되어 모든 채권 채무는 소멸하게 되었다.

Ⅴ. 甲과 乙 사이의 법률관계

1. 甲의 乙에 대한 채무불이행에 기한 손해배상청구권

甲은 乙에게 자신 소유의 X 토지의 매도를 위임하였는바, 이는 X 토지의 매매에 대한 대리권 수여 및 위임계약이 체결된 것이다. 따라서 乙이 이러한 대리행위의 범위를 넘어 자신의 채무의 지급에 갈음하는 대물변제계약을 체결한 것은 위임계약에 따른 선관주의의무를 위반한 것이다. 따라서 甲은 乙에게 채무불이행에 기한 손해배상을 청구할 수 있다(제390조).

2. 甲의 乙에 대한 부당이득반환청구권

(1) 부당이득반환청구권의 성립여부

부당이득반환청구권의 성립요건으로 ① 타인의 재산 또는 노무로 인한 이득을 취득할 것 ② 손해가 발생할 것 ③ 이득과 손해 사이에 인과관계가 있을 것 ④ 법률상 원인이 없을 것을 요구한다.

(2) 부당이득의 반환 대상 및 범위

수익자가 받은 목적물을 반환하는 것이 원칙이나, 원물의 반환이 불가능한 경우가액으로 반환하면 된다(제747조). 그런데 악의의 수익자가 반환하는 경우에는 원물의 가액 전부와 그 가액에 이자를 붙여야 하고, 손해가 있으면 이를 배상하여야 한다(제748조 제2항).

(3) 사안의 경우

사안의 경우 ① 乙은 대물변제계약으로 丙에게 부담하는 채무의 일부가 소멸하는 이익을 얻었고, ② 甲은 X 토지의 시가 상당의 손해를 보았으며 ③ 이득과 손해 사이에 인과관계가 있고 ④ 비록 사후에 추인을 얻기는 했으나 이로서 소급하여 유권대리가 되는 것은 아니므로 법률상 원인 없는 법률행위이다. 따라서 乙에 대한 甲의 부당이득반환청구권이 성립한다.

또한 X 토지의 이전등기의 말소가 불가능하므로 동 토지의 시가에 해당하는 금액을 부당이득으로서 반환하여야 하며, 乙은 악의의 수익자로서 이자와 손해까지 모두 배상하여야 한다.

3. 甲의 乙에 대한 불법행위에 기한 손해배상청구권

(1) 불법행위에 기한 손해배상청구권의 성립요건

불법행위에 기한 손해배상 청구권이 성립하기 위하여는 ① 고의·과실있는 가해행위가 있을 것 ② 위법한 행위일 것 ③ 행위자에게 책임능력이 있을 것 ④ 손해가 발생할 것 ⑤ 가해행위와 손해 사이에 인과관계가 있을 것의 요건을 충족하여야 한다.

(2) X 토지의 소유권 상실 사실에 관한 손해배상의 청구가능성

사안의 경우 ① 乙의 고의에 기한 권한을 넘은 법률행위가 있고 ② 이러한 행위는 위법한 행위이다 ③ 그리고 乙에게 책임능력이 없다는 특별한 사정이 보이지 아니하고 ④ 甲에게 손해가 발생하였다. 그러나 ⑤ 甲의 손해 즉 X 토지의 소유권을 상실한 것은 甲의 추인에 의한 것이지, 乙의 대물변제계약에 의한 것이 아니다. 즉 인과관계가 없으므로 甲은 乙에게 X 토지의 소유권을 상실한 것에 대하여 불법행위에 기한 손해배상을 청구할 수 없다.

(3) 기타의 손해를 입은 사실에 관한 손해배상의 청구 가능성

만일 乙이 대리권 없이 대물변제 계약을 한 행위에 의하여 甲에게 X 토지의 소유권을 상실한 사실 이외의 손해가 발생하였고 동 손해와 위법행위 간의 인과관계가 인정된다면, 甲은 그러한 사실을 입증하여 乙에게 불법행위에 기한 손해배상을 청구할 수 있을 것이다.

4. Y토지에 관한 근저당권설정등기 및 7,000만 원의 금전소비대차계약에 기한 청구권

(1) 서

甲은 乙 소유의 Y 토지에 관하여 채권최고액 3억 원의 근저당권설정등기를 경료

받고, 이와 별로도 7,000만 원을 지급받기로 하여 금전소비대차 공정증서를 작성, 제공받았는 바, 이의 법적 성질을 준소비대차계약으로 보았을 경우와 그렇지 않은 경우를 나누어 살펴보겠다.

(2) 준소비대차계약을 체결한 것으로 볼 경우

甲이 乙의 대리행위를 추인함을 전제로 甲이 乙에게 채무불이행에 기한 손해배상 및 부당이득반환청구권을 소비대차의 목적물로 하는 준소비대차를 체결하였다고 볼 수 있다. 그 경우에는 甲이 乙에게 채무불이행에 기한 손해배상 및 부당이득반환청구권을 행사하지 못하고, 7,000만 원의 금전반환청구와 Y 토지에 관한 근저당권에 기한 권리를 청구할 수 있을 것이다.

(3) 乙에 대한 채무불이행 등에 기한 금전채권의 담보를 제공받은 것으로 볼 경우

甲이 乙에 대한 채무불이행 등에 기한 채권에 대하여 이를 담보하기 위한 것으로 본다면, 甲은 乙에게 채무불이행, 부당이득, 기타 손해에 대한 불법행위에 기한 책임을 물을 수 있을 것이다. 또한 위 채권의 변제를 받기 위하여 근저당권을 실행하거나 7,000만 원을 청구할 수 있을 것이다.

3. 강　평

이 사례 문제는 대법원 2009.11.12. 선고 2009다46828 판결을 기초로 한 것이다. 이 사례에서는 제125조의 표현대리의 성립이 문제되고 있고, 특히 대리권이 있다고 믿을 정당한 이유가 있었는지가 쟁점이 되고 있다. 아울러 표현대리의 성립이 부인되어 무권대리가 되는 경우, 그 무권대리행위에 대한 본인의 묵시적 추인이 있었는지가 문제되고 있다.

답안은 이러한 쟁점들에 대하여 매우 상세하고 논리적으로 잘 검토하였다. 대물변제계약에 관한 논의를 하는 부분에서 가장행위와 은닉행위를 검토한다든가, 표현대리 성립과 관련하여 제126조 및 제129조의 표현대리까지도 검토하는 것 등은 불필요한 논의로 보일 수도 있지만, 고려 가능한 모든 문제를 빠뜨리지 않고 치열하게 고민해 보려는 태도라는 면에서 오히려 긍정적으로 평가하고 싶다. 마지막에 전체의 논의를 간단히 요약하는 결론 부분을 추가했으면 더 좋았을 것으로 보인다.

참조 판결: 대판 2009.11.12, 2009다46828

[1] 표현대리의 상대방이 대리권이 있다고 믿은 데 정당한 이유가 있는지 여부의 판단 기준.

[2] 부동산 매도를 위임받은 대리인이 자신의 채무 지급을 담보하기 위하여 그 부동산에 관하여 양도담보계약을 체결한 사안에서, 대리인이 소유권이전등기에 필요한 서류와 인감도장을 모두 교부받아 이를 상대방에게 제시하며 부동산을 처분할 대리권이 있음을 표명하였다면 상대방으로서는 대리권이 있다고 믿는 데에 정당한 이유가 있었다고 볼 수 있고, 더 나아가 본인에 대해 직접 대리권 수여 유무를 확인해 보아야만 하는 것은 아니라고 한 사례.

[3] 부동산 매도를 위임받은 대리인이 자신의 채무 지급에 갈음하여 그 부동산에 관하여 대물변제계약을 체결한 사안에서, 그 계약 체결 이후에 비로소 본인으로부터 소유권이전등기에 필요한 서류와 인감도장을 교부받았다면 상대방이 대리인에게 위 부동산을 대물변제로 제공할 대리권이 있다고 믿은 데에 정당한 이유가 있다고 할 수 없다고 한 사례.

[4] 무권대리행위의 추인의 방법과 그 상대방.

제18장 무효와 취소

Ⅰ. 서　　론

무효는 법률행위가 성립은 하였지만 처음부터 아무런 효력이 없는 것으로 확정되어 있는 것(예: 107 · 108, 의사무능력)이고, 취소는 일단 유효하게 성립한 법률행위의 효력을 소멸시키는 취소권자의 의사표시(예: 제한능력자의 행위, 109 · 110)이다.

	무　효	취　소
특정인의 주장	필요 없음. 당연히 효력 없음	특정인의 주장이 있어야만 효력 없음
효력 상실 시점	처음부터	취소를 한 후
시간의 경과	효력의 변동 없음	일정한 시간이 경과하면 취소권 소멸. 취소하면 소급하여 무효

Ⅱ. 법률행위의 무효

1. 유동적 무효

무효는 원칙적으로 확정적 무효이나, 유동적(불확정적) 무효는 일정한 요건을 갖추면 유효로 될 수 있는 무효이다. 그 예로는 무권대리행위, 처분권 없는 자의 처분행위, 구(舊) 국토이용관리법상의 토지거래허가구역에서 허가 없이 체결된 토지매매계약 등이 있다.

대판(전) 1991.12.24, 90다12243

국토이용관리법상의 규제구역 내의 '토지 등의 거래계약' 허가에 관한 관계규정의 내용과 그 입법취지에 비추어 볼 때 토지의 소유권 등 권리를 이전 또는 설정하는 내용의 거래계약은 관할 관청의 허가를 받아야만 그 효력이 발생하고 허가를 받기 전에는 물권적 효력은 물론 채권적 효력도 발생하지 아니하여 무효라고 보아야 할 것인바, 다만 허가를 받기 전의 거래계약이 처음부터 허가를 배제하거나 잠탈하는 내용의 계약일 경우에는 확정적으로 무효로서 유효화될 여지가 없으나 이와 달리 허가받을 것을 전제로 한 거래계약(허가를 배제하거나 잠탈하는 내용의 계약이 아닌 계약은 여기에 해당하는 것으로 본다)일 경우에는 허가를 받을 때까지는 법률상 미완성의 법률행위로서 소유권 등 권리의 이전 또는 설정에 관한 거래의 효력이 전혀 발생하지 않음은 위의 확정적 무효의 경우와 다를 바 없지만, 일단 허가를 받으면 그 계약은 소급하여 유효한 계약이 되고 이와 달리 불허가가 된 때에는 무효로 확정되므로 허가를 받기까지는 유동적 무효의 상태에 있다고 보는 것이 타당하므로 허가받을 것을 전제로 한 거래계약은 허가받기 전의 상태에서는 거래계약의 채권적 효력도 전혀 발생하지 않으므로 권리의 이전 또는 설정에 관한 어떠한 내용의 이행청구도 할 수 없으나 일단 허가를 받으면 그 계약은 소급해서 유효화되므로 허가 후에 새로이 거래계약을 체결할 필요는 없다.

2. 무효와 불성립의 구별

법률행위의 불성립은 법률행위로서의 외형적인 존재가 인정되지 않는 것이다. 법률행위의 유 · 무효는 법률행위 성립 이후에 문제된다.

3. 무효의 효과

법률행위가 무효이면 법률행위의 법률효과가 발생하지 않는다. 구체적으로 보면, 채권행위의 경우 이행이 불필요하고, 물권행위의 경우 물권변동이 없다. 채권행위가 있고 그 이행으로서 물권행위가 행해진 경우 채권행위만이 무효일 때 물권행위의 효력에 대해서는 有因說 또는 無因說 여부에 따라 달라진다.

무효시의 급부 반환에 있어서의 원칙은 부당이득으로서 반환(741)하는 것이며, 예외적으로 非債辨濟(742), 不法原因給與(746)가 문제된다.

대판 2003.3.28, 2002다72125

통정한 허위의 의사표시는 허위표시의 당사자와 포괄승계인 이외의 자로서 그 허위표시에 의하여 외형상 형성된 법률관계를 토대로 실질적으로 새로운 법률상 이해관계를 맺은 선의의 제3자를 제외한 누구에 대하여서나 무효이고, 또한 누구든지 그 무효를 주장할 수 있다.
무효인 법률행위는 그 법률행위가 성립한 당초부터 당연히 효력이 발생하지 않는 것이므로, 무효인 법률행위에 따른 법률효과를 침해하는 것처럼 보이는 위법행위나 채무불이행이 있다고 하여도 법률효과의 침해에 따른 손해는 없는 것이므로 그 손해배상을 청구할 수는 없다.

4. 무효의 종류

相對的 · 絶對的 무효의 구별은 선의의 제3자(107 ②, 108 ②)에게 대항할 수 있느냐의 여부에 따른 것이다.

當然 · 裁判上의 무효는 소에 의해서만 주장할 수 있는지 여부(회사설립의 무효: 상 184, 회사합병의 무효: 상 236)에 따른 구별이다.

全部 · 一部無效는 법률행위의 전체 또는 일부가 무효인지에 따른 구별이다. 일부무효에 관해서는 일부무효의 법리(137)가 적용된다.

대판 1996.2.27, 95다38875

복수의 당사자 사이에 중간생략등기의 합의를 한 경우 그 합의는 전체로서 일체성을 가지는 것이므로, 그중 한 당사자의 의사표시가 무효인 것으로 판명된 경우 나머지 당사자 사이의 합의가 유효한지의 여부는 민법 제137조에 정한 바에 따라 당사자가 그 무효 부분이 없더라도 법률행위를 하였을 것이라고 인정되는지의 여부에 의하여 판정되어야 할 것이고, 그 당사자의 의사는 실재하는 의사가 아니라 법률행위의 일부분이 무효임을 법률행위 당시에 알았다면 당사자 쌍방이 이에 대비하여 의욕하였을 가정적 의사를 말함.

대판 2010.3.25, 2009다41465

… 한편 그와 같은 경우에 있어서 나머지 당사자들이 처음부터 한 당사자의 의사표시가 무효가 되더라도 자신들은 약정내용대로 이행하기로 하였다면 무효가 되는 부분을 제외한 나머지 부분만을 유효로 하겠다는 것이 당사자의 의사라고 보아야 할 것이므로, 그 당사자들 사이에서는 가정적 의사가 무엇인지 가릴 것 없이 무효 부분을 제외한 나머지 부분은 그대로 유효하다고 할 것이다.

대판 1998.2.10, 97다44737

원고의 매수대금액 결정의 동기는 이 사건 협의매수계약 내용의 중요한 부분을 이루고 있다고 봄이 상당하다.
두 감정기관의 감정서 내용을 그대로 믿고 이를 기준으로 협의매수계약을 체결하였다는 사정만을 내세워, 원고에게 위 착오를 일으킨 데 대하여 중대한 과실이 있다고 보기는 어렵다.
이 사건 협의매수계약은 원고의 위 착오를 이유로 한 의사표시의 일부 취소로 말미암아 각 그 해당 범위 내에서만 소급적으로 무효가 되었다.
하나의 법률행위의 일부분에만 취소사유가 있다고 하더라도 그 법률행위가 가분적이거나 그 목적물의 일부가 특정될 수 있다면, 나머지 부분이라도 이를 유지하려는 당사자의 가정적 의사가 인정되는 경우 그 일부만의 취소도 가능하다고 할 것이고, 그 일부의 취소는 법률행위의 일부에 관하여 효력이 생긴다.

5. 무효행위의 추인

(1) 원 칙

민법의 원칙은 추인을 금지하는 것이고(139 본), 예외적으로 非遡及的 追認이 인정된다(139 단).

제139조(무효행위의 추인) 무효인 법률행위는 추인하여도 그 효력이 생기지 아니한다. 그러나 당사자가 그 무효임을 알고 추인한 때에는 새로운 법률행위로 본다.

(2) 예 외

비소급적 추인을 하기 위해서는, ① 객관적으로 무효의 원인이 해소되어야 하고(강행법규 위반의 경우에는 추인 불가), ② 당사자가 무효임을 알아야 하고, ③ 새로운 행위로서의 요건을 구비해야 한다.

방법은 명시적으로 하든 묵시적으로 하든 상관이 없다.

비소급적 추인의 경우 소급효는 인정되지 않으나, 신분행위(혼인, 입양 등)의 경우에는 소급효가 인정된다.

대판 1994.6.24, 94다10900

민법 제104조의 불공정한 법률행위가 성립하기 위하여는 법률행위의 당사자 일방이 궁박, 경솔 또는 무경험의 상태에 있고, 상대방이 이러한 사정을 알고서 이를 이용하려는 의사가 있어야 하며, 나아가 급부와 반대급부 사이에 현저한 불균형이 있어야 하는바, 위 당사자 일방의 궁박, 경솔, 무경험은 모두 구비하여야 하는 요건이 아니고 그중 어느 하나만 갖추어져도 충분하다.
원고가 피고 회사의 궁박한 처지를 이용하여 이 사건 토지를 그 시가의 5분의 1에도 못미치는 현저히 저렴한 가격으로 취득하고자 한 불공정한 법률행위로서 무효.
불공정한 법률행위로서 무효인 경우에는 추인에 의하여 그 무효인 법률행위가 유효로 될 수 없다.

위 판결의 원심: 광주지판 1994.1.13, 93나1998

피고 회사가 원고 주장의 위 (중도금에 해당하는) 공탁금을 수령한 사실은 인정되나 (참조 145조) 이 사건 매매계약은 불공정법률행위로서 무효이므로 무효인 법률행위는 추인하여도 그 효력이 생기지 아니하고, 다만 당사자가 그 무효임을 알고 추인하는 경우에는 새로운 법률행위로 볼 것이나 그 법률행위의 성질상 추인에 의하여 새로운 법률행위로서의 요건을 갖추더라도 그 행위가 유효할 수 없는 불공정한 행위로서 무효인 경우에는 추인하더라도 그 효력이 발생하지 아니한다.

대판 1991.12.27, 91므30

혼인, 입양 등의 신분행위에 관하여 민법 제139조 본문을 적용하지 않고 추인에 의하여 소급적 효력을 인정하는 것은 무효인 신분행위 후 그 내용에 맞는 신분관계가 실질적으로 형성되어 쌍방 당사자가 이의 없이 그 신분관계를 계속하여 왔다면, 그 신고가 부적법하다는 이유로 이미 형성되어 있는 신분관계의 효력을 부인하는 것은 당사자의 의사에 반하고 그 이익을 해칠 뿐 아니라 그 실질적 신분관계의 외형과 호적의 기재를 믿은 제3자의 이익도 침해할 우려가 있기 때문에 추인에 의하여 소급적으로 신분행위의 효력을 인정함으로써 신분관계의 형성이라는 신분관계의 본질적 요소를 보호하는 것이 타당하다는 데에 그 근거가 있다고 할 것이므로, 당사자 간에 무효인 신고행위에 상응하는 신분관계가 실질적으로 형성되어 있지도 아니하고 또 앞으로도 그럴 가망이 없는 경우에는 무효의 신분행위에 대한 추인의 의사표시만으로 그 무효행위의 효력을 인정할 수 없다.

(3) 約定에 의한 遡及的 추인

학설은 당사자의 합의가 있는 경우에는 소급적 추인도 인정한다. 그 행위로는 채권행위, 물권행위 모두 가능하다.

(4) 無權利者에 의한 處分行爲의 소급적 추인

이에 관한 학설을 보면, 무효행위의 추인으로 소급효가 인정된다는 견해(곽), 무권대리의 추인으로 보는 견해, 제133조 유추적용(송) 또는 追完의 법리로 해결하자는 견해 등이 있다.

판례는 무권대리의 추인으로 해결하는 경우가 있지만, 명확한 근거 설명이 없는 경우도 있다.

대판 1981.1.13, 79다2151

타인의 권리를 자기의 이름으로 또는 자기의 권리로 처분한 경우에 본인이 후일 그 처분을 인정하면 특단의 사유가 없는 한 위 처분이 본인에게 효력을 발생함은 무권대리의 추인의 경우와 같이 취급되어야 할 것이다(同旨 1964.6.2 자 63다880 판결, 1966.10.21 자 66다1596 판결).

대판 1992.9.8, 92다15550

부동산의 공유지분을 갑과 함께 공동상속한 을이 공유지분 전체가 자기명의로 등기됨을 기화로 갑의 동의 없이 이를 타인에게 매도하고 등기까지 한 경우, 갑이 공유지분권을 상실하지는 않았더라도 을은 갑이 자신의 지분권매매의 추인을 전제로 자기지분에 상응한 매매대금의 반환을 청구하면 이를 반환하여야 함.

타인의 권리를 자기의 이름으로 처분하거나 또는 자기의 권리로 처분한 경우에 본인이 후일 그 처분행위를 인정하면 특별한 사유가 없는 한 그 처분행위의 효력이 본인에게 미친다.

대판 2001.11.9, 2001다44291

공공용지의 취득 및 손실보상에 관한 특례법에 의한 협의취득은 토지수용법상의 수용과 달리 사법상의 매매에 해당하고 그 효력은 당사자에게만 미치므로, 무권리자로부터 협의취득이 이루어졌다고 하더라도 진정한 권리자는 권리를 상실하지 아니한다.
무권리자가 타인의 권리를 자기의 이름으로 또는 자기의 권리로 처분한 경우에, 권리자는 후일 이를 추인함으로써 그 처분행위를 인정할 수 있고, 특별한 사정이 없는 한 이로써 권리자 본인에게 위 처분행위의 효력이 발생함은 사적 자치의 원칙에 비추어 당연하고, 이 경우 추인은 명시적으로뿐만 아니라 묵시적인 방법으로도 가능하며 그 의사표시는 무권대리인이나 그 상대방 어느 쪽에 하여도 무방하다.

6. 무효행위의 전환

무효행위의 전환이란 무효인 법률행위가 다른 법률행위로서의 요건을 갖춘 경우 그 법률행위로서의 효력을 인정하는 것이다.

제138조(무효행위의 전환) 무효인 법률행위가 다른 법률행위의 요건을 구비하고 당사자가 그 무효를 알았더라면 다른 법률행위를 하는 것을 의욕하였으리라고 인정될 때에는 다른 법률행위로서 효력을 가진다.

무효행위의 전환을 인정하는 특별규정들은 다음과 같다.

제530조(연착된 승낙의 효력) 전2조의 경우에 연착된 승낙은 청약자가 이를 새 청약으로 볼 수 있다.

제534조(변경을 가한 승낙) 승낙자가 청약에 대하여 조건을 붙이거나 변경을 가하여 승낙한 때에는 그 청약의 거절과 동시에 새로 청약한 것으로 본다.

제1071조(비밀증서에 의한 유언의 전환) 비밀증서에 의한 유언이 그 방식에 흠결이 있는 경우에 그 증서가 자필증서의 방식에 적합한 때에는 자필증서에 의한 유언으로 본다.

무효행위의 전환을 위한 요건은 다음과 같다: ① 무효인 제1의 법률행위가 존재해야 한다. 무효인 단독행위의 전환에 대해서는 인정설(송)과 부정설(곽)이 있다. ② 제2의 법률행위의 요건을 구비해야 한다. 별도로 추가되는 행위가 없어도 제2의 법률행위의 요건을 갖추어야 한다. 제2의 법률행위가 要式行爲인 경우에는 주의가 필요하다. 제1의 법률행위가 불요식행위이면, 전환을 인정하기 어렵다. 제1의 법률행위가 요식행위이면, 일정한 형식 그 자체를 요구하는 행위(예: 어음행위)로의 전환은 어렵고, 확정적인 의사를 서면에 표현하는 것이 요구되는 행위(예: 인지, 입양)로의 전환은 가능하다. ③ 轉換의 意思가 있어야 하는데, 이것은 가정적 의사라는 것이 다수설이나 예비적 의사라는 견해도 있다.

대판 1976.10.26, 76다2189

소외 망인의 혼인외 출생자 "갑" 등이 위 망인에 의하여 혼인중의 친생자로 신고되어 호적부에 그대로 등재되었다면 인지로서의 효력이 발생하였다 할 것이고 그후 적법한 정정판결에 의한 말소절차 없이 위법된 단순한 법원의 호적정정허가만으로 "갑" 등의 호적부상의 등재가 말소된 사실만으로 위 망인과 "갑" 등의 친자관계에 영향이 미칠 수 없다.

대판(전) 1977.7.26, 77다492

당사자 사이에 양친자 관계를 창설하려는 명백한 의사가 있고 기타 입양의 성립요건이 모두 구비된 경우에는 요식성을 갖춘 입양신고 대신 친생자 출생신고가 있다 하더라도 입양의 효력이 있다.(다수의견)

대판(전) 2001.5.24, 2000므1493

당사자가 양친자관계를 창설할 의사로 친생자출생신고를 하고 거기에 입양의 실질적 요건이 모두 구비되어 있다면 그 형식에 다소 잘못이 있더라도 입양의 효력이 발생하고, 양친자관계는 파양에 의하여 해소될 수 있는 점을 제외하고는 법률적으로 친생자관계와 똑같은 내용을 갖게 되므로 이 경우의 허위의 친생자출생신고는 법률상의 친자관계인 양친자관계를 공시하는 입양신고의 기능을 발휘하게 되는 것이며, 이와 같은 경우 파양에 의하여 그 양친자관계를 해소할 필요가 있는 등 특별한 사정이 없는 한 그 호적기재 자체를 말소하여 법률상 친자관계의 존재를 부인하게 하는 친생자관계부존재확인청구는 허용될 수 없는 것이다.

대판 1989.9.12, 88누9305

상속재산 전부를 상속인 중 1인(을)에게 상속시킬 방편으로 그 나머지 상속인들이 상속포기신고를 하였으나 그 상속포기가 민법 제1019조 제1항 소정의 기간을 초과한 후에 신고된 것이어서 상속포기로서의 효력이 없더라도 을과 나머지 상속인들 사이에는 을이 고유의 상속분을 초과하여 상속재산 전부를 취득하고 나머지 상속인들은 그 상속재산을 전혀 취득하지 않기로 하는 의사의 합치가 있었다고 할 것이므로 그들 사이에 위와 같은 내용의 상속재산의 협의분할이 이루어진 것이라고 보아야 하고 공동상속인 상호간에 상속재산에 관하여 협의분할이 이루어짐으로써 공동상속인 중 1인이 고유의 상속분을 초과하여 상속재산을 취득하는 것은 상속개시당시에 피상속인으로부터 상속에 의하여 직접 취득한 것으로 보아야 한다.

Ⅲ. 법률행위의 취소

1. 의 의

취소는 일단 유효하게 성립한 법률행위의 효력을 소멸시키는 취소권자의 의사표시로서, 당사자의 무능력, 착오, 사기·강박에 의한 의사표시에서 문제된다(原則的 取消).

취소권자의 취소의 의사표시가 있을 때 비로소 법률행위의 법률효과가 소멸한다. 즉, 법률행위는 일단은 유효했다가 소급적으로 무효가 된다.

취소할 수 없는 사유로는 추인(143), 법정추인(145), 제척기간 경과로 취소권 소멸(146) 등이 있다.

취소의 법적 성질은 상대방 있는 단독행위이다.

撤回: 의사표시의 효과가 확정적으로 생기기 전에 그 효력이 발생하지 않게 하거나, 일단 발생한 의사표시의 효력을 장래를 향하여 소멸시키는 표의자의 일방적 행위.
解除: 일단 유효하게 성립한 계약의 효력을 일방적 의사표시에 의해 (소급적으로) 소멸시키는 일방적 행위.
解止: 계속적 채권관계(임대차, 고용 등)에 있어서, 계약의 효력을 장래에 향하여 소멸하게 하는 일방적 행위.

2. 예 외

원칙적 취소가 아닌 경우로는 다음과 같은 것들이 있다.

재판 또는 행정처분의 취소(공법상의 취소): 실종선고의 취소(29), 부재자재산관리에 관한 명령의 취소(22), 법인설립허가의 취소(38).
완전히 유효한 법률행위의 취소: 영업허락의 취소(8 ②), 사해행위 취소(406), 부담부 유증의 취소(1111).
가족법상의 법률행위의 취소: 혼인의 취소(816), 이혼의 취소(838), 친생자승인의 취소(854), 입양의 취소(884), 인지취소(861), 부양관계의 취소(978).

3. 취 소 권

(1) 취소권의 개념

취소권이란 취소를 할 수 있는 지위이다. 취소권은 일방적 의사표시에 의하므로 형성권에 속한다.

(2) 취소권자

무효와 달리 취소는 일정한 자, 즉 취소권자만이 할 수 있다.

제140조(법률행위의 취소권자) 취소할 수 있는 법률행위는 제한능력자, 착오로 인하거나 사기 · 강박에 의하여 의사표시를 한 자, 그의 대리인 또는 승계인만이 취소할 수 있다.

① 제한능력자: 단독으로 취소할 수 있다. 그러나 제한능력을 이유로 취소를 다시 취소할 수는 없다.

② 착오로 인하거나 사기 · 강박에 의하여 의사표시를 한 자도 법률행위를 취소할 수 있다.

③ 대리인: 제한능력자와 착오 · 사기 · 강박에 의한 의사표시를 한 자의 임의대리인과 법정대리인도 취소할 수 있다. 그런데 임의대리인이 행한 행위에 취소원인이 있는 경우에 취소권은 본인에게만 있으므로 임의대리인이 취소하려면 다시 授權이 있어야 한다(통설). 또한 제한능력자의 법정대리인은 취소권을 가지지만, 제한능력자가 행위능력를 회복하면 (법정대리권이 소멸하므로) 취소권이 없다.

④ 承繼人: 包括承繼人은 당연히 취소권을 승계한다. 특정승계인의 경우(예: 사기로 매수 후 증여)에 대해서는 학설이 나뉜다. 긍정설(다수설)은 취소할 수 있는 행위에 의하여 취득한 권리의 승계가 있는 경우는 취소권을 인정하나, 부정설은 그렇지 않다.

보증인은 주채무자의 승계인이 아니므로 취소권이 없다. 취소권 존속기간의 산정에 있어서는 피승계자의 권리보유 기간도 합산된다.

(3) 취소권의 경합

이것은 동일한 법률행위에 관하여 당사자 일방 또는 쌍방에게 복수의 취소권이 발생한 경우이다. 예컨대 제한능력자가 사기에 의하여 법정대리인의 동의 없이 계약을 체결하였거나, 한 당사자는 제한능력자이고 상대방은 착오에 빠진 상태인 경우 그러하다.

어느 하나의 취소권으로 인하여 취소가 되면 나머지 취소권은 무의미하지만, 필요한 경우에는 나머지 취소권도 행사가 가능하다.

4. 취소의 방법

(1) 취소의 의사표시

아무런 의사표시가 없어도 법률행위의 효력이 없는 무효와는 달리, 취소에 있어서는 법률행위를 취소한다는 취소권자의 일방적 의사표시가 있어야만 취소가 이루어진다. 취소의 의사표시에 특별한 방식은 없다. 의사표시의 해석에 의해 취소라고 인정할 수 있는 행위(등기의 말소청구, 증서의 반환청구, 손해배상의 청구, 소송상의 이행행위, 이행거절권)이면 족하다.

취소의 원인 진술이 필요한지에 대해서는 불필요설(판례) 그리고 제한적/인식 필요설이 있다.

대판 1993.9.14, 93다13162

법률행위의 취소는 상대방에 대한 의사표시로 하여야 하나 그 취소의 의사표시는 특별히 재판상 행하여짐이 요구되는 경우 이외에는 특정한 방식이 요구되는 것이 아니고, 취소의 의사가 상대방에 의하여 인식될 수 있다면 어떠한 방법에 의하더라도 무방하다고 할 것이고, 법률행위의 취소를 당연한 전제로 한 소송상의 이행청구나 이를 전제로 한 이행거절 가운데는 취소의 의사표시가 포함되어 있다고 볼 수 있다.

대판 1994.7.29, 93다58431

갑·을 사이에 결손금배상채무의 액수를 확정하는 합의가 있은 후 갑은 합의가 강박에 의하여 이루어졌다는 이유를 들어, 을은 착오에 의하여 합의를 하였다는 이유를 들어 각기 위 합의를 취소하는 의사표시를 하였으나, 위 합의에 각각 주장하는 바와 같은 취소사유가 있다고 인정되지 아니하는 이상, 갑·을 쌍방이 모두 위 합의를 취소하는 의사표시를 하였다는 사정만으로는, 위 합의가 취소되어 그 효력이 상실되는 것은 아니다.

(2) 일부취소

이에 관해서는 따로 규정이 없으나 해석상 인정되며, 일부무효의 법리(137)가 적용된다. 판례도 다수의 판결에서 이를 인정하고 있다.

(3) 취소의 상대방

이에 관해서는 제142조가 규정한다.

제142조(취소의 상대방) 취소할 수 있는 법률행위의 상대방이 확정한 경우에는 그 취소는 그 상대방에 대한 의사표시로 하여야 한다.

상대방이 특정된 경우에는 그 자에게 취소의 의사표시를 한다. 가령 제3자를 위한 계약에서 계약당사자인 상대방(제3자에게 취소하지 못함)에게 취소의 의사표시를 한다.

상대방 불특정 또는 상대방이 없는 경우에는 이해관계를 맺은 자에게 하거나 또는 취소의 의사를 적당한 방법으로 외부에 객관화함으로써 취소의 의사표시를 한다.

5. 취소의 효과

취소에는 遡及效가 있다. 즉, 법률행위가 취소되면 취소된 법률행위는 처음부터(즉, 遡及的으로) 무효였던 것으로 된다.

> **제141조(취소의 효과)** 취소된 법률행위는 처음부터 무효인 것으로 본다. 다만, 제한능력자는 그 행위로 인하여 받은 이익이 현존하는 한도에서 상환(償還)할 책임이 있다.

취소의 소급효는 무능력의 경우에는 제3자에게도 주장할 수 있는 절대적인 것이지만, 착오, 사기 · 강박의 경우에는 선의의 제3자에게 대항할 수 없는 상대적인 것이다(109 ②, 110 ③).

법률행위가 취소되면 부당이득 반환의무가 발생하게 된다. 일반적으로는 제748조에 의해 해결되지만, 제한능력자의 반환범위에 관해서는 제141조 단서의 특칙이 있다.

> **제748조(수익자의 반환범위)** ① 선의의 수익자는 그 받은 이익이 현존한 한도에서 전조의 책임이 있다.
> ② 악의의 수익자는 그 받은 이익에 이자를 붙여 반환하고 손해가 있으면 이를 배상하여야 한다.

따라서 제한능력자는 惡意라도 現存利益만 반환하면 된다(141 단). 이익이 현존하지 않는다는 입증책임의 부담에 대해서는 제한능력자가 입증해야 한다는 것이 다수설이며, 반대로 반환청구권자가 입증해야 한다는 견해도 있다.

대판 2005.4.15, 2003다60297, 60303, 60310, 60327

미성년자가 신용카드발행인과 사이에 신용카드 이용계약을 체결하여 신용카드거래를 하다가 신용카드 이용계약을 취소하는 경우 미성년자는 그 행위로 인하여 받은 이익이 현존하는 한도에서 상환할 책임이 있는바, 신용카드 이용계약이 취소됨에도 불구하고 신용카드회원과 해당 가맹점 사이에 체결된 개별적인 매매계약은 특별한 사정이 없는 한 신용카드 이용계약취소와 무관하게 유효하게 존속한다 할 것이고,

신용카드발행인이 가맹점들에 대하여 그 신용카드사용대금을 지급한 것은 신용카드 이용계약과는 별개로 신용카드발행인과 가맹점 사이에 체결된 가맹점 계약에 따른 것으로서 유효하므로, 신용카드발행인의 가맹점에 대한 신용카드이용대금의 지급으로써 신용카드회원은 자신의 가맹점에 대한 매매대금 지급채무를 법률상 원인 없이 면제받는 이익을 얻었으며, 이러한 이익은 금전상의 이득으로서 특별한 사정이 없는 한 현존하는 것으로 추정된다.

대판 2007.11.16, 2005다71659, 71666, 71673

만 19세가 넘은 미성년자가 월 소득범위 내에서 신용구매계약을 체결한 사안에서, 스스로 얻고 있던 소득에 대하여는 법정대리인의 묵시적 처분허락이 있었다고 보아 위 신용구매계약은 처분허락을 받은 재산범위 내의 처분행위에 해당한다고 본 사례. 미성년자가 가맹점과 사이에 체결한 신용구매계약도 취소한다고 주장한 사안.

6. 취소할 수 있는 행위의 추인

(1) 추인의 개념

추인은 취소할 수 있는 법률행위를 취소하지 않겠다는 의사표시이다. 즉, 취소권의 포기(참조 15)이다.

제144조(추인의 요건) ① 추인은 취소의 원인이 소멸된 후에 하여야만 효력이 있다.
② 제1항은 법정대리인 또는 후견인이 추인하는 경우에는 적용하지 아니한다.

그런데 추인이라는 용어가 사용되었지만 이러한 의미가 아닌 경우들에 주의하여야 한다. 가령 무권대리행위의 추인(130, 133), 무효행위의 추인(139), 무권리자의 처분의 추인(139 또는 133) 등이 그러하다.

(2) 추인의 요건

① 추인권을 가진 자가 추인을 하여야 하며, 추인권자는 취소권자와 동일하다.

제143조(추인의 방법, 효과) ① 취소할 수 있는 법률행위는 제140조에 규정한 자가 추인할 수 있고 …

② 추인은 취소 원인이 종료한 후에 하여야 한다. 그러나 법정대리인은 언제라도 할 수 있고(144 ②), 미성년자와 피한정후견인은 능력자가 되기 전에라도 법정대리인이나 후견인의 동의를 얻어서는 항상 추인할 수 있다(통설: 참조 5, 13).

③ 추인은 그 행위가 취소할 수 있음을 알고서 하여야 한다.

대판 1997.5.30, 97다2986

추인은 취소권을 가지는 자가 취소원인이 종료한 후에 취소할 수 있는 행위임을 알고서 추인의 의사표시를 하거나 법정추인사유에 해당하는 행위를 행할 때에만 법률행위의 효력을 유효로 확정시키는 효력이 발생한다.

(3) 추인의 방법

취소의 경우와 같다(143 ②, 142). 또한 일단 추인한 후에는 다시 취소하지 못하며, 법률행위는 유효로 확정된다.

제143조(추인의 방법, 효과) ① 취소할 수 있는 법률행위는 … 추인 후에는 취소하지 못한다.

대판 1997.12.12, 95다38240

취소한 법률행위는 처음부터 무효인 것으로 간주되므로 취소할 수 있는 법률행위가 일단 취소된 이상 그 후에는 취소할 수 있는 법률행위의 추인에 의하여 이미 취소되어 무효인 것으로 간주된 당초의 의사표시를 다시 확정적으로 유효하게 할 수는 없고, 다만 무효인 법률행위의 추인의 요건과 효력으로서 추인할 수는 있으나, 무효행위의 추인은 그 무효 원인이 소멸한 후에 하여야 그 효력이 있고, 따라서 강박에 의한 의사표시임을 이유로 일단 유효하게 취소되어 당초의 의사표시가 무효로 된 후에 추인한 경우 그 추인이 효력을 가지기 위하여는 그 무효 원인이 소멸한 후일 것을 요한다고 할 것인데, 그 무효 원인이란 바로 위 의사표시의 취소사유라 할 것이므로 결국 무효 원인이 소멸한 후란 것은 당초의 의사표시의 성립 과정에 존재하였던 취소의 원인이 종료된 후, 즉 강박 상태에서 벗어난 후라고 보아야 한다.

7. 법정추인

法定追認이란 취소할 수 있는 행위에 관하여 일정한 사실이 있으면 추인이 있었던 것으로 의제되는 것이다.

제145조(법정추인) 취소할 수 있는 법률행위에 관하여 전조의 규정에 의하여 추인할 수 있는 후에 다음 각호의 사유가 있으면 추인한 것으로 본다. 그러나 이의를 보류한 때에는 그러하지 아니하다.

1. 전부나 일부의 이행 [쌍방]
2. 이행의 청구 [취소권자]
3. 경개 [취소권자가 채권자 또는 채무자]
4. 담보의 제공 [취소권자가 채권자 또는 채무자]
5. 취소할 수 있는 행위로 취득한 권리의 전부나 일부의 양도 [취소권자]
6. 강제집행 [취소권자가 채권자 또는 채무자]

위에서 언급된 법정추인의 사유가 추인할 수 있는 후에, 즉 취소의 원인이 종료된 후에 있어야 한다(참조 144 ②: 법정대리인 또는 후견인에 의한 법정추인의 경우는 그렇지 않음).

또한 취소권자가 異議를 保留하지 않았어야 한다.

그러나 취소권자가 추인의 의사를 가지거나 취소권의 존재를 알고 있을 필요는 없다.

8. 취소권의 短期消滅

취소권의 존속기간은 時效期間이 아니라 除斥期間이다.[16]

추인할 수 있는 날이란 취소원인의 종료일을 말한다.

제146조(취소권의 소멸) 취소권은 추인할 수 있는 날로부터 3년내에 법률행위를 한 날로부터 10년내에 행사하여야 한다.

취소권 행사로 발생한 부당이득반환청구권의 존속기간에 대해서는, 취소권의 행사로 발생하는 원상회복청구권이나 현존이익의 반환청구권과 같은 청구권

16) 두 기간의 차이에 대해서는 이하 제21장 II. '제척기간'에서 자세히 다룬다.

의 행사기간도 제146조의 기간에 포함된 것이라는 견해(곽, 다수설)와 취소권 행사로부터 10년의 소멸시효에 걸린다는 견해(송, 소수설)가 있다. 판례는 취소권에 관해서는 아직 없고, 還買權의 경우 환매권을 행사한 때로부터 10년의 소멸시효에 걸린다고 한다.

대판 1998.11.27, 98다7421

민법 제146조 전단은 "취소권은 추인할 수 있는 날로부터 3년 내에 행사하여야 한다."고 규정하는 한편, 민법 제144조 제1항에서는 "추인은 취소의 원인이 종료한 후에 하지 아니하면 효력이 없다."고 규정하고 있는바, 위 각 규정의 취지와 추인은 취소권의 포기를 내용으로 하는 의사표시인 점에 비추어 보면, 민법 제146조 전단에서 취소권의 제척기간의 기산점으로 삼고 있는 「추인할 수 있는 날」이란 취소의 원인이 종료되어 취소권행사에 관한 장애가 없어져서 취소권자가 취소의 대상인 법률행위를 추인할 수도 있고 취소할 수도 있는 상태가 된 때를 가리킨다고 보아야 한다.

대판 1996.9.20, 96다25371

민법 제146조는 취소권은 추인할 수 있는 날로부터 3년 내에 행사하여야 한다고 규정하고 있는바, 이때의 3년이라는 기간은 일반 소멸시효기간이 아니라 제척기간으로서 제척기간이 도과하였는지 여부는 당사자의 주장에 관계없이 법원이 당연히 조사하여 고려하여야 할 사항이다.

대판 1991.2.22, 90다13420

환매권의 행사로 발생한 소유권이전등기청구권은 위 기간 제한과는 별도로 환매권을 행사한 때로부터 일반채권과 같이 민법 제162조 소정의 10년의 소멸시효 기간이 진행되는 것이지, 위 제척기간 내에 이를 행사하여야 하는 것은 아니다.

Ⅳ. 모범 답안과 강평

1. 문 제

A는 초등학교 1학년 때 원인불명의 열병을 앓은 후부터 언어 및 정신적 장애를 겪게 되어 초등학교를 중간에 그만두고 현재까지 가족들의 도움을 받으며 생활하고 있다.

A에 대한 신체감정 결과에 따르면, A의 지능은 64로서 '정신지체'의 범주에 속하는 지적 능력을 가지고 있고, 사회적 연령은 7세, 의사소통 영역은 5-6세, 작업 영역은 7-10세 정도에 해당하며, 언어능력에 있어 일상적인 질문에 대해 말로는 전혀 답을 하지 못하고 동작으로만 "예, 아니오"의 대답이 가능하여 내용전달이 전혀 안 되는 수준이다.
A는 2003.11.20. B 조합으로부터 5,000만 원을 차용하는 내용의 대출거래약정을 체결하면서 이를 담보하기 위해 A 소유의 부동산에 대해 채권최고액을 6,500만 원으로 하는 B 조합 명의의 근저당권 설정등기를 경료하여 주었다. 위 대출 당시 A의 지인인 C가 A와 함께 B 조합을 방문하여 이 사건 대출거래약정서와 근저당권설정계약서에 A를 대신하여 서명 날인한 뒤, 사전에 A와 체결하였던 금전소비대차 약정에 따라 위 대출금 5,000만 원을 자신이 받아다가 사업자금으로 사용하였고, 이후 한동안 위 대출금에 대한 월 이자를 C가 변제하였다.
(1) A는 의사무능력자인 자신이 체결한 이 사건 대출거래약정과 근저당권설정계약이 무효라고 주장하면서, B 조합에 대해 위 대출금채무의 부존재확인 및 근저당권설정등기의 말소를 구하였다. A의 주장은 타당한가?
(2) B 조합은, A가 대출원리금 중 일부를 상환함으로써 이 사건 대출거래약정과 근저당권설정계약을 추인하였다는 주장(추인 항변)을 하면서, 비록 이 사건 대출거래약정과 근저당권설정계약이 무효라 하더라도, A는 B 조합으로부터 위 근저당권설정등기를 말소받음과 동시에 B 조합에게 이 사건 대출금 5,000만 원을 반환하여야 한다는 주장을 하였다. B 조합의 주장은 타당한가?

2. 학생의 답안[17)]

Ⅰ. 설문 (1)의 해결

1. 문제제기

이 사건 대출거래약정과 근저당권설정계약(이하 "이 사건 계약들")이 무효라는 A 주장의 타당성이 문제된다. 계약의 무효사유로서 A의 의사능력 흠결 여부를 살펴보아야 한다. 민법은 법률행위 당시 의사능력이 없는 경우에 관하여 규정하고 있지 않으므로 判例 태도에 기초하여 검토한다.

2. 의사능력의 판단기준

(1) 의사능력의 의의

判例에 의하면, 의사능력이란 자신의 행위의 의미나 결과를 정상적인 인식력과 예기

17) 이 답안은 2013년 1학기에 저자의 수업에서 튜터로 일해 준 김영림 조교가 작성한 것이다.

력을 바탕으로 합리적으로 판단할 수 있는 정신적 능력 내지는 지능을 말한다.

(2) 의사능력의 판단기준

의사능력의 유무는 구체적인 법률행위와 관련하여 개별적으로 판단되어야 하는 점에서 객관적 획일적으로 판단되는 행위능력과 구별된다.

判例에 의하면 특히 어떤 법률행위가 그 일상적인 의미만을 이해하여서는 알기 어려운 특별한 법률적인 의미나 효과가 부여되어 있는 경우 의사능력이 인정되기 위해서는 그 행위의 일상적인 의미뿐만 아니라 법률적인 의미나 효과에 대하여도 이해할 수 있을 것을 요한다.

3. 의사능력이 흠결된 법률행위의 효과

判例와 학설은 일치하여 의사무능력자의 법률행위는 무효라고 한다. 사적 자치의 원칙상 의사결정은 법률행위의 요체가 되므로 무효라고 봄이 타당하다.

4. 사안의 해결

A는 정신지체의 범주에 속하는 지적 능력을 가지고 있으므로, 이 사건 계약들의 법률상 의미나 효과에 관하여 이해할 수 있었다고 보기 어렵다. 따라서 A는 법률행위 당시 의사무능력 상태였다고 판단되고, 위 계약들은 무효이다.

계약들이 무효이므로 계약에 기초하여 이행된 근저당권설정등기는 원인무효로서 말소대상이 되고, A가 인도받은 5천만 원의 금전은 법률상 원인 없는 것으로서 반환대상이 된다.

따라서 A의 주장은 타당하고, 대출금채무의 부존재확인 및 근저당권설정등기의 말소청구는 이유 있다.

II. 설문 (2)의 해결

1. 문제제기

i) B 조합은 원고가 대출원리금 중 일부를 상환함으로써 무효인 이 사건 계약들을 추인하였다고 주장하므로, 무효인 법률행위의 비소급적 추인 요건이 충족되었는지 검토한다.

ii) 한편, B 조합은 이 사건 계약들이 무효이더라도 B 조합의 근저당권설정등기 말소의무와 A의 5천만 원 반환의무는 동시이행되어야 한다는 항변을 하고 있다. 과연 현재 A에게 5천만 원의 반환채무가 존재하는지 판단하기 위해, 먼저 행위무능력자의 부당이득반환범위에 관한 민법 제141조 단서의 유추적용 가능성을 살펴본다. 또한 제141조가 유추적용된다면 A가 반환해야 할 현존이익이란 무엇인지에 관하여 검토한다.

2. 무효행위 추인의 항변 가능성

(1) 무효행위의 추인 가능성

무효인 법률행위는 취소할 수 있는 법률행위와 달리 추인하여도 원칙적으로 그 효력이 생기지 아니한다. 그러나 당사자가 그 무효임을 알고 추인한 때에는 새로운 법률행위로 본다(민법 제139조). 즉 민법은 무효행위의 비소급적 추인을 예외적으로 일정 요건하에 인정하고 있다.

(2) 추인의 요건

무효행위의 추인은 ① 무효원인이 해소된 후 ② 무효임을 알고서 ③ 새로운 법률행위로서의 요건을 갖추어 할 수 있다.

(3) 사안의 경우

채무의 일부상환은 추인으로 해석될 수 있는 행위이기는 하나, A의 의사무능력 상태는 의사능력이 일시적으로라도 회복될 수 없는 성질의 정신지체에 기인한 것이므로, 무효원인이 해소되었거나 무효임을 알고서 한 추인이라고 할 수 없다. 즉, A가 이 사건 계약들을 추인하였다는 B의 주장은 타당하지 않다.

3. 동시이행의 항변 가능성

(1) 동시이행의 항변권 행사 요건

동시이행의 항변권은 원칙적으로 ① 대립하는 당사자가 서로 상대방에 대한 채무를 부담할 때, ② 원칙적으로는 그 채무가 쌍무계약상 이행상의 견련성 있는 채무이어야 하지만 그렇지 않더라도 判例는 형평상 대가관계를 인정함이 타당한 경우에도 인정한다. ③ 또한 양 채무의 이행기가 도래하였어야 한다. ④ 이러한 요건 하에 자신의 채무의 이행 없이 상대방의 채무 이행만을 청구하는 경우 동시이행의 항변권이 행사될 수 있다.

사안에서는 ①의 요건과 관련하여, B의 근저당권설정등기 말소 의무에 대응하여 A에게 5천만 원의 반환채무가 존재하는지 문제된다.

(2) 민법 제141조 단서의 유추적용 가능성

1) 민법 제141조 단서의 적용범위

민법 제141조는 제한능력자의 법률행위가 취소된 경우의 부당이득반환에 관한 규정으로서, 일반 부당이득 반환범위에 관한 제748조의 특칙이다. 그러나 의사무능력자의 법률행위가 무효인 경우에 관하여는 이와 같은 규정이 존재하지 않는다.

2) 유추적용 가능성

判例는 제141조 단서는 제한능력자의 보호를 위해 그 선의·악의를 묻지 않고 반환범위를 현존이익에 한정시키려는 데 그 취지가 있으므로, 의사능력의 흠결을 이유로 법률행위가 무효로 되는 경우에도 유추적용되어야 한다는 태도이다.

(3) 현존이익의 판단

1) 현존이익의 증명책임

判例에 의하면, 반환 대상인 부당이득이 금전인 때에는 그 금전은 이를 취득한 자가 소비하였는가의 여부를 불문하고 현존하는 것으로 추정되므로 위 이익이 현존하지 아니함은 이를 주장하는 자, 즉 의사무능력자가 증명해야 한다고 한다.

2) 현존이익의 판단

判例는 의사무능력자가 자신이 소유하는 부동산에 근저당권을 설정해 주고 금융기관으로부터 금원을 대출받아 이를 제3자에게 대여한 사안에서 대출로써 받은 이익이 위 제3자에 대한 대여금채권 또는 부당이득반환채권의 형태로 현존하므로 금융기관은 대출거래약정 등의 무효에 따른 원상회복으로서 위 대출금 자체의 반환을 구할 수는 없더라도 현존이익인 채권의 양도를 구할 수 있다고 하였다.

(4) 사안의 경우

A는 B 조합으로부터 5천만 원의 대출금을 인도받았다. 설사 동행한 C가 B 조합으로부터 금전을 직접 수령하였더라도 이는 A와 C 간의 금전소비대차계약상 C의 A에 대한 금전 인도청구권에 근거하여 C가 단축하여 급부를 수령한 것이라고 평가될 수 있다. 따라서 이는 B가 A에게 법률상 원인 없이 인도한 금전이다.

그러나 대출금 5천만 원은 C가 즉시 수령하여 모두 사업자금으로 소비하였으므로 A에게는 5천만 원의 금전이 현존이익으로서 존재하지 않는다. 다만, 현존이익은 A의 C에 대한 금전소비대차 계약상의 대여금채권 혹은 (금전소비대차 계약이 무효라면) 부당이득반환채권으로서 존재하므로, B는 A에게 이 채권 자체에 대하여 채권양도의 방법으로 반환할 것을 구할 수 있다.

즉, A가 현존이익이 5천만 원의 상태로 존재하지 않음을 증명한다면, B 조합의 5천만 원과의 동시이행항변은 타당하지 않다.

4. 사안의 해결

ⅰ) B 조합의 추인 항변에 관하여 보건데, A가 의사능력을 회복한 상태에서 상환하였다고 볼 수 없으므로 무효행위의 추인으로 될 수 없다.

ⅱ) 한편, 의사무능력자인 A에게는 제한능력자의 부당이득반환범위에 관한 민법 제141조 단서가 적용되는데, A의 반환대상인 현존이익은 금전 5천만 원이 아닌 C에 대한 금전소비대차계약상의 대여금채권 혹은 부당이득반환채권으로 존재할 뿐이므로, B 조합의 근저당권설정등기 말소의무와 A의 5천만 원 반환의무가 동시이행되어야 한다는 항변은 타당하지 않다.

3. 강 평

이 사례 문제는 대법원 2009.1.15. 선고 2008다58367 판결을 재구성한 것이다. 의사무능력의 경우 제한능력자의 책임을 제한하는 제141조가 유추적용될 수 있는지, 금전상의 이익의 경우 이익이 현존하지 않는다는 입증책임이 누구에게 있는지가 쟁점이 되고 있다.

모범 답안을 보면 이러한 쟁점들에 대하여, 간단하면서도 명료하게 잘 서술하고 있어서 단점을 찾아보기 어렵다.

참조 판결: 대판 2009.1.15, 2008다58367

[1] 의사능력이란 자신의 행위의 의미나 결과를 정상적인 인식력과 예기력을 바탕으로 합리적으로 판단할 수 있는 정신적 능력 내지는 지능을 말하는 것으로서, 의사능력의 유무는 구체적인 법률행위와 관련하여 개별적으로 판단되어야 하므로, 특히 어떤 법률행위가 그 일상적인 의미만을 이해하여서는 알기 어려운 특별한 법률적인 의미나 효과가 부여되어 있는 경우 의사능력이 인정되기 위하여는 그 행위의 일상적인 의미뿐만 아니라 법률적인 의미나 효과에 대하여도 이해할 수 있을 것을 요한다.
[2] 무능력자의 책임을 제한하는 민법 제141조 단서는 부당이득에 있어 수익자의 반환범위를 정한 민법 제748조의 특칙으로서 무능력자의 보호를 위해 그 선의·악의를 묻지 아니하고 반환범위를 현존 이익에 한정시키려는 데 그 취지가 있으므로, 의사능력의 흠결을 이유로 법률행위가 무효가 되는 경우에도 유추적용되어야 할 것이나, 법률상 원인 없이 타인의 재산 또는 노무로 인하여 이익을 얻고 그로 인하여 타인에게 손해를 가한 경우에 그 취득한 것이 금전상의 이득인 때에는 그 금전은 이를 취득한 자가 소비하였는가의 여부를 불문하고 현존하는 것으로 추정되므로, 위 이익이 현존하지 아니함은 이를 주장하는 자, 즉 의사무능력자 측에 입증책임이 있다.
[3] 의사무능력자가 자신이 소유하는 부동산에 근저당권을 설정해 주고 금융기관으로부터 금원을 대출받아 이를 제3자에게 대여한 사안에서, 대출로써 받은 이익이 위 제3자에 대한 대여금채권 또는 부당이득반환채권의 형태로 현존하므로, 금융기관은 대출거래약정 등의 무효에 따른 원상회복으로서 위 대출금 자체의 반환을 구할 수는 없더라도 현존 이익인 위 채권의 양도를 구할 수 있다고 본 사례.

제19장 조건과 기한

Ⅰ. 서 론

법률행위의 附款이란 법률행위의 효과를 제한하기 위하여 덧붙여지는 附隨的 約款(約定)이다. 이것은 법률행위의 내용의 일부이며, 별개의 법률행위가 아니다.

부관의 종류로는 민법상의 부관과 행정법상의 부관을 구별하여야 한다. 전자에는 (총칙에서 규율하는) 條件과 期限 그리고 負擔(부담부 증여: 561, 부담부 유증: 1088)가 있다. 후자에는 조건, 기한, 부담, 취소권의 유보, 법률효과의 일부배제 등이 있다.

> **법률행위의 요소**에는 다음과 같은 것들이 있다.
> **본질적 요소**(essentialia negotii = substantia): 법률행위가 성립하기 위해 필수적인 요소 (당사자 의사로도 배제 못함. 예: 매매대금, 목적물).
> **자연적 요소**(naturalia negotii): 법률행위에 자연스럽게(전형적으로) 부가되는 요소 (통상 추정. 특약에 의해서만 변경·배제. 예: 매도인의 담보책임).
> **우연적(부가적) 요소**(accidentalia negotii): 법률행위에 우연히 부가되는 요소 (특별히 부가하지 않으면 법률행위의 요소가 아님. 예: 조건, 기한, 부담).

민법상의 부관에 해당하는 조건, 기한, 부담의 의의는 다음과 같다.

條件은 법률행위 효력의 발생·소멸을 장래의 발생이 불확실한 사실에 의존하게 하는 부관이다. 期限은 법률행위 효력의 발생·소멸 또는 채무의 이행시기를 장래의 발생이 확실한 사실(특정한 시점)에 의존하게 하는 부관이다. 負擔

은 법률행위의 당사자에게 일정한 작위나 부작위 의무를 부과(성취가 부담이 부과된 자의 의사에 좌우되므로, 객관적 사태에 의존하는 조건과 다름)하는 부관이다.

附款은 당사자들이 법률행위를 보다 자유롭게 조절할 수 있게 함으로써 법에 역동성을 부여한다.

II. 조 건

1. 의 의

조건은 법률행위의 효력의 발생 또는 소멸을 장래의 불확실한 사실에 의존하게 하는 부관이다. 조건은 법률효과의 발생 또는 소멸에 관한 것이지 성립에 관한 것은 아니다. 또한 條件 事實(조건이 되는 사실)은 실현 여부가 불확실한 장래의 사실이어야 한다. 과거의 사실, 미래의 실현 여부가 확실한 사실은 조건 사실이 아니다. 또한 당사자의 의사로 부가한 것으로서, 法定條件(법률이 요구하는 요건)과는 다르다.

법률행위가 조건부인지에 대한 입증책임은 조건의 존재를 주장하는 자가 부담한다.

예제: 甲의 여동생인 丙은 乙의 경리직원으로 근무하였는데, 乙의 자금을 횡령하였다는 혐의로 조사를 받게 되었고, 甲은 乙와 사이에 丙의 횡령금 금액의 일부로서 8,000만 원을 변제하고 대신 丙은 선처를 받기로 약정하고(각서에 "변제하고 선처를 받기로 한다"는 문구 포함), 위 약정을 공증하면서 위 약속이 지켜지지 않을 때에는 丙에 대한 어떠한 형사처벌도 감수하기로 합의하였다. 그 후 乙은 甲과 丙이 약정금을 변제하지 않고 도주하려 한다고 판단하여, 丙을 정식으로 고소하였다. 그 후 丙은 업무상 횡령죄로 기소되어 징역 1년의 실형을 선고받고, 이 형이 확정되었다.
乙은 甲에 대하여 이 사건 약정에 따른 금원의 지급을 구할 수 있는가?

대판 2003.5.13, 2003다10797

조건은 법률행위의 효력의 발생 또는 소멸을 장래의 불확실한 사실의 성부에 의존케 하는 법률행위의 부관으로서 당해 법률행위를 구성하는 의사표시의 일체적인 내용을 이루는 것이므로, 의사표시의 일반원칙에 따라 조건을 붙이고자 하는 의사 즉 조건의사와 그 표시가 필요하며, 조건의사가 있더라도 그것이 외부에 표시되지 않으면 법률행위의 동기에 불과할 뿐이고 그것만으로는 법률행위의 부관으로서의 조건이 되는 것은 아니다.

甲이 乙에게 丙의 횡령금 중 일부를 지급하기로 한 약정은 甲이 丙의 오빠로서 丙이 乙에 대하여 부담하는 부당이득반환 또는 손해배상 채무 중 일부를 대신 변제한다는 취지이고, 그러한 약정을 하는 甲의 내심에는 丙이 처벌받지 않기를 바라는 동기 이외에 丙이 실제로 처벌을 받는 경우에는 위 약정 자체가 무효라는 조건의사까지 있었을지도 모르지만, 그것만으로는 丙의 선처를 조건으로 한 조건부 약정이 이루어졌다고 단정할 수 없고, 각서의 기재 내용과 그 작성 당시의 상황 및 상대방인 乙의 의사 등 제반 사정에 비추어 보면 위 약정 자체의 효력이 乙의 정식 고소나 丙의 처벌이라는 사실의 발생만으로 당연히 소멸된다는 의미의 조건이 쌍방의 합의에 따라 위 약정에 붙어 있다고는 볼 수 없으며, 오히려 위 각서 중 "변제하고 선처를 받기로 한다."라는 문구는 甲과 丙이 위 약정을 예정대로 이행하면 丙이 선처를 받을 수 있도록 乙이 협조한다는 취지에 불과한 것으로 보인다고 한 사례.

2. 조건의 종류

가장 중요한 것은 停止條件과 解除條件의 구분이다. 정지조건은 법률행위의 효력 발생을 조건 사실에 의존하게 하는 부관이고, 해제조건은 법률행위의 효력 소멸을 조건 사실에 의존하게 하는 부관이다.

조건 사실이 현재 상태의 변경 또는 불변경이냐에 따라서 적극조건과 소극조건이 구분된다.

조건 사실이 당사자의 의사와 관계가 있는지에 따라서 隨意條件(다시 순수수의조건, 단순 수의조건으로 구분)과 非隨意조건(偶成조건, 混成조건으로 구분)으로 구분된다.

假裝條件은 외견상은 조건이지만 진정한 의미의 조건이 아닌 경우이다. 그 예로는 다음의 것들이 있다. 法定條件은 법률상의 효력발생 요건(예: 관할청의 허가: 사립학교법 28)이다. 旣成條件(151 ②)은 조건 사실이 이미 성립된 것으로, 정지조건이면 조건 없는 법률행위가 되고 해제조건이면 무효가 된다. 不法條件(151 ①)은 법률행위 전부를 무효로 만든다. 不能條件(151 ③)의 경우 정지조건이면 무효가 되고 해제조건이면 조건 없는 법률행위가 된다.

제151조(不法條件, 旣成條件) ① 조건이 선량한 풍속 기타 사회질서에 위반한 것인 때에는 그 법률행위는 무효로 한다.
② 조건이 법률행위의 당시 이미 성취한 것인 경우에는 그 조건이 정지조건이면 조건없는 법률행위로 하고 해제조건이면 그 법률행위는 무효로 한다.
③ 조건이 법률행위의 당시에 이미 성취할 수 없는 것인 경우에는 그 조건이 해제조건이면 조건없는 법률행위로 하고 정지조건이면 그 법률행위는 무효로 한다.

3. 조건을 붙일 수 없는 행위(조건과 親하지 않은 행위)

조건을 붙일 수 없음이 명문으로 규정된 경우(相計: 493 ①)도 있지만, 그렇지 않더라도 법률행위 효과의 확정적 발생 또는 존속이 요구되는 경우에는 조건을 붙일 수 없다. 가령 가족법상의 행위(혼인, 이혼, 인지, 입양, 파양, 상속의 승인 및 포기, 예외: 유언 1073 ②), 어음행위 · 수표행위(예외: 어음의 不單純保證), 단독행위(상계, 취소, 추인, 해제, 해지 등. 예외: 상대방의 동의, 채무면제, 유증 등) 등이 그러하다.

조건을 붙일 수 없는 행위에 조건을 붙인 경우, 명문규정(예: 어음 12 ①)이 있으면 그에 따르고, 그렇지 않으면 일부무효 법리로 해결한다.

대판 1970.9.29, 70다1508

계약당사자의 일방이 상대방에게 대하여 일정한 기간을 정하여 그 기간내에 이행이 없을 때에는 계약을 해제하겠다는 의사표시를 한 경우에는 위의 기간경과로 그 계약은 해제된 것으로 해석하여야 할 것이다.

예제: 피고(대한민국) 산하의 수사본부가 탈옥수인 신창원을 수배하면서, "1998.7.21.부터 검거시까지 제보로 검거되었을 때에 소정의 절차를 거쳐 신고인 또는 제보자에게 현상금 5,000만 원을 지급한다."는 내용의 현상광고를 하였다. 원고는 1999.1.8. 익산시내 호프집에서 신창원을 발견하고, 같은 날 익산경찰서 역전파출소에 신창원의 소재를 제보하였다. 제보를 받은 역전파출소는 10여 명이 출동하여 같은 날 호프집에서 신창원을 붙잡아 형사기동대 차량에 신창원을 태워 역전파출소로 데려갔다. 신창원은 형사기동대 차량이 역전파출소 앞에 도착하여 그 차에서 내리는 순간 감시하던 경찰관을 밀치고 도주하였다. 원고는 피고에게 현상광고보수금을 청구할 수 있는가?

대판 2000.8.22, 2000다3675

민법 제675조의 현상광고라 함은, 광고자가 어느 행위를 한 자에게 일정한 보수를 지급할 의사를 표시하고 이에 응한 자가 그 광고에 정한 행위를 완료함으로써 그 효력이 생기는 것으로서, 그 광고에 정한 행위의 완료에 조건이나 기한을 붙일 수 있다.
'검거'라 함은, 수사기관이 범죄의 예방 · 공안의 유지 또는 범죄수사상 혐의자로 지목된 자를 사실상 일시 억류하는 것으로서, 반드시 형사소송법상의 현행범인의 체포 · 긴급체포 · 구속 등의 강제처분만을 의미하지는 아니하고 그보다는 넓은 개념이라고 보아야 한다.
경찰이 탈옥수 신창원을 수배하면서 "제보로 검거되었을 때에 신고인 또는 제보자에게 현상금을 지급한다."는 내용의 현상광고를 한 경우, 현상광고의 지정행위는 신창원의 거처 또는 소재를 경찰에 신고 내지 제보하는 것이고 신창원이 '검거되었을 때'는 지정행위의 완료에 조건을 붙인 것인데, 제보자가 신창원의 소재를 발견하고 경찰에 이를 신고함으로써 현상광고의 지정행위는 완료되었고, 그에 따라 경찰관 등이 출동하여 신창원이 있던 호프집 안에서 그를 검문하고 나아가 차량에 태워 파출소에까지 데려간 이상 그에 대한 검거는 이루어진 것이므로, 현상광고상의 지정행위 완료에 붙인 조건도 성취되었다고 본 사례.

4. 反信義的(부당한) 조건 불성취 · 성취

조건의 성취 · 불성취란 조건사실의 실현 · 불실현이 확정되는 것을 말한다.

조건의 부당한 불성취가 있을 경우 조건 성취의 주장이 가능하다(150 ①). 성취의 주장은 통설에 따르면 形成權이고, 소수설에 따르면 擬制이다.

조건성취의 시점은 반신의행위가 없었으면 조건이 성취되었을 시점(통설, 판례)이다.

조건의 부당한 성취가 있으면 조건 불성취의 주장이 가능하다(150 ②).

제150조(條件成就, 不成就에 대한 反信義行爲) ① 조건의 성취로 인하여 불이익을 받을 당사자가 신의성실에 반하여 조건의 성취를 방해한 때에는 상대방은 그 조건이 성취한 것으로 주장할 수 있다.
② 조건의 성취로 인하여 이익을 받을 당사자가 신의성실에 반하여 조건을 성취시킨 때에는 상대방은 그 조건이 성취하지 아니한 것으로 주장할 수 있다.

대판 1998.12.22, 98다42356

상대방이 하도급 받은 부분에 대한 공사를 완공하여 준공필증을 제출하는 것을 정지조건으로 하여 공사대금채무를 부담하거나 위 채무를 보증한 사람은 위 조건의 성취로 인하여 불이익을 받을 당사자의 지위에 있다고 할 것이므로, 이들이 위 공사에 필요한 시설을 해주지 않았을 뿐만 아니라 공사장에의 출입을 통제함으로써 위 상대방으로 하여금 나머지 공사를 수행할 수 없게 하였다면, 그것이 고의에 의한 경우만이 아니라 과실에 의한 경우에도 신의성실에 반하여 조건의 성취를 방해한 때에 해당한다고 할 것이므로, 그 상대방은 민법 제150조 제1항의 규정에 의하여 위 공사대금채무자 및 보증인에 대하여 그 조건이 성취된 것으로 주장할 수 있다고 한 사례.
조건의 성취로 인하여 불이익을 받을 당사자가 신의성실에 반하여 조건의 성취를 방해한 경우, 조건이 성취된 것으로 의제되는 시점은 이러한 신의성실에 반하는 행위가 없었더라면 조건이 성취되었으리라고 추산되는 시점이다.

5. 조건부 법률행위의 효력

(1) 조건 성취의 確定 前

조건부 권리는 일종의 期待權인데, 민법의 조건부 권리에 대하여도 일정한 보호를 부여한다. 우선, 조건의 성취로 생길 이익의 침해는 금지되며, 침해 시에는 손해배상책임이 발생한다.

제148조(조건부권리의 침해금지) 조건 있는 법률행위의 당사자는 조건의 成否가 未定한 동안에 조건의 성취로 인하여 생길 상대방의 이익을 해하지 못한다.

또한 조건부 권리도 처분 · 상속 · 보존 또는 담보로 할 수 있다.

제149조(조건부권리의 처분 등) 조건의 성취가 미정한 권리의무는 일반규정에 의하여 처분, 상속, 보존 또는 담보로 할 수 있나.

대판 1992.5.22, 92다5584

해제조건부증여로 인한 부동산소유권이전등기를 마쳤다 하더라도 그 해제조건이 성취되면 그 소유권은 증여자에게 복귀한다고 할 것이고, 이 경우 당사자간에 별단의 의사표시가 없는 한 그 조건성취의 효과는 소급하지 아니하나, 조건성취 전에 수증자가 한 처분행위는 조건성취의 효과를 제한하는 한도 내에서는 무효라고 할 것이고, 다만 그 조건이 등기되어 있지 않는 한 그 처분행위로 인하여 권리를 취득한 제3자에게 위 무효를 대항할 수 없다.

(2) 조건 성취의 確定 後

조건의 성취·불성취가 확정되면 그에 따라 법률행위의 효력이 확정된다. 조건 성취의 입증책임은 이익을 얻는 자가 진다.

조건성취의 소급효는 정지조건이든 해제조건이든 원칙적으로 부인된다. 당사자의 의사로 소급효를 인정하는 것은 무방하지만, 그 경우에도 제3자의 권리를 해치지는 못한다.

제147조(조건성취의 효과) ① 정지조건있는 법률행위는 조건이 성취한 때로부터 그 효력이 생긴다.
② 해제조건 있는 법률행위는 조건이 성취한 때로부터 그 효력을 잃는다.
③ 당사자가 조건성취의 효력을 그 성취전에 소급하게 할 의사를 표시한 때에는 그 의사에 의한다.

대판 1983.4.12, 81다카692

정지조건부 법률행위에 있어서 조건이 성취되었다는 사실은 이에 의하여 권리를 취득하고자 하는 측에서 그 입증책임이 있다 할 것이므로, 정지조건부 채권양도에 있어서 정지조건이 성취되었다는 사실은 채권양도의 효력을 주장하는 자에게 그 입증책임이 있다.

Ⅲ. 期 限

1. 의 의

기한은 법률행위의 효력의 발생·소멸 또는 채무의 이행을 장래의 발생이 확실한 사실(특정한 시점)에 의존하게 하는 부관이다.

기한 사실은 발생이 확실한 장래의 사실 자체를 말한다.

2. 종 류

始期는 효력의 발생 · 채무이행을, 終期는 효력의 소멸을 기한 사실에 의존하게 하는 기한이다.

確定期限 · 不確定期限은 기한 사실의 발생시기가 확정되어 있는지에 따른 구분이다.

예제: 1986.7.26 A는 B에게 점포를 임대하기로 계약을 체결하고 B로부터 보증금으로 8백만 원을 수령하였다. 1986.10.6에 A와 B는 위 임대차계약을 합의해제하면서 위 8백만 원은 "위 점포가 타인에게 분양 또는 임대되는 때"에 반환하기로 하였다. 그런데 위 점포가 타인에게 분양 또는 임대되지 않은 채로 1년 5개월이 지났다. B는 A에게 위 8백만 원의 반환을 청구할 수 있는가?

대판 1989.6.27, 88다카10579

당사자가 불확정한 사실이 발생한 때를 이행기한으로 정한 경우에 있어서 그 사실이 발생한 때는 물론 그 사실의 발생이 불가능하게 된 때에도 이행기한은 도래한 것으로 보아야 한다.

3. 기한부 법률행위의 효력

(1) 기한 도래 전

조건부 법률행위에서와 마찬가지로 기한부 법률행위도 보호를 받으며 처분 등이 가능하다.

제154조(기한부권리와 준용규정) 제148조와 제149조의 규정은 기한있는 법률행위에 준용한다.

(2) 기한 도래 후

기한이 도래하면 시기부 법률행위는 효력이 발생하고 종기부 법률행위는 효력이 상실된다.

제152조(기한도래의 효과) ① 시기 있는 법률행위는 기한이 도래한 때로부터 그 효력이 생긴다.
② 종기 있는 법률행위는 기한이 도래한 때로부터 그 효력을 잃는다.

(3) 기한의 이익

기한의 이익이란 기한이 도래하지 않음으로써 당사자가 받는 이익(채무자를 위한 것으로 추정됨)이다. 또한 기한의 이익은 포기할 수 있다.

제153조(기한의 이익과 그 포기) ① 기한은 채무자의 이익을 위한 것으로 추정한다.
② 기한의 이익은 이를 포기할 수 있다. 그러나 상대방의 이익을 해하지 못한다.

제388조가 정한 사유, 채무자의 파산, 당사자의 특약이 있는 경우 채무자는 기한의 이익을 상실한다. 따라서 채권자의 청구가 있는 때로부터 지체책임을 지게 된다.

제388조(기한의 이익의 상실) 채무자는 다음 각호의 경우에는 기한의 이익을 주장하지 못한다.
1. 채무자가 담보를 손상, 감소 또는 멸실하게 한 때
2. 채무자가 담보제공의 의무를 이행하지 아니한 때

채무자 회생 및 파산에 관한 법률 제425조(기한부채권의 변제기도래) 기한부채권은 파산선고시에 변제기에 이른 것으로 본다.

제4부_ 기간과 소멸시효

제20장 기간
제21장 소멸시효

제20장 기 간

I. 서 론

期間이란 어느 시점에서 어느 시점까지 계속된 시간적 간격(예: 544 본)을 의미한다.

기간은 다음 개념들과 혼동되지 않아야 한다.

期限: 장래의 특정한 시점에 법률행위를 관련시키는 부관(예: 387)
期日: (특히 소송상의) 일정한 행위를 하도록 되어 있는 날(예: 변론기일 · 증거조사기일 등) 또는 일정한 법률상의 효과가 발생 · 소멸하는 날(예: 어음법 85)
時期: 일정한 행위를 하는 시점(기일처럼 일정한 날을 특정하는 것이 아니고 '때'에 가까움. 예: 603 ①)
始期: 법률행위의 효력 발생 또는 채무이행의 時期와 관련된 期限(반대: 終期)

II. 기 간

우리 민법은 제155-161조에서 기간에 관한 문제를 규율한다.

제155조(본장의 적용범위) 기간의 계산은 법령, 재판상의 처분 또는 법률행위에 다른 정한 바가 없으면 본장의 규정에 의한다.

제156조(기간의 기산점) 기간을 시, 분, 초로 정한 때에는 즉시로부터 기산한다.

제157조(기간의 기산점) 기간을 일, 주, 월 또는 年으로 정한 때에는 기간의 初日은 산입하지 아니한다. 그러나 그 기간이 오전 영시로부터 시작하는 때에는 그러하지 아니하다.

제158조(연령의 기산점) 연령계산에는 출생일을 산입한다.

제159조(기간의 만료점) 기간을 일, 주, 월 또는 年으로 정한 때에는 기간말일의 종료로 기간이 만료한다.

제160조(曆에 의한 계산) ① 기간을 주, 월 또는 연으로 정한 때에는 역에 의하여 계산한다.
② 주, 월 또는 연의 처음으로부터 기간을 기산하지 아니하는 때에는 최후의 주, 월 또는 연에서 그 기산일에 해당한 날의 전일로 기간이 만료한다.
③ 월 또는 연으로 정한 경우에 최종의 월에 해당일이 없는 때에는 그 월의 말일로 기간이 만료한다.

제161조(공휴일 등과 기간의 만료점) 기간의 말일이 토요일 또는 공휴일에 해당한 때에는 기간은 그 익일(翌日)로 만료한다.

예제 1: A는 2013.11.15.에 B 도서관에서 책 1권을 대출하였다. B 도서관에서는 1개월 이내에 책을 반납해야 한다면, A는 이 책을 언제까지 반납해야 할까?
해결: 초일은 산입하지 않으므로(157), 30일의 기간에 11.15일은 포함되지 않음. 11.16부터 1개월을 계산하면, "최후의 주, 월 또는 연에서 그 기산일에 해당한 날의 전일로 기간이 만료"(160 ①)하므로, 12.15일로 1개월의 대출기간이 만료함. 따라서 원래는 12.15일 자정까지 반납하면 되지만(159), 보통은 도서관 이용시간이 끝나기 전에 반납해야 할 것임.

예제 2: A는 1994.7.15. 오후 2시30분에 출생했다. 그가 성년이 되는 시점은?
해결: 만 19세로 성년이 되므로(4), 출생한 지 19년이 되는 시점에 성년이 됨. 연령의 계산에는 출생일을 산입하므로(158), 기산일은 1994.7.15.임. 따라서 2013년에서 기산일에 해당한 날의 전일로 기간이 만료하므로(160 ②), 7.14일의 만료로 기간이 만료함(159). 따라서 2014.7.14. 24시, 즉 7.15. 0시에 성년이 됨.

예제 3: A는 2004.5.31. B에게 철근 1억 5천만 원 상당을 판매하고, 같은 날 세금계산서 및 발행인 A, 지급인 B, 지급장소 부산은행 안락동 지점으로 된 액면금 1억 5,000만 원의 환어음을 발행하였다. A는 2004.6.30. 자신의 거래은행인 외환은행에 이 환어음의 추심을 의뢰하였고, 이에 따라 외환은행은 2004.7.1. 부산은행에게 이 환어음을 제시하였다. 그런데, '한국은행 총액한도대출관련 기업구매자금대출 취급세칙' 제6조 제3항에 따르면 "환어음 또는 판매대금추심의뢰서는 판매업체가 세금계산서 등의 발급일로부터 30일 이내에 추심의뢰하거나 전송한 것이어야 한다."고 규정하고 있다. 이 환어음은 발급일로부터 30일을 도과하여 추심의뢰되었는가?

해결: 이 사건 환어음은 세금계산서 발행일인 2004.5.31.부터 31일이 되는 같은 해 6.30. 추심의뢰되었다. 6.30.은 초일인 5.31.을 산입하지 않을 경우 30일에 해당하는데, 추심의뢰의 기간 계산에 관하여 초일이 산입되는지에 관해서는 다음의 두 규정들이 문제된다.

한국은행 총액한도대출관련 기업구매자금대출 취급세칙 제6조 제3항: "환어음 또는 판매대금추심의뢰서는 판매업체가 세금계산서 등의 발급일로부터 30일 이내에 추심의뢰하거나 전송한 것이어야 한다."

환어음정보교환규약 시행세칙 제25조: "이 세칙에 의한 기간의 계산에는 초일을 산입한다."

즉, 취급세칙 제6조 제3항에 시행세칙 제25조가 적용되는지가 문제된다. 그런데 이와 관련하여 한국은행 총재는 2000.8.4. 기업구매자금대출 취급과 관련한 업무취급방법에 관하여 공문을 발송하였는데, 그 내용 중 제3항 '기업구매자금대출관련 기간계산방법'에서 "취급세칙 제4조(융자시기) 및 제6조(환어음의 조건) 제3항에서 정한 기간은 초일 산입에 의한 역일로 계산한다."고 하고 있었다.

대법원은 위의 공문의 입장과 마찬가지로, 이 문제에 있어서 민법상 초일 불산입의 원칙에 대한 예외를 인정하였다.

관련 판결: 대판 2007.8.23, 2006다62942

민법 제157조는 "기간을 일, 주, 월 또는 년으로 정한 때에는 기간의 초일은 산입하지 아니한다"고 규정하여 초일 불산입을 원칙으로 정하고 있으나, 민법 제155조에 의하면 법령이나 법률행위 등에 의하여 위 원칙과 달리 정하는 것도 가능하다.

취급세칙은 제6조 제3항 소정의 환어음 등의 추심의뢰기한 30일의 기간 계산에 관하여 민법상 초일 불산입의 원칙에 대한 예외를 규정한 것으로 봄이 상당하다.

이 사건 환어음은 초일을 산입하여 계산할 때 세금계산서 발급일로부터 30일을 도과하여 추심의뢰됨.

제21장 소멸시효

I. 서 론

시효 제도는 일정한 사실이 계속되면 그것을 권리로 인정하는 법률상의 제도이다. 여기에는 취득시효(무권리자가 권리를 취득함: 245 이하)와 소멸시효(권리자가 권리를 상실함) 제도가 있다.

대판(전) 1976.11.6, 76다148

시효제도는 일정기간 계속된 사회질서를 유지하고 시간의 경과로 인하여 곤난하게[올바른 맞춤법: 곤란하게] 되는 증거・보전으로부터의 구제 내지는 자기권리를 행사하지 않고 소위 권리위에 잠자는 자는 법적 보호에서 이를 제외하기 위하여 규정된 제도라 할 것인 바 … 부동산 매수인이 그 목적물을 인도받아서 이를 사용수익하고 있는 경우에는 그 매수인을 권리 위에 잠자는 것으로 볼 수도 없고 … 매수인의 등기청구권은 다른 채권과는 달리 소멸시효에 걸리지 않는다고 해석함이 타당하다.

대판(전) 1992.3.31, 91다32053

시효제도의 존재이유는 영속된 사실상태를 존중하고 권리 위에 잠자는 자를 보호하지 않는다는 데에 있고 특히 소멸시효에 있어서는 후자의 의미가 강하므로, 권리자가 재판상 그 권리를 주장하여 권리 위에 잠자는 것이 아님을 표명한 때에는 시효중단사유가 되는바, 이러한 시효중단사유로서의 재판상의 청구에는 그 권리 자체의 이행청구나 확인청구를 하는 경우만이 아니라, 그 권리가 발생한 기본적 법률관계에 관한 확인청구를 하는 경우에도 그 법률관계의 확인청구가 이로부터 발생한 권리의 실현수단이 될 수 있어 권리 위에 잠자는 것이 아님을 표명한 것으로 볼 수 있을 때에는 그 기본적 법률관계에 관한 확인청구도 이에 포함된다고 보는 것이 타당하다.
일반적으로 위법한 행정처분의 취소, 변경을 구하는 행정소송은 사권을 행사하는 것으로 볼 수 없으므로 사권에 대한 시효중단사유가 되지 못하는 것이나, 다만 오납한 조세에 대한 부당이득반환청구권을 실현하기 위한 수단이 되는 과세처분의 취소 또는 무효확인을 구하는 소는 그 소송물이 객관적인 조세채무의 존부확인으로서 실질적으로 민사소송인 채무부존재확인의 소와 유사할 뿐 아니라, 과세처분의 유효 여부는 그 과세처분으로 납부한 조세에 대한 환급청구권의 존부와 표리관계에 있어 실질적으로 동일 당사자인 조세부과권자와 납세의무자 사이의 양면적 법률관계라고 볼 수 있으므로, 위와 같은 경우에는 과세처분의 취소 또는 무효확인청구의 소가 비록 행정소송이라고 할지라도 조세환급을 구하는 부당이득반환청구권의 소멸시효중단사유인 재판상 청구에 해당한다고 볼 수 있다.

[반대의견] 오납금환급청구권의 경우 그 환급청구권의 이행청구나 확인청구를 구하는 경우만이 아니라 과세처분의 취소 또는 무효확인을 구하는 행정소송의 제기가 환급청구권의 소멸시효를 중단시키는 재판상 청구에 해당한다고 해석하는 것은 타당하지 아니하다.

II. 제척기간

1. 의 의

除斥期間(또는 豫定期間)은 일정한 권리에 대해 법이 예정하는 존속기간이다. 제척기간을 두는 목적은 그 권리와 관련된 법률관계를 신속하게 확정하기 위함이다. 제척기간은 주로 형성권에 있어서 문제되지만 청구권도 해당되는 경우가 있다.

대판 1995.11.10, 94다22682, 22699

매매의 일방예약에서 예약자의 상대방이 매매예약 완결의 의사표시를 하여 매매의 효력을 생기게 하는 권리, 즉 매매예약의 완결권은 일종의 형성권으로서 당사자 사이에 그 행사기간을 약정한 때에는 그 기간 내에, 그러한 약정이 없는 때에는 그 예약이 성립한 때로부터 10년 내에 이를 행사하여야 하고, 그 기간을 지난 때에는 예약 완결권은 제척기간의 경과로 인하여 소멸한다.

제척기간은 권리자로 하여금 당해 권리를 신속하게 행사하도록 함으로써 법률관계를 조속히 확정시키려는 데 그 제도의 취지가 있는 것으로서, 소멸시효가 일정한 기간의 경과와 권리의 불행사라는 사정에 의하여 권리 소멸의 효과를 가져오는 것과는 달리 그 기간의 경과 자체만으로 곧 권리 소멸의 효과를 가져오게 하는 것이므로 그 기간 진행의 기산점은 특별한 사정이 없는 한 원칙적으로 권리가 발생한 때이고, 당사자 사이에 매매예약 완결권을 행사할 수 있는 시기를 특별히 약정한 경우에도 그 제척기간은 당초 권리의 발생일로부터 10년간의 기간이 경과되면 만료되는 것이지 그 기간을 넘어서 그 약정에 따라 권리를 행사할 수 있는 때로부터 10년이 되는 날까지로 연장된다고 볼 수 없다.

[위 판결의 사실관계]

1980.5.1: 원고와 피고 사이에 피고 소유 토지에 관하여 대금 1,000만 원에 매매의 예약을 체결.

1980.5.13: 원고 앞으로 위 매매예약을 원인으로 한 소유권이전청구권 보전의 가등기 경료.

1980.8.19: 원고와 피고 사이에 위 예약 완결권을 1985.3.26.부터 행사하기로 합의.

1992.8.6: 원고가 소장 부본의 송달에 의하여 완결권 행사.

[원고의 주장] 예약완결권의 제척기간은 1985.3.26.로부터 진행하여 10년이 되는 1995.3.25.에야 만료.

[피고의 주장] 예약일인 1980.5.1.부터 10년이 되는 1990.5.1.이 도과함으로써 그 제척기간이 경과.

대결 2003.8.11, 2003스32

민법 제1019조 제3항의 기간은 한정승인신고의 가능성을 언제까지나 남겨둠으로써 당사자 사이에 일어나는 법적 불안상태를 막기 위하여 마련한 제척기간이고, 경과규정인 개정 민법(2002.1.14. 법률 제6591호) 부칙 제3항 소정의 기간도 제척기간이라 할 것이며, 한편 제척기간은 불변기간이 아니어서 그 기간을 지난 후에는 당사자가 책임질 수 없는 사유로 그 기간을 준수하지 못하였더라도 추후에 보완될 수 없다.

2. 제척기간과 권리의 행사방법

권리자가 제척기간 내에 어떠한 행위를 하여야 하는지에 대해서는 학설의 다툼이 있다. 다수설(出訴期間說)은 재판상의 행사를 요구한다. 한편 재판 외의 행사도 가능하다는 견해(송) 및 청구권에 관한 제척기간의 경우 재판상의 행사가 필요하다는 견해도 있다.

판례는 원칙적으로 재판상 또는 재판 외에서 권리를 행사할 수 있다고 하고, 예외적으로 출소기간으로 보는 경우도 있다.

대판 1985.11.12, 84다카2344

민법 제582조, 제580조 소정의 매도인의 하자담보책임에 관한 매수인의 권리행사기간은 재판상 또는 재판외의 권리행사기간이고 재판상 청구를 위한 출소기간은 아니라고 함이 당원의 판례인바(1964.4.21. 선고 63다691 판결 참조), 현재 이와 같은 견해를 변경할 필요를 느끼지 않는다.

대판 2002.4.26, 2001다8097, 8103

민법 제204조 제3항과 제205조 제2항에 의하면 점유를 침탈당하거나 방해를 받은 자의 침탈자 또는 방해자에 대한 청구권은 그 점유를 침탈당한 날 또는 점유의 방해행위가 종료된 날로부터 1년 내에 행사하여야 하는 것으로 규정되어 있는데, 여기에서 제척기간의 대상이 되는 권리는 형성권이 아니라 통상의 청구권인 점과 점유의 침탈 또는 방해의 상태가 일정한 기간을 지나게 되면 그대로 사회의 평온한 상태가 되고 이를 복구하는 것이 오히려 평화질서의 교란으로 볼 수 있게 되므로 일정한 기간을 지난 후에는 원상회복을 허용하지 않는 것이 점유제도의 이상에 맞고 여기에 점유의 회수 또는 방해제거 등 청구권에 단기의 제척기간을 두는 이유가 있는 점 등에 비추어 볼 때, 위의 제척기간은 재판외에서 권리행사하는 것으로 족한 기간이 아니라 반드시 그 기간 내에 소를 제기하여야 하는 이른바 출소기간으로 해석함이 상당하다.

3. 소멸시효와의 비교

	제척기간	소멸시효
소멸 여부	○	○
소급효	×	○
주장 필요	×	○
중단 여부	×	○
이익 포기	×	○
정지 여부	학설 다툼	○

4. 제척기간과 소멸시효기간의 판별

判別 기준으로 될 수 있는 것은 법조문에서 "시효로 인하여"라는 문구를 사용했는지의 여부(사용했으면 소멸시효기간, 사용하지 않았으면 제척기간)이겠지만,

권리의 성질이나 규정의 취지 등을 고려하여 실질적으로 판단해야 한다.

논란이 되는 예로서는 도품 · 유실물의 반환청구(250), 불법행위의 손해배상청구(766 ②), 상속의 승인 · 포기의 취소(1024 ② 단), 유류분반환청구(1117) 등이 있다.

5. 제척기간의 예

(1) 제소기간

406 ②(채권자취소권), 819 · 823(혼인 취소의 소), 841 · 842(재판상 이혼청구), 847 ① · 848 ② · 851(친생부인의 소), 861(인지 취소), 862(인지 이의의 소), 864(인지이의 또는 인지청구의 소), 865 ②(다른 사유를 원인으로 한 친생자관계존부확인의 소), 891-896(입양취소청구권의 소멸), 907(재판상 파양청구), 999(상속회복청구의 소) 등.

(2) 재판외 행사기간

146(법률행위의 취소권), 253(유실물 소유자의 권리), 254(매장물 소유자의 권리), 556 ②(증여계약의 해제권), 573 · 575 ③ · 582(매도인의 담보책임), 617(사용대차의 경우 손해배상청구권과 비용상환청구권), 670 · 671 ②(수급인의 담보책임), 839의2 ③(재산분할청구권), 1011(다른 공동상속인의 양수권), 1057의2 ②(특별연고자의 상속재산분여청구권) 등.

III. 소멸시효의 요건

1. 개　관

소멸시효에 의하여 권리가 소멸하기 위해서는 ① 권리가 소멸시효에 걸리는 것이어야 하고, ② 권리자가 권리를 행사할 수 있음에도 불구하고 권리를 행사하지 않아야 하고, ③ 권리 불행사 상태가 일정기간(소멸시효기간) 계속되어야 한다.

2. 소멸시효에 걸리는 권리

제162조(채권, 재산권의 소멸시효) ① 채권은 10년간 행사하지 아니하면 소멸시효가 완성한다.
② 채권 및 소유권 이외의 재산권은 20년간 행사하지 아니하면 소멸시효가 완성한다.

(1) 소유권, 비재산권

소유권은 항구적 권리이므로 소멸시효에 걸리지 않는다. 또한 非財産權인 가족권, 인격권도 소멸시효에 걸리지 않는다.

(2) 물 권

점유권은 사실 상태에 기초하므로 시효의 문제가 발생하지 않는다. 담보물권은 피담보채권에 附從하므로 따로 소멸시효가 문제되지는 않는다. 지상권과 지역권은 소멸시효에 걸릴 수 있다. 전세권은 최장 존속기간이 10년이므로(312①) 문제가 되지 않는다.

(3) 등기청구권

채권적 청구권으로 보는 견해(곽·송)에 따르면 10년의 소멸시효에 걸리게 된다. 그러나 판례는 매수인이 인도받은 경우 및 매수인이 사용·수익하다 처분한 경우에 소멸시효를 부인한다.

대판(전) 1999.3.18, 98다32175

시효제도는 일정 기간 계속된 사회질서를 유지하고 시간의 경과로 인하여 곤란해지는 증거보전으로부터의 구제를 꾀하며 자기 권리를 행사하지 않고 소위 권리 위에 잠자는 자는 법적 보호에서 이를 제외하기 위하여 규정된 제도라 할 것인바, 부동산에 관하여 인도, 등기 등의 어느 한 쪽만에 대하여서라도 권리를 행사하는 자는 전체적으로 보아 그 부동산에 관하여 권리 위에 잠자는 자라고 할 수 없다 할 것이므로, 매수인이 목적 부동산을 인도받아 계속 점유하는 경우에는 그 소유권이전등기청구권의 소멸시효가 진행하지 않는다.

[다수의견] 부동산의 매수인이 그 부동산을 인도받은 이상 이를 사용·수익하다가 그 부동산에 대한 보다 적극적인 권리 행사의 일환으로 다른 사람에게 그 부동산을 처분하고 그 점유를 승계하여 준 경우에도 그 이전등기청구권의 행사 여부에 관하여 그가 그 부동산을 스스로 계속 사용·수익만 하고 있는 경우와 특별히 다를 바 없으므로 위 두 어느 경우에나 이전등기청구권의 소멸시효는 진행되지 않는다고 보아야 한다.

(4) 물권적 청구권

물권적 청구권이 소멸시효에 걸리는지에 대해서는 긍정설, 부정설(송), 제한적 긍정설(곽)이 있다. 판례는 물권적 청구권이 소유권에 기한 경우 부정한다.

대판 1982.7.27, 80다2968

매매계약이 합의해제된 경우에도 매수인에게 이전되었던 소유권은 당연히 매도인에게 복귀하는 것이므로 합의해제에 따른 매도인의 원상회복청구권은 소유권에 기한 물권적 청구권이라고 할 것이고 이는 소멸시효의 대상이 되지 아니한다.

대판 1979.2.13, 78다2412

채권담보의 목적으로 이루어지는 부동산 양도담보의 경우에 있어서 그 부동산의 등기명의가 양도담보권자 앞으로 되어 있다 할지라도 그 실질적 소유권은 양도담보권설정자에게 남아 있다고 할 것이므로 피담보채무가 변제된 이후에 설정자가 행사하는 등기청구권은 위 실질적 소유권에 기한 물권적청구권으로서 따로이 시효소멸되는 것은 아니다.

(5) 형 성 권

형성권은 제척기간이라는 것이 통설이다.

법률이 제척기간을 명확하게 규정하지 않은 경우에 그 기간을 어떻게 할 것인지에 대해서는, 10년설(곽), 20년설, 채권관계설, 기초 법률관계설(송) 등의 견해가 있다. 판례는 매매예약의 완결권 및 대물변제예약의 완결권의 경우 10년의 제척기간에 걸린다고 한다.

형성권의 행사에 의해 발생한 권리의 행사기간에 대해서는, 제척기간 내 행사설(곽)과 별도진행설(송)이 있다.

대판 1992.7.28, 91다44766, 44773

민법 제564조가 정하고 있는 매매의 일방예약에서 예약자의 상대방이 매매완결의 의사를 표시하여 매매의 효력을 생기게 하는 권리(이른바 예약완결권)는 일종의 형성권으로서 당사자 사이에 그 행사기간을 약정한 때에는 그 기간내에, 그러한 약정이 없는 때에는 예약이 성립한 때부터 10년 내에 이를 행사하여야 하고 위 기간을 도과한 때에는 상대방이 예약목적물인 부동산을 인도받은 경우라도 예약완결권은 제척기간의 경과로 인하여 소멸된다.

대판 1997.6.27, 97다12488

대물변제예약 완결권은 일종의 형성권으로 당사자 사이에 그 행사기간을 약정한 때에는 그 기간 내에, 그러한 약정이 없는 때에는 그 권리가 발생한 때로부터 10년 내에 이를 행사하여야 하고, 이 기간을 도과한 때에는 예약 완결권은 제척기간의 경과로 인하여 소멸한다.

대판 1991.2.22, 90다13420

환매권의 행사로 발생한 소유권이전등기청구권은 위 기간 제한과는 별도로 환매권을 행사한 때로부터 일반채권과 같이 민법 제162조 소정의 10년의 소멸시효 기간이 진행되는 것이지, 위 제척기간 내에 이를 행사하여야 하는 것은 아니다.

3. 소멸시효의 기산점

(1) 원　칙

소멸시효의 기산점은 "권리를 행사할 수 있는 때"이다.

제166조(소멸시효의 기산점) ① 소멸시효는 권리를 행사할 수 있는 때로부터 진행한다.
② 부작위를 목적으로 하는 채권의 소멸시효는 위반행위를 한 때로부터 진행한다.

"권리를 행사할 수 있음"은 권리를 행사하는 데 법률상의 장애(예: 기한의 미도래, 조건의 불성취 등)가 없는 것을 의미하며, 사실상의 장애는 상관없다.

대판(전) 1992.3.31, 91다32053

소멸시효는 객관적으로 권리가 발생하여 그 권리를 행사할 수 있는 때로부터 진행하고 그 권리를 행사할 수 없는 동안만은 진행하지 않는바, '권리를 행사할 수 없는' 경우라 함은 그 권리행사에 법률상의 장애사유, 예컨대 기간의 미도래나 조건불성취 등이 있는 경우를 말하는 것이고, 사실상 권리의 존재나 권리행사가능성을 알지 못하였고 알지 못함에 과실이 없다고 하여도 이러한 사유는 법률상 장애사유에 해당하지 않는다.

과세처분의 하자가 중대하고 명백하여 당연무효에 해당하는 여부를 당사자로서는 현실적으로 판단하기 어렵다거나, 당사자에게 처음부터 과세처분의 취소소송과 부당이득반환청구소송을 동시에 제기할 것을 기대할 수 없다고 하여도 이러한 사유는 법률상 장애사유가 아니라 사실상의 장애사유에 지나지 않는다.

대판 2007.8.23, 2007다28024, 28031

건물에 관한 소유권이전등기청구권에 있어서 그 목적물인 건물이 완공되지 아니하여 이를 행사할 수 없었다는 사유는 법률상의 장애사유에 해당한다.

(2) 개별 권리의 경우

확정기한부 권리는 기한도래 시(참조 기한유예: 유예한 이행기일)에, 불확정기한부 권리는 기한의 객관적 도래 시(참조 지체책임: 채무자가 기한도래를 안 때. 387 ①)에, 기한을 정하지 않은 권리는 권리가 발생한 때(참조 지체책임: 이행청구시. 387 ②)에, 정지조건부 권리는 조건성취 시에 소멸시효가 진행한다.

유예기간이 필요한 권리의 경우는 다음과 같다. 청구 또는 해지통고를 한 후 일정기간이나 상당한 기간이 경과한 후에 청구할 수 있는 권리는 상당한 기간(정해진 유예기간)이 경과한 때부터 소멸시효가 진행한다는 것이 통설이다.

선택채권의 경우 선택권을 행사할 수 있는 때부터 소멸시효가 진행한다.

불법행위로 인한 손해배상청구권에 관해서는 특별규정(766)이 있다.

부작위채권의 경우에는 위반행위를 한 때(166 ②)부터 소멸시효가 진행한다.

기한의 이익을 상실한 채무의 경우, 기한의 이익 상실사유가 발생한 때로부터 소멸시효가 진행한다. 판례는 기한이익 상실 특약을 채권자의 의사행위가 있어야 이행기가 도래하는 것과 그렇지 않은 것의 두 가지로 나누어서 각각 소멸시효의 진행을 달리 판단한다.

대판 1997.8.29, 97다12990

기한이익 상실의 특약은 그 내용에 의하여 일정한 사유가 발생하면 채권자의 청구 등을 요함이 없이 당연히 기한의 이익이 상실되어 이행기가 도래하는 것으로 하는 것(정지조건부 기한이익 상실의 특약)과 일정한 사유가 발생한 후 채권자의 통지나 청구 등 채권자의 의사행위를 기다려 비로소 이행기가 도래하는 것으로 하는 것(형성권적 기한이익 상실의 특약)의 두 가지로 대별할 수 있고, 이른바 형성권적 기한이익 상실의 특약이 있는 경우에는 그 특약은 채권자의 이익을 위한 것으로서 기한이익의 상실 사유가 발생하였다고 하더라도 채권자가 나머지 전액을 일시에 청구할 것인가 또는 종래대로 할부변제를 청구할 것인가를 자유로이 선택할 수 있으므로, 이와 같은 기한이익 상실의 특약이 있는 할부채무에 있어서는 1회의 불이행이 있더라도 각 할부금에 대해 그 각 변제기의 도래시마다 그 때부터 순차로 소멸시효가 진행하고 채권자가 특히 잔존 채무 전액의 변제를 구하는 취지의 의사를 표시한 경우에 한하여 전액에 대하여 그 때부터 소멸시효가 진행한다.

(3) 소멸시효의 기산점과 辯論主義

다음의 판례에서 법원은 소멸시효의 기산일을 辯論主義의 원칙에 따라 당사자가 주장하는 기산일을 기준으로 하고 있다.

대판 1995.8.25, 94다35886

소멸시효의 기산일은 채무의 소멸이라고 하는 법률효과 발생의 요건에 해당하는 소멸시효 기간 계산의 시발점으로서 소멸시효 항변의 법률요건을 구성하는 구체적인 사실에 해당하므로 이는 변론주의의 적용 대상이고, 따라서 본래의 소멸시효 기산일과 당사자가 주장하는 기산일이 서로 다른 경우에는 변론주의의 원칙상 법원은 당사자가 주장하는 기산일을 기준으로 소멸시효를 계산하여야 하는데, 이는 당사자가 본래의 기산일보다 뒤의 날짜를 기산일로 하여 주장하는 경우는 물론이고 특별한 사정이 없는 한 그 반대의 경우에 있어서도 마찬가지이다.

4. 소멸시효기간

(1) 일반채권

보통의 채권은 10년이다(162 ①).

(2) 상사채권

상행위로 생긴 채권은 5년이다(상 64).

(3) 3년 단기소멸채권

3년의 단기소멸시효에 해당하는 채권은 다음과 같다.

第163조(3년의 단기소멸시효) 다음 각호의 채권은 3년간 행사하지 아니하면 소멸시효가 완성한다.

1. 이자, 부양료, 급료, 사용료 기타 1년이내의 기간으로 정한 금전 또는 물건의 지급을 목적으로 한 채권
2. 의사, 조산사, 간호사 및 약사의 치료, 근로 및 조제에 관한 채권
3. 도급받은 자, 기사 기타 공사의 설계 또는 감독에 종사하는 자의 공사에 관한 채권
4. 변호사, 변리사, 공증인, 공인회계사 및 법무사에 대한 직무상 보관한 서류의 반환을 청구하는 채권
5. 변호사, 변리사, 공증인, 공인회계사 및 법무사의 직무에 관한 채권
6. 생산자 및 상인이 판매한 생산물 및 상품의 대가
7. 수공업자 및 제조자의 업무에 관한 채권

(4) 1년 단기소멸채권

1년의 단기소멸시효에 해당하는 채권은 다음과 같다.

第164조(1년의 단기소멸시효) 다음 각호의 채권은 1년간 행사하지 아니하면 소멸시효가 완성한다.

1. 여관, 음식점, 貸席, 오락장의 숙박료, 음식료, 대석료, 입장료, 소비물의 대가 및 替當金의 채권
2. 의복, 침구, 장구 기타 동산의 사용료의 채권
3. 노역인, 연예인의 임금 및 그에 공급한 물건의 대금채권
4. 학생 및 수업자의 교육, 衣食 및 留宿에 관한 校主, 塾主, 교사의 채권

(5) 불법행위로 인한 손해배상청구권

이에 관해서는 제766조가 규정하며, 손해 및 가해자를 안 날로부터 3년, 불법행위 시로부터 10년인데, 두 기간 중 먼저 만료되는 것에 의하여 권리가 소멸

한다.

제766조(손해배상청구권의 소멸시효) ① 불법행위로 인한 손해배상의 청구권은 피해자나 그 법정대리인이 그 손해 및 가해자를 안 날로부터 3년간 이를 행사하지 아니하면 시효로 인하여 소멸한다.
② 불법행위를 한 날로부터 10년을 경과한 때에도 전항과 같다.

(6) 판결 등으로 확정된 권리의 경우

확정판결이 있었던 때로부터 새롭게 10년이 진행한다.

제165조(판결 등에 의하여 확정된 채권의 소멸시효) ① 판결에 의하여 확정된 채권은 단기의 소멸시효에 해당한 것이라도 그 소멸시효는 10년으로 한다.
② 파산절차에 의하여 확정된 채권 및 재판상의 화해, 조정 기타 판결과 동일한 효력이 있는 것[청구의 認諾調書, 확정된 支給命令]에 의하여 확정된 채권도 전항과 같다.
③ 전2항의 규정은 판결확정 당시에 변제기가 도래하지 아니한 채권에 적용하지 아니한다.

제178조(중단후에 시효진행) ② 재판상의 청구로 인하여 중단한 시효는 전항의 규정에 의하여 재판이 확정된 때로부터 새로이 진행한다.

대판 1986.11.25, 86다카1569

민법 제165조가 판결에 의하여 확정된 채권, 판결과 동일한 효력이 있는 것에 의하여 확정된 채권은 단기의 소멸시효에 해당한 것이라도 그 소멸시효는 10년으로 한다고 규정하는 것은 당해 판결 등의 당사자 사이에 한하여 발생하는 효력에 관한 것이고 채권자와 주채무자 사이의 판결 등에 의해 채권이 확정되어 그 소멸시효가 10년으로 되었다 할지라도 위 당사자 이외의 채권자와 연대보증인 사이에 있어서는 위 확정판결 등은 그 시효기간에 대하여는 아무런 영향도 없고 채권자의 연대보증인의 연대보증채권의 소멸시효기간은 여전히 종전의 소멸시효기간에 따른다.

Ⅳ. 소멸시효의 중단

1. 소멸시효의 중단사유

소멸시효의 중단사유로는 청구, 압류, 가압류, 가처분, 승인이 있다.

제168조(소멸시효의 중단사유) 소멸시효는 다음 각호의 사유로 인하여 중단된다.
1. 청구
2. 압류 또는 가압류, 가처분
3. 승인

(1) 請 求

제168조에서 말하는 請求는 일반적인 의미(私法上의 권리를 재판상 또는 재판외에서 실행하는 행위)가 아니라 다음의 것들만을 가리키는 한정된 의미로 이해해야 한다.

즉, 재판상의 청구(소를 제기하는 것: 170), 파산절차 참가(파산재단 참가를 위하여 채권을 신고하는 것: 171, 파산법 201), 지급명령(172), 화해를 위한 소환(173), 임의출석(173)이 청구에 해당한다.

催告(채권자에게 채무자에게 채무의 이행을 청구하는 행위: 174)의 경우에는 시효가 중단되기는 하지만 6개월 이내에 위에서 언급한 청구에 해당하는 조치를 하여야 한다.

제174조(최고와 시효중단) 최고는 6월내에 재판상의 청구, 파산절차참가, 화해를 위한 소환, 임의출석, 압류 또는 가압류, 가처분을 하지 아니하면 시효중단의 효력이 없다.

(2) 압류, 가압류, 가처분

押留는 확정판결 기타의 집행권원에 기하여 행하는 강제집행의 첫 단계로서, 채무자의 재산의 처분을 금지하는 것이다. 假押留·假處分은 장래의 강제집행의 불능과 곤란을 예방하기 위한 강제집행 보전수단이다.

이들에 의하여 시효가 중단되는 시기는 명령을 신청한 때이다.

第175条(압류, 가압류, 가처분과 시효중단) 압류, 가압류 및 가처분은 권리자의 청구에 의하여 또는 법률의 규정에 따르지 아니함으로 인하여 취소된 때에는 시효중단의 효력이 없다.

第176条(압류, 가압류, 가처분과 시효중단) 압류, 가압류 및 가처분은 시효의 이익을 받은 자에 대하여 하지 아니한 때에는 이를 그에게 통지한 후가 아니면 시효중단의 효력이 없다.

(3) 承　認

시효의 이익을 받을 당사자(예: 채무자)가 시효의 완성으로 권리를 상실하게 될 자(예: 채권자)에게 권리의 존재를 인정한다고 표시하는 것이다.

승인은 승인을 할 만한 권한이 있는 자가 하여야 하지만, 상대방의 권리에 관한 처분의 능력이나 권한이 있을 필요는 없다.

第177条(승인과 시효중단) 시효중단의 효력있는 승인에는 상대방의 권리에 관한 처분의 능력이나 권한있음을 요하지 아니한다.

2. 시효중단의 효력

소멸시효가 중단되며 그때까지 경과한 시효기간은 산입하지 않고 중단사유가 종료한 때로부터 다시 시효기간의 계산이 시작된다.

따라서 중단사유가 청구(재판상 청구)인 경우에는 재판이 확정된 때로부터, 압류・가압류・가처분인 경우에는 이들 절차가 끝났을 때로부터, 承認인 경우에는 승인이 상대방에게 도달한 때로부터 시효가 다시 기산된다.

第178条(중단후에 시효진행) ① 시효가 중단된 때에는 중단까지에 경과한 시효기간은 이를 산입하지 아니하고 중단사유가 종료한 때로부터 새로이 진행한다.
② 재판상의 청구로 인하여 중단한 시효는 전항의 규정에 의하여 재판이 확정된 때

로부터 새로이 진행한다.

시효중단의 효력은 당사자 및 그 승계인 사이에서만 생긴다.

제169조(시효중단의 효력) 시효의 중단은 당사자 및 그 승계인간에만 효력이 있다.

V. 소멸시효의 정지

소멸시효의 停止에 있어서도 일정 기간 동안 소멸시효가 완성되지 않지만, 중단과는 달리 시효기간이 새롭게 시작하지는 않는다.

6개월의 정지는 제한능력자(179), 부부 사이의 권리(180), 상속재산에 관한 권리(181)를 위하여 인정된다.

제179조(제한능력자의 시효정지) 소멸시효의 기간만료 전 6개월 내에 제한능력자에게 법정대리인이 없는 경우에는 그가 능력자가 되거나 법정대리인이 취임한 때부터 6개월 내에는 시효가 완성되지 아니한다.

제180조(재산관리자에 대한 제한능력자의 권리, 부부 사이의 권리와 시효정지) ① 재산을 관리하는 아버지, 어머니 또는 후견인에 대한 제한능력자의 권리는 그가 능력자가 되거나 후임 법정대리인이 취임한 때부터 6개월 내에는 소멸시효가 완성되지 아니한다.
② 부부 중 한쪽이 다른 쪽에 대하여 가지는 권리는 혼인관계가 종료된 때부터 6개월 내에는 소멸시효가 완성되지 아니한다.

1개월의 정지는 天災 기타 事變에 의한 정지이다.

제182조(천재 기타 사변과 시효정지) 천재 기타 사변으로 인하여 소멸시효를 중단할 수 없을 때에는 그 사유가 종료한 때로부터 1월내에는 시효가 완성하지 아니한다.

VI. 소멸시효의 효력

1. 소멸시효 완성의 효과

이에 대해서는 학설이 대립한다.

소수설(상대적 소멸설)은 시효의 완성으로 권리가 당연히 소멸하지 않는다고 한다. 따라서 시효의 이익을 받을 자가 상대방에게 권리의 소멸을 주장하여 등기의 말소를 청구해서 등기가 말소된 때 비로소 권리는 소멸하게 된다.

다수설(절대적 소멸설)은 시효의 완성으로 권리가 당연히 소멸한다고 한다.

판례는 절대적 소멸설을 따르고 있지만, 辯論主義 때문에 소송에서 시효의 완성을 주장해야 하며 소멸시효에 의해 직접 이익을 받는 자만 주장할 수 있다고 한다.

대판 1979.2.13, 78다2157

당사자의 원용이 없어도 시효완성의 사실로서 채무는 당연히 소멸되는 것이고 (대법원 1966.1.31. 선고 65다2445 판결 참조) 다만 변론주의의 원칙상 소멸시효의 이익을 받을 자가 그것을 포기하지 않고 실제 소송에 있어서 권리를 주장하는 자에 대항하여 시효소멸의 이익을 받겠다는 뜻을 항변을 하지 않는 이상 그 의사에 반하여 재판할 수 없을 뿐이다.

2. 소 급 효

소멸시효가 완성하면 그 권리는 기산일에 소급하여 소멸한 것으로 된다. 그러므로 이자채권의 경우 기산일 이후의 이자지급 의무가 없게 된다.

제167조(소멸시효의 소급효) 소멸시효는 그 기산일에 소급하여 효력이 생긴다.

소급효에 대한 예외는 相計의 경우이다.

제495조(소멸시효완성된 채권에 의한 상계) 소멸시효가 완성된 채권이 그 완성전에 상계할 수 있었던 것이면 그 채권자는 상계할 수 있다.

3. 시효이익의 포기

소멸시효 이익의 포기란 소멸시효로 발생하는 법률상 이익을 받지 않겠다는 일방적 의사표시이다. 소멸시효의 이익은 시효가 완성하기 전에는 미리 포기하지 못하지만, 시효가 완성된 뒤에는 자유롭게 포기할 수 있다.

제184조(시효의 이익의 포기 기타) ① 소멸시효의 이익은 미리 포기하지 못한다.
② 소멸시효는 법률행위에 의하여 이를 배제, 연장 또는 가중할 수 없으나 이를 단축 또는 경감할 수 있다.

포기자가 시효완성을 모르고 승인한 뒤 급부한 경우에는 道義觀念에 적합한 非債辨濟(744)가 되므로 포기자는 급부한 것을 부당이득을 이유로 반환청구할 수 없다.

대판 1992.5.22, 92다4796

갑의 을에 대한 대여금채무가 이미 시효기간이 도과한 상태에 있었으나, 갑은 을 등 채권자들의 빚 독촉을 피하여 수년 간 잠적하여 있다가 갑의 소재를 알아낸 을이 병 등을 대동하고 갑을 찾아가 채무변제를 요구하자, 갑은 다른 채권자들이 많이 있기 때문에 을에 대한 채무만을 변제하기는 곤란하다고 변명하면서 좀더 참아 줄 것을 요청하였고, 이에 을이 사실은 위 대여금이 병 등의 돈이라고 둘러대면서 갑에 대한 채권을 병 등에게 양도하겠다고 하자 갑이 을의 갑에 대한 채권 금 50,000,000원을 병에게 양도한다는 내용으로 작성된 채권양도서에 입회인으로 서명날인까지 하였다면 갑은 소멸시효완성 후에 을에 대한 채무를 승인한 것이고, 시효완성 후 채무를 승인한 때에는 채무자는 시효완성의 사실을 알고 그 이익을 포기한 것이라 추정할 수 있다고 한 사례.

VII. 사례 연습

1. 계속적으로 거래한 외상대금채권의 소멸시효기간의 기산점

예제: A는 B에게 건축자재를 계속적으로 공급하여 왔으나 B는 외상대금 700만 원을

자기의 건축공사가 적자였다는 이유로 갚지 않았다. 위 외상대금의 최종거래가 있었던 것은 2년 6개월 전이지만 3년 전에 공급한 건축자재도 있는데, A의 외상대금청구권의 소멸시효 기산점은 어느 시점으로 보아야 하는가?

생산자 및 상인이 판매한 생산물 및 상품의 대가에 대한 채권은 3년의 소멸시효에 해당한다(163조 6호). 그런데 소멸시효는 권리를 행사할 수 있는 때로부터 진행하므로(166 ①), 계속적 물품공급계약에 기하여 발생한 외상대금채권은 원칙적으로 개별 거래로 인한 각 채권이 발생한 때로부터 개별적으로 진행한다고 보아야 한다.

대판 1992.1.21, 91다10152

계속적 물품공급계약에 기하여 발생한 외상대금채권은 특별한 사정이 없는 한 발생한 때로부터 3년이 경과함으로써 소멸시효가 완성된다고 볼 것이지 거래 종료일부터 기산하여야 한다고 할 수 없다.

대판 2007.1.25, 2006다68940

계속적 물품공급계약에 기하여 발생한 외상대금채권은 특별한 사정이 없는 한 개별 거래로 인한 각 외상대금채권이 발생한 때로부터 개별적으로 소멸시효가 진행하는 것이지 거래종료일부터 외상대금채권 총액에 대하여 한꺼번에 소멸시효가 기산한다고 할 수 없는 것.

각 개별 거래 시마다 서로 기왕의 미변제 외상대금에 대하여 확인하거나 확인된 대금의 일부를 변제하는 등의 행위가 없었다면, 새로이 동종 물품을 주문하고 공급받았다는 사실만으로는 기왕의 미변제 채무를 승인한 것으로 볼 수 없다.

2. 강제집행의 집행불능 시 소멸시효 중단 여부

예제: A는 B에게 금 1,000만 원을 빌려주었으나 B가 이를 갚지 않고 있어 대여금청구소송을 제기하여 승소판결을 받았으나, 사정상 그 집행을 미루다가 10년이 다된 시점에서 집행관에게 강제집행을 위임하였으나, B 소유의 재산이 없어 강제집행이 불능으로 되었다. 현재 판결의 시효기간 10년이 1개월밖에 남지 않았는데, 판결의 효력을 연장시킬 방법은?

위 예제에서 강제집행을 하였다고 한 것은 최소한 압류결정이 집행개시되었음을 의미한다. 집행절차를 개시하였으나 압류할 물건이 없어서 집행불능으로 된 경우에도 시효중단의 효력은 생기며, 집행절차가 종료된 시점부터 다시 10년간의 시효가 새롭게 진행된다.

대판 2000.4.25, 2000다11102

민법 제168조에서 가압류를 시효중단사유로 정하고 있는 것은 가압류에 의하여 채권자가 권리를 행사하였다고 할 수 있기 때문인데 가압류에 의한 집행보전의 효력이 존속하는 동안은 가압류채권자에 의한 권리행사가 계속되고 있다고 보아야 할 것이므로 가압류에 의한 시효중단의 효력은 가압류의 집행보전의 효력이 존속하는 동안은 계속된다.

3. 일부 변제의 시효중단의 효력 여부

예제: A는 11년 전 5월 B에게 금 500만 원을 이자 없이 빌려주고 같은 해 12월 말일 변제 받기로 하였으나, 변제기로부터 3년 후 300만 원만 지급받고 잔액 200만 원은 현재까지 받지 못하고 있던 중, 그동안 행방을 감추었던 B의 소재를 알게 되어 재판을 청구하려고 한다. A의 잔액 200만 원 채권에 대해 B는 소멸시효를 주장할 수 있는가?

위 예제에서 B에 대한 대여금채권의 소멸시효기간은 10년인데, 채무의 일부변제도 소멸시효의 중단사유에 해당하는지가 문제된다. 시효의 중단사유인 承認(168조 3호)에는 특별한 방식이 요구되지 않으며 명시적 · 묵시적으로 할 수 있다. 가령 일부변제, 담보의 제공, 면책적 채무인수, 기한유예의 청구 등은 묵시의 승인이 된다.

따라서 시효완성 전에 채무의 일부를 변제한 경우에는 그 액수에 관하여 다툼이 없는 한 채무승인으로서의 효력이 있어 시효중단의 효과가 발생한다. 따라서 위 예제의 경우 300만 원을 변제받은 때로부터 10년이 경과되어야 소멸시효가 완성된다.

대판 1980.5.13, 78다1790

동일 당사자 간의 계속적인 금전거래로 인하여 수개의 금전채무가 있는 경우에 채무의 일부 변제는 채무의 일부로서 변제한 이상 그 채무 전부에 관하여 시효중단의 효력을 발생하는 것으로 보아야하고 동일당사자간에 계속적인 거래관계로 인하여 수개의 금전채무가 있는 경우에 채무자가 전채무액을 변제하기에 부족한 금액을 채무의 일부로 변제한 때에는 특별한 사정이 없는 한 기존의 수개의 채무전부에 대하여 승인을 하고 변제한 것으로 보는 것이 상당하다.

4. 불법행위로 인한 손해배상청구권의 소멸시효 기간과 그 중단 방법

예제: A는 2년 11개월 전 아파트 건축공사현장에서 잘못 설치된 공작물로 입하여 3층에서 떨어지면서 허리부상을 당하여 입원치료를 받고 퇴원하면서 산재보상금을 받았으나, 보상금이 적다고 생각되어서 회사를 상대로 손해배상청구를 하려고 한다. A의 청구는 가능한가?

불법행위로 인한 손해배상청구권은 손해 및 가해자를 안 날로부터 3년, 불법행위를 한 날로부터 10년의 기간 중 먼저 만료되는 것에 의하여 권리가 소멸한다(766).

소멸시효의 중단사유로는 재판상 청구나 압류, 가압류, 가처분 등의 절차가 있으며, 즉시 그러한 법적 절차를 실행할 수 없다면 먼저 催告(가령, 내용증명우편으로 손해배상을 청구하는 내용을 통지함)를 하여 임시로 시효를 중단시킬 수 있다.

최고에 의한 시효 중단의 경우에는 최고를 한 때(가령, 내용증명우편이 상대방에게 도달한 날)로부터 6개월 내에 재판상의 청구 등의 조치를 취하지 않으면 시효중단의 효력이 없다(174).

따라서 위 예제의 경우 소멸시효의 만료가 1개월밖에 남지 않은 상황이므로, A는 먼저 회사를 상대로 손해배상청구의 최고를 한 후, 그로부터 6개월 이내에 재판상 청구나 압류, 가압류, 가처분 등의 조치를 취하여야 한다.

제5부_ 권리의 주체

제22장 자연인의 권리능력
제23장 자연인의 행위능력
제24장 주소, 부재, 실종
제25장 법 인
제26장 법인 아닌 사단과 재단

제22장 자연인의 권리능력

Ⅰ. 능 력

1. (법적) 능력의 종류

권리능력은 권리와 의무의 주체가 될 수 있는 일반적 · 추상적인 자격(의무능력 포함)이다.

의사능력은 자기 행위의 법률효과를 합리적으로 예견할 수 있는 정신적 능력이다.

행위능력은 혼자서 완전 · 유효한 법률행위를 할 수 있는 지위 또는 자격(의사능력의 객관적 획일화)이다.

책임능력은 법률행위에서의 의사능력에 상응하는, 불법행위에 있어서 자기 행위의 책임을 인식할 수 있는 능력이다.

2. (민법상) 권리능력자

권리능력자(인격자)는 권리능력이 부여된 존재로서 우리 민법은 이를 인(人)이라 한다. 인(권리능력자)에는 자연인과 법인이 있다.

自然人은 살아 있는 사람이다. 法人은 권리능력이 인정된 사단과 재단이다.

3. 권리능력과 행위능력의 구별

권리능력은 권리의 주체가 될 수 있는 지위 또는 자격으로서 추상적 가능성이다.

행위능력은 법률행위를 할 수 있는 지위 또는 자격으로서 (획일화된 기준에 따른) 실제적 지위이다.

권리능력 평등의 원칙(3, 헌 10)에 따라 살아 있는 모든 인간은 평등하게 권리능력을 가진다.

II. 권리능력의 始期

1. 원 칙

모든 인간은 출생한 때로부터 권리능력을 취득한다.

제3조(권리능력의 존속기간) 사람은 생존한 동안 권리와 의무의 주체가 된다.

출생의 기준에 대해서는 진통설(형법), 일부노출설, 전부노출설(민법), 독립호흡설 등이 있다.

출생에 관하여 가족관계등록부(구 호적부)는 추정력은 있으나 반증이 가능하다.

대판 1994.6.10, 94다1883

호적에 기재된 사항은 일응 진실에 부합하는 것이라는 추정을 받는다 할 것이나, 그 기재에 반하는 증거가 있거나, 그 기재가 진실이 아니라고 볼 만한 특별한 사정이 있는 때에는 그 추정을 번복할 수 있다.

대판(전) 1977.7.26, 77다492

[다수의견] 당사자 사이에 양친자 관계를 창설하려는 명백한 의사가 있고 기타 입양

의 성립요건이 모두 구비된 경우에는 요식성을 갖춘 입양신고 대신 친생자 출생신고가 있다 하더라도 입양의 효력이 있다.
[반대의견] 요식의 입양신고 없는 입양은 법제도상 그 효력을 인정않음이 타당하다.

제138조(무효행위의 전환) 무효인 법률행위가 다른 법률행위의 요건을 구비하고 당사자가 그 무효를 알았더라면 다른 법률행위를 하는 것을 의욕하였으리라고 인정될 때에는 다른 법률행위로서 효력을 가진다.

2. 태아의 권리능력

태아는 수태 후 사람의 체내에서 발육되고 있는 생명체(인공수정란의 경우 착상 후)이다.

태아의 권리능력에 대한 입법주의를 보면, 모든 법률관계에 대하여 일반적 보호를 부여하는 입장(스위스, 로마) 그리고 중요한 법률관계에 대해서만 개별적 보호를 부여하는 입장(독, 프, 일)으로 나뉜다.

우리 민법은 이하의 사항에 관하여 태아가 이미 출생한 것으로 본다(개별주의).

(1) 불법행위로 인한 손해배상의 청구

제762조(손해배상청구권에 있어서의 태아의 지위) 태아는 손해배상의 청구권에 관하여는 이미 출생한 것으로 본다.

제752조(생명침해로 인한 위자료) 타인의 생명을 해한 자는 피해자의 직계존속, 직계비속 및 배우자에 대하여는 재산상의 손해없는 경우에도 손해배상의 책임이 있다.

태아는 父의 생명침해에 대한 위자료(752), 자신에 대한 불법행위에 대하여 이미 출생한 것으로 본다. 父의 생명침해에 대한 재산적 손해는 상속규정에 의한다(1000 ③: 다수설 · 판례).

(2) 상 속

相續, 代襲相續에 있어서 태아는 직계비속으로 다루어진다.

제1000조(상속의 순위) ① 상속에 있어서는 다음 순위로 상속인이 된다.
1. 피상속인의 직계비속
2. 피상속인의 직계존속
3. 피상속인의 형제자매
4. 피상속인의 4촌 이내의 방계혈족

② 전항의 경우에 동순위의 상속인이 數人인 때에는 最近親을 先順位로 하고 同親等의 상속인이 수인인 때에는 공동상속인이 된다.
③ 태아는 상속순위에 관하여는 이미 출생한 것으로 본다.

제1001조(代襲相續) 전조 제1항 제1호와 제3호의 규정에 의하여 상속인이 될 직계비속 또는 형제자매가 상속개시전에 사망하거나 결격자가 된 경우에 그 직계비속이 있는 때에는 그 직계비속이 사망하거나 결격된 자의 순위에 갈음하여 상속인이 된다.

(3) 遺贈, 死因贈與

태아도 遺贈을 받을 수 있다. 사인증여에 관해서는 인정설(곽 · 송)과 부정설이 대립한다.

제1064조(유언과 태아, 상속결격자) 제1000조 제3항, 제1004조의 규정은 수증자에 준용한다.

제562조(死因贈與) 증여자의 사망으로 인하여 효력이 생길 증여에는 유증에 관한 규정을 준용한다.

(4) 遺 留 分

이 때에도 태아는 직계비속으로 다루어진다.

제1118조(준용규정) 제1001조[대습상속], 제1008조[특별수익자의 상속분], 제1010조[대습상속분]의 규정은 유류분에 이를 준용한다.

제1112조(유류분의 권리자와 유류분) 상속인의 유류분은 다음 각호에 의한다.
1. 피상속인의 직계비속은 그 법정상속분의 2분의 1
2. 피상속인의 배우자는 그 법정상속분의 2분의 1
3. 피상속인의 직계존속은 그 법정상속분의 3분의 1

4. 피상속인의 형제자매는 그 법정상속분의 3분의 1

(5) 기 타

태아의 認知請求權과 受贈能力(증여를 받을 수 있는 능력)에 관해서 태아의 권리능력을 인정할지에 대해서는 긍정설(곽)과 부정설(송)이 대립한다. 판례는 부정설을 따르고 있다.

제858조(포태중인 자의 인지) 부는 포태중에 있는 자에 대하여도 이를 인지할 수 있다.

제863조(인지청구의 소) 자와 그 직계비속 또는 그 법정대리인은 부 또는 모를 상대로 하여 인지청구의 소를 제기할 수 있다.

제554조(증여의 의의) 증여는 당사자일방이 무상으로 재산을 상대방에 수여하는 의사를 표시하고 상대방이 이를 승낙함으로써 그 효력이 생긴다.

대판 1982.2.9, 81다534

현행 민법이 태아의 권리능력에 관하여 개별주의를 취하고 있는 것과 마찬가지로 이 사건 증여행위가 있은 당시에 시행되던 조선민사령에 의한 의용 민법이나 구관습(이하, 구법이라 약칭한다) 아래에서도 태아에게는 일반적으로 권리능력이 인정되지 아니하고 손해배상청구권(위 의용 민법 제721조 참조) 또는 상속(당원 1949.4.9. 선고 4281민상 제197 판결 참조)등 특별한 경우에 한하여 제한된 권리능력을 인정하였을 따름이었으며 증여에 관하여는 태아의 수증능력을 인정하는 구법상 근거가 없다. 더우기[올바른 맞춤법: 더욱이] 증여는 구법 하에서도 증여자와 수증자 간의 계약으로서 수증자의 승낙을 요건으로 하는 것이므로 태아에 대한 증여에 있어서도 태아의 수증행위가 필요한 것인바, 구법하에서 개별적으로 태아의 권리능력이 인정되는 경우에도 그 권리능력은 태아인 동안에는 없고 살아서 출생하면 문제된 사건의 시기까지 소급하여 그때에 출생한 것과 같이 법률상 간주되었던 것이므로(위 당원 판결 참조), 태아인 동안에는 법정대리인이 있을 수 없고, 따라서 법정대리인에 의한 수증행위도 불가능한 것이어서 증여와 같은 쌍방행위가 아닌 손해배상청구권의 취득이나 상속 또는 유증의 경우를 유추하여 태아의 수증능력을 인정할 수 없는 것이다.

3. 태아의 법률상 지위

이에 관하여는 학설이 대립한다. 정지조건설은 태아가 출생하면 취득의 효과가 소급(인격소급설)한다고 하고, 해제조건설은 死産시 소급하여 효과가 소멸(제한적 인격설: 곽 · 송)한다고 한다. 양 학설의 차이는 법정대리인(또는 재산관리인)에 의한 태아의 권리의 관리 · 보존을 인정할 것인지이다. 정지조건설은 태아의 법정대리인을 인정하지 않고, 해제조건설은 법정대리인을 인정한다.

판례는 정지조건설을 취하고 있다.

대판 1976.9.14, 76다1365

태아가 특정한 권리에 있어서 이미 태어난 것으로 본다는 것은 살아서 출생한 때에 출생시기가 문제의 사건의 시기까지 소급하여 그 때에 태아가 출생한 것과 같이 법률상 보아 준다고 해석하여야 상당하므로 그가 모체와 같이 사망하여 출생의 기회를 못 가진 이상 배상청구권을 논할 여지 없다.

법정해제조건설(제한적 인격설)에 따른다고 하더라도 태아가 사산과 같은 경우인 본건에 있어서는 결론은 달라지지 아니한다.

Ⅲ. 외국인의 권리능력

외국인은 대한민국의 국적을 가지지 않은 자(외국국적자, 무국적자)이다.

외국인에 대하여도 내국인과 동등하게 권리능력이 인정되는 평등주의(헌 6 ②)가 민법에도 그대로 타당하다. 다만 예외적으로 외국인의 권리능력이 부정되거나(선박법 2), 제한되는 경우(상호주의: 특허법 25)가 있다.

한국 국민이 한국 國籍을 상실하면 그때부터 한국 국민으로서의 권리를 누릴 수 없다(국적법 18 ①). 한국 국민이었을 때 취득한 것으로 양도할 수 있는 것은 3년 내에 한국 국민에게 양도해야 하고(국적법 18 ②), 토지를 계속 보유하고자 하는 경우에는 6개월 이내에 보유 신고를 해야 한다(외국인토지법 6).

IV. 권리능력의 終期

1. 원　칙

권리능력의 소멸원인은 사망으로서, 사망으로 인하여 여러 법률효과가 발생한다.

사망시기의 기준에 관하여, 통설은 "호흡과 혈액순환의 영구적 멈춤"이라고 한다. 한편 장기 등 이식에 관한 법률은 뇌사설을 따르고 있다.

사망신고는 신고의무자가 1개월 이내에 하여야 하는데, 의사의 사망진단서 또는 시체검안서, 혹은 사망의 사실을 증명할 만한 서면을 첨부(가족관계의 등록 등에 관한 법률 84 ①)하여 하며, 제때에 하지 않으면 과태료(동법 122)가 부과된다.

2. 사망의 입증곤란

사망의 여부나 사망 시기를 정확히 증명·확정하기 어려운 경우를 대비하여 다음의 제도들이 마련되어 있다.

(1) 동시사망의 추정

특히 상속에서의 불합리한 결과를 방지하기 위하여 민법은 동시사망 추정제도를 두고 있다.

> **제30조(동시사망)** 2인 이상이 동일한 危難으로 사망한 경우에는 동시에 사망한 것으로 추정한다.

동시사망에 관한 입법의 태도를 보면 다음과 같다. 로마법, 프랑스 민법은 자연적으로 생존하였을 경우의 사망 순서에 따르도록 한다(이른바 생존의 추정). 반면 독일 실종법, 스위스 민법, 일본 민법은 同死의 추정을 하도록 하며, 우리 민법은 이 입장을 따랐다. 우리 민법과는 대조되는 로마법의 입장은 다음 사례를 보면 잘 알 수 있다.

트리포니누스 D. 34.5.9.1 (토론집 제21권)

전쟁에서 아버지가 아들과 함께 사망하였고 어머니가 아들이 나중에 죽었다고 주장하면서 아들의 재산을 소유물반환청구하고, 친척들은 아들이 먼저 죽었다는 이유로 아버지의 재산을 소유물 반환청구했던 경우에 神皇[사망한 황제를 가리키는 말] 하드리아누스[재위: 117-138]는 아버지가 먼저 죽었다고 믿었다.

동시사망의 추정은 推定이지 擬制가 아니다. 따라서 추정은 反證에 의하여 번복될 수 있다.

推定과 擬制(看做): 추정은 반증을 허용하지만, 擬制(의제)는 반증을 불허한다(법률이 정한 효력이 당연히 발생). 민법은 의제를 "…으로 본다"로 표현한다. 看做(간주)는 의제의 일본식 표현이므로, 되도록 이 용어를 사용하지 않는 것이 좋다.

법원은 동시사망의 추정에 대한 반증은 매우 충분하고 명백할 것을 요구한다.

대판 1998.8.21, 98다8974

민법 제30조에 의하면, 2인 이상이 동일한 위난으로 사망한 경우에는 동시에 사망한 것으로 추정하도록 규정하고 있는바, 이 추정은 법률상 추정으로서 이를 번복하기 위하여는 동일한 위난으로 사망하였다는 전제사실에 대하여 법원의 확신을 흔들리게 하는 반증을 제출하거나 또는 각자 다른 시각에 사망하였다는 점에 대하여 법원에 확신을 줄 수 있는 본증을 제출하여야 하는데, 이 경우 사망의 선후에 의하여 관계인들의 법적 지위에 중대한 영향을 미치는 점을 감안할 때 충분하고도 명백한 입증이 없는 한 위 추정은 깨어지지 아니한다고 보아야 한다.

제30조를 다른 경우에 대해서도 유추적용할 수 있을지에 대하여, 다수설은 2인 이상이 각기 다른 위난으로 사망하거나, 1인은 사망 시기가 확정이나 다른 1인은 불확정인 경우에 대한 유추적용을 인정한다. 소수설은 이를 부인한다.

시체 檢案에 의해 사망시기가 추정되는 경우에 대해 제30조를 유추적용할지 여부에 대해서는 긍정설과 부정설(송)이 있다.

동시사망의 추정과 대습상속과 본위상속 문제와 관련해서는 다음의 흥미로운 판결이 있다(이른바 KAL기 괌 추락사건).

대판 2001.3.9, 99다13157

[1] 피상속인의 사위가 피상속인의 형제자매보다 우선하여 단독으로 대습상속한다는 민법 제1003조 제2항이 위헌인지 여부(소극)
[2] 동시사망으로 추정되는 경우 대습상속의 가능 여부(적극)
[3] 피상속인의 자녀가 상속개시 전에 전부 사망한 경우 피상속인의 손자녀의 상속의 성격(대습상속).
원래 대습상속제도는 대습자의 상속에 대한 기대를 보호함으로써 공평을 꾀하고 생존 배우자의 생계를 보장하여 주려는 것이고, 또한 동시사망 추정규정도 자연과학적으로 엄밀한 의미의 동시사망은 상상하기 어려운 것이나 사망의 선후를 입증할 수 없는 경우 동시에 사망한 것으로 다루는 것이 결과에 있어 가장 공평하고 합리적이라는 데에 그 입법 취지가 있는 것인바, 상속인이 될 직계비속이나 형제자매(피대습자)의 직계비속 또는 배우자(대습자)는 피대습자가 상속개시 전에 사망한 경우에는 대습상속을 하고, 피대습자가 상속개시 후에 사망한 경우에는 피대습자를 거쳐 피상속인의 재산을 본위상속을 하므로 두 경우 모두 상속을 하는데, 만일 피대습자가 피상속인의 사망, 즉 상속개시와 동시에 사망한 것으로 추정되는 경우에만 그 직계비속 또는 배우자가 본위상속과 대습상속의 어느 쪽도 하지 못하게 된다면 동시사망 추정 이외의 경우에 비하여 현저히 불공평하고 불합리한 것이라 할 것이고, 이는 앞서 본 대습상속제도 및 동시사망 추정규정의 입법 취지에도 반하는 것이므로, 민법 제1001조의 '상속인이 될 직계비속이 상속개시 전에 사망한 경우'에는 '상속인이 될 직계비속이 상속개시와 동시에 사망한 것으로 추정되는 경우'도 포함하는 것으로 합목적적으로 해석함이 상당하다.

제1003조(배우자의 상속순위) ① 피상속인의 배우자는 제1000조 제1항 제1호와 제2호의 규정에 의한 상속인이 있는 경우에는 그 상속인과 동순위로 공동상속인이 되고 그 상속인이 없는 때에는 단독상속인이 된다.
② 제1001조의 경우에 상속개시전에 사망 또는 결격된 자의 배우자는 동조의 규정에 의한 상속인과 동순위로 공동상속인이 되고 그 상속인이 없는 때에는 단독상속인이 된다.

(2) 認定死亡

이것은 재난으로 인한 사망의 경우 관공서의 사망통보에 의하여 가족관계

등록부에 사망의 기록을 하는 제도이다. 인정사망은 매우 강한 사망추정적 효과를 가진다.

인정사망자가 생존한 경우 실종선고 취소 규정(29)을 유추적용할지에 대해서는 긍정설과 부정설(송)이 있다.

가족관계의 등록 등에 관한 법률 제87조(재난 등으로 인한 사망) 수해, 화재나 그 밖의 재난으로 인하여 사망한 사람이 있는 경우에는 이를 조사한 관공서는 지체 없이 사망지의 시·읍·면의 장에게 통보하여야 한다. 다만, 외국에서 사망한 때에는 사망자의 등록기준지의 시·읍·면의 장에게 통보하여야 한다.

동법 제16조(등록부의 기록절차) 등록부는 신고, 통보, 신청, 증서의 등본, 항해일지의 등본 또는 재판서에 의하여 기록한다.

(3) 失踪宣告

일정한 요건을 갖추면 실종자에 대하여 실종선고를 하여 사망한 것으로 의제하는 제도이다.[1]

제28조(실종선고의 효과) 실종선고를 받은 자는 전조의 기간이 만료한 때에 사망한 것으로 본다.

1) 보다 상세한 내용은 아래의 제24장 V. 에서 다룬다.

제23장 자연인의 행위능력

Ⅰ. 의사능력

사적 자치의 핵심이 개인의 자유라면, 그 자유는 특히 의사 결정의 자유를 말한다. 의사능력은 자기 행위의 의미나 결과를 합리적으로 예견할 수 있는 정신적 능력 내지 지능(통설 · 판례)으로서, 통상인이 가지는 정상적 판단능력을 말한다. 따라서 획일적 · 일반적으로 판단하는 행위능력과 달리 의사능력은 구체적인 행위에 대하여 개별적으로 판단한다.

또한 의사능력 없이는 법률행위는 아예 성립할 수 없으므로 무효이다(통설 · 판례). 이때 부당이득 반환범위는 제141조의 유추적용을 통해 해결한다. 반면 행위능력 없이 한 행위는 일단 성립하기는 하였지만, 그 효력이 취소에 의하여 부인될 수 있는 행위이다.

무효의 주장은 통설에 따르면 누구나 할 수 있지만, 의사제한능력자만 할 수 있다는 견해도 있다. 입증책임은 무효 주장자가 부담한다.

대판 2002.10.11, 2001다10113

의사능력이란 자신의 행위의 의미나 결과를 정상적인 인식력과 예기력을 바탕으로 합리적으로 판단할 수 있는 정신적 능력 내지는 지능을 말하는 것으로서, 의사능력의 유무는 구체적인 법률행위와 관련하여 개별적으로 판단되어야 할 것이다.

원고가 직접 금융기관을 방문하여 금 50,000,000원을 대출받고 금전소비대차약정서 및 근저당권설정계약서에 날인하였다고 할지라도, 원고가 어릴 때부터 지능지수가 낮아 정규교육을 받지 못한 채 가족의 도움으로 살아왔고, 위 계약일 2년 8개월 후 실시된 신체감정결과 지능지수는 73, 사회연령은 6세 수준으로서 이름을 정확하게 쓰지 못하고 간단한 셈도 불가능하며, 원고의 본래 지능수준도 이와 크게 다르지 않을 것으로 추정된다는 감정결과가 나왔다면, 원고가 위 계약 당시 결코 적지 않은 금액을 대출받고 이에 대하여 자신 소유의 부동산을 담보로 제공함으로써 만약 대출금을 변제하지 못할 때에는 근저당권의 실행으로 인하여 소유권을 상실할 수 있다는 일련의 법률적인 의미와 효과를 이해할 수 있는 의사능력을 갖추고 있었다고 볼 수 없고, 따라서 위 계약은 의사능력을 흠결한 상태에서 체결된 것으로서 무효라고 본 사례.

대판 2009.1.15, 2008다58367

의사능력이란 자신의 행위의 의미나 결과를 정상적인 인식력과 예기력을 바탕으로 합리적으로 판단할 수 있는 정신적 능력 내지는 지능을 말하는 것으로서, 의사능력의 유무는 구체적인 법률행위와 관련하여 개별적으로 판단되어야 하므로, 특히 어떤 법률행위[대출거래약정 및 근저당권설정]가 그 일상적인 의미만을 이해하여서는 알기 어려운 특별한 법률적인 의미나 효과가 부여되어 있는 경우 의사능력이 인정되기 위하여는 그 행위의 일상적인 의미뿐만 아니라 법률적인 의미나 효과에 대하여도 이해할 수 있을 것을 요한다.

제한능력자의 책임을 제한하는 민법 제141조 단서는 부당이득에 있어 수익자의 반환범위를 정한 민법 제748조의 특칙으로서 제한능력자의 보호를 위해 그 선의·악의를 묻지 아니하고 반환범위를 현존 이익에 한정시키려는 데 그 취지가 있으므로, 의사능력의 흠결을 이유로 법률행위가 무효가 되는 경우에도 유추적용되어야 할 것이나, 법률상 원인 없이 타인의 재산 또는 노무로 인하여 이익을 얻고 그로 인하여 타인에게 손해를 가한 경우에 그 취득한 것이 금전상의 이득인 때에는 그 금전은 이를 취득한 자가 소비하였는가의 여부를 불문하고 현존하는 것으로 추정되므로, 위 이익이 현존하지 아니함은 이를 주장하는 자, 즉 의사제한능력자 측에 입증책임이 있다.

II. 행위능력

권리능력이 권리와 의무의 주체가 될 수 있는 일반적·추상적인 자격을 말한다면, 행위능력은 단독으로 완전하고 유효한 법률행위를 할 수 있는 지위 또는 자격을 말한다. 즉 행위능력은 개별 인간마다 다를 수 있는 의사능력을 객관적으로 획일화한 것이다.

행위능력 없이 한 법률행위는 취소할 수 있다. 행위능력은 법률행위에서만 문제되며, 불법행위에서는 책임능력(개별적 · 구체적으로 판단)이 문제된다. 민법에서 말하는 능력은 행위능력을 말하며, 행위능력이 제한되는 제한능력자에는 未成年者, 被限定後見人, 被成年後見人, 被特定後見人이 있다.

제한능력자에 관한 민법 규정들은 강행규정이며 재산법에만 적용된다. 제한능력을 이유로 한 취소는 선의의 제3자에게도 대항할 수 있다. 성년후견개시 또는 한정후견개시 심판을 받지 않았지만 의사능력이 불완전한 자들에게 제한능력자 규정을 유추적용할지에 대해서는 긍정설과 부정설(송 · 판례)이 있다.

III. 미성년자

1. 成 年 期

제4조(성년) 사람은 19세로 성년에 이르게 된다.

계산은 曆(역)에 의해서 하며(160), 초일을 산입하지 않는 일반원칙(157)과는 달리 출생일을 산입(158)한다.

성년의제는 혼인한 경우 성년인 것으로 보는 제도이다.

제826조의2(성년의제) 미성년자가 혼인을 한 때에는 성년자로 본다.

혼인은 법률혼만을 의미(통설)하며, 혼인의 해소(이혼, 사망) · 취소에도 불구하고 성년인 것은 유지된다(로마의 法諺 semel maior, semper maior: 한번 成人이면, 영원히 성인이다). 무효인 혼인이면 성년의제의 효과 역시 발생하지 않는다.

성년의제는 公法關係에는 적용되지 않는다. 즉, 공직선거법, 청소년보호법, 근로기준법 등에 있어서는 원래의 연령에 따라 판단하는 것이지, 성년의제가 되었다고 해서 마치 20세가 된 것처럼 취급하지 않는다.

공직선거법 제15조(선거권) ① 19세 이상의 국민은 대통령 및 국회의원의 선거권이 있다.

청소년보호법 제2조(정의) 이 법에서 사용하는 용어의 뜻은 다음과 같다.
1. "청소년"이란 만 19세 미만인 사람을 말한다. 다만, 만 19세가 되는 해의 1월 1일을 맞이한 사람은 제외한다.

근로기준법 제67조(근로계약) ① 친권자나 후견인은 미성년자의 근로계약을 대리할 수 없다.

2. 미성년자의 행위능력

(1) 원 칙

미성년자는 단독으로 법률행위를 하지 못한다. 즉, 미성년자는 법률행위를 함에 있어서 法定代理人의 동의를 얻어서 해야 하고(강행규정), 그러한 동의가 없으면 법률행위를 취소할 수 있다. 법률행위가 취소되면 소급하여 무효이다(141).

동의가 있었다는 입증책임은 상대방에게 있다.

제5조(미성년자의 능력) ① 미성년자가 법률행위를 함에는 법정대리인의 동의를 얻어야 한다. 그러나 권리만을 얻거나 의무만을 면하는 행위는 그러하지 아니하다.
② 전항의 규정에 위반한 행위는 취소할 수 있다.

(2) 예 외

예외적으로 미성년자가 법정대리인의 동의 없이도 단독으로 법률행위를 할 수 있는 다음과 같은 경우들이 있다.

① 단순히 권리만을 얻거나 또는 의무만을 면하는 행위(5 ① 단): 여기에는 부담 없는 증여, 채무면제의 청약에 대한 승낙, 친권자에 대한 부양료청구 등이 해당한다. 그러나 부담부 증여, 매매계약 체결, 상속의 승인, 변제의 수령 등은 그러한 행위에 해당하지 않는다

② 처분이 허락된 재산의 처분행위(6): 사용목적을 정하여 처분을 허락한

재산을 목적과 상관없이 처분한 경우에도 그 유효성을 긍정하는 것이 다수설이다. 처분 외에 사용, 수익도 여기에 포함된다.

③ 영업이 허락된 미성년자의 그 영업에 관한 행위(8 ①): 營業은 商業뿐만 아니라 널리 영리를 목적으로 하는 독립적 · 계속적 사업을 말한다. 고용되어 일하는 경우도 포함시킬지에 대해서는, 긍정설과 부정설(송)이 있다. 영업의 허락에는 영업의 종류가 특정되어야 한다. 영업 자체 외에 영업에 직 · 간접으로 필요한 모든 행위가 가능하다. 영업허락의 범위에서 법정대리인의 동의권 · 대리권은 소멸한다.

④ 미성년자 자신이 법정대리인의 동의 없이 한 법률행위를 취소하는 행위(140)도 단독으로 할 수 있다.

⑤ 혼인을 한 미성년자의 행위(826의2)는 성년의제 때문에 성년자의 행위가 된다.

⑥ 대리행위에는, 이미 배운 바와 같이, 행위능력이 필요 없다.

제117조(대리인의 행위능력) 대리인은 행위능력자임을 요하지 아니한다.

⑦ 유언행위에 관해 보자면, 17세 이상이면 미성년자라도 유언을 할 수 있다.

제1061조(유언적령) 만17세에 달하지 못한 자는 유언을 하지 못한다.

제1062조(제한능력자와 유언) 제5조, 제10조와 제13조의 규정은 유언에 관하여는 이를 적용하지 아니한다.

⑧ 법정대리인의 허락을 얻어 회사의 無限責任社員이 된 미성년자가 그 사원자격에서 한 행위도 마찬가지이다.

상법 제7조(제한능력자와 무한책임사원) 미성년자 또는 한정치산자가 법정대리인의 허락을 얻어 회사의 무한책임사원이 된 때에는 그 사원자격으로 인한 행위에는 능력자로 본다.

⑨ 근로계약 체결과 임금의 청구: 미성년자라도 근로계약은 대리 없이 직접 체결하여야 한다(근로기준법 67 ①). 이때 법정대리인의 동의가 필요한지에 대해서는 긍정설(다수설)과 부정설, 18세 미만의 경우만 요구하는 견해 등이 있다. 또한 미성년자는 독자적으로 임금을 청구할 수 있다(근로기준법 68).

(3) 동의와 허락의 취소 또는 제한

법정대리인이 이미 동의(5) 또는 허락(6)을 한 경우에도 아직 미성년자가 법률행위를 하기 전이라면 그 동의나 허락을 취소[2)]할 수 있다.

第7条(동의와 허락의 취소) 법정대리인은 미성년자가 아직 법률행위를 하기 전에는 전2조의 동의와 허락을 취소할 수 있다.

철회는 미성년자나 그 상대방에 대하여 하며, 소급효는 없다. 철회를 미성년자에게 한 경우에는 그것을 가지고 선의의 제3자에게 대항하지 못한다(8 ② 유추적용: 통설).

第8条(영업의 허락) ② 법정대리인은 전항의 허락을 취소 또는 제한할 수 있다. 그러나 선의의 제삼자에게 대항하지 못한다.

미성년후견인은 친권자가 허락한 영업을 미성년후견감독인의 동의를 얻어 취소 또는 제한할 수 있다(945조 3호).

3. 法定代理人

법정대리인은 일차적으로 친권자(911)가 되고, 2차적으로 후견인(928, 938)이 된다.

第911条(미성년자인 자의 법정대리인) 친권을 행사하는 부 또는 모는 미성년자인 자의 법정대리인이 된다.

---

2) 아직 행위를 하기 전이므로 '철회'라고 하는 것이 타당하다.

제938조(후견인의 대리권 등) ① 후견인은 피후견인의 법정대리인이 된다.

(1) 친 권 자

親權은 子를 보호하고 교양할 권리 · 의무(913)이다. 親權者의 결정과 친권의 행사방법에 대해서는 제909조가 정한다.

제909조(친권자) ① 부모는 미성년자인 자의 친권자가 된다. 양자의 경우에는 養父母가 친권자가 된다.
② 친권은 부모가 혼인중인 때에는 부모가 공동으로 이를 행사한다. 그러나 부모의 의견이 일치하지 아니하는 경우에는 당사자의 청구에 의하여 가정법원이 이를 정한다.
③ 부모의 일방이 친권을 행사할 수 없을 때에는 다른 일방이 이를 행사한다.

(2) 후 견 인

後見은 친권에 의하여 보호를 받을 수 없는 제한능력자를 보호하기 위한 제도로서 미성년후견인(928)과 성년후견인(929)이 있다.

제928조(미성년자에 대한 후견의 개시) 미성년자에게 친권자가 없거나 친권자가 법률행위의 대리권과 재산관리권을 행사할 수 없는 경우에는 미성년후견인을 두어야 한다.

제929조(성년후견심판에 의한 후견의 개시) 가정법원의 성년후견개시심판이 있는 경우에는 그 심판을 받은 사람의 성년후견인을 두어야 한다.

미성년후견인은 1인이나, 성년후견인의 경우 여러 명도 가능하고 법인도 성년후견이 될 수 있다.

제930조(후견인의 수와 자격) ① 미성년후견인의 수(數)는 한 명으로 한다.
② 성년후견인은 피성년후견인의 신상과 재산에 관한 모든 사정을 고려하여 여러 명을 둘 수 있다.
③ 법인도 성년후견인이 될 수 있다.

後見人을 선임 방법에 따라 나누자면, 유언으로 지정하는 지정후견인(931)과 가정법원이 선임하는 선임후견인(932, 936)이 있다.

> **제931조(유언에 의한 미성년후견인의 지정 등)** ① 미성년자에게 친권을 행사하는 부모는 유언으로 미성년후견인을 지정할 수 있다. 다만, 법률행위의 대리권과 재산관리권이 없는 친권자는 그러하지 아니하다.

> **제932조(미성년후견인의 선임)** ① 가정법원은 제931조에 따라 지정된 미성년후견인이 없는 경우에는 직권으로 또는 미성년자, 친족, 이해관계인, 검사, 지방자치단체의 장의 청구에 의하여 미성년후견인을 선임한다. 미성년후견인이 없게 된 경우에도 또한 같다.

> **제936조(성년후견인의 선임)** ① 제929조에 따른 성년후견인은 가정법원이 직권으로 선임한다.

(3) 법정대리인의 권한

법정대리인은 다음과 같은 권한을 가진다.

① 同意權: 법정대리인은 同意權, 즉, 미성년자가 법률행위를 하는 데 동의를 할 권리(5 ①)를 가진다. 묵시적 동의나 개괄적 동의(예견 범위에서)도 가능하다. 후견인의 동의에는 후견감독인의 동의가 필요(950)하다.

② 代理權: 법정대리인은 대리권, 즉 미성년자를 대리하여 재산상의 법률행위를 할 권한(920, 949)을 가진다. 미성년자 본인의 행위를 목적으로 하는 채무에는 본인의 동의가 필요하다(920 단, 949 ②). 이익상반행위(법정대리인과 미성년자의 이해가 서로 대립하는 경우)에는 대리권이 제한된다(921). 후견인이 피후견대리인을 대리하여 일정한 행위를 하거나 미성년자의 일정한 행위에 동의하는 경우, 후견감독인의 동의를 받아야 한다(950 ①).

③ 取消權: 법정대리인은 미성년자가 동의 없이 한 법률행위를 취소할 수 있다(5 ②, 140).

IV. 被成年後見人

1. 의의와 요건

피성년후견인은 질병, 장애, 노령 등으로 인한 정신적 제약으로 인하여(신체적 제약은 불고려), 사무를 처리할 능력이 지속적으로 결여된 사람으로서 성년후견개시의 심판을 받은 자이다. 정신적 제약과 능력 결여 사이에는 인과관계가 있어야 한다. 능력이 지속적으로 결여된 경우라도 성년후견개시의 심판을 받지 않았으면 피성년후견인이 아니다.

> **제9조(성년후견개시의 심판)** ① 가정법원은 질병, 장애, 노령, 그 밖의 사유로 인한 정신적 제약으로 사무를 처리할 능력이 지속적으로 결여된 사람에 대하여 본인, 배우자, 4촌 이내의 친족, 미성년후견인, 미성년후견감독인, 한정후견인, 한정후견감독인, 특정후견인, 특정후견감독인, 검사 또는 지방자치단체의 장의 청구에 의하여 성년후견개시의 심판을 한다.
> ② 가정법원은 성년후견개시의 심판을 할 때 본인의 의사를 고려하여야 한다.

성년후견개시 심판의 청구권자는 본인, 배우자, 4촌 이내의 친족, 미성년후견인, 미성년후견감독인, 한정후견인, 한정후견감독인, 특정후견인, 특정후견감독인, 검사, 지방자치단체의 장이다. 그러나 가정법원은 청구권자가 아니다.

종전의 금치산자 제도와의 가장 큰 차이점 중의 하나는, 가정법원이 심판할 때 본인의 의사를 고려하여야 하는 점이다.

심판절차는 가사소송법과 가사사송규칙에 의하며(가소 34 등), 요건이 갖추어지면 반드시 심판해야 한다. 공시는 후견등기부(참조『후견등기에 관한 법률』)에 한다.

2. 피성년후견인의 행위능력

가장 중요한 특징은, 성년후견인의 동의를 얻어서 한 행위도 취소가 가능하다는 점이다(10 ①).

> **제10조(피성년후견인의 행위와 취소)** ① 피성년후견인의 법률행위는 취소할 수 있다.
> ② 제1항에도 불구하고 가정법원은 취소할 수 없는 피성년후견인의 법률행위의 범위를 정할 수 있다.
> ③ 가정법원은 본인, 배우자, 4촌 이내의 친족, 성년후견인, 성년후견감독인, 검사 또는 지방자치단체의 장의 청구에 의하여 제2항의 범위를 변경할 수 있다.
> ④ 제1항에도 불구하고 일용품의 구입 등 일상생활에 필요하고 그 대가가 과도하지 아니한 법률행위는 성년후견인이 취소할 수 없다.

예외로는 다음 두 가지가 있다.

첫째, 가정법원이 취소가 불가능한 법률행위의 범위를 설정한 경우이다(10 ②). 둘째, 일상생활에서 필요하고 대가가 과도하지 않은 법률행위는 성년후견인이 취소할 수 없다(10 ④).

한편, 친족법상의 행위(약혼, 혼인, 협의이혼, 인지, 입양, 협의파양)는 후견인의 동의를 얻어 스스로 할 수 있다(802, 808, 835, 856, 873, 902). 유언은 의사능력이 회복된 때에 할 수 있고 그 유언은 취소하지 못한다(1062, 1063).

3. 법정대리인

성년후견개시의 심판이 있으면 성년후견인을 두어야 한다(929). 후견인의 수는 여러 명이어도 되고, 법인도 가능하다(930).

성년후견인은 피후견인의 법정대리인(938 ①)으로서, 가정법원이 그의 권한 범위를 결정한다(938 ②③). 그의 권한으로는, 동의권은 없으나 대리권은 있고, 일부 친족법상 행위(약혼, 혼인 등)에 대해서는 동의권과 취소권 모두 가진다.

4. 성년후견종료의 심판

성년후견개시의 원인이 소멸하면 가정법원은 성년후견종료의 심판을 한다(11).

제11조(성년후견종료의 심판) 성년후견개시의 원인이 소멸된 경우에는 가정법원은 본인, 배우자, 4촌 이내의 친족, 성년후견인, 성년후견감독인, 검사 또는 지방자치단체의 장의 청구에 의하여 성년후견종료의 심판을 한다.

청구권자는 본인, 배우자, 4촌 이내의 친족, 성년후견인, 성년후견감독인, 검사 또는 지방자치단체의 장이다(11). 후견종료 심판의 절차는 가사소송법, 가사소송규칙에 따르며, 요건이 갖추어지면 반드시 심판해야 한다.

피성년후견인에 대한 한정후견개시 심판을 하는 경우, 종전의 성년후견의 종료 심판을 한다(14의3 ②). 성년후견이 더 강력한 보호를 부여하기는 하지만, 한정후견개시의 심판이 이루어졌다는 것은 이제 보호를 완화할 수 있는 상태가 되었음을 법원이 인정한 것이기 때문이다.

Ⅴ. 被限定後見人

1. 의의와 요건

피한정후견인은 질병, 장애, 노령, 그 밖의 사유로 인한 정신적 제약으로 사무를 처리할 능력이 부족한 사람으로 한정후견개시의 심판을 받은 자이다(12 ①). 피성년후견인처럼 능력이 지속적으로 결여된 것이 아니라 부족할 뿐이라는 차이가 있다.

제12조(한정후견개시의 심판) ① 가정법원은 질병, 장애, 노령, 그 밖의 사유로 인한 정신적 제약으로 사무를 처리할 능력이 부족한 사람에 대하여 본인, 배우자, 4촌 이내의 친족, 미성년후견인, 미성년후견감독인, 성년후견인, 성년후견감독인, 특정후견인, 특정후견감독인, 검사 또는 지방자치단체의 장의 청구에 의하여 한정후견개시의 심판을 한다.
② 한정후견개시의 경우에 제9조 제2항을 준용한다.

청구권자는 본인, 배우자, 4촌 이내의 친족, 미성년후견인, 미성년후견감독인, 성년후견인, 성년후견감독인, 특정후견인, 특정후견감독인, 검사 또는 지방자치단체의 장이다(12 ①).

가정법원의 심판 시 성년후견의 경우와 마찬가지로 본인의 의사가 고려되어야 한다(12 ②, 9 ②).

심판절차는 가사소송법, 가사소송규칙을 따르는데, 청구권자의 청구로 시작되며 가정법의 직권 개시는 불가능하다. 공시는 후견등기부로 한다.

2. 피한정후견인의 행위능력

피성년후견인과는 달리 피한정후견인은 원칙적으로 행위능력이 있다(13). 예외적으로 동의가 필요한 행위의 범위는 가정법원이 결정한다(13 ①: 동의권의 유보). 이 동의유보의 범위는 변경될 수 있고(13 ②), 한정후견인이 동의를 하지 않는 경우에 가정법원은 그 동의를 갈음하는 허가를 할 수 있다(13 ③).

제13조(피한정후견인의 행위와 동의) ① 가정법원은 피한정후견인이 한정후견인의 동의를 받아야 하는 행위의 범위를 정할 수 있다.
② 가정법원은 본인, 배우자, 4촌 이내의 친족, 한정후견인, 한정후견감독인, 검사 또는 지방자치단체의 장의 청구에 의하여 제1항에 따른 한정후견인의 동의를 받아야만 할 수 있는 행위의 범위를 변경할 수 있다.
③ 한정후견인의 동의를 필요로 하는 행위에 대하여 한정후견인이 피한정후견인의 이익이 침해될 염려가 있음에도 그 동의를 하지 아니하는 때에는 가정법원은 피한정후견인의 청구에 의하여 한정후견인의 동의를 갈음하는 허가를 할 수 있다.
④ 한정후견인의 동의가 필요한 법률행위를 피한정후견인이 한정후견인의 동의 없이 하였을 때에는 그 법률행위를 취소할 수 있다. 다만, 일용품의 구입 등 일상생활에 필요하고 그 대가가 과도하지 아니한 법률행위에 대하여는 그러하지 아니하다.

친족법상의 행위에 관하여 민법은 미성년자와 피성년후견인에 대해서만 규정(약혼, 혼인, 협의이혼, 입양, 협의파양 등)하고 있다. 따라서 피한정후견인은 단독으로 친족법상의 행위를 할 수 있다고 보아야 한다(송). 참고로 상속의 승인·포기에 관해서는 “상속인이 제한능력자인 경우”(1020)라고 되어 있어서 이러한 구별이 없는 점도 이러한 해석을 뒷받침한다.

3. 피한정후견인의 법정대리인

한정후견개시의 심판이 이루어지면 피한정후견인의 보호자로서 한정후견인을 두어야 한다(959의2). 이때 한정후견인은 성년후견의 경우와 마찬가지로 한 명 또는 여러 명을 선임할 수 있고, 법인도 한정후견인이 될 수 있다. 선임은 가정법원이 직권으로(959의3 ①) 한다.

한정후견인에게는 대리권이 원칙적으로 없다. 즉, 대리권 수여의 심판이 필요하며 또한 그 심판의 범위 내에서만 대리권을 가진다(959의4).

동의권 · 취소권은 한정후견인에게 원칙적으로 없다. 다만, 동의 유보의 경우에 그 범위에서 이 권한을 가질 뿐이다.

4. 한정후견 종료의 심판

심판절차는 가사소송법과 가사소송규칙에 따른다. 성년후견의 경우와 마찬가지로, 요건이 갖추어지면 반드시 심판해야 한다.

> **第14조(한정후견종료의 심판)** 한정후견개시의 원인이 소멸된 경우에는 가정법원은 본인, 배우자, 4촌 이내의 친족, 한정후견인, 한정후견감독인, 검사 또는 지방자치단체의 장의 청구에 의하여 한정후견종료의 심판을 한다.

피한정후견인에 대한 성년후견개시의 심판 시에는 종전의 한정후견의 종료 심판을 한다(14의3 ①). 성년후견의 내용은 한정후견보다 훨씬 포괄적인 것이기 때문에, 두 가지가 중복되어 인정될 필요가 없기 때문이다.

심판으로 행위능력이 회복되더라도 소급효는 인정되지 않는다.

VI. 피특정후견인

1. 의의와 요건

피특정후견인은 질병, 장애, 노령 등으로 인한 정신적 제약으로 인하여 일시적 후원 또는 특정한 사무에 관한 후원이 필요한 사람으로서 특정후견의 심판을 받은 자이다. 1회적이고 특정적인 보호를 위한 제도라는 면에서 지속적이고 포괄적인 보호를 위한 성년후견이나 한정후견과 대비된다.

> **제14조의2(특정후견의 심판)** ① 가정법원은 질병, 장애, 노령, 그 밖의 사유로 인한 정신적 제약으로 일시적 후원 또는 특정한 사무에 관한 후원이 필요한 사람에 대하여 본인, 배우자, 4촌 이내의 친족, 미성년후견인, 미성년후견감독인, 검사 또는 지방자치단체의 장의 청구에 의하여 특정후견의 심판을 한다.
> ② 특정후견은 본인의 의사에 반하여 할 수 없다.
> ③ 특정후견의 심판을 하는 경우에는 특정후견의 기간 또는 사무의 범위를 정하여야 한다.

2. 특정후견 심판과 행위능력 등

특정후견의 심판은 특정후견의 기간 또는 사무의 범위를 결정하는 것이다. 후견의 개시와 종료를 별도로 심판하지 않는다. 또한 가정법원은 피특정후견인의 후원에 필요한 처분을 명령할 수 있으며(959의8), 필요한 경우 특정후견인을 선임할 수도 있고(959의9 ①), 특정후견인에게 대리권을 수여할 수도 있다(959의11 ①).

특정후견의 심판이 있어도 행위능력에는 영향이 없다. 또한 특정후견인이 선임되고 그에게 법정대리권이 부여되어도, 피특정후견인은 특정후견인의 동의 없이 직접 법률행위를 할 수 있다.

피특정후견인에 대하여 성년후견이나 한정후견을 개시하는 심판이 있으면, 종전 특정후견이 종료심판을 한다(14의3 ①, ②). 더 강력한 보호가 부여되므로, 한정후견이 불필요해지기 때문이다.

VII. 성년후견, 한정후견, 특정후견의 비교

관련된 당사자들의 권한을 요약해 보면, 다음과 같다.

	본인, 배우자, 4촌 이내의 친족, 검사 또는 지방자치 단체의 장	성년 후견인, 성년후견감 독인	미성년 후견인, 미성년후견 감독인	한정 후견인, 한정후견감 독인	특정 후견인, 특정후견감 독인
성년후견 개시심판	○		○	○	○
피성년후견인의 취소불가 법률행위 범위변경	○	○			
성년후견 종료심판	○	○			
한정후견 개시심판	○	○	○		○
한정후견인의 동의 필요행위 범위변경	○			○	
한정후견 종료심판	○			○	
특정후견의 심판	○		○		

세 가지 후견심판 사이의 관계는 다음과 같다.

이미 한정후견 또는 특정후견이 행해지는 상태에서 나중에 성년후견 개시의 심판을 하면, 성년후견만 유지되고 나머지는 종료 심판을 한다.

이미 성년후견 또는 특정후견이 행해지는 상태에서 나중에 한정후견 개시의 심판을 하면, 한정후견만 유지되고 나머지는 종료 심판을 한다.

이미 성년후견 또는 한정후견이 행해지는 상태에서 특정후견 개시의 심판을 하는 것을 우리 법은 예정하지 않고 있다. 이미 지속적이고 더 강력한 보호가 부여되고 있으므로, 일시적 보호를 추가할 필요가 없기 때문이다.

> **제14조의3(심판 사이의 관계)** ① 가정법원이 피한정후견인 또는 피특정후견인에 대하여 성년후견개시의 심판을 할 때에는 종전의 한정후견 또는 특정후견의 종료 심판을 한다.
> ② 가정법원이 피성년후견인 또는 피특정후견인에 대하여 한정후견개시의 심판을 할 때에는 종전의 성년후견 또는 특정후견의 종료 심판을 한다.

Ⅷ. 제한능력자 상대방의 보호

1. 개 관

제한능력자와 거래한 상대방은 제한능력자 보호제도에 의하여 거래가 취소되면 예측하지 못한 피해를 보게 되므로 민법은 상대방을 일정 범위에서 보호하는 제도를 인정하고 있다. 여기에는 상대방의 확답촉구권, 상대방의 철회권, 거절권, 제한능력자의 속임수에 의한 취소권의 상실이 해당한다.

2. 상대방의 확답촉구권

(1) 의의와 요건

확답촉구란 의사의 통지에 해당하며, 형성권의 일종이다(통설). 요건은 다음과 같다. 즉, ① 취소할 수 있는 행위를 지적해야 하고, ② 1개월 이상의 유예기간을 두어야 하고(미만 시 확답촉구의 효력 없음), ③ 추인 여부의 확답을 요구해야 한다. 확답촉구의 상대방은 제한능력자(능력자 된 후) 또는 법정대리인이다.

第15조(제한능력자의 상대방의 확답을 촉구할 권리) ① 제한능력자의 상대방은 제한능력자가 능력자가 된 후에 그에게 1개월 이상의 기간을 정하여 그 취소할 수 있는 행위를 추인할 것인지 여부의 확답을 촉구할 수 있다. 능력자로 된 사람이 그 기간 내에 확답을 발송하지 아니하면 그 행위를 추인한 것으로 본다.
② 제한능력자가 아직 능력자가 되지 못한 경우에는 그의 법정대리인에게 제1항의 촉구를 할 수 있고, 법정대리인이 그 정하여진 기간 내에 확답을 발송하지 아니한 경우에는 그 행위를 추인한 것으로 본다.
③ 특별한 절차가 필요한 행위는 그 정하여진 기간 내에 그 절차를 밟은 확답을 발송하지 아니하면 취소한 것으로 본다.

(2) 효　과

확답촉구가 있고, 확답(추인/취소)이 있게 되면 행위가 확정되거나 무효로 된다. 확답을 발송하지 않는 경우에는 법이 정한 확답촉구의 효과(추인/취소)가 발생한다(15). 즉, ① 무능력자가 능력자가 된 후 확답을 발송하지 않으면 추인한 것으로 되고, ② 법정대리인이 확답을 발송하지 않으면 원칙적으로 추인한 것으로 된다. 단, 예외적인 경우(특별한 절차 요구, 가령 후견감독인의 동의 950 ①)에는 확답을 발송하지 않으면 취소한 것으로 된다.

확답은 발송으로 충분하므로 유예기간 내에 도달하지 않아도 된다(111).

3. 상대방의 철회권, 거절권

철회권은 제한능력자와의 계약에 관한 것이고, 거절권은 제한능력자의 단독행위에 관한 것이다.

第16조(제한능력자의 상대방의 철회권과 거절권) ① 제한능력자가 맺은 계약은 추인이 있을 때까지 상대방이 그 의사표시를 철회할 수 있다. 다만, 상대방이 계약 당시에 제한능력자임을 알았을 경우에는 그러하지 아니하다.
② 제한능력자의 단독행위는 추인이 있을 때까지 상대방이 거절할 수 있다.
③ 제1항의 철회나 제2항의 거절의 의사표시는 제한능력자에게도 할 수 있다.

제한능력자의 단독행위 중 거절권이 문제되는 것은 상대방 있는 단독행위(채무면제, 상계 등)의 경우이다.

상대방이 계약 당시에 제한능력자임을 알았을 경우 철회권은 인정되지 않지만(16 ① 단), 거절권은 제한능력자임을 알았어도 허용된다.

4. 제한능력자의 속임수에 의한 취소권의 상실

제한능력자가 속임수를 쓴 경우 상대방은 사기(詐欺)를 이유로 법률행위를 취소하거나 불법행위에 기한 손해배상을 청구할 수도 있겠지만, 민법은 제한능력자의 취소권을 박탈하는 보다 강력한 제도를 인정하고 있다.

> **제17조(제한능력자의 속임수)** ① 제한능력자가 속임수로써 자기를 능력자로 믿게 한 경우에는 그 행위를 취소할 수 없다.
> ② 미성년자나 피한정후견인이 속임수로써 법정대리인의 동의가 있는 것으로 믿게 한 경우에도 제1항과 같다.

요건은 다음과 같다.

① 제한능력자가 능력자인 것으로 믿게 하거나, 미성년자나 피한정후견인이 법정대리인의 동의가 있는 것으로 믿게 하려고 했어야 한다.

② 속임수를 썼어야 한다. 속임수에는 적극적 기망수단은 물론이고 오신유발·강화도 포함된다(다수설). 속임수인지는 제반사정을 고려하여 판단하자는 견해도 있다(송). 속임수의 입증책임은 상대방이 부담한다.

③ 상대방의 誤信이 있어야 한다. 즉, 제한능력자의 속임수에 기하여 상대방이 능력자라고 또는 법정대리인의 동의가 있다고 믿었어야 한다. 오신의 입증책임 역시 상대방이 부담한다.

IX. 사례 연습

1. 철없는 딸과 오토바이

예제: 19세의 딸이 부모 몰래 거액의 오토바이를 구입하는 계약을 하고 대금을 모두

지급하였는데, 나중에 이 사실을 안 부모는 딸이 미성년자임을 주장하며 오토바이 구입을 취소하고자 한다.
(1) 딸 또는 부모는 이 계약을 취소할 수 있나?
(2) 계약을 취소한 경우, 이미 지급한 매매대금의 반환을 청구할 수 있는가?
(3) 그 사이에 딸이 (a) 교통사고를 내어 오토바이가 흔적도 없이 망가졌다면, (b) 오토바이를 반 가격에 다른 사람에게 팔았다면, 그 경우에도 매매대금의 반환을 청구할 수 있는가?
(4) 딸이 매매계약 체결 (a) 전에 혹은 (b) 그 후에 혼인을 하였다면, 결론이 달라지는가?

[해결] (1) 법정대리인인 부모의 동의 없이 미성년자가 체결한 계약이므로 딸 또는 부모가 이를 취소할 수 있다.
(2) 계약이 취소되면 양 당사자는 원상회복의무(계약이 없었던 상태로 돌이킬 의무)를 부담하므로, 딸이 지급한 매매대금의 반환 역시 청구할 수 있다.
(3) 제한능력자는 행위로 인하여 받은 이익이 현존하는 한도에서 상환할 책임이 있으므로(141 단) 오토바이가 이미 멸실되었다면 현존이익이 없으므로 반환할 필요가 없다. 그러나 오토바이를 팔아서 매매대금을 딸이 취득한 경우, 현존이익의 범위에서 그 대금을 반환하여야 한다. 이때 이익이 현존하는지에 대한 입증책임을 제한능력자가 부담한다는 견해(다수설)와 반환청구권자가 부담한다는 견해의 대립이 있다. 다수설에 따른다면, 딸은 현존이익이 없음을 입증하지 못하는 한 오토바이를 매각한 대금을 반환하여야 한다.
(4) (a) 딸이 매매계약 체결 전에 혼인을 하였다면 성년의제(826의2)에 의하여 성인으로 되므로 제한능력자가 아닌 능력자로서 계약을 체결한 것이 되므로 그 계약을 취소할 수 없다. (b) 한편 계약 체결 후에 혼인을 하였다면 성년으로 되지만 계약 체결 당시에는 미성년자였으므로 그 계약은 취소할 수 있다. 제한능력자가 성년이 된 후에는 법정대리인은 취소권이 없다. 따라서 부모는 계약을 취소할 수 없고, 딸만 취소할 수 있다.

2. 술 심부름

예제: 송파구청장은 A가 청소년인 B(만 6세)에게 소주 1병을 판매했다는 이유로 구 청소년보호법(2001.4.7. 법률 제6460호로 개정되기 전의 것) 제26조, 제49조, 동법 시행령 제40조, 제41조를 적용하여 과징금 100만 원을 부과하였다. A는 이 처분을 취소하고자 한다.
(1) B가 아버지의 심부름으로 구입했다는, 즉 민법상 법정대리인의 동의를 받았다는

사정으로 A의 행위가 정당화되는가?
(2) B는 청소년보호법상의 청소년인가?

[해결] (1) "미성년자가 법률행위를 함에는 법정대리인의 동의를 얻어야 한다(5 ①)"는 원칙은 제한능력자의 사법상의 행위에만 적용된다. 따라서 제한능력자의 공법상의 행위를 법정대리인의 동의를 얻어서 한다고 해서 그 행위가 유효하게 또는 정당하게 될 수는 없다.

(2) 구 청소년보호법상의 미성년자는 19세미만의 자(2조 1호)이지만, 청소년보호법상 과징금 부과대상이 되는 '청소년을 대상으로 하여 술을 판매한 행위'인지를 판단할 때에는 청소년의 범위를 합목적적으로 제한하는 해석을 하여야 한다. 다음의 판결에 의하면 만 6세의 아동이 술을 마실 위험이나 개연성이 전혀 없으므로 여기서 말하는 청소년에 해당하지 않는다고 보았다.

참조 판결: 서울행판 2001.12.20, 2001구33822

[1] 사회적 의미에서의 청소년이라 함은 12~13세부터 20대의 사람을 가리키는 것으로 일반적으로 통용되고 있기는 하지만 일정한 연령을 한계로 한 획일적인 기준은 없는 것으로 보이고, 법적 의미에서의 청소년의 의미도 그 법령의 입법 취지 및 목적을 기초로 한 입법자의 결단에 의하여 비로소 구체화되는 개념으로 일률적인 것은 아니며, 사회적 의미에서의 청소년의 의미와 달리 법적 의미에서의 청소년의 의미는 법적 안정성과 예측가능성을 확보하기 위하여 명확하게 정의되어 있어야 할 것이지만 그것이 불명확한 경우에는 그 법령의 규정 내용과 입법 취지는 물론 입법 취지가 유사한 다른 법령과의 관계나 사회통념 등을 종합적으로 고려하여 보충될 수 있는 것으로 보아야 할 것인바, 이러한 관점을 기초로 하여 청소년기본법상의 청소년의 정의에 관한 규정 및 입법 취지와 청소년보호법과의 관계, 아동복지법상의 아동의 정의에 관한 규정 및 입법 취지와 청소년보호법과의 관계, 사회통념 등을 종합적으로 고려하면 청소년보호법의 청소년에는 19세 미만의 모든 사람이 포함되는 것으로 새길 것이 아니라 적어도 청소년기본법이 정하는 연령의 하한인 9세 이상으로 새기는 것이 타당하다.

[2] 청소년보호법 제2조 제4호 (가)목 (1), 제26조 제1항, 제49조 제1항, 제2항, 제51조 제8호, 같은법시행령 제40조 제1항 [별표 6] 등 청소년보호법령과 그 입법취지 및 목적에 비추어 볼 때, 청소년보호법상의 과징금의 부과요건은 청소년을 대상으로 하여 청소년에게 술을 판매한 행위로 인하여 이익을 취득한 경우이고, 청소년을 대상으로 하여 술을 판매하는 경우라 함은 판매되는 술을 청소년이 마실 것을 알면서 또는 심부름하는 청소년이 술을 마실 위험성이 있는데도 판매하는 경우를 의미한다고 할 것이므로 위와 같은 요건을 충족하는 경우가 아니라면 비록 청소년에게 술을 판

매한 경우라 하더라도 과징금부과요건을 충족하였다고 할 수 없다고 할 것이고, 반면 청소년을 대상으로 하여 술을 판매한 이상 청소년에게 술을 판매함에 있어서 그의 민법상 법정대리인의 동의를 받았다고 하더라도 그러한 사정만으로 위 행위가 정당화될 수는 없다.

[3] 나이나 외모, 심부름 온 거리 등 모든 사정에 비추어 다른 청소년은 물론 심부름 온 만 6세의 아동 자신이 술을 마실 위험성이나 개연성이 전혀 없음이 명백하여 청소년보호법상 과징금 부과대상이 되는 '청소년을 대상으로 하여 술을 판매한 행위'에 해당하지 아니한다고 한 사례.

제24장 주소, 부재, 실종

I. 서 론

사람이 살고 있거나 활동하는 장소가 법률관계에 있어서 일정한 역할을 하는 경우가 있다. 주민등록지, 법률행위지, 주소 등이 그 예이다. 민법은 이 중에서 주소와 거소에 관하여 규정하고 있다.

II. 주 소

1. 의 의

주소는 생활의 근거되는 곳이다.

제18조(주소) ① 생활의 근거되는 곳을 주소로 한다.
② 주소는 동시에 두 곳 이상 있을 수 있다.

주소를 결정하는 표준에 관한 입법주의를 보면, 형식적 표준 또는 실질적 생활관계를 기준으로 하느냐에 따라 형식주의와 실질주의로 나뉘고, 定住의 사실 이외에 정주의 意思도 요구하느냐에 따라 의사주의와 객관주의로 나뉘며, 복수의 주소를 인정하느냐에 따라 단일주의와 복수주의로 나뉜다.

우리 민법의 입장은 실질주의, 객관주의, 복수주의이다.

2. 주소의 역할

(1) 민법 규정

부재 및 실종의 표준(22, 27), 법인의 주소(36 등), 변제의 장소(467 ②), 상속개시의 장소(998) 등에서 문제된다.

제467조(변제의 장소) ② 전항의 경우에 특정물인도 이외의 채무변제는 채권자의 현주소에서 하여야 한다. 그러나 영업에 관한 채무의 변제는 채권자의 현영업소에서 하여야 한다.

(2) 민법 이외의 규정

어음행위의 장소(어음법 2조 3호 등), 재판관할의 표준(민소 3 등) 등에서 문제된다.

Ⅲ. 거소, 현재지, 가주소

1. 居　所

거소는 상당한 기간 동안 계속하여 거주하는 場所이나, 장소와의 밀접도가 주소보다 못한 경우이다.

제19조(거소) 주소를 알 수 없으면 거소를 주소로 본다.

제20조(거소) 국내에 주소 없는 자에 대하여는 국내에 있는 거소를 주소로 본다.

2. 現 在 地

거소보다도 장소와의 밀접도가 너 낮은 경우이다.

3. 假 住 所

어느 행위에 관하여 당사자의 의사로 편이를 위해 장소를 설정한 경우이다. 그 행위에 관하여는 이를 주소로 보지만, 생활의 실질과 무관하므로 엄밀한 의미에서 주소는 아니다.

제21조(가주소) 어느 행위에 있어서 가주소를 정한 때에는 그 행위에 관하여는 이를 주소로 본다.

4. 유사 개념

(1) 住民登錄地

30일 이상 거주할 목적으로 시장 · 군수 또는 구청장의 관할구역 안에 주소 또는 거소("거주지")를 가진 자("주민")가 주민등록법의 규정에 의하여 등록한 장소(참조 주민등록법 6 ①)이다. 즉, 公法관계에서의 주소(동법 23)이다.

(2) 登錄基準地

민법 개정으로 사라진 本籍 개념을 대치(참조 가족관계의 등록 등에 관한 법률 9 ②, 10, 가족관계의 등록 등에 관한 규칙 4)하는 개념이다.

IV. 부 재

1. 서 론

(1) 부재의 개념

不在는 어떤 자가 "종래의 주소나 거소를 떠난(22 ①)" 상태이다. 이러한 경우에 우리 민법은 그 사람 본인 또는 이해관계인을 보호하기 위한 제도로서 두 가지를 마련하고 있다. 즉, 그 사람이 아직 살아 있는 것으로 생각되는 경우에는 부재자 재산관리 제도를, 그 사람이 생사불명인 경우에는 실종선고 제도를 두고 있다.

따라서 민법상의 不在者는 단순한 不在 상태에 더하여 재산관리의 필요성이 있는 자(통설 · 판례)이다.

이때 부재자의 생사가 반드시 불분명할 필요는 없다. 생존이 분명한 자도 부재자일 수 있고, 생사가 불분명한 경우에도 실종선고를 받기 전에는 부재자이다.

부재자는 자연인에 한하며, 법인에 대해서는 인정되지 않는다.

제한능력자의 경우 부재자에 관한 규정이 적용되지 않는다. 법정대리인이 재산관리를 할 것이기 때문이다.

부재자의 재산관리는 가정법원의 전속관할 사항이다.

부재자의 재산관리에 관한 총칙의 규정은 가족법상의 재산관리에도 준용된다(918, 1023 등).

(2) 재산관리의 방법

부재자가 직접 관리인을 선임한 경우와 그렇지 않은 경우에 대하여 민법은 상당히 다르게 규정한다. 즉, 직접 관리인을 선임한 경우에는 부재자의 의사를 최대한 존중하여 법이 덜 개입하고, 관리인을 선임하지 않은 경우에는 법이 적극적으로 개입한다. 이하에서도 이 두 경우를 나누어 설명하기로 한다.

2. 부재자 자신이 관리인을 선임하지 않은 경우

(1) 가정법원의 재산관리처분

부재자가 재산관리인을 선임하지 않은 경우 가장법원은 이해관계인이나 검사의 청구에 의하여 재산관리에 필요한 처분을 하여야 한다.

이해관계인은 부재자의 재산관리에 법률상의 이해관계를 가진 자(부재자의 채권자, 보증인, 추정상속인, 배우자)이며, 사실상의 이해관계인(친구, 사실혼배우자)은 배제된다.

가정법원의 처분 중 가장 중요한 것은 재산관리인의 선임이고, 그 밖에 경매에 의한 부재자의 재산매각도 할 수 있다.

第22조(부재자의 재산의 관리) ① 종래의 주소나 거소를 떠난 자가 재산관리인을 정하지 아니한 때에는 법원은 이해관계인이나 검사의 청구에 의하여 재산관리에 관하여 필요한 처분을 명하여야 한다. 본인의 부재중 재산관리인의 권한이 소멸한 때에도 같다.

⑵ 법원에 의해 선임된 재산관리인

가정법원이 선임한 재산관리인은 일종의 法定代理人이며 受任人과 동일한 의무를 부담한다. 재산권리인은 언제든지 辭任할 수 있고, 법원도 항상 改任할 수 있다.

재산관리인의 권한(25 1문)을 보면, 관리행위(보존, 이용, 개량)는 단독으로 할 수 있고, 처분행위는 법원의 허가를 받아서 해야 한다. 법원의 허가 없는 처분행위는 무효이다.

그러나 부재자가 임의대리인으로서 관리인을 둔 경우에는 그 내부관계에 따른다(118조의 제한 받지 않음).

第25조(관리인의 권한) 법원이 선임한 재산관리인이 제118조에 규정한 권한을 넘는 행위를 함에는 법원의 허가를 얻어야 한다. 부재자의 생사가 분명하지 아니한 경우에 부재자가 정한 재산관리인이 권한을 넘는 행위를 할 때에도 같다.

第118조(대리권의 범위) 권한을 정하지 아니한 대리인은 다음 각호의 행위만을 할 수 있다.
1. 보존행위
2. 대리의 목적인 물건이나 권리의 성질을 변하지 아니하는 범위에서 그 이용 또는 개량하는 행위

부재자의 실종선고 기간 만료, 부재자의 사망 확인 후에도 재산관리인의 권한은 소멸하지 않는다는 다음의 판결을 보도록 하자.

대판 1981.7.28, 80다2668

부재자 재산관리인으로서 권한초과행위의 허가를 받고 그 선임결정이 취소되기 전에 위 권한에 의하여 이루어진 행위는 부재자에 대한 실종선고기간이 만료된 뒤에 이루어졌다고 하더라도 유효하다.

그런데 부재자에 대한 실종선고가 확정되면 재산관리인으로서 지위가 중단된다는 다음의 판결은 조금 전 판결의 내용과 어긋난다. 결국 소송 중에 실종선고가 내려진 경우(또는 사망의 경우)를 제외한 나머지 경우에는 재산관리인의 지위가 유지된다고 보아야 한다(송).

대판 1987.3.24, 85다카1151

부재자의 재산관리인에 의하여 소송절차가 진행되던 중 부재자 본인에 대한 실종선고가 확정되면 그 재산관리인으로서의 지위는 종료되는 것이므로 상속인등에 의한 적법한 소송수계가 있을 때까지는 소송절차가 중단된다.

재산관리인의 의무는 수임인과 동일(참고 681)하다. 중요한 의무로는 재산목록 작성(24 ①), 재산보존을 위해 법원이 명하는 처분 수행(24 ②), 법원이 명하는 담보의 제공(26 ①)이 있다.

재산관리인의 권리로는 보수청구권(26 ②)이 있다. 또한 재산관리를 위해 지출한 필요비, 그 이자의 반환, 과실없이 받은 손해의 배상 등을 청구할 수 있다(688, 24 ④).

부재자가 나중에 직접 재산관리인을 선임하면 법원은 처분에 관한 명령을 취소하여야 한다. 법원이 간섭할 필요가 없기 때문이다.

또한 부재자가 스스로 재산을 관리하게 되었거나 그의 사망이 분명하게 되거나 실종선고가 있는 경우에도 법원은 처분에 관한 명령을 취소하여야 한다. 이제는 더 이상 부재자가 아니기 때문이다.

제22조(부재자의 재산의 관리) ② 본인이 그 후에 재산관리인을 정한 때에는 법원은 본인, 재산관리인, 이해관계인 또는 검사의 청구에 의하여 전항의 명령을 취소하여야 한다.

가사소송규칙 제50조(처분의 취소) 사건본인이 스스로 그 재산을 관리하게 된 때 또는 그 사망이 분명하게 되거나 실종선고가 있는 때에는 가정법원은 사건본인 또는 이해 관계인의 청구에 의하여 그 명한 처분을 취소하여야 한다.

그런데 처분명령 취소에는 소급효가 없음을 주의해야 한다.

대판 1970.1.27, 69다719

법원에 의하여 일단 부재자의 재산관리인 선임결정이 있었던 이상, 가령 부재자가 그 이전에 사망하였음이 위 결정후에 확실하여졌다 하더라도 법에 정하여진 절차에 의하여 결정이 취소되지 않는 한 선임된 부재자재산관리인의 권한이 당연히는 소멸되지 아니한다 함이 당원의 판례로 하는 견해이며 위 결정 이후에 이르러 취소된 경우에도 그 취소의 효력은 장래에 향하여서만 생기는 것이며 그간의 그 부재자재산관리인의 적법한 권한행사의 효과는 이미 사망한 그 부재자의 재산상속인에게 미친다 할 것이다.

3. 부재자가 관리인을 선임한 경우

이 경우에 대한 원칙은 민법이나 법원이 가능하면 개입하지 않는 것이다. 부재자가 선임한 재산관리인은 受任人이며 任意代理人이다. 구체적 권한은 당사자의 계약(680 이하)으로 결정된다. 118조는 계약으로 권한을 확정하지 않은 경우에만 적용된다.

예외적으로, 재산관리인의 권한이 본인의 부재중에 소멸한 때에는 관리인이 처음부터 未選任된 경우처럼(22 ① 2문) 다루어진다. 또한 부재자의 생사가 불분명한 경우에도, 법원이 재산관리인을 改任하거나(23, 가사소송규칙 41) 또는 監督(감독)할 수 있다.

第23조(관리인의 改任) 부재자가 재산관리인을 정한 경우에 부재자의 생사가 분명하지 아니한 때에는 법원은 재산관리인, 이해관계인 또는 검사의 청구에 의하여 재산관리인을 개임할 수 있다.

第24조(관리인의 직무) ③ 부재자의 생사가 분명하지 아니한 경우에 이해관계인이나 검사의 청구가 있는 때에는 법원은 부재자가 정한 재산관리인에게 전2항의 처분[재산목록 작성, 재산보존을 위하여 필요한 처분]을 명할 수 있다.

第26조(관리인의 담보제공, 보수) ③ 전2항의 규정[담보 제공, 보수 지급]은 부재자의 생사가 분명하지 아니한 경우에 부재자가 정한 재산관리인에 준용한다.

V. 실 종

1. 의의와 요건

失踪은 생사불명 지속 시 일정한 요건하에 사망한 것과 같은 효과를 부여하는 제도이다. 실종은 가정법원의 전속관할 사항이다.

요건으로는, ① 부재자의 생사 불명, ② 실종기간의 경과(보통실종: 5년, 특별실종: 1년), ③ 청구권자의 청구, ④ 公示催告가 요구된다.

민법은 4가지의 특별실종(전쟁실종, 선박실종, 항공기실종, 위난실종)을 언급하고 있는데, 앞의 3가지는 危難失踪에 포함되는 예를 특별히 열거한 것이다. 따라서 열거되지 않은 다른 危難의 경우(지진, 화재 등)도 모두 특별실종에 포함된다.

제27조(실종의 선고) ① 부재자의 생사가 5년간 분명하지 아니한 때에는 법원은 이해관계인이나 검사의 청구에 의하여 실종선고를 하여야 한다. [보통실종]
② 전지에 임한 자, 침몰한 선박중에 있던 자, 추락한 항공기중에 있던 자 기타 사망의 원인이 될 위난을 당한 자의 생사가 전쟁종지후 또는 선박의 침몰, 항공기의 추락 기타 위난이 종료한 후 1년간 분명하지 아니한 때에도 제1항과 같다. [특별실종]

보통실종의 경우 생존이 입증되는 최후 시기가 기산점이 된다. 특별실종의 경우 危難 종료시(전쟁 종지, 선박 침몰 등)가 기산점이다.

실종기간이 경과한 후에 비로소 실종선고를 청구할 수 있는지에 대해서는 긍정설(송)과 부정설이 대립한다.

청구의 이해관계인은 법률상 이해관계를 가지는 자로서, 사실상 이해관계인은 배제된다.

대결 1986.10.10, 86스20

민법 제27조의 실종선고를 청구할 수 있는 이해관계인이라 함은 부재자의 법률상 사망으로 인하여 직접적으로 신분상 또는 경제상의 권리를 취득하거나 의무를 면하게 되는 사람만을 뜻한다.
부재자의 자매로서 제2순위 상속인에 불과한 자는 부재자에 대한 실종선고의 여부에 따라 상속지분에 차이가 생긴다고 하더라도 이는 부재자의 사망 간주시기에 따른 간접적인 영향에 불과하고 부재자의 실종선고 자체를 원인으로 한 직접적인 결과는 아니므로 부재자에 대한 실종선고를 청구할 이해관계인이 될 수 없다.

2. 효 과

(1) 사망의제

사망이 擬制되므로 이 효과를 뒤집으려면 반증이 아니라 실종선고의 취소가 필요하다.

제28조(실종선고의 효과) 실종선고를 받은 자는 전조의 기간이 만료한 때에 사망한 것으로 본다.

(2) 사망의제의 시기

실종기간 만료 시이다.

대판 1982.9.14, 82다144

소외망인이 1951.7.2 사망하였으며, 그의 장남인 소외 (갑)은 1970.1.30 서울가정법원의 실종선고에 의하여 소외망인 사망전인 1950.8.1 생사 불명기간 만료로 사망 간주된 사실이 인정되는 사안에 있어서 소외 (갑)은 소외 망인의 사망 이전에 사망한 것으로 간주되었으므로 소외망인의 재산상속인이 될 수 없다고 한 원심의 판단은 실종선고로 인하여 사망으로 간주되는 시기에 관하여 실종 기간 만료시기설을 취하는 우리 민법하에서는 정당하다.

(3) 사망의제의 범위

종래의 주소를 중심으로 하는 실종기간 만료시의 私法的 법률관계이다. 따라서 새로운 주소에서의 법률관계, 복귀 후에 종래의 주소에서 맺은 법률관계에는 영향이 없다. 실종선고는 실종자의 권리능력을 박탈하는 제도는 아니므로 그 효력이 제한되기 때문이다. 또한 公法上의 관계에는 영향이 없고, 私法的 법률관계인 재산관계와 가족관계 모두에 사망의 효과가 생긴다.

3. 생존 의제 · 추정의 문제

(1) 실종선고를 받은 경우

실종기간 만료 시까지 생존으로 의제된다는 견해(곽 · 판례)와 실종기간 만료 시까지 생존으로 추정된다는 견해(송)가 대립한다.

(2) 실종선고를 받지 않은 경우

실종기간 만료 시까지 생존을 추정하고 이후는 사망을 추정한다는 견해, 기간에 관계없이 생존을 추정한다는 견해, 추정은 없고 사실문제로 해결하자는 견해(곽 · 송 · 판례)가 있다.

대판 1989.1.31, 87다카2954

갑판원이 시속 30노트 정도의 강풍이 불고 파도가 5-6미터 가량 높게 일고 있는 등 기상조건이 아주 험한 북태평양의 해상에서 어로작업중 갑판위로 덮친 파도에 휩쓸려 찬 바다에 추락하여 행방불명이 되었다면 비록 시신이 확인되지 않았다 하더라도 그 사람은 그 무렵 사망한 것으로 확정함이 우리의 경험칙과 논리칙에 비추어 당연하다.

수난, 전란, 화재 기타 사변에 편승하여 타인의 불법행위로 사망한 경우에 있어서는 위에서 본 확정적인 증거의 포착이 손쉽지 않음을 예상하여 법은 인정사망, 위난실종선고 등의 제도와 그밖에도 보통실종선고제도도 마련해 놓고 있으나 그렇다고 하여 위와 같은 자료나 제도에 의함이 없는 사망사실의 인정을 수소법원이 절대로 할 수 없다는 법리는 없는 것이다.

4. 실종선고의 취소

(1) 실종선고의 취소

사망의제의 효과를 뒤집기 위해서는 生還으로는 부족하고 실종선고의 취소가 요구된다.

(2) 요　건

요건이 갖추어지면 법원은 반드시 선고를 취소하여야 한다.

① 증명: 다음 세 가지 중의 하나에 대한 증명이 있어야 한다. 즉, 실종자가 생존하고 있거나, 실종기간 만료시와 다른 시기에 사망했거나, 실종기간 기산점 이후에 생존하였다는 증명이다.

② 청구: 청구권자는 본인, 이해관계인, 검사이다.

③ 公示催告는 불필요하다.

第29조(실종선고의 취소) ① 실종자의 생존한 사실 또는 전조의 규정과 상이한 때에 사망한 사실의 증명이 있으면 법원은 본인, 이해관계인 또는 검사의 청구에 의하여 실종선고를 취소하여야 한다. 그러나 실종선고후 그 취소전에 선의로 한 행위의 효력에 영향을 미치지 아니한다.
② 실종선고의 취소가 있을 때에 실종의 선고를 직접원인으로 하여 재산을 취득한 자가 선의인 경우에는 그 받은 이익이 현존하는 한도에서 반환할 의무가 있고 악의인 경우에는 그 받은 이익에 이자를 붙여서 반환하고 손해가 있으면 이를 배상하여야 한다.

5. 실종선고 취소의 효과

(1) 원 칙

모든 법률관계가 선고 이전으로 환원(소급효)한다(29 ① 본).

第29조(실종선고의 취소) ① 실종자의 생존한 사실 또는 전조의 규정과 상이한 때에 사망한 사실의 증명이 있으면 법원은 본인, 이해관계인 또는 검사의 청구에 의하여 실종선고를 취소하여야 한다. 그러나 실종선고후 그 취소전에 선의로 한 행위의 효력에 영향을 미치지 아니한다.

(2) 예 외

소급효가 제한되는 경우가 있다. 즉, 수익자나 전득자가 실종선고 후 그 취소 전에 선의로 한 행위는 유효하다(29 ① 단). 실종선고를 믿고서 행위한 자(예: 배우자, 상속인 등)를 보호하기 위해서이다. 선의란 실종선고가 사실에 반함을 알지 못하는 것이다.

① 단독행위: 행위자가 선의이면 그 단독행위는 유효이다. 단독행위의 상대방

이 악의이면 악의의 수익자로서 책임을 진다는 견해도 있으나 설득력이 없다.

② 재산상의 계약: 이에 대해서는 쌍방선의설(다수설), 상대적 효력설(신분행위에만 쌍방의 선의 요구), 절대적 효력설(최초의 양수인만 선의 요구)의 다툼이 있다. 주의할 것은, 어느 한 단계에서 양 당사자가 선의여서 일단 그 계약이 유효한 것으로 되면 그 이후에는 악의인 전득자가 있더라도 여전히 유효하다고 보아야 한다는 점이다(일종의 하자의 치유: 송).

③ 잔존배우자의 재혼: 역시 학설의 다툼이 있지만, 다수설인 쌍방선의설에 따른다면, 재혼의 당사자가 모두 선의이면 그 혼인은 유효하므로 구 혼인관계는 부활하지 못한다. 일방 또는 쌍방이 악의이면 前婚이 부활하여 後婚은 重婚으로서 취소가 가능하다.

(3) 실종자의 재산반환청구

실종선고를 직접 원인으로 하여 재산을 취득한 자는 그가 선의이든 악의이든 상관없이, 재산을 아직 보유하고 있으면 그것을 반환해야 한다. 이미 재산을 처분했으면 그 처분 자체는 유효하지만 보유하고 있는 대가는 부당이득으로서 반환해야 한다.

> **제29조(실종선고의 취소)** ② 실종선고의 취소가 있을 때에 실종의 선고를 직접원인으로 하여 재산을 취득한 자가 선의인 경우에는 그 받은 이익이 현존하는 한도에서 반환할 의무가 있고 악의인 경우에는 그 받은 이익에 이자를 붙여서 반환하고 손해가 있으면 이를 배상하여야 한다.

실종선고를 직접 원인으로 재산을 취득한 자에는 相續人, 受遺者, 生命保險受益者, 死因贈與의 受贈者 등이 해당한다.

이들은 善意이면 現存利益만을, 惡意이면 받은 이익에 이자를 붙여 반환하고 손해가 있으면 배상도 하여야 한다.

제25장 법 인

Ⅰ. 서 론

法人이란 독립된 권리의무의 주체로서의 자격이 인정되어 있는 단체이다.

법인이라는 제도의 존재 이유는 여러 가지가 있다. 우선, 구성원이나 재산출연자와 법인을 별도의 법적 주체로 할 수 있다. 또한 법인의 재산과 그 구성원의 개인재산을 구별함으로써 책임을 분리할 수 있다.

여러 종류의 법인이 있으나, 우리 민법이 규율하는 법인은 사단법인과 재단법인의 두 가지이다. 사단법인은 일정한 목적하에 결합한 사람의 단체이다. 재단법인은 일정한 목적에 제공된 재산의 집합으로서의 단체이다.

그런데 단체의 실질과는 달리 법인격을 취득하지 않는 경우가 있고(종중, 교회 등), 이들을 권리능력 없는 사단과 재단이라 한다. 이러한 단체에 대해서는 26장에서 따로 다루기로 한다.

대판 2001.1.19, 97다21604

[법인격 부인론의 요건과 효과] 회사가 외형상으로는 법인의 형식을 갖추고 있으나 이는 법인의 형태를 빌리고 있는 것에 지나지 아니하고 그 실질에 있어서는 완전히 그 법인격의 배후에 있는 타인의 개인기업에 불과하거나 그것이 배후자에 대한 법률적용을 회피하기 위한 수단으로 함부로 쓰여지는 경우에는, 비록 외견상으로는 회사의 행위라 할지라도 회사와 그 배후자가 별개의 인격체임을 내세워 회사에게만 그로 인한 법적 효과가 귀속됨을 주장하면서 배후자의 책임을 부정하는 것은 신의성실의 원칙에 위반되는 법인격의 남용으로서 심히 정의와 형평에 반하여 허용될 수 없고, 따라서 회사는 물론 그 배후자인 타인에 대하여도 회사의 행위에 관한 책임을 물을 수 있다고 보아야 한다.

대판 2004.11.12, 2002다66892

기존회사가 채무를 면탈할 목적으로 기업의 형태 · 내용이 실질적으로 동일한 신설회사를 설립하였다면, 신설회사의 설립은 기존회사의 채무면탈이라는 위법한 목적 달성을 위하여 회사제도를 남용한 것이므로, 기존회사의 채권자에 대하여 위 두 회사가 별개의 법인격을 갖고 있음을 주장하는 것은 신의성실의 원칙상 허용될 수 없다 할 것이어서 기존회사의 채권자는 위 두 회사 어느 쪽에 대하여서도 채무의 이행을 청구할 수 있다.

법인의 본질에 관해서는 法人擬制說, 法人實在說(판례), 論議 無用說 등이 있다.

대판 1978.2.28, 77누155

법인은 하나의 실재로서 … 기관에 의하여 독자의 행위를 할 수 있는 실재체(이다).

II. 법인의 종류

公法人과 私法人은 설립이나 관리에 국가의 공권력이 관여하는지 여부에 따른 구분이다.

營利法人과 非營利法人은 경제적 이익의 추구를 목적으로 하는지에 따른 구분이다. 민법은 오로지 영리법인만을 규율한다.

社團法人과 財團法人의 구분은 법인의 수체가 사람의 난체(사단)인지 아니면 출연된 재산(재단)인지에 따른 것이다. 사단은 비영리사단(민법의 규율)과 영리사단(예, 상법상의 회사)이 모두 가능하다. 재단은 반드시 비영리 법인이고, 영리법인은 모두 사단이다.

제32조(비영리법인의 설립과 허가) 학술, 종교, 자선, 기예, 사교 기타 영리 아닌 사업을 목적으로 하는 사단 또는 재단은 주무관청의 허가를 얻어 이를 법인으로 할 수 있다.

제39조(영리법인) ① 영리를 목적으로 하는 사단은 상사회사설립의 조건에 좇아 이

를 법인으로 할 수 있다.
② 전항의 사단법인에는 모두 상사회사에 관한 규정을 준용한다.

상법 제169조(회사의 의의) 이 법에서 "회사"란 상행위나 그 밖의 영리를 목적으로 하여 설립한 법인을 말한다.

III. 법인의 설립

1. 서 론

법인의 설립에 관한 입법주의로는 自由設立主義와 法定主義가 대립한다. 자유설립주의는 단체가 일정한 실질만 갖추면 법인으로 인정하자는 입장이고, 법정주의는 법률규정에 의해서만 법인이 설립될 수 있도록 보다 엄격한 요건을 요구하는 입장이다.

우리 민법은 법정주의를 채택하고 있다.

제31조(법인성립의 준칙) 법인은 법률의 규정에 의함이 아니면 성립하지 못한다.

法定主義는 요건의 엄격성 정도에 따라 여러 가지가 있다.

準則主義는 법률이 정한 요건만 갖추면 허가나 인가 없이 당연히 성립할 수 있도록 하는 입장이다. 상법상의 회사, 노동조합이 그 예이다.

許可主義는 행정관청의 許可가 필요하다는 입장이다. 민법상의 법인, 학교법인, 의료법인이 이에 해당한다.

認可主義는 행정관청의 認可가 필요(요건을 갖추면 반드시 인가)하다는 입장이다. 법무법인, 상공회의소, 각종의 조합이 여기에 해당한다.

特許主義는 그 법인의 설립을 위하여 특별법의 제정이 필요한 경우이다. 국책은행, 공사가 그러하다.

强制主義는 법인의 설립을 국가가 강제(허가나 인가도 요구)하는 경우이다. 의사회, 변호사회, 변리사회, 공인회계사회, 약사회 등이 그 예이다.

行政法上의 許可와 認可, 免許, 特許: 이 용어들의 의미가 위에서 설명한 法定主義에서의 사용된 용어의 의미와 차이가 있음에 주의하라.

許可: 법령에 의해 일반적으로 금지된 행위를 행정기관이 특정한 경우에 허용하는 것이다. 허가는 適法要件(위반행위는 처벌되나 당연히 무효가 되지는 않음)이다. 예로는 건축허가가 있다.

認可: 행정기관이 제3자의 행위를 보충하여 그 법적 효력을 완성시키는 것이다. 인가는 효력요건(위반행위는 당연히 처벌되지는 않으나 그 행위는 무효)이다. 학교설립허가가 그 예이다.

免許: 허가 또는 특허이다.

特許: 행정기관이 특정인을 위해 능력, 자격, 권리, 법률관계 등을 설정하는 것이다. 광업허가가 그 예이다.

대판(전) 1996.5.16, 95누4810

민법 제45조와 제46조에서 말하는 재단법인의 정관변경 "허가"는 법률상의 표현이 허가로 되어 있기는 하나, 그 성질에 있어 법률행위의 효력을 보충해 주는 것이지 일반적 금지를 해제하는 것이 아니므로, 그 법적 성격은 인가라고 보아야 한다.

인가는 기본행위인 재단법인의 정관변경에 대한 법률상의 효력을 완성시키는 보충행위로서, 그 기본이 되는 정관변경 결의에 하자가 있을 때에는 그에 대한 인가가 있었다 하여도 기본행위인 정관변경 결의가 유효한 것으로 될 수 없으므로 기본행위인 정관변경 결의가 적법 유효하고 보충행위인 인가처분 자체에만 하자가 있다면 그 인가처분의 무효나 취소를 주장할 수 있지만, 인가처분에 하자가 없다면 기본행위에 하자가 있다 하더라도 따로 그 기본행위의 하자를 다투는 것은 별론으로 하고 기본행위의 무효를 내세워 바로 그에 대한 행정청의 인가처분의 취소 또는 무효확인을 소구할 법률상의 이익이 없다.

2. 비영리 사단법인의 설립

요건으로는 다음의 네 가지가 요구된다.

(1) 목적의 비영리성

"학술, 종교, 자선, 기예, 사교 기타 영리 아닌 사업"을 목적으로 해야 한다(32).

(2) 설립행위(정관작성)

定款이란 법인의 근본규칙이다. 사단법인을 설립하기 위해서는 2인 이상의 설립자가 정관을 정하여 이를 서면에 기재하고 기명날인하여야 한다(40). 참고로 재단법인은 1인 이상의 설립자, 주식회사는 1인 이상의 발기인(상 288 참조)이 요구된다.

정관작성의 법적 성격은 우선 要式行爲이다. 또한 계약인지 여부에 대해서는 합동행위설(통설)과 계약설의 다툼이 있다.

사단법인 설립행위에는 쌍방대리 금지(124)가 적용되지 않는다. 즉, 설립자 중에서 한 사람이 다른 설립자의 의사표시를 대리할 수 있다. 허위표시에 관한 제108조의 적용에 대해서는 긍정설과 부정설(곽 · 송)이 있다.

定款의 記載事項에는 반드시 기재되어야 하는 必要的 기재사항과 任意的 기재사항이 있다. 그런데 임의적 기재사항이라 하더라도 일단 기재되면 필요적 기재사항과 마찬가지의 효력을 가지며, 변경될 때에도 정관변경절차를 거쳐야 한다.

사단법인 정관의 필요적 기재사항은 제40조가 정하고 있다.

제40조(사단법인의 정관) 사단법인의 설립자는 다음 각호의 사항을 기재한 정관을 작성하여 기명날인하여야 한다.

1. 목적
2. 명칭
3. 사무소의 소재지
4. 자산에 관한 규정
5. 이사의 任免에 관한 규정
6. 사원자격의 득실에 관한 규정
7. 존립시기나 해산사유를 정하는 때에는 그 시기 또는 사유

(3) 주무관청의 허가

주무관청은 법인이 목적으로 하는 사업을 관리하는 행정관청이다. 법인의 목적이 둘 이상인 경우 어느 행정관청의 허가가 필요한지에 대해서는, 모든 관청의 허가가 필요하다는 견해(다수설)와 주된 사업을 관할하는 관청의 허가만 있으면 된다는 견해, 어느 하나의 허가만 있으면 된다는 견해가 있다.

허가의 성질에 대해서는, 자유재량행위이며 행정소송이 불가능하다는 입장(다수설, 판례)과 설립요건을 갖추면 반드시 허가해야 하고 불허가에 대해서는 행정소송이 가능하다는 견해가 있다.

(4) 설립등기

주된 사무소의 소재지에서 설립등기를 하면 법인이 성립한다.

제33조(법인설립의 등기) 법인은 그 주된 사무소의 소재지에서 설립등기를 함으로써 성립한다.

3. 설립 중의 사단법인

법인의 설립과정을 보면, 1단계로는 설립자(발기인) 간에 설립목적의 법률관계가 체결된다. 이것을 設立者(發起人) 組合이라고 한다. 2단계로는 정관작성 등 설립행위가 있게 되는데, 이것이 설립 중의 법인이다. 3단계로 주무관청의 허가 및 설립등기를 마치면 법인이 성립한다.

설립자 조합은 민법상 일종의 조합(703)이다. 법인 설립을 위한 준비행위에 대해서는 조합 자체가 책임을 진다.

정관 작성 후 최초의 구성원이 확정되면 설립자 조합이 이제 설립 중의 사단법인으로 된다. 이것은 그때까지는 아직 법인 아닌 사단이다(통설). 설립 중의 법인의 행위는 후에 성립한 법인의 행위로 된다.

법인에 귀속하는 행위의 범위에 대해서는, 모든 행위가 법인에 귀속된다는 견해(곽)와 목적범위 내의 행위만 법인에 귀속된다는 견해(송)가 대립한다. 판례는 법인의 설립 자체를 위한 행위에 대해서만 법인에게 책임을 부과한다.

대판 1998.5.12, 97다56020

설립중의 회사는 정관이 작성되고 발기인이 적어도 1주 이상의 주식을 인수하였을 때 비로소 성립한다.
설립중의 회사로서의 실체가 갖추어지기 이전에 발기인이 취득한 권리의무는 구체적인 사정에 따라 발기인 개인 또는 발기인 조합에 귀속되는 것으로서, 이들에게 귀속된 권리의무를 설립 후의 회사에게 귀속시키기 위하여는 양수나 계약자 지위인수 등의 특별한 이전행위가 있어야 한다.

대판 1965.4.13, 64다1940

피고조합은 그 조합원의 가구의 공동생산, 공동가공, 공동소비를 목적으로 하여 설립된 조합인 바 피고조합이 설립되기 전의 설립중인 피고조합 발기인들이 관청에서 하는 부당한 가구 등의 도급수의계약체결을 방지하는데 공동노력하기로 하고 그에 필요한 비용을 차입한 금원은 특별한 사정이 없는 한 설립중인 위 조합의 설립자체를 위한 비용이라고 볼 수 없는 것을 그 조합의 목적사업을 위한 비용이라 하여 설립 후의 조합에게 변제할 책임이 있다고 판단하였음은 설립중인 법인의 행위에 대하여서의 설립후의 법인의 책임에 관한 법리를 오해한 위법이 있다고 할 것이다.

대판 2000.1.28, 99다35737

설립중의 회사가 성립하기 위해서는 정관이 작성되고 발기인이 적어도 1주 이상의 주식을 인수하였을 것을 요건으로 한다.
발기인 중 1인이 회사의 설립을 추진중에 행한 불법행위가 외형상 객관적으로 설립 후 회사의 대표이사로서의 직무와 밀접한 관련이 있다고 보아 회사의 불법행위책임을 인정한 사례.

4. 비영리 재단법인의 설립

비영리 재단법인 역시 다음의 네 가지의 요건을 갖추면 성립한다.

① 목적의 비영리성: 비영리 사단법인의 경우와 마찬가지이다.

② 설립행위: 정관작성 외에 財産出捐이 필요하다는 것이 사단법인과는 다른 점이다. 재산출연은 생전처분 또는 유언으로 할 수 있다.

제43조(재단법인의 정관) 재단법인의 설립자는 일정한 재산을 出捐하고 제40조 제1호 내지 제5호의 사항을 기재한 정관을 작성하여 기명날인하여야 한다.

설립행위의 법적 성격은 (要物的: 재산출연이 있어야 하므로) 要式行爲(서면에 일정 사항을 기재해야 하므로)이다. 단독행위인지에 대해서 다수설 · 판례는 긍정하나, 양도계약이라는 소수설도 있다. 설립자가 2인 이상인 경우는 단독행위의 경합이라고 이해된다.

③ 재산출연행위는 無償行爲로서 贈與 및 遺贈과 유사하다. 따라서 생전처분으로 재단법인을 설립할 때에는 증여에 관한 규정이, 유언으로 설립할 때에는 유증에 관한 규정이 준용된다.

제47조(증여, 유증에 관한 규정의 준용) ① 생전처분으로 재단법인을 설립하는 때에는 증여에 관한 규정[554조 이하]을 준용한다.
② 유언으로 재단법인을 설립하는 때에는 유증에 관한 규정[1074조 이하]을 준용한다.

出捐財産이 법인에 귀속하는 시기에 대해서는 복잡한 문제가 있다.

제48조(출연재산의 귀속시기) ① 생전처분으로 재단법인을 설립하는 때에는 출연재산은 법인이 성립된 때로부터 법인의 재산이 된다.
② 유언으로 재단법인을 설립하는 때에는 출연재산은 유언의 효력이 발생한 때로부터 법인에 귀속한 것으로 본다.

④ 법인이 성립되는 때는 설립등기 시(33)이다. 또한 유언의 효력 발생 시기는 유언자의 사망 시(1073)이다. 따라서 제48조에 의하면 생전처분의 경우에는 법인의 설립등기 시, 유언에 의한 경우에는 유언자(출연자)의 사망 시에 출연재산이 법인에 귀속하게 된다.

그런데 우리 민법은 물권변동에 관하여 成立要件主義(물권행위 외에 등기 또는 인도라는 공시방법까지 갖추어야 물권변동이 일어나도록 함)를 취하고 있어서, 不動産 讓渡의 경우는 登記(186)를, 動産 讓渡의 경우는 引渡(188)를 하여야만 물권변동이 일어난다.

그렇다면 제48조에서 정하고 있는 출연재산 귀속의 시기와 제186-188조에서 정하고 있는 물권변동 시기 사이에 차이가 생기므로, 이 충돌을 어떻게 해결할지가 문제된다.

제186조(부동산물권변동의 효력) 부동산에 관한 법률행위로 인한 물권의 득실변경은 登記하여야 그 효력이 생긴다.

제187조(등기를 요하지 아니하는 부동산물권취득) 상속, 공용징수, 판결, 경매 기타 법률의 규정에 의한 부동산에 관한 물권의 취득은 등기를 요하지 아니한다. 그러나 등기를 하지 아니하면 이를 처분하지 못한다.

제188조(동산물권양도의 효력, 간이인도) ① 동산에 관한 물권의 양도는 그 동산을 引渡하여야 효력이 생긴다.

이 문제의 해결에 관해서는 학설의 다툼이 있다.

소수설은 제186조, 제188조의 적용을 우선시한다. 따라서 제48조에 의해서는 채권적 청구권만 발생한다고 본다.

다수설은 제48조가 제187조에서 말하는 '기타 법률의 규정'이라고 보기 때문에 등기가 없어도 제48조가 정하는 시기에 법인에 재산이 귀속한다고 본다.

판례는 다수설도 소수설도 아닌 독자적인 견해를 채택하고 있다. 즉, 출연자와 법인 사이에는 법인설립 시에 법인에 출연재산이 귀속하지만, 제3자에게 대항하기 위해서는 등기가 필요하다고 한다.

대판(전) 1979.12.11, 78다481, 482

재단법인을 설립함에 있어서 출연재산은 그 법인이 성립된 때로부터 법인에 귀속된다는 민법 제48조의 규정은 출연자와 법인과의 관계를 상대적으로 결정하는 기준에 불과하여 출연재산이 부동산인 경우에도 출연자와 법인 사이에는 법인의 성립 외에 등기를 필요로 하는 것은 아니지만, 제3자에 대한 관계에 있어서, 출연행위는 법률행위이므로 출연재산의 법인에의 귀속에는 부동산의 권리에 관한 것일 경우 등기를 필요로 한다.

[소수의견] 위와 같은 이론은 민법 48조의 규정을 무시한 법에 근거없는 해석일 뿐만 아니라, 48조의 입법 정신에 어긋나고 거래의 안전에 기여하게 되는 것이 아니라, 거래의 혼란을 가져올 해석이라고 아니할 수 없다. 재단법인의 설립행위인 정관작성과 재산출연 중에서 실질적으로 핵심이 되는 것은 재산출연 즉 목적재산을 설정하는 행위인 것이므로 출연재산이 없는 재단법인은 사실상 존립할 수가 없는 것이므로 민법은 48조의 규정을 두어 재단법인의 재산유지의 철저를 기하고저 한 것이다. 즉 48조가 법인으로부터 재산이 일탈하는 것을 극력 방지하고저 한 입법정신은 48조 2항을 보아도 알 수 있다. 즉 유언으로 재단법인을 설립하는 때에는 법인이 성립되기 전이라도 유언의 효력이 발생한 때 즉 재산출연자가 사망한 때로부터 법인에 귀속한 것으로 본다고 규정하여 출연자의 사망시로부터 법인의 성립시까지의 사이에 상속인

등에 의하여 출연재산이 침해될 염려가 있기 때문에 재산의 귀속시기에 소급효를 인정하면서까지 법인의 재산이 일탈하는 것을 방지하고저 한 점을 보아도 48조 1항의 취지도 법인의 성립과 재산의 귀속시기를 일치시켜 재산이 없는 법인이 되는 것을 철저히 방지하자는 규정임을 알 수 있다.

대판 1993.9.14, 93다8054

유언으로 재단법인을 설립하는 경우에도 제3자에 대한 관계에서는 출연재산이 부동산인 경우는 그 법인에의 귀속에는 법인의 설립 외에 등기를 필요로 하는 것이므로, 재단법인이 그와 같은 등기를 마치지 아니하였다면 유언자의 상속인의 한 사람으로부터 부동산의 지분을 취득하여 이전등기를 마친 선의의 제3자에 대하여 대항할 수 없다.

대판 1999.7.9, 98다9045

재단법인에 대한 출연자와 법인과의 관계에 있어서 그 출연행위에 터잡아 법인이 성립되면 그로써 출연재산은 민법 제48조에 의하여 법인 성립시에 법인에게 귀속되어 법인의 재산이 되는 것이고, 출연재산이 부동산인 경우에 있어서도 위 양 당사자 간의 관계에 있어서는 법인의 성립 외에 등기를 필요로 하는 것은 아니라 할지라도, 재단법인의 출연자가 착오를 원인으로 취소를 한 경우에는 출연자는 재단법인의 성립 여부나 출연된 재산의 기본재산인 여부와 관계없이 그 의사표시를 취소할 수 있다.

출연재산이 채권인 경우, 指名債權은 채권양도에 특별한 요건이 필요하지 않으므로(참조 450: 양도통지와 승낙은 대항요건일 뿐임) 제48조에 따라 출연재산 귀속시기를 결정해도 문제가 없다. 指示債券과 無記名債券의 경우에 대해서는 학설의 다툼이 있다. 제48조를 우선 적용해야 한다는 견해(48을 508, 523의 예외 규정으로 봄: 곽 · 송)가 있고, 반대로 제508조, 제523조를 우선 적용해야 한다는 견해도 있다.

제508조(지시채권의 양도방식) 지시채권은 그 증서에 배서하여 양수인에게 교부하는 방식으로 양도할 수 있다.

제523조(무기명채권의 양도방식) 무기명채권은 양수인에게 그 증서를 교부함으로써 양도의 효력이 있다.

대판 1984.9.11, 83누578

출연자가 자기의 채권을 사단법인의 목적재산으로 일단 출연한 이상 그 채권은 재단법인에 귀속되는 것이고 당사자가 그 채권에 대한 평가액을 설사 영으로 계산하고 있다 하더라도 당사자의 평가액 여하에 따라 출연의 효과가 좌우되는 것은 아니라고 할 것이며, 다만 그 채권이 변제 기타 사유로 이미 소멸하여 존재하지 아니하거나, 회수가 불가능한 것이어서 실질적 재산가치가 전혀 없는 것이다.
유언으로 재단법인을 설립하는 경우, 출연재산은 유언의 효력이 발생한때 즉 출연자가 사망한 때로부터 법인에 귀속되므로 출연재산은 상속인의 상속재산에 포함되지 않는 것으로서 재산상속인의 출연재산에 포함되지 않는 것으로서 재산상속인의 출연재산 처분행위는 무권한자(無權限者)의 행위가 될 수밖에 없다.

정관의 작성에 있어서는 사단법인의 경우와 대체로 같지만, 필요적 기재사항에서 사원자격의 득실에 관한 규정·법원의 존립시기나 해산사유가 제외되어 있다는 점을 주의해야 한다.

또한 필요적 기재사항 중에서 가장 중요한 '목적'과 '자산에 관한 규정'이 정해져 있으면 나머지 부분은 補充이 가능하도록 하고 있다(이른바 定款의 補充).

제44조(재단법인의 정관의 보충) 재단법인의 설립자가 그 명칭, 사무소 소재지 또는 이사임면의 방법을 정하지 아니하고 사망한 때에는 이해관계인 또는 검사의 청구에 의하여 법원이 이를 정한다.

⑤ 주무관청의 허가·설립등기: 사단법인의 경우와 같다.

IV. 법인의 능력

1. 서 론

법인의 능력은 자연인의 경우와는 근본적으로 차이가 있다. 자연인의 경우에는 모든 살아 있는 인간들에게 권리능력이 평등하게 인정되므로 아무런 제한이 없다. 반면 법인의 경우에는 법으로 인정한 범위 내에서만 일정한 단체에 대하여 권리능력이 인정될 뿐이다. 행위능력과 불법행위능력에 있어서도 자연인과는 상당히 다르게 인정된다. 즉 자연인에게 있어서 행위능력 제도는 주로 제한능력자를 보호하기 위한 것이라면, 법인에게 있어서 행위능력은 "어떤 범위에서 누가 법인의 행위를 할 수 있느냐?"라는 문제의 해결을 위한 것이다. 법인의 불법행위능력 역시 그 핵심은 "누구의 어떤 행위에 대하여 법인 자신이 배상책임을 지느냐?"이다. 요컨대 법인의 능력에 관한 근본 문제는 "어떤 경우에 법인의 행위로 볼 수 있는지?"이다.

법인의 능력에 관한 규정은 원칙적으로 민법의 비영리법인뿐만 아니라 모든 법인에 적용된다.

2. 권리능력

第34조(법인의 권리능력) 법인은 법률의 규정에 좇아 정관으로 정한 목적의 범위내에서 권리와 의무의 주체가 된다.

(1) 성질에 의한 제한

자연인이 아니므로 생명권 · 친권 · 육체상의 자유권 등 육체를 가진 인간만이 가질 수 있는 권리들을 가질 수 없다. 상속도 받을 수 없지만(1000-1004 참조), 포괄적 유증은 가능하므로 실질적으로 상속을 받는 것처럼 할 수는 있다.

그러나 법인의 명예가 훼손된 경우 손해배상청구권은 인정된다.

(2) 법률에 의한 제한

법인의 권리능력을 일반적으로 제한하는 법률은 없고, 개별 규정들이 있다(81, 상 173, 채무자 회생 및 파산에 관한 법률 328 등).

(3) 정관의 목적에 의한 제한

민법은 정관으로 정한 목적의 범위 내에서만 법인의 권리능력을 인정한다. 한편 이것을 권리능력의 제한(통설)이라고 보지 않고 행위능력을 제한한 것이라는 견해도 있다.

'목적의 범위 내'의 의미에 대하여, 다수설은 '목적에 위반하지 않는 범위 내'라고 보고, 소수설은 '목적을 달성하는 데 필요한 범위'라고 본다. 결국 다수설은 법인의 권리능력의 제한을 최소한으로 하려는 입장이며, 이것이 더 타당하다.

판례는 다수설과 유사하게, "목적을 수행하는 데 있어서 직접 또는 간접으로 필요한 행위"라고 한다.

대판 1987.9.8, 86다카1349

회사도 법인인 이상 그 권리능력이 정관으로 정한 목적에 의하여 제한됨은 당연하나 정관에 명시된 목적 자체에는 포함되지 않는 행위라 할지라도 목적수행에 필요한 행위는 회사의 목적범위내의 행위라 할 것이고 그 목적수행에 필요한 행위인가의 여부는 문제된 행위가 정관기재의 목적에 현실적으로 필요한 것이었던가 여부를 기준으로 판단할 것이 아니라 그 행위의 객관적 성질에 비추어 추상적으로 판단할 것이다.

3. 법인의 행위능력

법인은 권리능력이 있는 모든 범위 안에서 행위능력을 가진다(통설). 법인의 대표기관이 법인의 행위능력의 범위 안에서 행위를 하는 때에 법인의 행위로 인정된다.

대표는 본인과 대리인과의 관계보다 훨씬 밀접하나, 대리에 관한 규정이 준용된다. 대표기관으로는 이사 기타 대표자(임시이사, 특별대리인, 직무대행자, 청산인)가 있다.

제59조(이사의 대표권) ② 법인의 대표에 관하여는 대리에 관한 규정을 준용한다.

대판 1978.2.28, 77누155

법인은 하나의 실재로서 고유의 의사에 따라 대표기관에 의하여 행동하는 주체이므로 법인은 독자의 의사를 지니고 이로써 의사를 결정하고 법적효력있는 행위를 하기위한 기관을 가졌다고 하는 것이 법인에 행위능력이 있다는 것이 되나니, 이와 같이 법인은 기관에 의하여 독자의 행위를 할 수 있는 실재체이므로 기관의 행위는 즉 법인 자체의 행위가 되고, 다만 법인의 기관은 법인의 목적범위내의 행위어야 된다는 제한이 있을 따름이다.

4. 법인의 불법행위능력

제35조(법인의 불법행위능력) ① 법인은 이사 기타 대표자가 그 직무에 관하여 타인에게 가한 손해를 배상할 책임이 있다. 이사 기타 대표자는 이로 인하여 자기의 손해배상책임을 면하지 못한다.
② 법인의 목적범위외의 행위로 인하여 타인에게 손해를 가한 때에는 그 사항의 의결에 찬성하거나 그 의결을 집행한 사원, 이사 및 기타 대표자가 연대하여 배상하여야 한다.

(1) 입법취지

제35조의 입법 취지에 대해서는, 법인실재설에 따르면 당연한 규정이라는 견해(송)와 정책적 규정이라는 견해가 있다. 판례는 전자의 견해에 가깝다.

(2) 제35조의 적용 범위

민법상의 모든 법인에 적용된다. 상법상의 회사에 대해서는 특별규정이 있다. 또한 제35조는 권리능력 없는 사단에도 유추적용된다. 대표기관이 아닌 피용자의 가해행위에는 제756조가 적용되어 법인은 사용자 책임을 질뿐이다.

(3) 요　　건

다음의 세 가지의 요건을 갖추어야 한다.

① 대표기관의 행위: 대표기관으로는 이사, 임시이사, 특별대리인, 직무대행자, 청산인이 있다. 따라서 대표권 없는 이사, 사원총회, 감사, 이사에 의해 선임된 대리인(지배인, 임의대리인)과 같이 대표권이 없는 자들의 행위에 대해서는 법인의 책임이 부인된다.

② 직무에 관한 행위: '외형상 직무수행행위로 볼 수 있는 행위'뿐만 아니라 '직무행위와 사회관념상 견련성을 가지는 행위'도 포함된다(통설, 판례). 따라서 보통은 34조의 '정관으로 정한 목적의 범위 내의' 행위와 일치하게 된다.

③ 일반 불법행위 요건(750): 가해행위, 고의 · 과실, 책임능력, 위법성, 손해발생(인과관계 포함)이라는 요건을 갖추어야 한다.

(4) 효 과

제35조는 법인의 불법행위가 성립하는 경우와 그렇지 않은 경우로 나누어 규율하고 있다.

① 법인의 불법행위가 성립하는 경우(35 ① 1문): 위의 요건을 갖추면 법인은 피해자에게 손해를 배상하여야 한다. 배상의 범위에 대해서는 손해배상에 관한 일반원칙이 적용된다.

법인의 불법행위 책임은 법인의 사용자책임(756)과 구별된다. 전자는 법인 자신의 불법행위에 대한 책임이고, 후자는 불법행위자의 사용자이기 때문에 지는 책임이다. 따라서 사용자책임과는 달리, 선임 · 감독에 주의를 다한 경우(참조 756 ① 단)에도 면책되지 않는다.

법인의 책임과 더불어 대표기관 개인도 책임을 지는 것은 피해자 보호라는 정책적 고려 때문이다(다수설). 법인이 피해자에게 배상을 한 경우 법인은 대표기관 개인을 상대로 구상권을 행사할 수 있다.

② 법인의 불법행위가 성립하지 않는 경우(750, 35 ②): 이때에는 대표기관만 책임을 진다. 단, 피해자 보호를 위하여 책임을 지는 자의 범위를 확대하고 있다.

대판 1975.8.19, 75다666

학교법인의 대표자가 교육시설의 확장등 학교의 정상적인 유지 운영을 위하여 금원을 차용하고 수표를 발행하는 행위는 피고 법인대표자의 직무행위라 할 것이고 또 이는 법인의 사무집행에 관한 행위로서의 객관적인 외형을 갖추었다 할 것이므로 법인은 위 대표자가 타인으로부터 금원을 차용하고 수표를 발행함에 있어 사립학교법 16조 및 28조가 정하는 이사회의 결의를 거치지 아니하고 감독관청의 허가를 받지 않은 잘못으로 인하여 타인이 입은 손해를 불법행위자로서 배상할 의무가 있고 금원을 법인에게 대여함에 있어서 사립학교법이 정하는 절차를 거쳤는지 여부를 알아보지 아니한 과실이 있는 금원 대여자는 과실책임을 진다.

대판 1990.3.23, 89다카555

상호신용금고의 대표이사인 갑이 을로부터 일정한 금원을 예탁금으로 입금처리하여 줄 것을 의뢰받고 당시 공동대표이사인 병의 개인자금을 조달할 목적으로 위 금원을 차용하면서도 외관상으로만 위 금원을 위 금고의 차입금으로 입금처리 하는 양 가장하여 을을 속이고 실제로는 차입금원장 등 장부에도 기장하지 아니한 채 위 금고용 차입금증서가 아닌 병 개인명의로 발행된 약속어음을 을에게 교부하여 주었다면 이는 실질적으로는 갑의 개인적인 융통행위로서 위 금고의 차용행위로서는 무효라 하겠으나 그의 행위는 위 금고 대표이사로서의 직무와 밀접한 관련이 있을 뿐만 아니라 외형상으로는 위 금고 대표이사의 직무범위내의 행위로 보아야 할 것이고 을의 처지에서도 위 금고와의 거래로 알고 있었던 것이므로 위 금고는 그 대표이사 갑의 직무에 관한 불법행위로 인하여 을이 입은 손해를 배상할 책임이 있다.

5. 대표권의 남용

代表權의 濫用(남용)이란 대표기관이 법인의 목적범위 내에서 그리고 대표권의 범위 내에서 법인의 이름으로 법률행위를 하였으나, 私的인 이익을 위해 그것을 한 경우를 말한다.

이에 관한 학설을 보면, 우선 다수설 · 판례는 제107조 제1항 단서를 유추적용하자고 한다. 즉, 이러한 남용의 경우도 대표행위가 원칙적으로 유효하나, 상대방이 그 사정을 알았거나 알 수 있었을 경우에는 무효로 한다는 것이다. 신의칙설(권리남용설)은 상대방이 악의 또는 중과실인 경우 대표행위를 무효로 한다는 입장이다(이런 입장의 판결도 1개 있음). 또한 이것을 제126조의 표현대리 문제로 파악하는 대표권 부인설도 있다.

대판 1997.8.29, 97다18059

일반적으로 주식회사 대표이사는 회사의 권리능력의 범위 내에서 재판상 또는 재판외의 일체의 행위를 할 수 있고, 이러한 대표권 그 자체는 성질상 제한될 수 없는 것이지만 대외적인 업무 집행에 관한 결정 권한으로서의 대표권은 법률의 규정에 의하여 제한될 뿐만 아니라 회사의 정관, 이사회의 결의 등의 내부적 절차 또는 내규 등에 의하여 내부적으로 제한될 수 있으며, 이렇게 대표권한이 내부적으로 제한된 경우에는 그 대표이사는 제한 범위 내에서만 대표권한이 있는 데 불과하게 되는 것이지만 그렇더라도 그 대표권한의 범위를 벗어난 행위 다시 말하면 대표권의 제한을 위반한 행위라 하더라도 그것이 회사의 권리능력의 범위 내에 속한 행위이기만 하다면 대표권의 제한을 알지 못하는 제3자는 그 행위를 회사의 대표행위라고 믿는 것이 당연하고 이러한 신뢰는 보호되어야 한다.

주식회사의 대표이사가 그 대표권의 범위 내에서 한 행위는 설사 대표이사가 회사의 영리목적과 관계없이 자기 또는 제3자의 이익을 도모할 목적으로 그 권한을 남용한 것이라 할지라도 일단 회사의 행위로서 유효하고, 다만 그 행위의 상대방이 대표이사의 진의를 알았거나 알 수 있었을 때에는 회사에 대하여 무효가 되는 것이다.
주식회사의 대표이사가 회사 명의로 한 채무부담행위가 회사의 목적 범위 내의 행위에 속하는 것으로 인정된 사례.

대판 1987.10.13, 86다카1522

회사도 법인인 이상 그 권리능력이 정관으로 정한 목적에 의하여 제한됨은 당연하나 정관에 명시된 목적 자체에는 포함되지 않는 행위라 할지라도 목적수행에 필요한 행위는 회사의 목적범위내의 행위라 할 것이고 그 목적수행에 필요한 행위인가의 여부는 문제된 행위가 정관기재의 목적에 현실적으로 필요한 것이었던가 여부를 기준으로 판단할 것이 아니라 그 행위의 객관적 성질에 비추어 추상적으로 판단할 것이다.
주식회사의 대표이사가 그 대표권의 범위내에서 한 행위는 설사 대표이사가 회사의 영리목적과 관계없이 자기 또는 제3자의 이익을 도모할 목적으로 그 권한을 남용한 것이라 할지라도 일응 회사의 행위로서 유효하고 다만 그 행위의 상대방이 그와 같은 정을 알았던 경우에는 그로 인하여 취득한 권리를 회사에 대하여 주장하는 것이 신의칙에 반하므로 회사는 상대방의 악의를 입증하여 그 행위의 효과를 부인할 수 있을 뿐이다.

한편, 대표권의 남용과는 다른 경우로서 '대표권의 범위를 넘어선 행위'가 있다. 이것은 대표기관이 대표권의 범위를 벗어나서 법인의 이름으로 법률행위를 한 경우이다. 자연인에 의한 대리행위와 달리 대표기관에 의한 대표행위의 경우에는 대표권한을 넘어서는 경우가 드물지만, 가령 정관에 의해 대표권이 제한된 경우에는 그러한 일이 있을 수도 있다.

이 경우에 대하여 학설은 제126조를 우선하여 적용하자는 견해(곽 · 송), 제35조를 우선하자는 견해, 선택적으로 적용하자는 견해 등이 있다.

그러나 이러한 경우의 문제는 바로 이하에서 보는 바와 같이 '정관에 의한 대표권의 제한'이라는 측면에서 제60조에 의해 해결되는 것으로 생각된다.

6. 정관에 의한 대표권의 제한

이사의 대표권은 정관에 의하여 제한될 수 있고(34, 49 ② 9호, 59 ① 단 참조),

정관에 기재하지 않은 대표권의 제한은 무효이다.

제41조(이사의 대표권에 대한 제한) 이사의 대표권에 대한 제한은 이를 정관에 기재하지 아니하면 그 효력이 없다.

그런데 정관에 기재가 되었더라도 이를 등기하지 않으면 제3자에게 대항하지 못한다.

제60조(이사의 대표권에 대한 제한의 대항요건) 이사의 대표권에 대한 제한은 등기하지 아니하면 제삼자에게 대항하지 못한다.

제60조는 제삼자라고만 하고 있어서 여기에 악의의 제3자도 포함되는지에 대해서는 학설의 다툼이 있다. 제한설은 악의의 제3자에는 대항 가능하다는 견해(곽)이고, 무제한설은 선의·악의 상관없이 대항하지 못한다는 입장(송)이다. 판례는 무제한설을 따르고 있다.

참고로 상법에서는 대표사원의 권한에 대한 제한은 善意의 제3자에게 대항하지 못한다고 규정한다.

상법 제209조(대표사원의 권한) ① 회사를 대표하는 사원은 회사의 영업에 관하여 재판상 또는 재판외의 모든 행위를 할 권한이 있다.
② 전항의 권한에 대한 제한은 선의의 제삼자에게 대항하지 못한다.

대판 1992.2.14, 91다24564

재단법인의 대표자가 그 법인의 채무를 부담하는 계약을 함에 있어서 이사회의 결의를 거쳐 노회와 설립자의 승인을 얻고 주무관청의 인가를 받도록 정관에 규정되어 있다면 그와 같은 규정은 법인 대표권의 제한에 관한 규정으로서 이러한 제한은 등기하지 아니하면 제3자에게 대항할 수 없다.
법인의 정관에 법인 대표권의 제한에 관한 규정이 있으나 그와 같은 취지가 등기되어 있지 않다면 법인은 그와 같은 정관의 규정에 대하여 선의냐 악의냐에 관계없이 제3자에 대하여 대항할 수 없다.

대판 2003.7.22, 2002다64780

비법인사단의 경우에는 대표자의 대표권 제한에 관하여 등기할 방법이 없어 민법 제60조의 규정을 준용할 수 없고, 비법인사단의 대표자가 정관에서 사원총회의 결의를 거쳐야 하도록 규정한 대외적 거래행위에 관하여 이를 거치지 아니한 경우라도, 이와 같은 사원총회 결의사항은 비법인사단의 내부적 의사결정에 불과하다 할 것이므로, 그 거래 상대방이 그와 같은 대표권 제한 사실을 알았거나 알 수 있었을 경우가 아니라면 그 거래행위는 유효하다고 봄이 상당하고, 이 경우 거래의 상대방이 대표권 제한 사실을 알았거나 알 수 있었음은 이를 주장하는 비법인사단측이 주장 · 입증하여야 한다.

대판 2004.3.26, 2003다34045

대표이사의 대표권한 범위를 벗어난 행위라 하더라도 그것이 회사의 권리능력의 범위 내에 속한 행위이기만 하면 대표권의 제한을 알지 못하는 제3자가 그 행위를 회사의 대표행위라고 믿은 신뢰는 보호되어야 하고, 대표이사가 대표권의 범위 내에서 한 행위는 설사 대표이사가 회사의 영리목적과 관계없이 자기 또는 제3자의 이익을 도모할 목적으로 그 권한을 남용한 것이라 할지라도 일단 회사의 행위로서 유효하고, 다만 그 행위의 상대방이 대표이사의 진의를 알았거나 알 수 있었을 때에는 회사에 대하여 무효가 되는 것이며, 이는 민법상 법인의 대표자가 대표권한을 남용한 경우에도 마찬가지이다.

법인의 대표자의 행위가 직무에 관한 행위에 해당하지 아니함을 피해자 자신이 알았거나 또는 중대한 과실로 인하여 알지 못한 경우에는 법인에게 손해배상책임을 물을 수 없다고 할 것이고, 여기서 중대한 과실이라 함은 거래의 상대방이 조금만 주의를 기울였더라면 대표자의 행위가 그 직무권한 내에서 적법하게 행하여진 것이 아니라는 사정을 알 수 있었음에도 만연히 이를 직무권한 내의 행위라고 믿음으로써 일반인에게 요구되는 주의의무에 현저히 위반하는 것으로 거의 고의에 가까운 정도의 주의를 결여하고, 공평의 관점에서 상대방을 구태여 보호할 필요가 없다고 봄이 상당하다고 인정되는 상태를 말한다.

V. 법인의 기관

1. 의 의

법인이 실제로 활동하기 위해서는 법인의 의사를 결정하고, 외부에 대하여 법인을 대표하여 행위하고, 내부의 사무를 처리하기 위한 일정한 조직을 필요로 한다. 실재설에 따르면 이러한 기관은 법인의 구성 부분이다.

2. 종　류

법인의 기관으로는 理事(법인 대표, 업무 집행), 監事(이사의 사무집행을 감독), 사원총회(최고의 의사결정기관)가 있다.

3. 理　事

(1) 의　의

이사는 법인을 대표하고 법인의 업무를 집행하는 기관이다. 이사는 법인의 필요적 상설기관이며 수에는 제한이 없다. 이사가 될 수 있는 것은 자연인에 한한다.

第57條(이사) 법인은 이사를 두어야 한다.

(2) 任　免

이사의 任免은 정관에 의해 결정된다. 또한 이사의 임면에 관한 규정은 정관의 필요적 기재사항이다(40조 5호).

이사의 성명과 주소는 등기사항(등기하지 않으면 이사의 선임, 해임, 퇴임을 가지고 제3자에게 대항 못함)이다(49 ② 8호).

이사의 선임 · 해임 · 퇴임은 정관의 규정에 의한다.

선임행위는 위임과 유사한 계약이며, 일반적으로 사원총회에서 이사가 선임된다. 선임행위에 하자가 있으면 무효 또는 취소의 소, 직무집행 정지 가처분, 직무대행자 선임 가처분 등이 가능하다.

해임 · 퇴임도 정관의 규정에 의거한다. 이에 관해서도 대리에 관한 규정이 적용되고, 위임에 관한 규정이 유추적용된다.

임기 만료로 사임한 경우 후임이사 선임 시까지는 직무 수행이 가능하다.

단, 임기 미완료의 다른 이사가 있으면 그렇지 않다.

이사는 자유롭게 辭任할 수 있으며, 사임의 법적 성격은 상대방 있는 단독행위이다.

(3) 직무권한

이사의 선임행위는 일종의 위임계약이므로 이사는 善管注意義務(681, 61)를 진다. 이사는 임무 해태시에는 채무불이행책임을 지며 이사가 여러 명인 경우 연대책임을 진다.

> **제65조(이사의 임무해태)** 이사가 그 임무를 해태한 때에는 그 이사는 법인에 대하여 연대하여 손해배상의 책임이 있다.

이사의 직무권한은 크게 두 가지로 구분된다. 대외적 권한은 법인을 대표하는 것(대표권)이고, 대내적 권한은 업무를 집행하는 것이다.

① 이사의 대표권은 법인이 행위능력을 가지는 모든 사항에 미친다.

이사가 數人인 경우 각자대표(단독대표)의 원칙에 따른다(59 ① 본). 대리의 규정이 준용되는 사항은 顯名主義(115), 無權代理, 表見代理 등이다.

> **제59조(이사의 대표권)** ① 이사는 법인의 사무에 관하여 각자 법인을 대표한다. 그러나 정관에 규정한 취지에 위반할 수 없고 특히 사단법인은 총회의 의결에 의하여야 한다.
>
> ② 법인의 대표에 관하여는 대리에 관한 규정을 준용한다.

대표권의 제한은 몇 가지 경우가 있다. 정관에 의한 제한은 등기해야만 제3자에게 대항할 수 있는데, 그에 관한 상세한 내용은 위에서 본 바 있다. 사원총회의 의결에 의한 제한에 대해서는 긍정설과 부정설이 있다. 사원총회의 의결이 있더라도 그것이 정관에 기재되지 않으면 제한의 효력이 없다고 보아야 할 것이다(송). 利益相反의 경우, 법인과 이사의 이익이 상충하는 경우에 이사는 대표권이 없고 특별대리인을 선임해야 한다(64). 또한 이사는 원칙적으로 復任權이 없다. 다만 예외적으로 특정의 행위를 대리하게 할 수는 있다(62). 이사는 포괄적인 복임권은 없다.

② 업무집행권과 관련된 사무의 내용으로는 재산목록과 사원명부의 작성, 사원총회의 소집, 총회의사록의 작성, 파산의 신청, 해산 시 청산인이 됨, 법인 등기의 신청 등이 있다.

第58조(이사의 사무집행) ① 이사는 법인의 사무를 집행한다.
② 이사가 수인인 경우에는 정관에 다른 규정이 없으면 법인의 사무집행은 이사의 과반수로써 결정한다.

4. 이사의 대치

이사의 역할을 대체할 수 있는 기관으로서는 임시이사, 특별대리인, 직무대행자가 있다.

(1) 임시이사

이사가 없거나 결원이 있을 경우에 선임되는 임시이사는 일시적 기관이지만 정식이사 선임 시까지는 이사와 동일한 권한을 가진다.

第63조(임시이사의 선임) 이사가 없거나 결원이 있는 경우에 이로 인하여 손해가 생길 염려 있는 때에는 법원은 이해관계인이나 검사의 청구에 의하여 임시이사를 선임하여야 한다.

(2) 특별대리인

법인과 이사의 이익이 상반되는 사항에 대하여 이사는 대표권이 없으므로, 그 사항에 관하여 법인을 대표할 자를 법원이 선임하는데, 그 자가 특별대리인이다. 명칭에는 대리인이라고 되어 있지만 법인이나 이사의 대리인이 아니라 법인의 기관이다.

第64조(특별대리인의 선임) 법인과 이사의 이익이 상반하는 사항에 관하여는 이사는 대표권이 없다. 이 경우에는 전조의 규정에 의하여 특별대리인을 선임하여야 한다.

(3) 직무대행자

이사의 선임행위에 흠이 있어서 직무집행이 정지되었을 때 법원이 가처분으로 선임하는 임시적 기관이다(52의2, 60의2).

5. 監 事

(1) 의 의

민법상의 감사는 임의기관이고, 상법상의 감사는 필요기관이다(상 312, 317 ② 8호 등 참조). 감사는 법인을 대표하는 기관이 아니므로 그의 성명·주소는 등기 사항이 아니다.

第66조(감사) 법인은 정관 또는 총회의 결의로 감사를 둘 수 있다.

(2) 직무권한

감사는 법인의 재산상황과 이사의 업무집행을 감독하고 잘못이 있을 경우에는 총회 또는 주무관청에 보고한다.

제67조(감사의 직무) 감사의 직무는 다음과 같다.
1. 법인의 재산상황을 監査하는 일
2. 이사의 업무집행의 상황을 감사하는 일
3. 재산상황 또는 업무집행에 관하여 不正, 不備한 것이 있음을 발견한 때에는 이를 총회 또는 주무관청에 보고하는 일
4. 전호의 보고를 하기 위하여 필요있는 때에는 총회를 소집하는 일

감사도 이사와 마찬가지로 사무 처리에 있어서 선관주의의무(681 참조)가 있다. 선관주의의무 위반 시에는 채무불이행책임을 지나, 이사의 경우처럼 감사들 사이에 연대책임은 없다.

감사가 數人인 경우 각자 단독으로 직무를 수행한다.

6. 사원총회

(1) 의 의

사원총회는 사단법인의 최고 · 필수의 의사결정기관이다(재단법인에는 없음).

제68조(총회의 권한) 사단법인의 사무는 정관으로 이사 또는 기타 임원에게 위임한 사항외에는 총회의 결의에 의하여야 한다.

(2) 종 류

통상총회와 임시총회가 있다.

제69조(통상총회) 사단법인의 이사는 매년 1회이상 통상총회를 소집하여야 한다.

제70조(임시총회) ① 사단법인의 이사는 필요하다고 인정한 때에는 임시총회를 소집할 수 있다.
② 총사원의 5분의 1이상으로부터 회의의 목적사항을 제시하여 청구한 때에는 이사는 임시총회를 소집하여야 한다. 이 정수는 정관으로 증감할 수 있다.

(3) 소집절차

1주간의 기간은 단축이 불가하지만, 연장은 가능하다. 소집절차가 법률이나 정관 위반 시 총회의 결의는 무효이다.

제71조(총회의 소집) 총회의 소집은 1주간전에 그 회의의 목적사항을 기재한 통지를 발하고 기타 정관에 정한 방법에 의하여야 한다.

(4) 권 한

사원총회는 정관으로 이사 또는 기타의 임원에게 위임한 사항 이외에 원칙적으로 모든 것을 결의할 수 있다. 그러나 예외적으로 결의할 수 없는 사항들이 있다. 즉, ① 강행법규, 사회질서, 법인의 본질에 반하는 사항, ② 정관의 규범적 의미 내용과 다른 해석, ③ 少數社員權과 社員의 固有權(가령 決意權) 박탈(다수결 원리의 한계)이 그러하다.

사원총회에는 대표권, 업무집행권이 없다.

사원총회의 全權事項은 정관의 변경(42)과 任意解散(77 ②)이다. 총회의 이 권한은 정관에 의해서도 박탈될 수 없다.

(5) 결 의

決議에 관해서 다음과 같은 내용이 중요하다.

① 총회의 성립: 총회를 성립시키는 정족수에 대해서는 민법이 따로 정하고 있지 않으므로 정관이 정한 정족수의 출석이 필요하다. 정관에 규정이 없는 경우에 대해서는 견해가 대립하는데, 2인 이상의 출석이면 된다는 견해(다수설)와 총사원의 과반수 출석이 필요하다는 견해가 있다.

② 결의사항: 정관에서 달리 정하지 않는 한 미리 통지한 사항에 한정(72)하여 결의할 수 있다.

③ 결의권: 사원은 평등하게 결의권을 가지는 것이 원칙(73 ①)이나 정관으로 변경 가능하다. 법인과 어떤 사원과 관계되는 사항에 대해서 그 사원은 결의권이 없다(74).

④ 결의정족수: 정관에 달리 정하지 않았으면 사원 과반수의 출석과 출석사원의 결의권의 과반수가 있어야 결의가 성립한다.

第75条(총회의 결의방법) ① 총회의 결의는 본법 또는 정관에 다른 규정이 없으면 사원 과반수의 출석과 출석사원의 결의권의 과반수로써 한다.

특별정족수가 필요한 경우는, 정관변경(총사원 3분의 2 이상의 동의)과 임의해산(총사원 4분의 3 이상의 동의)이다(42 ①, 78).

7. 사 원 권

(1) 의의 · 종류

社員權이란 사단의 구성원인 사원이 사단에 대해 가지는 권리를 말한다.

사원권은 共益權과 自益權으로 나뉜다. 공익권은 사단의 운영에 참여(결의

권, 감독권 등)하는 권리이고, 자익권은 이익을 향유(사단의 설비 이용 등)하는 권리이다.

제56조(사원권의 양도, 상속금지) 사단법인의 사원의 지위는 양도 또는 상속할 수 없다.

(2) 사원권의 양도 · 상속

영리법인에서는 허용(상 335)되지만, 민법상의 비영리법인에서는 원칙적으로 허용되지 않는다. 그러나 제56조는 임의규정이므로 정관이나 관습으로 달리 정할 수 있다.

대판 1992.4.14, 91다26850

"사단법인의 사원의 지위는 양도 또는 상속할 수 없다"고 한 민법 제56조의 규정은 강행규정은 아니라고 할 것이므로, 정관에 의하여 이를 인정하고 있을 때에는 양도 · 상속이 허용된다.

(3) 사원권의 소멸

사원의 사망, 탈퇴, 사원총회의 결의, 기타 정관이 규정하는 사유가 있으면 사원권은 소멸한다.

VI. 법인의 주소

법인의 주소지는 주된 사무소의 소재지이고(36), 거기에서 허가 후 3주 이내에(49 ①) 설립등기를 함으로써 법인이 성립한다(33). 사무소를 이전할 때에는 이를 3주 이내에(51 ①) 등기하여야 제3자에게 대항할 수 있다(54 ①).

제36조(법인의 주소) 법인의 주소는 그 주된 사무소의 소재지에 있는 것으로 한다.

제33조(법인설립의 등기) 법인은 그 주된 사무소의 소재지에서 설립등기를 함으로써

성립한다.

제49조(법인의 등기사항) ① 법인설립의 허가가 있는 때에는 3주간내에 주된 사무소 소재지에서 설립등기를 하여야 한다.

제51조(사무소이전의 등기) ① 법인이 그 사무소를 이전하는 때에는 구소재지에서는 3주간내에 이전등기를 하고 신소재지에서는 동기간내에 제49조 제2항에 게기한 사항을 등기하여야 한다.

Ⅶ. 정관의 변경

1. 의 의

定款의 變更이란 법인이 동일성을 유지하면서 그 조직을 변경하는 것을 말한다. 변경의 가능성은 사단법인과 재단법인에 있어서 큰 차이가 있다. 즉, 사단법인은 원칙적으로 변경 가능하나, 재단법인은 원칙적으로 변경이 불가능하다.

2. 사단법인의 정관 변경

제42조(사단법인의 정관의 변경) ① 사단법인의 정관은 총사원 3분의 2이상의 동의가 있는 때에 한하여 이를 변경할 수 있다. 그러나 정수에 관하여 정관에 다른 규정이 있는 때에는 그 규정에 의한다.
② 정관의 변경은 주무관청의 허가를 얻지 아니하면 그 효력이 없다.

(1) 요 건

① 사원총회의 결의가 있어야 하고, ② 주무관청의 허가(효력발생요건. 당해 정관이 등기사항인 경우는 변경을 등기하여야 제3자에게 대항)가 있어야 하며, ③ 정관이라는 서면의 변경은 반드시 필요하지는 않으나 변경사항이 등기사항이면 등기하여야 제3자에게 대항할 수 있다.

(2) 정관변경의 한계

정관에 변경금지 규정이 있는 경우에도 全社員의 동의가 있으면 가능하다. 정관에서 정한 목적의 변경도 가능하나, 영리목적으로는 불가능하다.

3. 재단법인의 정관 변경

재단법인의 정관변경은 다음의 경우에만 예외적으로 인정된다.

> **제45조(재단법인의 정관변경)** ① 재단법인의 정관은 그 변경방법을 정관에 정한 때에 한하여 변경할 수 있다.
> ② 재단법인의 목적달성 또는 그 재산의 보전을 위하여 적당한 때에는 전항의 규정에 불구하고 명칭 또는 사무소의 소재지를 변경할 수 있다.
> ③ 제42조 제2항의 규정[주무관청의 허가]은 전2항의 경우에 준용한다.

(1) 정관의 변경방법이 정해져 있는 경우

관에서 정한 방법에 따라 정관을 변경할 수 있다(45 ①). 주무관청의 허가는 효력발생요건(인가)이다. 당해 정관이 등기사항인 경우는 변경을 등기하여야 제3자에게 대항할 수 있다.

(2) 사무소 등의 변경

정관에서 정하지 않은 경우에도 명칭 또는 사무소의 소재지는 변경할 수 있다(45 ②). 주무관청의 허가와 등기는 위와 마찬가지다.

(3) 목적달성이 불가능한 경우

정관변경 방법이 미리 정해져 있지 않을지라도 재단법인의 목적을 달성할 수 없을 때에는 목적 기타 정관의 규정을 변경할 수 있다.

> **제46조(재단법인의 목적 기타의 변경)** 재단법인의 목적을 달성할 수 없는 때에는 설립자나 이사는 주무관청의 허가를 얻어 설립의 취지를 참작하여 그 목적 기타 정관의 규정을 변경할 수 있다.

이때 변경 전의 목적과 비슷한 목적으로 변경해야 하는지에 대해서는 긍정설도 있으나 부정설이 통설이다. 주무관청의 허가와 등기는 위와 마찬가지다.

(4) 기본재산의 처분 및 증감

재단법인의 기본재산의 처분과 증감은 중대한 조직변경을 의미한다. 따라서 판례는 재단법인의 기본재산의 처분에 주무관청의 허가를 요구한다. 이것은 기본재산의 증가의 경우에도 마찬가지이다. 사후 허가도 가능하지만, 허가 전까지는 처분이 효력이 없다가 허가가 있으면 유효하게 된다.

Ⅷ. 법인의 소멸

1. 서 론

자연인과 달리 법인에서는 일정한 절차를 거쳐서 단계적으로 권리능력의 상실(법인의 소멸)이 이루어진다. 즉, 먼저 解散(즉, 법인 활동의 중단)을 하고 淸算(즉, 법인의 잔여 사무와 재산의 정리)으로 들어가서 청산이 완료되면 소멸하게 된다. 청산 과정의 법인을 청산법인이라고 부른다. 이렇게 복잡한 과정을 거치는 것은 법인과 이해관계를 맺고 있는 사람들이 법인의 소멸로 입게 될 피해를 최소화하기 위해서이다.

2. 해 산

해산 사유에는 사단법인과 재단법인에 공통된 사유가 있고, 사단법인에만 해당하는 사유가 있다. 재단법인에만 해당하는 사유는 없다.

(1) 공통된 사유

공통된 사유는 다음과 같다: ① 존립기간의 만료 기타 정관에 정한 해산사유(사단법인은 필요적 기재사항, 재단법인은 임의적 기재사항)의 발생, ② 법인의 목적달성 또는 목적달성 불능(정관을 변경하여 존속 가능: 42, 46), ③ 破産(법인의 채무초과로 파산을 신청), ④ 설립허가의 취소(38).

제77조(해산사유) ① 법인은 존립기간의 만료, 법인의 목적의 달성 또는 달성의 불능 기타 정관에 정한 해산사유의 발생, 파산 또는 설립허가의 취소로 해산한다.

제79조(파산신청) 법인이 채무를 완제하지 못하게 된 때에는 이사는 지체없이 파산신청을 하여야 한다.

채무자 회생 및 파산에 관한 법률 제306조(법인의 파산원인) ① 법인에 대하여는 그 부채의 총액이 자산의 총액을 초과하는 때에도 파산선고를 할 수 있다.

동법 제294조(파산신청권자) ① 채권자 또는 채무자는 파산신청을 할 수 있다.

(2) 사단법인 특유의 사유

사원이 1인도 없게 되거나, 총회에서 해산 결의를 한 경우(任意解散)가 있다.

제77조(해산사유) ② 사단법인은 사원이 없게 되거나 총회의 결의로도 해산한다.

제78조(사단법인의 해산결의) 사단법인은 총사원 4분의 3이상의 동의가 없으면 해산을 결의하지 못한다. 그러나 정관에 다른 규정이 있는 때에는 그 규정에 의한다. [임의해산]

3. 청　산

(1) 의　의

淸算이란 해산한 법인이 잔존사무를 처리하고 재산을 정리하여 완전 소멸할 때까지의 절차를 말한다. 청산절차규정(80, 81, 87)은 강행규정이다.

(2) 청산법인의 능력

청산법인은 청산의 목적범위 내에서만 권리가 있고 의무를 부담한다. 여기서의 '목적범위'는 넓게 해석하여야 한다(학설, 판례). 청산의 목적범위 외의 행위는 무효이다.

제81조(청산법인) 해산한 법인은 청산의 목적범위내에서만 권리가 있고 의무를 부담한다.

(3) 청산법인의 기관

법인이 해산하면 이사의 역할을 청산인이 하고, 감사 · 사원총회 등 나머지 기관은 계속하여 권한을 행사한다.

淸算人은 청산법인의 집행기관 겸 대표기관이다. 이사와 마찬가지이므로 이사에 관한 규정이 준용된다.

제82조(청산인) 법인이 해산한 때에는 파산의 경우를 제하고는 이사가 청산인이 된다. 그러나 정관 또는 총회의 결의로 달리 정한 바가 있으면 그에 의한다.

제83조(법원에 의한 청산인의 선임) 전조의 규정에 의하여 청산인이 될 자가 없거나 청산인의 결원으로 인하여 손해가 생길 염려있는 때에는 법원은 직권 또는 이해관계인이나 검사의 청구에 의하여 청산인을 선임할 수 있다.

(4) 청산사무(청산인의 직무권한)

법인해산의 등기와 신고(85, 86), 현존사무의 종결(87 ① 1호), 債權의 推尋(87 ① 2호), 債務의 辨濟(90), 채권신고의 독촉(公告, 催告節次: 88, 89), 변제절차(90-92), 잔여재산의 인도(80), 파산신청(93), 청산종결의 등기와 신고(94) 등이다.

IX. 법인의 등기

1. 종 류

주무관청의 허가가 있으면 3주 이내에 주된 사무소의 소재지에서 설립등기

(49 ①)를 하여야 한다. 설립등기의 등기사항은 목적, 명칭, 사무소 등이다(49 ②).

제49조(법인의 등기사항) ① 법인설립의 허가가 있는 때에는 3주간내에 주된 사무소 소재지에서 설립등기를 하여야 한다.
② 전항의 등기사항은 다음과 같다.[설립등기사항]
1. 목적
2. 명칭
3. 사무소
4. 설립허가의 연월일
5. 존립시기나 해산사유를 정한 때에는 그 시기 또는 사유
6. 자산의 총액
7. 출자의 방법을 정한 때에는 그 방법
8. 이사의 성명, 주소
9. 이사의 대표권을 제한한 때에는 그 제한

그 밖의 등기로는 분사무소 설치 및 사무소 이전등기, 변경등기, 이사의 직무집행정지 등 가처분의 등기, 해산등기가 있다. 또한 청산이 종결된 때에는 청산등기를 한다.

2. 효　력

설립등기는 법인의 성립요건이고, 기타의 등기는 모두 대항요건이다. 즉, 등기해야 제3자에게 대항할 수 있다. 등기를 해태하면 과태료에 처해진다(97조 1호).

X. 법인의 감독과 벌칙

1. 법인의 감독

(1) 사무감독

설립허가를 한 주무관청이 담당한다. 감독의 내용은 법인의 사무 및 재산상

황의 검사, 설립허가의 취소 등이다.

제37조(법인의 사무의 검사, 감독) 법인의 사무는 주무관청이 검사, 감독한다.

(2) 해산과 청산의 감독

법원이 담당한다. 감독의 내용은 필요한 검사와 청산인의 선임·해임이다.

제95조(해산, 청산의 검사, 감독) 법인의 해산 및 청산은 법원이 검사, 감독한다.

2. 벌 칙

법인의 이사 등이 직무를 다하지 않은 다음의 경우에는 500만 원 이하의 과태료에 처해진다.

제97조(벌칙) 법인의 이사, 감사 또는 청산인은 다음 각호의 경우에는 500만 원이하의 과태료에 처한다.

1. 본장에 규정한 등기를 懈怠한 때
2. 제55조의 규정에 위반하거나 재산목록 또는 사원명부에 부정기재를 한 때
3. 제37조, 제95조에 규정한 검사, 감독을 방해한 때
4. 주무관청 또는 총회에 대하여 사실 아닌 신고를 하거나 사실을 은폐한 때
5. 제76조와 제90조의 규정에 위반한 때
6. 제79조, 제93조의 규정에 위반하여 파산선고의 신청을 해태한 때
7. 제88조, 제93조에 정한 공고를 해태하거나 부정한 공고를 한 때

XI. 모범 답안과 강평

1. 문 제

A는 2003.11.6.부터 2005.1.3. 사이에 B(국민신용협동조합)의 이사장인 C에게 합계금 370,000,000원을 맡기면서 자기 명의로 B 조합에 정기예탁해 줄 것을 부탁하였

고, 이에 따라 C는 A에게 A 명의로 된 정기예탁금증서 6장을 교부한 뒤 매월 위 예탁금의 이자를 지급하였다. C가 A에게 교부한 '정기예탁금증서'는 B 조합이 1988년경부터 업무를 전산화하면서 폐기한 이후로는 사용되지 않은 수기식(手記式)이었다. C는 A가 예탁한 돈을 B 조합에 예탁금으로 입금하지 아니한 채 자신이 경영하던 회사의 운영자금으로 사용하면서 A에게 B 조합의 규정보다 높은 이율로 계산된 이자(연 13% 내지 연 16%)를 매월 지급하다가, 2005.7.5.과 같은 달 6. A의 승낙을 받지 않고 자기 직원으로 하여금 A 명의의 위 정기예탁금 계약을 해지한 것으로 관계서류를 정리한 다음 외국으로 도피하여 현재 그 종적을 찾을 수 없는 상태이다. 현재 시점에서 A는 주위적으로 위 정기예금의 반환을 B를 상대로 하여 구하고, 예비적으로 C가 A로부터 예탁금 명목으로 금원을 교부받고도 이를 B 조합에 예탁하지 아니한 채 임의로 소비함에 따라 A가 예금반환채권을 상실하는 손해를 입었음을 전제로 위 예금액 상당액에 관한 손해배상책임을 B를 상대로 하여 구하고자 한다. A의 주장은 타당한가?

2. 학생의 답안[3)]

I. 문제제기

우선 A의 주위적 청구와 관련하여 A의 주장이 타당하기 위해서는 A가 B 조합을 상대로 예금계약에 기해 정기예금 반환을 청구할 수 있어야 하므로 이에 대한 검토가 필요하다. 즉 법인에게 계약상 책임을 묻기 위해서는 우선 이사장인 C의 행위가 법인의 권리능력 범위 내의 행위여야 하며, 대표권 범위 내의 행위여야 한다. 따라서 이하에서는 법인의 권리능력의 의미와 C의 행위가 이에 포함되는지 및 대표행위의 효력과 관해서는 C의 행위를 대표권 내의 행위로 볼 수 있는지와 볼 수 있다면 이것이 대표권 남용에 해당하는지 검토가 필요하다.

다음으로 A의 예비적 청구와 관련해서는 A가 계약상 책임을 법인에 묻지 못하게 된다면, A의 보호를 위해 법인에게 불법행위 책임을 물을 수 있다면 A의 예비적 주장은 타당한 것이 된다. 따라서 이하에서는 법인의 불법행위 책임을 묻기 위한 요건을 검토하고 이에 해당 여부를 판단하고자 한다.

II. 주위적 청구의 타당성(계약에 기한 예금반환청구의 당부)

1. 문제점

주위적 청구가 타당하려면, 법인의 권리능력 내의 행위여야 하고 대표행위가 대표권의 범위 내에서 유효하게 이루어졌어야 한다. 따라서 이하에서는 이를 살펴보고자

3) 이 답안은 2013년 1학기 기말시험에서 정현미 학생이 실제로 작성하였던 것을 그대로 옮긴 것이다.

한다.

2. C의 행위가 법인의 권리능력 범위 내의 행위인지 여부

(1) 법인의 권리능력(목적범위 내의 의미)

민법 제34조는 법인은 법률의 규정에 좇아 정관으로 정한 목적 범위 내에서 권리와 의무의 주체가 된다고 규정하는 바, 이때 목적 범위 내의 행위란 다수설은 목적범위에 위반되지 않는 행위라 하며, 판례는 목적수행에 직접, 간접적으로 필요한 행위라고 보았다.

(2) 사안의 경우

국민신용협동조합의 이사장인 C는 정기예탁의 부탁을 받고 A의 돈을 받았으므로 이러한 C의 행위는 국민신용협동조합의 목적 수행에 직접, 간접적으로 필요한 행위라고 볼 수 있다.

(3) 대표행위의 효력

1) 문제점

C의 행위가 권리능력 내의 행위라면, 다음으로는 C의 행위의 효력을 검토해야 한다. 이때 C의 행위가 대표권 내의 행위라 한다면, 이 행위가 조합의 이익이 아닌 자기 자신의 이익을 위하여 이루어졌으므로 대표권 남용이 문제된다. 반면에 C의 행위가 대표권 밖의 행위라면, 법인에게 제126조의 표현대리를 통해 B 조합에게 책임을 물을 수 있는지 문제된다.

그러나 본 사안의 경우 C가 정기예탁을 이유로 돈을 받은 것은 대표권 범위 내의 행위라 할 수 있어 표현대리의 성립 여부가 아닌 대표권 남용이 문제되므로 이에 대해 검토하겠다.

2) 대표권 남용

대표권 남용이란 대표기관이 ① 법인의 권리능력 범위 내에서 ② 대표권의 범위 내에서 행위하였지만 자기 자신이나 제3자의 이익을 위해 행위한 것을 말한다.

이에 대해 원칙적으로는 법인에 대해 유효하지만 판례는 제107조 제1항 단서를 유추적용하여 상대방이 이 사정을 알았거나 알 수 있었을 때에는 법인에게 책임을 묻지 못한다고 본다.

3) 사안의 경우

사안의 경우 C는 자신의 이익을 위해 행동했으므로 대표권의 남용에 해당한다. 그러나 A는 1988년 이후로 폐지된 수기식 증서를 교부받았고, 조합 규정보다 높은 이율로 이자를 받았으므로 얼마든지 C의 행위를 의심할 수 있었으므로 이를 알지 못한 데에 과실이 있다. 따라서 제107조 제1항 단서 유추적용에 따라 B에게 계약의 유효를 주장 못한다.

(4) 소　결

A는 계약상 책임을 조합 B 조합에게 물을 수 없다. 따라서 A의 주위적 청구는 부당하다.

III. 법인의 불법행위책임 인정 여부(예비적 청구의 타당성)

1. 문제점

법인에게 계약상 책임을 묻지 못한다면 직무와 관련한 행위로서 제35조 제1항에 의해 법인에게 불법행위 책임을 물을 수 있는지 문제된다.

2. 법인의 불법행위 책임의 인정 여부

(1) 요　건

① 대표기관의 행위가 있어야 하며, ② 대표기관의 행위가 외형상 직무행위여야 하고, 사회통념상 직무와의 견련성이 있어야 하며(직무관련성), ③ 대표의 행위가 불법행위 책임의 요건을 갖추어야 한다. 이때 요건은 가해행위, 위법성, 고의 또는 과실, 손해발생(인과관계), 책임능력이 요구된다.

(2) 사안의 경우

① 사안에서 이사장인 C의 행위가 있었고,

② C가 정기예탁을 부탁받아 돈을 받은 것은 외형상 직무의 행위로 볼 수 있다. 또한 통념상 C의 행위에 대하여 신용협동조합의 이사장으로서의 직무와 견련성이 있다고 보인다. 특히 판례는 이와 관련하여 직무행위임을 알지 못한 데에는 상대방의 중과실이 있으면 법인에 책임을 물을 수 없다고 보는데, 이 경우 A가 직무행위가 아님을 알지 못한 데에 중과실까지는 인정되지 않는다.

⑶ 마지막으로 대표인 C의 가해행위는 위법성이 있고, C의 고의가 있으며, C에게는 책임능력이 인정되고 이러한 C의 가해행위로 인하여 A가 금전적인 손해를 입었으므로 C의 대표행위는 불법행위 책임의 요건도 갖추었다.

3. 소　결

법인의 불법행위 책임이 인정되어 A는 C에게 예금액 상당액에 대한 손해배상책임을 물을 수 있으므로 A의 예비적 청구는 타당하다.

IV. 결　론

이사장 C의 행위는 B 조합의 권리능력 내의 행위이고, 대표권의 범위 내의 행위나 이는 대표권의 남용이고 상대방인 A는 이를 알지 못한 데에 과실이 있어 계약상 책임을 B 조합에게 묻지 못하므로 주위적 청구는 부당하다.

그러나 B 조합에게 불법행위 책임이 인정되므로 A는 B 조합에 대해 예금액 상당액의 손해배상 책임을 물을 수 있으므로 A의 예비적 청구는 타당하다.

3. 강 평

짧은 30-40분의 시간 내에 작성한 것이라고 믿기 어려울 정도로 잘 작성한 훌륭한 답안이다.

특히 우수한 점은, 문제에서 물어본 바인 "A의 주위적 청구와 예비적 청구는 타당한가?"에 초점을 맞추어 목차를 구성한 점이다(II와 III). 이 점은 너무나 당연한 것으로 보이는 사항이지만, 의외로 대부분의 학생들은 그와 같이 목차를 구성하지 않았다.

또한, 시간이 부족한 가운데에서도 답안의 분량을 잘 조절하였다. 꼭 서술해야 하는 내용에 집중하였고 불필요한 내용을 최대한 생략하면서 답안지 3쪽 분량 정도로 요령 있게 작성하였다. 평소에 많은 연습을 하였음을 느끼게 해 주는 대목이다.

아쉬운 점을 지적한다고 하면, 답안을 급하게 써서 그렇겠지만 우리말 문장으로서 별로 바람직하지 않은 부분들이 종종 보인다. 문장을 만연체로 쓰지 말고 적절하게 끊어서 보다 짧게 썼다면 더욱 좋았을 것이다.

이 답안에 또한 보충할 부분이 있다고 한다면, ① 신용협동조합이 법인인지의 여부, ② A의 계약상 청구권(부인됨) 또는 불법행위에 기한 손해배상청구권(긍정됨)에 대한 소멸시효의 검토이다. 이 부분까지 썼다면 더 가산점을 받았을 것이다.

그러나 나머지 부분만으로도 아주 훌륭한 답안이며, 핵심적인 문제들은 빠짐없이 검토하였으므로 좋은 점수를 받았다.

참조 판결: 대판 1999.1.15, 98다39602

[1] 진의 아닌 의사표시가 대리인에 의하여 이루어지고 그 대리인의 진의가 본인의 이익이나 의사에 반하여 자기 또는 제3자의 이익을 위한 배임적인 것임을 그 상대방이 알았거나 알 수 있었을 경우에도 민법 제107조 제1항 단서의 유추해석상 그 대리인의 행위에 대하여 본인은 아무런 책임을 지지 않는다고 보아야 하고, 그 상대방이

대리인의 표시의사가 진의 아님을 알았거나 알 수 있었는가의 여부는 표의자인 대리인과 상대방 사이에 있었던 의사표시 형성 과정과 그 내용 및 그로 인하여 나타나는 효과 등을 객관적인 사정에 따라 합리적으로 판단하여야 한다.

[2] 예금자가 같은 교회 신도인 신용협동조합 이사장에게 신용협동조합에 예탁하여 달라면서 여러 번에 걸쳐 돈을 맡겼는데, 그 이사장이 예탁금으로서의 입금절차를 밟지 아니하고 자신이 경영하던 회사들의 운영자금으로 유용하고, 그에 대한 이자는 자신의 돈으로 신용협동조합의 금리보다 높은 이율로 계산하여 지급하면서, 위 예금자에게는 마치 예탁금 입금이 된 양 신용협동조합이 업무전산화를 한 이후에는 사용하지 않는 수기식 정기예탁금 증서를 작성하여 교부한 경우, 위 예금자로서는 통상의 주의를 기울였다면 위 신용협동조합 이사장의 예금계약 체결의 의사표시가 진의가 아니라는 것을 알 수 있었으므로, 위 예금자와 신용협동조합 사이의 예금계약이 성립되지 않았다고 본 사례.

[3] 신용협동조합 이사장이 타인으로부터 예금 명목으로 교부받은 돈을 정상적으로 입금시키지 아니하고 자신의 필요에 따라 임의로 유용한 경우, 이사장의 이러한 행위는 외형적 · 객관적으로 보아 신용협동조합 이사장으로서의 직무행위와 관련을 가지는 행위라 할 것이므로 신용협동조합은 이사장의 불법행위로 인한 손해를 배상할 책임이 있다고 한 사례.

제26장 법인 아닌 사단과 재단

I. 서 론

단체 중에는 법인의 실질을 갖추고 있으면서도 법인이 아닌 것들이 많이 있다. 민법의 법인으로 되기 위해 거쳐야 하는 주무관청의 허가 등 복잡한 절차들을 원하지 않기 때문이고, 행정기관의 규제나 감독을 꺼리기 때문이고, 또는 법인이 되기 위한 절차를 완료하지 못했기 때문이다. 이러한 단체를 법인 아닌 사단과 재단이라 한다.

민법의 법인에 관한 규정은 법인 아닌 사단과 재단에 당연히 적용되는 것이 아니다. 민법 기타의 법률은 이들에 관하여 약간의 규정을 두고 있는 데 불과하다.

II. 법인 아닌 사단(비법인사단)

1. 의 의

사단의 실질을 갖추었으나 법인이 아닌 단체를 법인 아닌 사단이라고 하며, 권리능력 없는 사단, 인격 없는 사단이라고도 부른다. 대표적인 예로는 종중, 교회, 동·리, 부락 등이 있다.

2. 성립요건

(1) 요　건

단체로서의 조직을 갖추고, 운영에 관한 정관이나 규칙이 있어야 한다.

대판 1999.1.29, 98다33512

법인 아닌 사단이나 재단도 대표자 또는 관리인이 있으면 민사소송의 당사자가 될 수 있으므로, 자연부락이 그 부락 주민을 구성원으로 하여 고유목적을 가지고 의사결정기관과 집행기관인 대표자를 두어 독자적인 활동을 하는 사회조직체라면 비법인사단으로서의 권리능력 내지 당사자능력을 가진다.

(2) 조합과의 구별

사단과 조합은 단체성의 강약에 의해 구별된다. 사단에서는 단체가 구성원의 개성을 초월하고, 조합에서는 구성원의 개성이 더 중요하다(구성원 간의 계약관계: 703). 어쨌든 양자의 구별에 있어서는 명칭이 아니라 실질이 더 중요하다. 가령 농업협동조합, 축산업협동조합 등은 조합이 아니라 사단이다.

대판 1992.7.10, 92다2431

민법상의 조합과 법인격은 없으나 사단성이 인정되는 비법인사단을 구별함에 있어서는 일반적으로 그 단체성의 강약을 기준으로 판단하여야 하는바, 조합은 2인 이상이 상호간에 금전 기타 재산 또는 노무를 출자하여 공동사업을 경영할 것을 약정하는 계약관계에 의하여 성립하므로(민법 제703조) 어느 정도 단체성에서 오는 제약을 받게 되는 것이지만 구성원의 개인성이 강하게 드러나는 인적 결합체인 데 비하여 비법인사단은 구성원의 개인성과는 별개로 권리의무의 주체가 될 수 있는 독자적 존재로서의 단체적 조직을 가지는 특성이 있다 하겠는데 민법상 조합의 명칭을 가지고 있는 단체라 하더라도 고유의 목적을 가지고 사단적 성격을 가지는 규약을 만들어 이에 근거하여 의사결정기관 및 집행기관인 대표자를 두는 등의 조직을 갖추고 있고, 기관의 의결이나 업무집행방법이 다수결의 원칙에 의하여 행해지며, 구성원의 가입, 탈퇴 등으로 인한 변경에 관계없이 단체 그 자체가 존속되고, 그 조직에 의하여 대표의 방법, 총회나 이사회 등의 운영, 자본의 구성, 재산의 관리 기타 단체로서의 주요사항이 확정되어 있는 경우에는 비법인사단으로서의 실체를 가진다고 할 것이다.

비법인사단인 선어중매조합의 대표자의 위임에 따른 어음행위로 인한 어음금의 지급책임이 독립한 권리의무의 주체인 위 조합에게 귀속되는 것이지 그 구성원들이 이를 부담하는 것은 아니라고 한 사례.

3. 법률관계

(1) 비법인 사단 관련 규정

다음에 보는 바와 같이 몇 개가 있을 뿐이다. 따라서 나머지 문제는 학설·판례에 의해 해결되어야 한다.

제275조(물건의 총유) ① 법인이 아닌 사단의 사원이 집합체로서 물건을 소유할 때에는 총유로 한다.

민사소송법 제52조(법인이 아닌 사단 등의 당사자능력) 법인이 아닌 사단이나 재단은 대표자 또는 관리인이 있는 경우에는 그 사단이나 재단의 이름으로 당사자가 될 수 있다.

부동산등기법 제26조(법인 아닌 사단 등의 등기신청) ① 종중(宗中), 문중(門中), 그 밖에 대표자나 관리인이 있는 법인 아닌 사단(社團)이나 재단(財團)에 속하는 부동산의 등기에 관하여는 그 사단이나 재단을 등기권리자 또는 등기의무자로 한다.

(2) 법인 규정의 유추적용

사단법인에 관한 규정 중에서 법인격을 전제로 하지 않는 것들은 법인 아닌 사단에 유추적용된다(학설·판례).

예를 들어 총회의 소집과 결의, 대표자의 업무집행 등에 관한 규정은 유추적용되고, 법인의 등기, 임시이사, 청산인 등에 관한 규정은 유추적용되지 않는다. 이사의 대표권 제한에 관한 제60조도 유추적용이 불가능하다(등기할 방법이 없으므로).

(3) 사단의 내부관계

일차적으로 사단의 정관에 의하고, 정관에 해당 규정이 없으면 사단법인의 규정이 유추적용된다.

외부관계에 대해서는 대표자가 있으면 소송능력이 인정된다. 능력 및 대표에 대해서는 사단법인의 규정이 유추적용된다.

(4) 재산의 귀속

민법은 법인 아닌 사단의 재산 소유는 總有로 하고 있다(275). 총유는 단체(사원총회)가 관리·처분권을 가지고, 각 공동소유자(사원)는 사용·수익권(지분권, 분할청구권 없음)을 가지는 공동소유 형태이다.

재산귀속관계의 공시방법을 보면, 비법인 사단도 자기 명의로 등기를 할 수 있다(부등 26 ①).

법인 아닌 사단의 채무 역시 총유적으로 구성원들에게 귀속한다. 이것을 總社員의 準總有라고 한다. 따라서 채무에 대한 책임은 오직 사단재산이 지며, 구성원은 고유재산으로 책임질 필요가 없다(통설).

제278조(준공동소유) 본절의 규정은 소유권 이외의 재산권에 준용한다. 그러나 다른 법률에 특별한 규정이 있으면 그에 의한다.

4. 대표적 예

(1) 宗　中

종중은 "공동선조의 분묘수호와 제사 및 종원 상호간의 친목 등을 목적으로 하여 구성되는 자연발생적인 종족집단"으로서, 특별한 성립행위 없이 관습상 당연히 성립한다.

대판(전) 2005.7.21, 2002다1178

종중이란 공동선조의 분묘수호와 제사 및 종원 상호간의 친목 등을 목적으로 하여 구성되는 자연발생적인 종족집단이다.

종중의 構成을 보면, 同先祖와 姓과 本을 같이하는 후손은 성별의 구별 없이 성년이 되면 당연히 그 구성원이 된다. 종래 대법원은 종중 구성원의 자격을 성년 남자만으로 제한하는 관습법을 인정하였지만, (제2장의 관습법 부분에서 이미 공부한) 대판(전) 2005.7.21, 2002다1178 이후로는 성별의 구별 없이 성년이 되면 당연히 종중의 구성원이 되도록 하였다.

종중 소유의 재산은 종중원의 총유에 속한다.

(2) 교 회

법적 성질은 법인 아닌 사단이다. 지(支)교회는 소속 교단과 독립된 법인이 아닌 사단이고, 교단은 종교적 내부관계에 있어서 지교회의 상급단체에 불과하다.

법인에 관한 규정 중에서 법인격을 전제로 하지 않는 규정들은 교회에 유추 적용된다.

교회의 재산은 구성원의 총유(구성원은 사용·수익·관리처분에 관한 의결 참여)에 속한다. 다음은 교회 분열시 교회 재산의 귀속 문제에 관하여 대법원이 종전의 입장을 변경한 중요한 판결이다.

대판(전) 2006.4.20, 2004다37775

[1] **[다수의견]** 우리 민법이 사단법인에 있어서 구성원의 탈퇴나 해산은 인정하지만 사단법인의 구성원들이 2개의 법인으로 나뉘어 각각 독립한 법인으로 존속하면서 종전 사단법인에게 귀속되었던 재산을 소유하는 방식의 사단법인의 분열은 인정하지 아니한다. 그 법리는 법인 아닌 사단에 대하여도 동일하게 적용되며, 법인 아닌 사단의 구성원들의 집단적 탈퇴로써 사단이 2개로 분열되고 분열되기 전 사단의 재산이 분열된 각 사단들의 구성원들에게 각각 총유적으로 귀속되는 결과를 초래하는 형태의 법인 아닌 사단의 분열은 허용되지 않는다.

교회가 법인 아닌 사단으로서 존재하는 이상, 그 법률관계를 둘러싼 분쟁을 소송적인 방법으로 해결함에 있어서는 법인 아닌 사단에 관한 민법의 일반 이론에 따라 교회의 실체를 파악하고 교회의 재산 귀속에 대하여 판단하여야 하고, 이에 따라 법인 아닌 사단의 재산관계와 그 재산에 대한 구성원의 권리 및 구성원 탈퇴, 특히 집단적인 탈퇴의 효과 등에 관한 법리는 교회에 대하여도 동일하게 적용되어야 한다. 따라서 교인들은 교회 재산을 총유의 형태로 소유하면서 사용·수익할 것인데, 일부 교인들이 교회를 탈퇴하여 그 교회 교인으로서의 지위를 상실하게 되면 탈퇴가 개별적인 것이든 집단적인 것이든 이와 더불어 종전 교회의 총유 재산의 관리처분에 관한 의결에 참가할 수 있는 지위나 그 재산에 대한 사용·수익권을 상실하고, 종전 교회는 잔존 교인들을 구성원으로 하여 실체의 동일성을 유지하면서 존속하며 종전 교회의 재산은 그 교회에 소속된 잔존 교인들의 총유로 귀속됨이 원칙이다. 그리고 교단에 소속되어 있던 지교회의 교인들의 일부가 소속 교단을 탈퇴하기로 결의한 다음 종전 교회를 나가 별도의 교회를 설립하여 별도의 대표자를 선정하고 나아가 다른 교단에 가입한 경우, 그 교회는 종전 교회에서 집단적으로 이탈한 교인들에 의하여 새로이 법인 아닌 사단의 요건을 갖추어 설립된 신설 교회라 할 것이어서, 그 교회 소속 교인들은 더 이상 종전 교회의 재산에 대한 권리를 보유할 수 없게 된다.

[대법관 박시환의 별개의견] 우리 민법이 사단법인의 분열을 특별히 금지하지도 아니하였고 또 사단법인의 분열을 금지하여야 할 특별한 이유도 보이지 않으므로 사단법인의 분열은 우리 민법하에서도 허용되는 것이라고 보아야 한다. 그리고 구성원들의 자발적 의사에 기인하지는 않았으나 다른 어떠한 사정으로 인하여 사단법인이 사실상 분열된 상태가 초래되어 하나의 사단으로 회복될 가능성이 없어진 경우, 그 상태를 그대로 기정사실로 인정하여 사단법인이 분열된 것으로 보아 법률관계를 정리하는 것 또한 굳이 허용되지 않는 것이라고 할 것은 아니다. 교회의 분열을 인정하는 전제 하에서 교회 분쟁을 설명하는 법리를 구성하는 것이 타당할 것이고, 이와 같이 교회의 분열을 허용하는 경우, 종전 교회에 속한 권리의무가 분열된 각 교회에 공유적 형태로 분리하여 포괄승계되는 것으로 볼 수밖에 없을 것이고(채무는 분열된 각 교회가 부진정연대의 관계로 부담하는 것으로 보아야 할 것이다), 각 교회의 공유지분 비율은 분열 당시 분열된 각 교회의 등록된 세례교인의 수에 의하여 결정되는 것이 합리적이라고 할 것이다.

[대법관 강신욱의 반대의견] 종전 판례가 각종의 법인 아닌 사단 중 오직 교회에 대하여만 분열 개념을 허용하고 분열 전 교인들의 총유권을 인정해 온 것은, 교회가 본질적으로 같은 기독교 신앙을 기초로 하는 교인들의 모임인 신앙단체로서 교인들이 신앙노선의 차이에서 별도로 예배주관자를 두고 그의 인도하에 종교활동을 하거나 소속 교단을 달리하는 집단으로 나누어진 경우에는 더 이상 신앙단체로서의 본질적 기초를 같이 할 수 없으므로 분열되었다고 평가할 수밖에 없다는 점을 직시하고 나아가 교회 재산은 대체로 소속 교인들의 헌금을 기초로 형성되므로 설령 일부 교인들이 종전 교회를 탈퇴한다고 할지라도 탈퇴한 교인들이 종전 교회 재산 형성에 기여한 이상 그 재산에 대한 총유권자로서의 지위, 즉 사용 · 수익권을 보장해 주어야 한다는 점에서 비롯된 것이므로, 종전 판례가 민법상 사단법인에 관한 규정 또는 법인 아닌 사단에 관한 법리와 모순된다고 볼 수 없으며 오히려 교회 운영의 실제를 반영하고 있는 이상 종전의 확고한 판례를 변경하여야 할 아무런 필요성이 없다. 나아가 다수의견에 따를 경우 소수자의 종교의 자유를 침해하는 문제점이 발생한다. 따라서 일단 종전 판례를 유지하고 분열 후 종전 교회의 재산에 관한 권리관계 내지 법률관계를 합리적으로 규율할 수 있는 법리를 찾아내고 발전시켜 나가는 것이 바람직하다.

[다수의견에 대한 대법관 김영란의 보충의견]
(가) 종전 판례에 의한 결론이 사실상 교회 내부의 분쟁에 대하여 간섭하지 아니하고 당사자 사이에서 자율적인 해결을 촉구한다는 것이 지나쳐서 실제의 분쟁을 해결함에 있어 분쟁을 해결하는 기능을 방기하여 버렸고, 교회에 한하여 단체법의 기본원리와 다른 여러 이론을 적용할 당위에 대해서도 설득력을 잃게 된 이상 법인 아닌 사단의 일반 이론에 따라 교회의 재산 귀속에 대하여 판단하고 이로써 법률적으로 분쟁을 해결하도록 하여야 한다.
(나) 별개의견 중 공유설(대법관 박시환의 별개의견)은 이론적 근거가 박약할 뿐더러 현실적으로도 분쟁해결기능을 발휘하지 못한다. 사단이 분열된 사회적 현실을 받아들이더라도 분열된 각 사단에게 부여되는 법률효과로서 재산관계에 대하여는 종전 사단의 정관 등으로 정하지 않은 이상 민법 제275조 내지 제277조가 적용되어 종전 사단의 재산에 대한 권리는 그 구성원으로서의 지위에 수반하여 득실을 결정하지 않을 수 없으며, 이는 우리 민법이 법인 아닌 사단의 재산형태로서 총유를 규정한 이상 부득이한 결과이다.
(다) 반대의견이 종전 판례가 유지되어야 할 이유로서 소수자의 종교의 자유를 드는 점에 대하여도 찬성하기 어렵다. 소수파로 되는 교인들이라 하더라도 자신들이 신봉하는 교리를 좇아 스스로 교회를 선택하거나 선택하였던 교회에서 탈퇴하여 원하는 교회를 찾아감으로써 종교의 자유를 향유할 수 있는 이상 이를 넘어서서 개개 교인들의 종교의 자유를 내세워 이를 기준으로 교회 재산의 귀속을 결정하여야 한다는 것은 구성원의 개성이 매몰되는 단체법원리를 부인하는 것이다.
[2] **[다수의견]** 특정 교단에 가입한 지교회가 교단이 정한 헌법을 지교회 자신의 자치규범으로 받아들였다고 인정되는 경우에는 소속 교단의 변경은 실질적으로 지교회 자신의 규약에 해당하는 자치규범을 변경하는 결과를 초래하고, 만약 지교회 자신의 규약을 갖춘 경우에는 교단변경으로 인하여 지교회의 명칭이나 목적 등 지교회의 규약에 포함된 사항의 변경까지 수반하기 때문에, 소속 교단에서의 탈퇴 내지 소속 교단의 변경은 사단법인 정관변경에 준하여 의결권을 가진 교인 2/3 이상의 찬성에 의한 결의를 필요로 하고, 그 결의요건을 갖추어 소속 교단을 탈퇴하거나 다른 교단으로 변경한 경우에 종전 교회의 실체는 이와 같이 교단을 탈퇴한 교회로서 존속하고 종전 교회 재산은 위 탈퇴한 교회 소속 교인들의 총유로 귀속된다.
[대법관 손지열, 박재윤, 김용담, 김지형의 별개의견] 교회가 그 소속 교단을 변경하는 것은, 신앙공동체라는 관점에서 볼 때 단순히 교회가 사단으로서의 활동목적이나 명칭을 변경하는 수준에 그치는 것이 아니라, 교회 존립의 핵심요소인 교리의 내용이나 신앙의 표현인 예배의 양식에 변경을 초래함은 물론 선교와 교회행정에 관한 공동노선과 활동체제에 근본적 변화를 일으키는 것으로서, 이는 신앙공동체인 교회의 정체성과 동일성에 중대한 영향을 미치는 것으로 평가하여야 하고, 법적인 관점에서 보더라도 교회가 소속 교단을 변경한다는 것은 교회가 종전 교단에 소속해 있

으면서 단지 사단법인의 정관에 준하는 성질을 가지는 자치규범이나 그 활동목적을 변경하는 정도에 그치는 것이 아니라, 종전 교단에 소속하였던 교회의 교인들이 그 교회를 해체하고 새로운 교단에 소속된 교회를 새롭게 조직하는 데 이르는 것으로 평가하여야 할 것이므로, 교단변경의 성격을 이와 같이 평가한다면, 교회의 소속 교단의 변경에 관하여는 사단법인의 정관변경에 관한 민법 제42조 제1항을 유추적용할 것이 아니라 사단법인의 해산결의에 관한 민법 제78조를 유추적용함이 옳고, 따라서 교회는 교회의 규약 등에 정하여진 적법한 소집절차를 거친 총회에서 의결권을 가진 교인 3/4 이상의 동의를 얻은 경우에 한하여 적법하게 소속 교단을 탈퇴하거나 변경할 수 있다고 보는 것이 옳다.

[다수의견에 대한 대법관 김영란의 보충의견] 교단변경은 종전의 교회가 동일성을 유지하면서 존속하되 소속 교단만을 달리한다는 점을 당연한 전제로 하며, 따라서 교단변경에 있어서 법인 소멸을 위한 절차규정은 유추적용될 여지가 없다는 논리적 귀결로서 교단변경결의의 요건으로 사단법인 해산결의요건에 관한 민법 규정만을 유추적용할 수는 없다.

III. 법인 아닌 재단

1. 의 의

법인 아닌 재단은 재단법인과 같은 실질은 가지고 있으면서도 법인격을 갖추지 않은 단체이다. 인격 없는 재단, 권리능력 없는 재단이라고도 한다. 육영회, 장학재단 등이 그 예이다.

2. 요 건

일정한 목적을 위하여 出捐된 이른바 目的財産이 있어야 하고, 관리기구를 갖추어야 한다.

따라서 私的 소유재산을 채권자나 기타 제3자 보호를 위해 다른 재산과 구별 취급하는 경우, 즉 破産財團, 각종의 財團抵當의 목적이 되는 재단, 한정승인을 한 상속재산 등은 법인 아닌 재단이 아니다(곽 · 송).

3. 법률관계

소송과 강제집행에 있어서는 재단법인과 마찬가지로 당사자능력이 인정된다(민소 52). 또한 등기능력도 인정된다(부등 26). 법인 아닌 재단의 채무는 재단에 귀속하며, 재단의 재산으로만 책임을 진다(송).

대판 1964.6.2, 63다856

법인격 없는 재단이라 할지라도 그것이 일정한 재산을 중심으로 하여 사실상 사회생활상의 하나의 단위를 이루는 조직을 가지는 경우에는 법률상 특수한 사회적 작용을 부담하는 하나의 독립적 존재가 될 수 있는 것이다.

대판 1962.5.10, 4294행상102

법인 아닌 사단 또는 재단으로서 민사소송법상 당사자능력을 가질 경우에는 소송상 법인 아닌 사단 또는 재단 그 자체가 권리의무의 주체로 취급된다 할 것이므로 만일 이와 같은 사단 또는 재단이 민사소송법상 당사자능력이 있으되 사법상 또는 공법상 권리의 주체가 될 수 없다 하면 소송법상 당사자능력을 인정할 아무런 실익이 없는 것이며 결국 당사자능력 그 자체도 부여될 수 없는 결과가 될 것이다.

제6부_ 권리의 객체

제27장 물 건

제27장 물 건

Ⅰ. 서 론

권리의 客體는 권리(법이 인정하는 힘)의 對象을 말한다.

권리의 객체의 종류를 권리에 따라서 나누면 물건(물권), 특정인의 행위(채권), 권리(권리 위의 권리), 법률관계(형성권), 지적 창조물(지식 재산권), 인격적 이익(인격권) 등이 있다.

사람은 물권의 객체는 아니나 인격권·가족권의 객체는 될 수 있다.

우리 민법은 물건에 관해서만 일반 규정을 두고 있다.

Ⅱ. 물건의 의의, 요건

1. 물건의 의의

우리 민법은 물건을 다음과 같이 定義한다(이와 같이 정의를 내리는 규정을 定義規定이라 함).

제98조(물건의 정의) 본법에서 물건이라 함은 유체물 및 전기 기타 관리할 수 있는 자연력을 말한다.

2. 물건의 요건

(1) 有體物 또는 無體物

물건에는 유체물과 무체물이 있다. 민법은 무체물 중에서 管理可能한 自然力만을 물건으로 인정한다. 따라서 권리는 물건이 아니다.

(2) 管理可能性

이것은 排他的 支配可能性을 의미한다. 이것은 자연력뿐만 아니라 유체물에서도 필요한 요건이다. 따라서 해·달·별 등은 물건이 아니다.

(3) 外界의 일부

사람의 신체나 그 일부는 물건이 아니다. 유체, 유골은 매장, 제사 등을 위한 특수 소유권이 인정된다(다수설). 특수소유권이 누구에게 속하는지에 대해서는 祭祀主宰者(喪主)에게 속한다는 견해와 호주승계인에게 속한다는 견해(곽·송·판례)가 대립한다.

(4) 독립한 물건

물건이 물권의 객체로 되려면 이른바 一物一權主義에 의하여 독립된 물건으로서 존재(독립성)하여야 한다.

III. 물건의 종류

1. 물건의 個數에 따른 분류

물건의 一部는 독립한 물건이 아니다. 單一物은 하나의 물건이다. 合成物은 두 개 이상의 물건이 결합(부합)하여 만들어진 물건(참조 256 이하)이다. 集合物은 단일물 또는 합성물이 모여 거래상 하나의 물건으로 다루어지는 경우이다.

첨부에 의한 소유권의 취득: **添附**란 어떤 물건이 일정한 사유에 의해 다른 물건(합성물, 혼화물, 가공물)으로 바뀌는 것이다. 첨부에는 **附合**, **混和**, **加工**의 세 가지가 있다. 부합에는 다시 부동산에의 부합(256)과 동산간의 부합(257)이 있고 그 결과로 이루어진 물건은 **合成物**이라 한다. 혼화(258)와 가공(259)의 결과로 만들어진 물건은 각각 **혼화물**과 **가공물**이라 한다.

2. 거래 가능성에 따른 분류

사법상 거래의 대상이 될 수 있는 물건이 融通物이고 그렇지 않은 물건이 不融通物이다. 후자에는 다시 公用物(국가나 공공단체의 공적 목적에 사용), 公共用物(일반대중의 의해 공동사용: 도로, 공원 등), 禁制物(법령으로 거래가 금지되는 물건)이 있다.

3. 可分物, 不可分物

이것은 물건을 손상시키지 않고 분할할 수 있는지 여부에 따른 분류이다. 이 구분은 공유물의 분할방법, 다수당사자의 채권관계 등에서 의미가 있다.

4. 消費物, 非消費物

이것은 같은 물건을 다시 사용할 수 있는지 여부에 따른 분류이다. 예컨대 消費貸借와 消費任置는 소비물의 경우에만 가능하고, 使用貸借와 賃貸借는 비소비물의 경우에만 가능하다.

5. 代替物, 不代替物

물건의 개성이 당사자에게 중요하지 않아서 동종 · 동질 · 동량의 다른 물건으로 바꿀 수 있는지에 따른 분류이다. 가령 소비대차는 대체물에 대해서만 가능하다.

6. 特定物과 不特定物

이 구별은 당사자가 어떤 물건을 특별히 다른 물건과 구별하여 선택하였는지에 따른 것이다. 특정물과 불특정물은 각각 특정물채권(374, 462)과 종류채권의 객체가 된다.

7. 不動産과 動産

이것은 물건의 분류 중에서 법적으로 가장 중요한 것이다. 따라서 이에 관해서는 항을 바꾸어 설명한다.

IV. 부동산과 동산

1. 부동산 · 동산 구별의 이유

부동산은 동산에 비해 경제적 가치가 큰 것이 보통이다. 또한 부동산은 권리관계를 공적 장부(등기부)에 의하여 공시하나, 동산은 그것이 곤란하다(일부 동산은 등기나 등록으로 공시).

제99조(부동산, 동산) ① 토지 및 그 정착물은 부동산이다.
② 부동산 이외의 물건은 동산이다.

	부동산	동산
공시방법	등기(186)	점유(188)
선의취득	부인	인정(249)
취득시효	20, 10년(245)	10, 5년(246)
무주물(252)	국유	선점
첨부	256	257-259
제한물권	용익권, 저당권	질권, 유치권

2. 不動產

"토지 및 그 정착물"이 부동산이다.

(1) 토　지

토지에는 그 상하가 포함된다(212).

제212조(토지소유권의 범위) 토지의 소유권은 정당한 이익있는 범위내에서 토지의 상하에 미친다.

토지의 구성물(암석, 토사, 지하수)은 독립된 물건이 아닌 토지의 일부이다.

未採掘의 광물은 국유에 속하는 독립한 부동산으로서 국가의 배타적 채굴취득허가권의 객체이다.

바다에는 私的 소유권이 부인되지만, 어업권 · 공유수면매립권 등 이용권의 대상은 된다.

하천은 과거에는 國有였으나 현재는 국유제가 폐지되었다(하천법 4 참조).

도로는 私所有權 · 저당권이 인정되나 그 외에는 제한된다.

(2) 토지의 정착물

이것은 토지에 고정적으로 부착되어 이동이 어려운 물건을 말한다. 토지의 정착물은 모두 부동산이지만, 토지와 별개의 부동산인 것(예: 건물)도 있고 토지의 일부(예: 도로의 포장)가 되는 것도 있다.

별개의 부동산이 되는 경우는 다음과 같다.

① 건물: 대부분의 국가에서 건물은 토지의 정착물로서 토지의 일부로 취급된다. 이것은 "Superfices solo cedit(지상물은 토지에 귀속한다)"라는, 이미 로마인들이 확립한 원칙의 당연한 귀결이었다. 그러나 우리 민법은 건물을 토지와 독립된 별개의 부동산으로 다룬다.

건물인지의 여부는 사회통념에 의해 결정되지만, 최소한의 기둥과 지붕 및 主壁을 갖추어야 한다. 건물로서 성립하게 되면 당시의 건축주가 등기 없이도 소유권을 原始取得한다.

대판 1986.11.11, 86누173

건물이라고 함은 최소한의 기둥과 지붕 그리고 주벽이 이루어지면 이를 법률상 건물이라 할 것이다.

대판 1993.4.23, 93다1527, 1534

가. 건축주의 사정으로 건축공사가 중단되었던 미완성의 건물을 인도받아 나머지 공사를 마치고 완공하였다고 하더라도 공사가 중단된 시점에서 사회통념상 독립한 건물이라고 볼 수 있는 형태와 구조를 갖추고 있었다면 원래의 건축주가 이를 원시취득하였다고 봄이 상당하다.
나. 지하 1층 지상 2층 건물공사에서 지상 1층 일부와 2층 벽 및 지붕공정 등이 완성되지 않은 미완성건물이지만 사회통념상 독립한 건물이라고 한 사례.

대판 2001.1.16, 2000다51872

독립된 부동산으로서의 건물이라고 하기 위하여는 최소한의 기둥과 지붕 그리고 주벽이 이루어지면 된다.
이 사건 공작물은 최소한의 지붕과 기둥 그리고 주벽(主壁)이 이루어졌다고 할 것이어서 미완성 상태의 독립된 건물(원래 지상 7층 건물로 설계되어 있으나, 지상 1층만으로도 구분소유권의 대상이 될 수 있는 구조임이 분명하다)로서의 요건을 갖추었다.

② 樹木의 집단: 원칙적으로 수목은 토지의 정착물로서 토지의 일부이다. 그러나 입목법 또는 관습법에 의해 토지와 별개인 부동산으로 될 수 있다.

立木法에 의한 입목은 입목법에 따라 소유권보존등기를 한 수목을 말한다. 이러한 수목은 토지와 분리하여 양도할 수도 있고 저당권을 설정할 수도 있다.

입목법의 적용을 받지 않는 수목 역시 원칙적으로 토지의 일부이나 관습법상의 明認方法(누가 소유자인지를 明認할 수 있도록 하는 관습법상의 공시방법)을 갖추면 독립한 부동산으로서 거래가 가능하다. 그러나 이 방법으로는 저당권은 설정할 수 없다. 등기할 수 없기 때문이다.

③ 未分離의 과실: 원칙적으로는 수목의 일부로서 토지의 일부가 되지만, 명인방법을 갖추면 독립한 물건이 된다. 동산이라는 견해(소수설 · 곽)와 부동산(다수설 · 송)이라는 견해가 대립한다.

다음 규정은 소수설의 근거를 뒷받침하는 것처럼 보이지만, 다수설의 입장에서는 강제집행의 편의를 위하여 동산처럼 다루는 것이 된다(송).

민사집행법 제189조(채무자가 점유하고 있는 물건의 압류) ② 다음 각호 가운데 어느 하나에 해당하는 물건은 이 법에서 유체동산으로 본다.
1. 등기할 수 없는 토지의 정착물로서 독립하여 거래의 객체가 될 수 있는 것
2. 토지에서 분리하기 전의 과실로서 1월 이내에 수확할 수 있는 것
3. 유가증권으로서 배서가 금지되지 아니한 것

④ 농작물: 토지의 정착물이므로 토지의 일부이나, 우리 법원은 경작자의 소유권을 우대하는 판례를 확립하였다.

예제: 농부 A는 자기 밭 옆의 (자기 땅은 아닌) 놀고 있는 땅을 늘 안타깝게 생각하고 있었다. 그래서 거기에 배추를 심었고 이제 곧 수확하게 되었다. 그때 갑자기 나타난 그 땅의 주인 B는 자기 허락 없이 배추를 심었으므로 배추가 자기 소유라고 주장한다. 이 배추는 누구의 소유인가?

제256조(부동산에의 부합) 부동산의 소유자는 그 부동산에 부합한 물건의 소유권을 취득한다. 그러나 타인의 권원에 의하여 부속된 것은 그러하지 아니하다.

대판 1968.6.4, 68다613, 614

[판시사항] 타인의 토지에 대하여 사용수익 할 권한 없는 자가 경작한 농작물의 소유권

[판결요지] 타인소유 토지에 농작물을 경작한 경우에도 그 생산물은 사실상 이를 경작배양한 사람의 소유가 된다.

대판 1977.4.12, 76도2887

피고인이 이 토지에 대하여 경작하여 모를 식부 재배(植付 栽培)한 것은 정당한 권원에 의하여 한 것이라 할 것이니 식부 재배된 벼의 소유권은 민법 제256조 단서의 규정에 의하여 피고인에 귀속된다고 할 것이다. 뿐만 아니라 피고인이 타인의 소유의 토지에 권한 없이 함부로 농작물을 경작한 경우라 할지라도 피고인이 식부한 바의 소유권은 피고인에게 귀속된다 할 것이니(당원 1968.6.4. 선고 68다613, 614 판결 참조) 피고인은 이를 수확함이 마땅하므로 그 수확행위를 지목하여 타인의 재물을 절취하였다고 단죄할 수 없다고 할 것이다.

3. 動　　産

不動産 이외의 물건이 動産이다. 토지에 부착된 물건도 정착물이 아니면 동산이다. 전기 기타 관리할 수 있는 자연력도 동산에 포함된다.

동산이지만 마치 부동산과 같은 취급(취득에 登記나 登錄을 요함)을 받는 特殊動産으로는 자동차, 항공기, 건설기계, 선박이 있다.

無記名債權은 물건이 아니므로 동산도 아니다.

金錢은 동산의 일종이나 특수한 취급을 받는다. 즉, 금전의 경우에는 점유자가 바로 소유자이므로 반환문제는 소유물 반환청구가 아니라 부당이득으로 처리하게 된다. 또한 금전의 지급채무에 있어서는 이행불능이나 불완전이행이 있을 수 없다.

4. 主物과 從物

제100조(主物, 從物) ① 물건의 소유자가 그 물건의 常用에 供하기 위하여 자기소유인 다른 물건을 이에 부속하게 한 때에는 그 부속물은 종물이다.
② 종물은 주물의 처분에 따른다.

(1) 종물의 요건

① 주물의 일상적인 사용을 돕고, ② 독립한 물건이고, ③ 주물·종물 모두 동일 소유자에게 속해야 한다.

대판 1995.6.29, 94다6345

주유소의 지하에 매설된 유류저장탱크를 토지로부터 분리하는 데 과다한 비용이 들고 이를 분리하여 발굴할 경우 그 경제적 가치가 현저히 감소할 것이 분명하므로, 그 유류저장탱크는 토지에 부합.
주유소의 주유기가 비록 독립된 물건이기는 하나 유류저장탱크에 연결되어 유류를 수요자에게 공급하는 기구로서 주유소 영업을 위한 건물이 있는 토지의 지상에 설치되었고 그 주유기가 설치된 건물은 당초부터 주유소 영업을 위한 건물로 건축되었다는 점 등을 종합하여 볼 때, 그 주유기는 계속해서 주유소 건물 자체의 경제적 효용을 다하게 하는 작용을 하고 있으므로 주유소건물의 종물.

(2) 종물의 효과

종물은 주물의 처분에 따른다(처분의 수반성). 여기에서 處分이란 주물에 대한 권리의무를 설정, 변경, 소멸시키는 일체의 법률행위를 말한다. 주의할 것은 주물의 시효취득의 효력이 종물에 미치지 않는다는 점이다.

第358조(저당권의 효력의 범위) 저당권의 효력은 저당부동산에 부합된 물건과 종물에 미친다. 그러나 법률에 특별한 규정 또는 설정행위에 다른 약정이 있으면 그러하지 아니하다.

대판 1993.8.13, 92다43142

백화점 건물의 지하 2층 기계실에 설치되어 있는 전화교환설비가 건물의 원소유자가 설치한 부속시설이며, 위 건물은 당초부터 그러한 시설을 수용하는 구조로 건축되었고, 위 시설들은 볼트와 전선 등으로 위 건물에 고정되어 각 층, 각 방실까지 이어지는 전선 등에 연결되어 있을 뿐이어서 과다한 비용을 들이지 않고도 분리할 수 있고, 분리하더라도 독립한 동산으로서 가치를 지니며, 그 자리에 다른 것으로 대체할 수 있는 것이라면, 위 전화교환설비는 독립한 물건이기는 하나, 그 용도, 설치된 위치와 그 위치에 해당하는 건물의 용도, 건물의 형태, 목적, 용도에 대한 관계를 종합하여 볼 때, 위 건물에 연결되거나 부착하는 방법으로 설치되어 위 건물인 10층 백화점의 효용과 기능을 다하기에 필요불가결한 시설들로서, 위 건물의 상용에 제공된 종물이라 할 것이다.

부동산의 종물은 주물의 처분에 따르고, 저당권은 그 목적 부동산의 종물에 대하여도 그 효력이 미치기 때문에, 저당권의 실행으로 개시된 경매절차에서 부동산을 경락받은 자와 그 승계인은 종물의 소유권을 취득하고, 그 저당권이 설정된 이후에 종물에 대하여 강제집행을 한 자는 위와 같은 경락인과 그 승계인에게 강제집행의 효력을 주장할 수 없다.

(3) 從物 法理의 類推適用

위에서 본 종물 법리는 권리 상호간에도 유추적용된다(통설 · 판례). 가령 원본채권이 양도되면 이자채권도 양도되고, 건물 소유권의 양도 시 그 대지의 임차권도 함께 이전된다.

대판 1996.4.26, 95다52864

저당권의 효력이 저당부동산에 부합된 물건과 종물에 미친다는 민법 제358조 본문을 유추하여 보면 건물에 대한 저당권의 효력은 그 건물에 종된 권리인 건물의 소유를 목적으로 하는 지상권에도 미치게 되므로, 건물에 대한 저당권이 실행되어 경락인이 그 건물의 소유권을 취득하였다면 경락 후 건물을 철거한다는 등의 매각조건에서 경매되었다는 등 특별한 사정이 없는 한, 경락인은 건물 소유를 위한 지상권도 민법 제187조의 규정에 따라 등기 없이 당연히 취득하게 되고, 한편 이 경우에 경락인이 건물을 제3자에게 양도한 때에는, 특별한 사정이 없는 한 민법 제100조 제2항의 유추적용에 의하여 건물과 함께 종된 권리인 지상권도 양도하기로 한 것으로 봄이 상당하다.

5. 元物과 果實

(1) 의 의

물건으로부터 생기는 경제적 수익이 果實이고, 과실을 생기게 하는 물건이 元物이다. 과실에는 물건의 용법에 따라 생기는 天然果實과 물건의 사용대가로 받는 금전 기타의 물건인 法定果實이 있다.

제101조(천연과실, 법정과실) ① 물건의 용법에 의하여 수취하는 산출물은 천연과실이다.
② 물건의 사용대가로 받는 금전 기타의 물건은 법정과실로 한다.

(2) 歸 屬

천연과실은 원물로부터 분리되는 때에, 법정과실은 수취권 존속기간에 비례하여 수취권자에게 귀속한다.

제102조(과실의 취득) ① 천연과실은 그 원물로부터 분리하는 때에 이를 수취할 권리자에게 속한다.
② 법정과실은 수취할 권리의 존속기간일수의 비율로 취득한다.

수취권자는 원칙적으로 원물의 소유자이나, 여러 가지 예외가 있다. 즉, 선의의 점유자(201), 용익물권자(지상권자: 279, 전세권자: 303), 담보물권자(유치권자: 323, 질권자: 343), 저당권자(359), 매도인(587), 사용차주(609), 임차인(618), 친권자(923), 수증자(1079) 등도 수취권을 갖는다.

대판 1996.9.10, 96다25463

돼지를 양도담보의 목적물로 하여 소유권을 양도하되 점유개정의 방법으로 양도담보설정자가 계속하여 점유·관리하면서 무상으로 사용·수익하기로 약정한 경우, 양도담보 목적물로서 원물인 돼지가 출산한 새끼 돼지는 천연과실에 해당하고 그 천연과실의 수취권은 원물인 돼지의 사용·수익권을 가지는 양도담보설정자에게 귀속되므로, 다른 특별한 약정이 없는 한 천연과실인 새끼 돼지에 대하여는 양도담보의 효력이 미치지 않는다고 본 사례.

[참고] 양도담보: 讓渡擔保란 채권 담보의 목적으로 채무자나 제3자(物上保證人 등)가 어떤 물건의 소유권(또는 기타의 재산권)을 채권자에게 이전하여, 채무자가 채무를 변제하지 않으면 채권자가 그 물건의 소유권을 취득하거나 우선변제를 받고, 채무자가 채무를 변제하면 물건을 원래의 소유자에게 반환하는 제도이다.
여기에는 매도담보와 협의의 양도담보가 있다. 賣渡擔保는 채권자에게 목적물을 매도하는 방식으로 하는 일종의 還買留保附 賣買이다. 협의의 양도담보는 소비대차와 담보 목적의 목적물 소유권 이전을 결합한 것이다.

대판 1994.12.2, 93다62577

갑이 원물인 한우, 꽃사슴 등을 매수하여 매매대금 전부를 지급하고 인도를 받아 을에게 위탁하여 사육하도록 하였고 이로부터 가축이 생산되어 증식된 것이라면 특별한 사정이 없는 한 그 가축은 갑의 소유라 할 것이고 이와 같이 그 소유자가 갑임이 밝혀진 이상 을에 대한 채무명의에 기하여 그 가축에 대하여 한 가압류집행은 불허되어야 함이 마땅하고, 을 명의로 축산업사업자등록이 되어 있다거나 을과 갑 소유의 토지상에 걸쳐 그 가축의 축사가 있다는 등 사정을 들어 대외적으로는 그 가축의 소유자가 을이라고 보아야 하는 것은 아니라 할 것이다.

대판 1996.1.26, 95다44290

민법 제201조 제1항에 의하면 선의의 점유자는 점유물의 과실을 취득한다고 규정하고 있는바, 건물을 사용함으로써 얻는 이득[사용이익]은 그 건물의 과실에 준하는 것이므로, 선의의 점유자는 비록 법률상 원인 없이 타인의 건물을 점유·사용하고 이로 말미암아 그에게 손해를 입혔다고 하더라도 그 점유·사용으로 인한 이득을 반환할 의무는 없다.

| 조문색인 |

I. 민법

조문	페이지
1	27, 35
2	86, 103, 105
3	340
4	351
5	352
6	352, 354
7	354
8	354
9	357
10	358
11	359
12	359
13	360
14	361
14조의2	362
14조의3	364
15	220, 293, 365
16	365
17	366
18	370
19	371
20	371
21	372
22	374, 375
23	376
24	376
25	374
26	376
27	377
28	348, 378
29	380, 381
30	345
31	384
32	383
33	387, 407
34	393, 416
35	395
36	407
37	414
38	411
39	383
40	386, 401
41	399
42	406, 408, 411
43	388
44	392
45	409
46	409, 411
47	389
48	389, 390
49	408, 412, 413
51	408
52의2	404
54	407
56	407
57	401
58	403
59	226, 394, 398, 402

60 399
60의2 404
61 402
62 402
63 403
64 403
65 402
66 404
67 404
68 405
69 405
70 405
71 220, 405
72 406
73 406
74 406
75 406
77 406, 411
78 411
79 411
80 412
81 393, 412
82 412
83 412
85 412
86 412
87 412
88 412
89 412
90-92 412
93 412
94 412
95 414
97 26, 77, 414
98 431
99 434
100 438
101 440
102 440
103 85, 124, 125-127, 136, 139-141, 144, 145, 153, 155, 161, 162, 167, 168, 170, 186, 216
104 85, 124, 126, 127, 139, 162, 165-169, 214
105 125-127
106 20, 21, 34, 35, 37, 50, 59
107 87, 124, 150, 172, 173, 175, 233, 280, 282, 397, 416
108 124, 150, 172, 177, 180-182, 184, 186, 241, 272, 280, 282, 386
109 124, 172, 188, 280, 292
110 124, 169, 170, 172, 193, 211, 280, 292
111 220
112 223
113 223
114 225, 227, 236, 243, 251
115 237
116 165, 173, 225, 241, 242
117 242, 353
118 231, 374
119 233
120 244
121 244
122 244
123 243
124 232, 386
125 227, 248, 249, 253, 257, 268, 269, 278

126	227, 248, 250, 252, 254, 256, 264, 269, 274, 278, 397, 416
127	234
128	230, 235
129	227, 230, 248, 253, 255, 268, 269, 274
130	227, 232, 248, 257, 270, 293
131	220, 259
132	257
133	258, 275, 285, 293
134	222, 259
135	232, 251, 259, 268
136	260
137	166, 197, 254, 282
138	286, 341
139	283, 284, 293, 299
140	289, 353, 356
141	219, 292, 298, 300, 301, 349, 350, 352
142	291, 294
143	288, 293, 294
144	293, 295, 296
145	117, 288, 295
146	288, 295, 320
147	308
148	307, 309
149	307, 309
150	306
151	304, 305
152	310
153	310
154	309
155	313
156	313
157	314, 315, 351
158	314, 351
159	314
160	314, 351
161	314
162	321, 325
163	326, 333
164	326
165	327
166	323, 324, 333
167	331
168	328, 334
169	330
170	328
171	328
172	328
173	328
174	328, 335
175	329
176	329
177	329
178	327, 329
179	330
180	330
181	330
182	330
184	87, 332
185	36
186	147, 149, 389
187	390
188	147, 390
192	63
194	224
199	232

201 440
204 54
205 54
211 84, 146
212 435
213 45, 46, 49, 53, 65, 66, 101, 151
214 48, 49, 53, 54, 63, 65, 150, 151, 185-187
231-233 37
234 37
245 64, 316
248 64
250 320
253 320
254 320
256 433, 437
257 433
258 433
259 433
269 232
275 422
278 423
279 440
280 64
283 100
286 100
303 440
312 321
323 440
343 440
357 271
358 439
359 440
374 434
380 260
387 186, 187, 313, 324
388 310
389 26
390 84
391 227
394 53
398 232
404 151, 186, 187
406 100, 320
437 100
450 391
451 101
455 220
462 434
467 371
492 100
493 305
495 331
508 391
523 391
527 222
530 286
531 220
534 286
535 102
536 100
543 100
544 106, 313
547 128
554 343
556 320
561 162, 302
562 342

563 146
564 323
570 197
573 320
574 102
575 320
582 320
587 440
603 313
607 85
608 85, 127
609 440
617 320
618 101, 440
639 101
652 85
663 236
670 320
671 320
674 236
680 376
681 375, 402
688 375
690 235
691 235
692 235
693 152
702 152
703 387, 421
706 101
717 236
733 198
734 53, 270
741 53, 131, 185, 187, 270, 282
742 167, 282
744 332
746 131, 133, 136, 144, 145, 152, 154, 155, 167, 179, 185-187, 282
747 277
748 277, 292, 301
750 53, 84, 91, 92, 211, 270, 395
751 99
752 341
756 102, 395, 396
761 85
762 341
766 324, 326, 327, 335
802 358
808 358
819 320
823 320
826조의2 351, 353, 367
827 228, 246
832 246, 261
835 358
839의2 320
840 100
841 320
842 320
846 100
847 320
848 320
851 320
856 358
858 343
861 320
862 320
863 343

864 320
865 320
869 226
873 358
891-896 320
902 358
907 320
909 355
910 242
911 228, 354
913 355
918 373
920 228, 356
921 356
923 440
924 110
928 354, 355
929 355, 358
930 355, 358
931 228, 356
932 356
936 228, 356
937 242
938 355, 358
945 354
948 242
949 356
950 254, 356, 365
951 232
959의2 361
959의3 361
959의4 361
959의8 362
959의9 362
959의11 362
964 242
996 19, 20-22, 33, 56
998 371
999 320
1000 67, 341, 342
1001 342, 347
1003 347
1004 342
1008 342
1008의3 28, 33, 39, 56, 61, 66, 68
1010 342
1011 320
1019 287, 318
1020 360
1023 228, 373
1024 320
1028 100
1057의2 320
1061 353
1062 353, 358
1063 358
1064 342
1071 286
1073 389
1079 440
1088 302
1093 228
1094 228
1096 228
1098 242
1108 222
1110 222
1112 85, 342

1117 320
1118 342
부칙 2 86
부칙 3 318

II. 기타 법률 · 규칙

[가사소송규칙]
41 376
50 375

[가정의례준칙]
13 19, 20, 22, 34, 50-52
15 61, 62

[가족관계의 등록 등에 관한 규칙]
4 372

[가족관계의 등록 등에 관한 법률]
9 372
10 372
16 348
84 345
87 348
122 345

[국가배상법]
2 102

[국가보안법]
6 88

[국유재산법(구)]
7 130
9 170
14 130

[국유재산법(현)]
6 130
13 170
14 130
20 130
41 130

[국적법]
18 344

[근로기준법]
67 352, 354
68 354

[담배사업법(구)]
1 133

[민사소송법]
3 371
52 422, 428
189 437
195 224
208 23
423 123
432 123

[법원조직법]
7 41
8 41

[부동산등기법]
26 422, 423, 428

[사립학교법]
28 304

[상법]
1 26, 36
7 353
48 238
50 235
64 326
101 226
169 384
173 393
184 282
209 399
236 282
288 386
312 404
317 404
320 198
335 407
638 156
659 156

[성매매방지 및 피해자보호 등에 관한 법률]
2 152

[수산업법]
8 135
33 135 137

[어업법]
33 135
94 135
95 135

[어음법]
2 371
12 305
85 313

[자동차운수사업법]
4 98

[주민등록법]
6 372
23 372

[채무자 회생 및 파산에 관한 법률]
294 411
306 411
328 393

[청소년보호법]
2 352

[파산법]
201 328

[행정소송법]
12 98

[헌법]
6 28, 38, 344
10 84, 340

11 86
23 84, 85
36 67
103 4
119 85

[형법]
283 211
347 211
350 211
355 152

| 판례색인 |

I. 하급심 판결

광주고판 1980.11.26 78나610 20, 58
광주고판 1999.1.21. 선고 96나1275 56
광주지판 1994.1.13, 93나1998 284
대구고판 1958.2.26. 선고 4290민미16 56
대전고판 2006.11.1, 2006나1846 89
부산고판 1999.6.16, 98나1928 160
서울고판 1972.10.13, 72나92 142
서울행판 2001.12.20, 2001구33822 368
인천지법 1998.6.11, 98노741 153
제주지법 1994.7.15, 93나1152 246

II. 대법원

1. 전원합의체 판결

대판(전) 1976.11.6, 76다148 316
대판(전) 1977.7.26, 77다492 287, 340
대판(전) 1979.11.13, 79다483 152
대판(전) 1979.12.11, 78다481, 482 390
대판(전) 1983.12.13, 83다카1489 251
대판(전) 1991.12.24, 90다12243 281
대판(전) 1992.3.31, 91다32053 316, 324
대판(전) 1996.5.16, 95누4810 385
대판(전) 1999.3.18, 98다32175 321
대판(전) 2001.5.24, 2000므1493 287
대판(전) 2003.7.24, 2001다48781 35
대판(전) 2005.7.21, 2002다1178 28, 29, 33, 423
대판(전) 2006.4.20, 2004다37775 424
대판(전) 2007.2.15, 2004다50426 145, 155
대판(전) 2008.4.17, 2004도4899 88
대판(전) 2008.11.20, 2007다27670 39, 55, 58, 59, 62, 66, 69

2. 판결

대판 1954.3.31, 4287민상124 37
대판 1962.5.10, 4294행상102 428
대판 1962.5.24, 4294민상251, 252 229
대판 1964.6.2, 63다856 428
대판 1965.4.13, 64다1940 388
대판 1965.6.15, 65다610 164
대판 1968.3.26, 67다2160 193
대판 1968.6.4, 68다613, 614 437
대판 1968.7.30, 68다88 163
대판 1970.1.27, 69다719 376
대판 1970.9.29, 70다1508 305
대판 1971.4.30, 71다399 195
대판 1972.3.28, 71다2193 196
대판 1972.10.31, 72다1271, 1272 141
대판 1975.5.13, 75다92 164
대판 1975.8.19, 75다666 396
대판 1975.12.23, 75다533 219
대판 1976.9.14, 76다1365 344
대판 1976.10.26, 76다2189 287
대판 1979.2.13, 78다2157 331
대판 1979.3.27, 79다234 256
대판 1980.5.13, 78다1790 335
대판 1980.5.27, 80다484 110

대판 1980.7.8, 80다639 176
대판 1981.1.13, 79다2151 285
대판 1981.7.28, 80다2668 374
대판 1981.11.10, 80다2475 194
대판 1982.1.26, 81다1220 37
대판 1982.2.9, 81다534 343
대판 1982.9.14, 82다144 378
대판 1983.4.12, 81다카692 308
대판 1983.6.14, 80다3231 18
대판 1983.8.23, 82다카439 221
대판 1984.4.10, 81다239 164
대판 1984.9.11, 83누578 392
대판 1984.11.13, 84다카1024 250
대판 1984.12.11, 84다카1402 141
대판 1985.11.12, 84다카2344 319
대판 1986.11.11, 86누173 436
대판 1987.3.24, 85다카1151 375
대판 1987.4.28, 86다카1802 229
대판 1987.5.12, 86다카2653 37
대판 1987.9.8, 86다카1349 394
대판 1987.10.13, 86다카1522 234, 398
대판 1989.1.31, 87다카2954 379
대판 1989.6.27, 88다카10579 309
대판 1989.9.12, 88누9305 287
대판 1990.3.23, 89다카555 396
대판 1991.2.22, 90다13420 296, 323
대판 1991.5.24, 90도2190 265
대판 1991.7.12, 90다11554 176
대판 1991.12.27, 91므30 284
대판 1992.1.21, 91다10152 333
대판 1992.3.27, 91누3819 222
대판 1992.4.14, 91다23660 169
대판 1992.4.14, 91다26850 407
대판 1992.5.22, 92다4796 332
대판 1992.5.22, 92다5584 307
대판 1992.5.26, 91다32190 252
대판 1992.7.10, 92다2431 421
대판 1992.8.14, 92누909 176
대판 1992.9.8, 92다15550 285
대판 1992.9.14, 92다17754 129
대판 1992.10.23, 92다29337 196
대판 1992.12.8, 91누13700 98
대판 1992.12.24, 92다25120 217
대판 1993.3.23, 92다52238 169
대판 1993.8.13, 92다43142 439
대판 1993.8.13, 92다52665 213
대판 1993.8.27, 93다12930 178
대판 1993.9.14, 93다8054 391
대판 1993.9.14, 93다13162 290
대판 1993.12.10, 93다12947 144, 154
대판 1994.6.10, 94다1883 340
대판 1994.6.24, 94다10900 284
대판 1994.8.9, 94다14629 222
대판 1994.11.18, 93다46209 128
대판 1995.6.29, 94다6345 438
대판 1995.6.30, 94다52416 144, 154
대판 1995.7.14, 94다40147 246
대판 1995.9.29, 94다4912 239
대판 1995.10.13, 94다55385 123
대판 1995.12.8, 95다3282 163
대판 1996.1.26, 95다44290 441
대판 1996.2.27, 95다38875 282
대판 1996.3.26, 93다55487 197
대판 1996.4.9, 96다1320 173
대판 1996.4.26, 94다12074 180
대판 1996.4.26, 94다34432 141
대판 1996.4.26, 95다52864 439
대판 1996.6.14, 94다46374 164
대판 1996.8.23, 96다18076 178
대판 1996.9.10, 96다18182 179

대판 1996.9.10, 96다19512 63
대판 1996.9.10, 96다25463 441
대판 1996.10.25, 96다16049 121
대판 1996.10.25, 96다29151 150
대판 1996.12.20, 95누16059 174
대판 1997.3.25, 96다47951 217
대판 1997.5.30, 97다2986 294
대판 1997.6.27, 97다9529 129
대판 1997.8.29, 97다12990 325
대판 1997.8.29, 97다18059 397
대판 1997.9.30, 97다26210 191
대판 1997.11.25, 97다31281 221
대판 1997.11.28, 97다32772, 32789 193
대판 1997.12.12, 95다38240 294
대판 1997.12.26, 96다44860 218
대판 1998.1.23, 96다41496 218
대판 1998.2.10, 97다44737 189, 196, 203, 283
대판 1998.2.27, 97다45532 241
대판 1998.2.27, 97다50985 177, 180
대판 1998.3.13, 97다22089 240
대판 1998.5.12, 97다56020 387
대판 1998.5.29, 97다55317 255
대판 1998.6.12, 98다8776 106
대판 1998.7.10, 98다18988 262
대판 1998.8.21, 97다37821 105
대판 1998.8.21, 98다8974 346
대판 1998.12.22, 98다42356 307
대판 1999.1.15, 98다39602 233
대판 1999.1.29, 98다33512 421
대판 1999.2.12, 98다45744 175
대판 1999.2.23, 98다60828, 60835 218
대판 1999.4.23, 98다45546 191
대판 1999.7.9, 98다9045 391
대판 1999.9.7, 99다14877 130
대판 1999.9.17, 98도2036 153
대판 2000.1.28, 99다35737 388
대판 2000.2.11, 99다49064 157
대판 2000.3.23, 99다63176 195
대판 2000.3.23, 99다64049 216
대판 2000.4.25, 99다34475 174
대판 2000.4.25, 2000다11102 334
대판 2000.5.12, 2000다12259 194
대판 2000.7.6, 99다51258 182
대판 2000.8.22, 2000다3675 306
대판 2000.10.27, 2000다20052 222
대판 2001.1.16, 2000다51872 436
대판 2001.1.19, 97다21604 382
대판 2001.2.9, 99다48801 250
대판 2001.2.23, 2000다65864 178
대판 2001.3.9, 99다13157 347
대판 2001.5.8, 2000다9611 180
대판 2001.5.29, 99다55601, 55618 213
대판 2001.5.29, 2001다1782 133
대판 2001.5.29, 2001다11765 178
대판 2001.8.21, 2001다31264 249
대판 2001.11.9, 2001다44291 285
대판 2001.11.9, 2001다44987 140
대판 2001.11.27, 99다33311 157
대판 2002.4.26, 2001다8097, 8103 319
대판 2002.6.28, 2001다49814 253, 264
대판 2002.7.26, 2000다25002 222
대판 2002.9.4, 2000다54406, 54413 214
대판 2002.10.11, 2001다7445 178
대판 2002.10.11, 2001다10113 349
대판 2002.10.22, 2002다38927 166, 241
대판 2002.12.10, 2002다56031 215
대판 2002.12.27, 2000다47361 216
대판 2003.1.24, 2002다64377 247
대판 2003.3.28, 2002다72125 282

대판 2003.4.11, 2002다70884 193
대판 2003.5.13, 2002다73708, 73715 215
대판 2003.5.13, 2003다10797 303
대판 2003.7.22, 2002다64780 400
대판 2003.7.24, 2001다48781 55, 57
대판 2003.11.27, 2003다40422 111
대판 2003.12.26, 2003다49542 265
대판 2004.3.26, 2003다34045 400
대판 2004.7.22, 2002두11233 105
대판 2004.9.3, 2004다27488, 27495 154
대판 2004.11.12, 2002다66892 383
대판 2005.4.15, 2003다60297, 60303, 60310, 60327 292
대판 2005.5.27, 2004다43824 193, 198, 212
대판 2005.10.28, 2005다45827 108
대판 2006.3.10, 2002다1321 180
대판 2006.10.12, 2004다48515 106
대판 2006.11.23, 2005다13288 199
대판 2006.12.7, 2006다41457 192
대판 2007.1.25, 2005다26284 36
대판 2007.1.25, 2006다68940 333
대판 2007.3.29, 2004다31302 107
대판 2007.8.23, 2006다62942 315
대판 2007.11.29, 2007다53013 178
대판 2008.2.28, 2007다77101 149
대판 2008.6.12, 2008다7772, 7789 179
대판 2009.2.26, 2007다30331 253
대판 2010.1.28, 2009다61193 63
대판 2010.3.25, 2009다41465 283
대판 2010.6.24, 2010다2107 107

3. 결정

대결 1986.10.10, 86스20 377
대결 2003.8.11, 2003스32 318
대결 2003.12.12, 2003마1694 224
대결 2005.1.17, 2003마1477 99
대결 2006.6.19, 2006마117 24

| 사항색인 |

(ㄱ)
가분물 433
가압류 328
가장조건 304
가장행위 177
가주소 371
가처분 328
간접대리 226
간접점유 227
간주 346
감독 413
감사 404
감정의 표시 115
강박에 의한 의사표시 211
강박행위 212, 215
강제주의 384
강행규정 127
강행법규 127
거소 371
거절권 365
결의 405
결의권 406
경솔 165
계약 117, 118
계약상의 담보책임 198
고의 84, 212, 215
공공용물 433
공동대리 232
공법 24
공법인 383
공시송달 223
공용물 433
공직선거법 351
과실 84, 436, 440
관념의 통지 115
관리가능성 432
관리행위 231
관습법 28
교회 424
구성요건 115
궁박 164, 168
권능 98
권리 95, 96
권리남용 109
권리능력 339
권리의 순위 102
권리의 충돌 102
권한 98
규범적 해석 120, 121
금반언 108
금전 438
금제물 433
급부 163
기간 313
기관 400
기대권 101, 307
기망행위 212
기명날인의 착오 193
기본대리권 252
기산점 313, 323
기성의 권리 101
기성조건 304

기일 313
기재사항 386
기한 308
기한의 이익 310

(ㄴ)
논리해석 86
농작물 437
능동대리 226, 227
능력 339

(ㄷ)
단기소멸시효 326
단독대리 233
단독행위 117, 118, 162
단속규정 128, 131
단속법규 128
단순한 해석 121
단일물 432
대리 165, 225
대리권 228
대리행위의 흠 241
대습상속 342, 347
대체물 433
대표 232
대표권의 남용 397
대표권의 제한 398, 402
대항 175, 179
도달주의 220
도의관념에 적합한 비채변제 332
독자성 228
동기 116
동기의 불법 140
동기의 착오 189
동산 147, 434, 438
동시사망 345
등기 147
등기청구권 321
등록기준지 372

(ㅁ)
매매 146
면허 385
명의모용 238
명의신탁 37, 177, 238
명의차용 238
명인방법 37
모순행위 금지 107
목적론적 해석 86
목적의 적법성 127
무경험 165
무과실 253
무권대리 227, 248
무상계약 162
무인설 229
무인성 245
무체물 432
무효 155, 280, 282
무효행위의 전환 286
묵시적 추인 265
묵시적 표시행위 117
문리해석 86
물건 81, 431
물권 146
물권변동 147
물권적 청구권 322
물권행위 119

미분리의 과실 436
미성년자 351
민법의 기본원리 84
민법전 70
민사 27

(ㅂ)
반대급부 163
반대해석 86
반사적 이익 98
반사회적 법률행위 149
반사회질서의 법률행위 139
반신의적 조건 306
반신의행위 306
발신주의 220
밝히는 해석 121
벌칙 413
법률 27
법률관계 95, 115
법률문제 123
법률불소급 85
법률요건 92, 115
법률행위 116
법률행위의 고장 125
법률행위의 내용 126
법률행위의 불성립 281
법률행위의 해석 120
　유효한(정상적) 법률행위 124
법률효과 92, 115
법원(法源) 27
법인 339, 382
법인 아닌 사단 420, 428
법인의 권리능력 393
법인의 능력 392
법인의 등기 412
법인의 불법행위능력 395
법인의 소멸 410
법인의 주소 407
법인의 행위능력 394
법적 안정성 89, 108
법정과실 440
법정대리 234
법정대리인 354, 356
법정조건 304
법정주의 384
법정추인 294
법학제요 체계 81
변론주의 325, 331
보존행위 231
보충적 해석 121
보통실종 377
보험계약 156
복대리 243
복임권 244
부관 302
부담 302
부당이득 131
부당한 조건 306
부대체물 433
부동산 147, 434
부재 372
분묘기지권 37
불가분물 433
불공정한 법률행위 162
불능 126
불능조건 304
불법성 비교 144
불법성 비교론 132, 153
불법원인 131

불법원인급여 131, 143, 151
불법조건 304
불요식행위 119
불융통물 433
불특정물 434
불확정기한 309
비법인사단 420
비소비물 433
비수의조건 304
비영리법인 383
비영리성 385
비전속권 101
비정상적 의사표시 172
비진의 의사표시 171
비진의표시 173
비채변제 167, 282

(ㅅ)
사건 115
사기 198, 366
사기·강박에 의한 의사표시 211
사단법인 383
사밍 345
사망의제 378
사법 24
사법관계 85
사법인 383
사실문제 123
사실인 관습 35
사실행위 115
사원권 99, 406
사원총회 405
사인증여 342
사자(使者) 226
사정변경의 원칙 107
사해행위 177
사회적 타당성 139
사회질서 139
삼단논법 91
상계 305, 331
상고이유 123
상관습법 37
상대권 101
상대방대리 232
상대적 무효 150
상사 27
상사채권 326
상속 341
생존 의제 379
서명의 착오 192
선량한 풍속 139
선박법 344
선의 179, 242, 256
선의의 제3자 175, 197, 219, 399
설립등기 387, 392
설립 중의 사단법인 387
성년의제 351
성년후견종료 358
성립요건 124, 413
성립요건주의 147
성문법 27
소권 81, 82
소급효 258, 331
소멸 410
소멸시효 316, 320
소멸시효의 정지 330
소멸시효의 중단 328
소비물 433
소비임치 152

소송 101
소유권 146
속임수 366
수권행위 228
수동대리 226, 227
수령능력 223
수목 436
수의조건 304
수취권 440
승인 328, 329
시기(始期) 313
시기(時期) 313
시효 316
시효이익의 포기 332
신의사주의 117, 173
신의성실의 원칙 103
신탁행위 120
실종 377
실종선고 348
실종선고의 취소 379, 380
실질적 민법 26
실체법 26
심리유보 173
쌍방대리 232

(ㅇ)
악의 242
압류 328
양도담보 37
역사적 해석 86
연령 314
영리법인 383
오표시 177
외국인 344
외국인토지법 344
요식행위 119, 386
요지상태설 221
용태 115
우성조건 304
원물 440
원시적 불능 126
위법성 212, 215
위임 235
유권대리 227
유동적 무효 280
유류분 342
유인설 229
유증 342
유체물 432
유추적용 439
유추해석 87
융통물 433
은닉행위 177
의사능력 339, 349
의사의 결여 172
의사의 통지 115
의사의 흠결 172
의사주의 117
의사표시 116
의사표시의 수령능력 223
의사표시의 효력발생 220
의제 346
의제적 표시행위 117
이사 401
이의 100
이중매매 146
이행보조자 227
인(人) 81
인가 385

인가주의 384
인격권 99
인정사망 348
일반법 26
일반채권 325
일부무효 166, 197
일부 불능 126
일상가사대리권 246, 261
일신전속권 101
임시이사 403
임시총회 405
임의대리 234
임의대리인 376
임의적 기재사항 386
임의출석 328
임치 152
입증책임 166, 175, 212, 222, 224

(ㅈ)
자기계약 232
자기대리 232
자연인 339
자연적 해석 122
자유설립주의 384
재단법인 383
재산관리인 227, 373
재산권 99
재산출연 388
재판상의 청구 328
전부 불능 126
절대권 101
절대적 무효 143, 150
절차법 26
정관 386, 398
정관의 변경 408
정당한 이유 253
정지조건 304
정착물 435
제3자 179, 181, 218, 399
제소기간 320
제정 27
제척기간 295, 317
제한능력자 242, 351
조건 303
조건부 권리 307
조리 38
조합 387, 421
종기 345
종물 438
종중 423
주무관청의 허가 386, 412
주물 438
주민등록지 372
주소 370, 407
준물권행위 119
준법률행위 116
준총유 423
준칙주의 384
중과실 192
중단 328
지급명령 328
지배권 99
지상물 435
지식재산권 99
직무대행자 404
진의 173
진의 아닌 의사표시 173
진입설 221
집합물 432

(ㅊ)
착오 188
　쌍방의 동기의 착오 199
　중요부분의 착오 190
채권 100, 146
채권자대위권 151
채권자취소권 179
채권행위 119
책임능력 339
처분행위 231
천연과실 440
철회 222, 288
철회권 259, 365
청구 328
청구권 100
청산 411
청산법인 411
청산인 412
체계적 해석 86
총유 422
총칙 83
총회 405
최고 328
최고권 259
추인 283, 293
추인권 257
추정 346, 379
축소해석 88
출소기간 318
출연재산 389
출연행위 120
취득시효 316
취소 288
취소권 289
취소권의 상실 366
취소의 배제 197
친권자 354

(ㅌ)
타인의 명의 238
탈법행위 129
태아 341
통상총회 405
통정한 허위의 의사표시 177
통칙 83
특별대리인 403
특별법 26
특별실종 377
특정물 434
특정후견의 종료 362
특허 385
특허법 344
특허주의 384

(ㅍ)
파산 236
파산절차 참가 328
판결 7
판결문 18
판덱텐 체계 79
판례 5, 41
편무계약 162
포기 332
폭리행위 162
표시설 173
표시의사 116
표시주의 117
표현대리 248

피성년후견인 357
피특정후견인 362
피한정후견인 359
필요적 기재사항 386

(ㅎ)
하자 있는 의사표시 172
학설 8
한정후견 종료 361
합동행위 116, 118
합성물 433
항변권 100
해산 410
해제 288
해제조건 304
해지 288
행위능력 243, 339, 350
행위능력자 242
행위의사 116
허가 385, 386, 392, 412
허가주의 384
허위표시 177
현명 236
현명주의 236, 263
현재지 371
현저한 불균형 163
현존이익 292
형성권 100, 322
형식적 민법 26
호의관계 95
혼성조건 304
화해를 위한 소환 328
확답촉구권 364
확장해석 88
확정기한 309
환매권 296
횡령죄 151
효과의사 116
효력규정 131
효력요건 124
후견인 355
후발적 불능 126
흠 있는 의사표시 172

■ 저자 약력 ■

1989년 서울대학교 법과대학 사법학과 졸업(법학사)
1992년 서울대학교 대학원 법학과 석사과정 졸업(법학석사)
2003년 독일 뮌스터 대학 법과대학 법학박사
2003년 이화여자대학교 법과대학 전임강사
2005년 이화여자대학교 법과대학 조교수
2009년 독일 본 대학 로마법 및 비교법 연구소 방문교수
현재 이화여자대학교 법학전문대학원 부교수
한국법사학회 · 한국민사법학회 · 한국민사판례연구회 회원
법무부 제3차 민법개정위원회 위원

주요 저서

서양사법사 강의, 세창출판사(2007)
물권행위론에 관한 학설사적 연구, 세창출판사(2008)

민법총칙

2013년 12월 17일 초판 인쇄
2013년 12월 27일 초판 발행

저 자 서 을 오
발행인 이 방 원
발행처 세창출판사
서울 서대문구 경기대로 88 냉천빌딩 4층
전화 723-8660 팩스 720-4579
E-mail: sc1992@empal.com
Homepage: www.sechangpub.co.kr
신고번호 제300-1990-63호

정가 30,000원

ISBN 978-89-8411-453-1 93360